国家骨干高职院校项目建设成果

# 物流企业运营管理实务

Wuliu Qiye Yunying Guanli Shiwu

孙浩静　杨　莉　主　编
章　强　万耀明　主　审

人民交通出版社股份有限公司
China Communications Press Co.,Ltd.

## 内 容 提 要

本书为物流管理专业职业岗位核心能力课程教材,是在各高等职业院校积极践行和创新先进职业教育思想和理念,深入推进"校企合作、工学结合"人才培养模式的大背景下,根据新的教学标准和课程标准组织编写而成。

本教材以物流企业运营过程为主线,内容主要包括物流企业设立、物流市场营销、物流业务运营管理、物流服务操作标准化、物流营业网点开发与设立、物流企业财务管理、物流企业绩效考核 7 个模块,22 个任务。

本书主要供高职高专院校物流管理专业教学使用。

图书在版编目(CIP)数据

物流企业运营管理实务 / 孙浩静,杨莉主编. —北京:人民交通出版社股份有限公司,2015.1
国家骨干高职院校项目建设成果
ISBN 978-7-114-12360-3

Ⅰ.①物… Ⅱ.①孙…②杨… Ⅲ.①物资企业–运营管理–高等职业教育–教材 Ⅳ.①F253

中国版本图书馆 CIP 数据核字(2015)第 164401 号

国家骨干高职院校项目建设成果

| 书　　　名: | 物流企业运营管理实务 |
|---|---|
| 著　作　者: | 孙浩静　杨莉 |
| 责任编辑: | 卢仲贤　任雪莲 |
| 出版发行: | 人民交通出版社股份有限公司 |
| 地　　　址: | (100011)北京市朝阳区安定门外外馆斜街 3 号 |
| 网　　　址: | http://www.ccpress.com.cn |
| 销售电话: | (010)59757973 |
| 总　经　销: | 人民交通出版社股份有限公司发行部 |
| 经　　　销: | 各地新华书店 |
| 印　　　刷: | 北京市密东印刷有限公司 |
| 开　　　本: | 787×1092　1/16 |
| 印　　　张: | 21 |
| 字　　　数: | 538 千 |
| 版　　　次: | 2015 年 1 月　第 1 版 |
| 印　　　次: | 2019 年 11 月　第 4 次印刷 |
| 书　　　号: | ISBN 978-7-114-12360-3 |
| 定　　　价: | 69.00 元 |

(有印刷、装订质量问题的图书由本公司负责调换)

# 江西交通职业技术学院
# 优质核心课程系列教材编审委员会

主　任：朱隆亮
副主任：黄晓敏　刘　勇
委　员：王敏军　李俊彬　官海兵　刘　华　黄　浩
　　　　张智雄　甘红缨　吴小芳　陈晓明　牛星南
　　　　黄　侃　何世松　柳　伟　廖胜文　钟华生
　　　　易　群　张光磊　孙浩静　许　伟

**道路桥梁工程技术专业编审组**（按姓名音序排列）
蔡龙成　陈　松　陈晓明　邓　超　丁海萍　傅鹏斌
胡明霞　蒋明霞　李慧英　李　娟　李　央　梁安宁
刘春峰　刘　华　刘　涛　刘文灵　柳　伟　聂　堃
唐钱龙　王　彪　王立军　王　霞　吴继锋　吴　琼
席强伟　谢　艳　熊墨圣　徐　进　宣　滨　俞记生
张　先　张先兵　郑卫华　周　娟　朱学坤　邹花兰

**汽车运用技术专业编审组**
邓丽丽　付慧敏　官海兵　胡雄杰　黄晓敏　李彩丽
梁　婷　廖胜文　刘堂胜　刘星星　毛建峰　闵思鹏
欧阳娜　潘开广　孙丽娟　王海利　吴纪生　肖　雨
杨　晋　游小青　张光磊　郑　莉　周羽皓　邹小明

**物流管理专业编审组**
安礼奎　顾　静　黄　浩　闵秀红　潘　娟　孙浩静
唐振武　万义国　吴　科　熊　青　闫跃跃　杨　莉
曾素文　曾周玉　占　维　张康潜　张　黎　邹丽娟

**交通安全与智能控制专业编审组**
陈　英　丁荔芳　黄小花　李小伍　陆文逸　任剑岚
王小龙　武国祥　肖　苏　谢静思　熊慧芳　徐　杰
许　伟　叶津凌　张春雨　张　飞　张　铮　张智雄

**学生素质教育编审组**
甘红缨　郭瑞英　刘庆元　麻海东　孙　力　吴小芳
余　艳

# 序 PREFACE

为配合国家骨干高职院校建设,推进教育教学改革,重构教学内容,改进教学方法,在多年课程改革的基础上,江西交通职业技术学院组织相关专业教师和行业企业技术人员共同编写了"国家骨干高职院校重点建设专业人才培养方案和优质核心课程系列教材"。经过三年的试用与修改,本套丛书在人民交通出版社股份有限公司的支持下正式出版发行。在此,向本套丛书的编审人员、人民交通出版社股份有限公司及提供帮助的企业表示衷心感谢!

人才培养方案和教材是教师教学的重要资源和辅助工具,其优劣对教与学的质量有着重要的影响。好的人才培养方案和教材能够提纲挈领,举一反三,而差的则照搬照抄,不知所云。在当前阶段,人才培养方案和教材仍然是教师以育人为目标,服务学生不可或缺的载体和媒介。

基于上述认识,本套丛书以适应高职教育教学改革需要、体现高职教材"理论充足、突出能力"的特色为出发点和目标,努力从内容到形式上有所突破和创新。在人才培养方案设计时,依据企业岗位的需求,构建了以岗位需求为导向,融教学生产于一体的工学结合人才培养模式;在教学内容取舍上,坚持实用性和针对性相结合的原则,根据高职院校学生到工作岗位所需的职业技能进行选择。并且,从分析典型工作任务入手,由易到难设置学习情境,寓知识、能力、情感培养于学生的学习过程中,力求为教学组织与实施提供一种可以借鉴的模式。

本套丛书共涉及汽车运用技术、道路桥梁工程技术、物流管理和交通安全与智能控制等27个专业的人才培养方案,24门核心课程教材。希望本套丛书能具有学校特色和专业特色,适应行业企业需求、高职学生特点和经济社会发展要求。我们期待它能够成为交通运输行业高素质技术技能人才培养中有力的助推器。

用心用功用情唯求致用,耗时耗力耗资应有所值。如此,方为此套丛书的最大幸事!

江西省交通运输厅总工程师

2014年12月

# 前言 FOREWORD

随着经济全球化进程的加速，物流热持续升温，物流企业的数量与规模均发生了巨大的变化。各类物流企业之间的竞争不断加剧，相互间的联合、兼并、拓展和重组使物流领域的分化态势日趋明显。为了在激烈竞争的市场环境中更好地生存和发展，物流企业必须根据自身实际情况，从加强管理入手，努力提高效率、降低成本、提升服务水平，建立符合自身特点的核心竞争力。正是在这一背景下，我们本着普及物流企业运营管理基础知识、满足物流专业教学需求的想法，利用自己的专业优势，组织编写了本教材。

现有物流企业管理方面的专业书籍大多局限于将企业管理理论简单应用于物流企业管理，导致"物流企业管理"特征不突出，缺乏深度和实际指导意义；而且大多将运输、仓储、配送等物流活动内容分为不同章节介绍，这同许多物流管理的书籍雷同，无法体现物流企业以专门提供物流整体运作服务为主要业务内容的特点。本书的特色在于体系新颖完善，集理论与实务为一体，并有针对性地导入许多案例。

本书以图文并茂的方式，结合大量实例和详尽的任务步骤说明，全面地向读者介绍了物流企业运营管理过程中的具体内容及运用。全书共分为七个模块，各模块的主要内容包括物流企业的设立、物流市场营销、物流业务运营管理、物流服务标准化作业、物流营业网点开发与管理、物流企业财务管理以及物流企业绩效考核。每个模块后都附有"经典案例"或"延伸阅读"，以便读者深入理解和巩固所学知识。

本书是多人智慧的结晶。作者都是从事多年教学工作并有丰富实践经验的教师。本书由江西交通职业技术学院孙浩静、杨莉主编，本书由章强、万耀明主审。具体编写分工如下：孙浩静编写模块二～四；杨莉编写模块一、模块六、模块七；黄浩编写模块五。除以上作者外，本书编纂工作还得到了万义国、闫跃跃、占维、吴科等人的支持和帮助，在此特向他们表示感谢。本书的编写过程中，参考了一些相关著作和文献，在此向这些著作文献的作者深表感谢。

由于编者水平有限，本书难免有不足之处，欢迎广大读者批评指正。

作　者
2014 年 12 月

## CONTENTS 目录

**模块一　物流企业设立** ·········· 1
　任务 1　物流企业设立程序 ·········· 2
　任务 2　物流企业组织机构设置 ·········· 17
　任务 3　物流企业经营模式设置 ·········· 32

**模块二　物流市场营销** ·········· 46
　任务 1　物流客户开发 ·········· 47
　任务 2　物流招投标 ·········· 56
　任务 3　物流客户维护 ·········· 62

**模块三　物流业务运营管理** ·········· 82
　任务 1　物流服务业务流程分析 ·········· 83
　任务 2　时效管理 ·········· 94
　任务 3　安全管理 ·········· 105

**模块四　物流服务操作标准化** ·········· 122
　任务 1　物流客户接待 ·········· 123
　任务 2　收货与接货服务 ·········· 136
　任务 3　发运服务 ·········· 140
　任务 4　送达服务 ·········· 150
　任务 5　6S 现场管理 ·········· 158

**模块五　物流营业网点开发与设立** ·········· 176
　任务 1　营业网点选址 ·········· 177
　任务 2　营业网点设立 ·········· 196

**模块六　物流企业财务管理** ·········· 213
　任务 1　认识物流保险 ·········· 214
　任务 2　物流企业成本核算 ·········· 232
　任务 3　物流企业业务收入结算 ·········· 254
　任务 4　物流企业税务申报及缴纳 ·········· 263

**模块七　物流企业绩效考核** ·········· 280
　任务 1　物流企业绩效考核指标体系设置 ·········· 281
　任务 2　物流企业绩效考核方法设置 ·········· 311

**参考文献** ·········· 325

# 模块一　物流企业设立

**学习导语**

物流是国民经济运行的支柱,是国民经济能否稳定发展的关键性活动。各级物流从业人员应掌握物流企业设立的相关知识,运用适当的管理理论和管理方法,提高物流行业的整体工作水平和工作效率。本模块按照物流企业设立—物流企业组织机构设置—物流企业经营模式设置等流程,讲述对应的任务,使学生掌握相关知识步骤及环节要点。

**故事分享**

李强是一名刚刚进入公司的高职毕业生,他就职于上海新邦物流有限公司城际配送部门。刚到公司的第一天,部门经理首先介绍了公司的基本情况,之后李强又通过阅读有关的资料和网站信息,全面地掌握了上海新邦物流有限公司的状况,李强庆幸自己的运气不错,因为上海新邦物流有限公司成立于2003年,目前为止已发展成为全国顶尖物流公司之一,新邦物流旗下拥有10家全资子公司,拥有500多家营业网点,员工8000多人,拥有和整合各种运输车辆800多台,物流设备700多套,仓库、分拨场地20多万平方米,日吞吐能力4500余吨,公司与国内外40000多家企业建立合作关系,网络覆盖全国400多个城市,在全国50多个大中城市开通专、快线长途零担与整车业务,并在珠江三角洲与长江三角洲区域内开展城际配送业务。部门经理希望李强能尽快熟悉业务,将自己所学到的本领发挥出来,在事业上有所成就。

但李强刚刚走上工作岗位也比较迷惘,想要设立新邦这样的物流公司,应该做哪些准备,经过什么样的程序？公司应设立哪些部门,各个部门的岗位职责是什么？

**思考**

1. 物流公司的设立程序是什么？
2. 物流企业如何设置组织机构？各组织机构的任务与责任有哪些？

**学习目标**

通过本模块的学习,期望达到下列目标。

**1. 专业能力**

(1) 掌握物流企业设立的基本程序,能够按照相关程序设立一家物流企业；
(2) 了解物流企业的组织机构设置,并清楚各部门岗位的任务与职责；
(3) 了解物流企业经营管理特点；
(4) 掌握物流企业经营模式的相关内容,并为企业选择合适的经营模式。

**2. 社会能力**

(1) 培养学生的可持续发展的能力；
(2) 培养学生具有物流企业综合管理的能力；

(3)培养学生具备中层和业务部门负责人具有的基本素质；
(4)注重遵章守纪、积极思考、耐心、细致、勇于实践、竞争意识、责任意识等职业素质的养成。

### 3. 方法能力
(1)通过查阅资料、文献等,培养自学能力和获取信息的能力；
(2)通过情境化的任务单元活动,掌握分析问题、解决实际问题的能力；
(3)制订工作计划,培养工作方法及能力；
(4)能独立使用各种媒体完成物流企业设立的学习任务。

**模块图解**

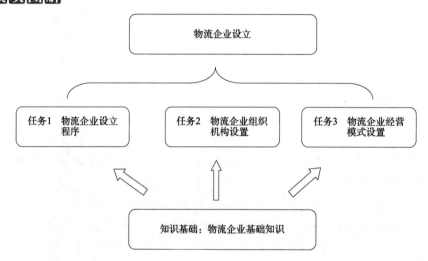

# 任务1 物流企业设立程序

**案例导入**

李强带着心中的疑惑开始了在上海新邦物流有限公司的工作,他积极地向部门经理和其他同事学习物流相关工作流程,并且努力地将自己所学的物流企业运营管理理论知识融入日常工作实践中,经过一个多月的时间,他就能够很好地胜任本部门的工作了。

李强并未将工作局限于自己所在部门,他在做好本职工作的同时,也不断地学习着有关新邦物流公司的一切相关业务,在逐渐了解和熟悉了自己所在公司的性质与工作内容后,李强心中的疑惑也慢慢解开了。

原来,要设立一个类似新邦这样的物流公司,并不是一件容易的事情,在设立的过程中,要准备很多的材料,要具备足够的条件,要经过不同部门的审批和证明。

那么,到底要准备哪些材料,要具备什么条件,要经过哪些部门的审批和证明才能设立一家物流公司呢? 同学们,让我们跟着李强同学一起来学习吧!

**引例分析**

创业对于很多走出校门的同学都极具诱惑力,可是在创业初期,由于对现实生活的各个领域缺乏足够的了解,总会使我们走很多的弯路,案例中的李强就是一个典型的例子。同学们,让我们一起来了解物流企业设立的程序吧!

 **任务分析**

## 一、任务准备

(1)物流企业设立所需资料,主要包括:企业发起人的资料、企业预备名称若干(至少准备五个)、发起人共同制定的公司章程、公司固定住所证明材料等;

(2)多媒体教室(含可供学生上网查资料的计算机、多媒体教学设备、课件和动画等教学资料)及模拟实训室(含服务台、椅子、茶壶、茶杯等,模拟工商、银行、会计师事务所等场景);

(3)网络资源,包括:工商局网站、税务局网站、QQ等。

## 二、任务目标

(1)能了解各种形式的公司,并根据自身情况来选择合适的公司类型,主要根据股份有限公司和有限责任公司的不同点进行区分;

(2)能对企业设立的一般程序有所了解,能区分股份有限公司与有限责任公司的最低出资限额,能根据所学知识制定公司章程;

(3)能了解现代物流企业运作的必备条件,并结合实际对各物流公司进行分析;

(4)能准备好企业设立所需的各种资料,能够按照物流企业设立的一般程序模拟演练物流企业设立流程。

## 三、基础知识

**1. 物流企业的含义**

物流企业是指至少从事运输(含运输代理、货物快递)或仓储其中一种经营业务,并能够按照客户物流需求,对运输、储存、装卸、包装、流通加工、配送等基本功能进行组织和管理,具有与自身业务相适应的信息管理系统,实行独立核算、独立承担民事责任的经济组织,非法人物流经济组织可比照适用。

 **知识链接**

企业是从事生产、流通、服务等经济活动,为满足社会需要和获取盈利,依照法定程序成立的具有法人资格,进行自主经营,独立享受权利和承担义务的经济组织。企业的类型简介见表1-1。

企业的类型简介　　　　　　　　　　　　　　　表1-1

| 类型 | 独资企业 | 合伙企业 | 公司制企业 |
|---|---|---|---|
| 定义 | 单人拥有并控制的企业 | 两人或多人拥有并控制的企业 | 两个以上的资产所有人经法律批准所组成的法人企业 |
| 优点 | 1.容易组成和解散;<br>2.决策、作业自由、简单化;<br>3.管理灵活性大;<br>4.利润独享 | 1.容易组成和解散;<br>2.信用可靠<br>3.政府管理少;<br>4.资金来源较多;<br>5.政府税收政策优惠;<br>6.经营管理可分工、专门化;<br>7.较易成长与扩展 | 1.容易筹集大量资金;<br>2.股东只负有限债务责任;<br>3.企业可望长期生存;<br>4.容易吸收各种人才;<br>5.股权细分,有利于决策民主;<br>6.股权易转移,资源配置市场化 |

续上表

| 类型 | 独资企业 | 合伙企业 | 公司制企业 |
|------|----------|----------|------------|
| 缺点 | 1. 无限债务清偿责任；<br>2. 企业生存寿命不稳定；<br>3. 筹集资金困难；<br>4. 缺乏管理人才 | 1. 无限清偿债务责任；<br>2. 企业生存寿命更不稳定；<br>3. 内部职权矛盾冲突加剧；<br>4. 难以撤退投资 | 1. 公司组成的成本较高；<br>2. 政府对公司的监管较严；<br>3. 投资者个人的经营权丧失；<br>4. 经营者拿薪金时缺乏责任心；<br>5. 投资者的利益不易确保 |

**2. 物流企业的分类**

2013年12月31日，我国国家标准《物流企业分类与评估指标》(GB/T 19680—2013)正式发布，新标准对符合物流企业定义的企业进行了分类，分类有两个原则：一是将业务相近的企业合并为同一类型；二是将传统单项服务功能与物流服务功能相结合。具体依据是"根据物流企业以某项服务功能为主要特征，并向物流服务其他功能延伸的不同状况，划分物流企业类型"。主要分类如下：

(1) 运输型物流企业；

(2) 仓储型物流企业；

(3) 综合服务型物流企业。

新标准对物流企业的分类基本上是基于物流企业的业务功能，有时为了分析问题的方便，我们还可以从其他的角度对物流企业进行分类。

1) 从物流企业运作方式的角度划分

(1) 以提供物流作业服务为主的物流企业；

(2) 以提供物流管理服务为主的物流企业；

(3) 以提供物流代理服务为主的物流企业。

2) 从物流服务的对象企业所属的行业划分

(1) 专门为工业制造企业提供物流服务的物流企业；

(2) 专门为商业企业提供物流服务的物流企业；

(3) 既服务于工业制造企业又服务于商业企业的物流企业；

(4) 专门为社会提供物流服务的物流企业(快递、废品回收、废弃物的回收处理等)。

3) 从物流业务竞争优势和所属的市场划分

(1) 操作性的物流企业：精于某项物流作业，具有成本优势，如 UPS、Fedex 等精于快递业务；

(2) 行业倾向性的物流企业：为满足某一特定行业需求而设计的物流系统，专业化程度高，如专门为化工品提供物流服务的企业；

(3) 多元化物流企业：提供综合的物流服务，一般具有相当的经济实力和网络规模，如中远物流；

(4) 顾客化的物流企业：服务的对象是个性化要求很强的用户，这类企业之间的竞争主要在于个性化服务而不是费用。

4) 从物流企业拥有的资产的角度划分

(1) 资产型(可以提供稳定可靠的物流服务，投资大，营运成本高)

Ⅰ类资产：机械装备、运输工具、仓库、港口等从事实物物流活动的资产；

Ⅱ类资产：信息系统硬件、软件、网络及相关人才。

(2) 管理型(以信息技术为支撑)

主要拥有Ⅱ类资产,以本身的管理、信息、人才优势为主要服务手段。

(3) 综合型(优化型)

拥有管理型的优势,同时建立必要的物流设施。

5) 从物流企业提供的服务层次上分

根据物流企业提供的服务层次不同,可将物流企业分为传统物流企业和现代物流企业。现代物流企业又分为第三方物流企业和第四方物流企业。目前这种分类方法很常用。

(1) 传统的物流企业

传统的物流企业是指从事运输、仓储、包装、货代等物流两个或多个环节的传统企业。这种类型的企业目前比例最大。长期以来,我国传统物流企业是地区、行业各自为政,其业务主要依赖行业的发展,依附性强,缺乏外部竞争力,是行业内部的一个附属企业。作为生产和流通的附属企业,传统物流企业依附性强且功能单一,只注重硬件投入,对软件投入甚少。如果说有一些科技积累,那么也不过是仓储养护技术上有一些人才和设备的积累而已。另外,大部分传统物流企业规模小,设施老化落后,专业人才匮乏,人才流失严重。由于传统的物流企业难以提供多功能、全方位和一体化的服务,缺乏竞争力,所以改革开放后我国90%的物流业务由企业自办,加之社会力量参与储存业务,使得传统物流企业的生存成了问题。

(2) 第三方物流企业

我国国家标准《物流术语》(GB/T 18354—2006)对"第三方物流"的表述是:"由供方与需方以外的物流企业提供物流服务的业务模式。""第三方物流"是为区别于"第一方物流"和"第二方物流"而引入的概念。第一方物流是指由物资的提供者自己承担物资需求者所需物资的物流服务;第二方物流是指由物资的需求者自己为自己提供所需物资的物流服务。

美国埃森哲公司对第三方物流的解释易于帮助我们加深理解第三方物流的概念:所谓第三方物流,是指生产经营企业为集中精力搞好主业,把原来属于自己处理的物流活动,以合同方式委托给专业物流服务企业,同时通过信息系统与物流服务企业保持密切联系,以达到对物流全程的管理和控制的一种物流运作与管理方式,因此第三方物流又称为合同物流(Contract Logistics)。

第三方物流企业为客户提供的不是一次性的运输或配送服务,而是一种具有长期契约性质的综合物流服务,其最终职能是保证客户物流体系的高效运作和不断优化供应链的管理。与传统储运企业相比,第三方物流的服务范围不仅仅限于运输、仓储业务,它更加注重客户物流体系的整体运作效率与效益。供应链的管理与不断优化是它的核心服务内容。它的业务深深地触及客户企业销售计划、库存管理、订货计划、生产计划等整个生产经营过程,这远远超越了与客户一般意义上的买卖关系,形成了一种战略合作伙伴关系。今后,第三方物流企业的服务领域还将进一步扩展,甚至会成为客户销售体系的一个组成部分,与客户形成相互依赖的市场共生关系。

第三方物流公司追求的不是短期的经济利益,而是以一种投资人的身份为客户服务,这就形成了双方利益一体化的基础。例如,为了适应客户的业务发展需要,第三方物流企业往往自行投资或合资,为客户建造现代化的专用仓库、个性化的信息系统以及特种运输设备等,这种投资直接为客户节省了大量的建设费用,而其中的风险必然也由其自身承担。

(3) 第四方物流企业

第四方物流企业主要从事协调第三方物流企业和其他服务供应商的运营,也有人将它们称为"牵头的物流服务供应商"(Lead Logistics Providers)。就物流服务来说,总承包人就是第四方物流企业,分包商就是第三方物流企业、运输企业、货代企业、报关行或其他公司。

第四方物流是一个供应链集成商,它调集和管理组织自己的、客户的以及具有互补性的服务提供商的资源、能力、资金和技术,以提供一个综合的供应链解决方案,而这种方案仅仅通过上述联盟中的一方是难以解决的。第四方物流是在解决企业物流的基础上,整合社会资源,解决物流信息充分共享、社会物流资源充分利用的问题。同时也是发挥资源调动职能,推进现代物流产业快速和科学的发展。要想进入第四方物流领域,企业必须在某个或某些方面已经具备很强的核心能力,并且有能力通过战略合作伙伴关系很容易地进入其他领域。目前,物流专家列出了一些成为第四方物流的前提条件:在集成供应链管理和外包能力方面处于领先地位;能够同时管理多个不同的供应商,具有良好的关系管理和组织能力;在业务流程管理和外包的实施方面有一大批富有经验的供应链管理专业人员;世界水平的供应链策略制订、业务流程再造、管理集成和人力资源管理能力;对组织变革问题的深刻理解和管理能力;全球化的地域覆盖能力和支持能力。

**3. 物流企业须具备的条件**

第四方物流企业应具备的基本条件:必须正式在国家政府有关部门注册备案并完成登记手续;应有专门的名称、固定的工作地点和组织章程;应有一定的组织机构和独立的财产,实行独立核算;能独立承担民事责任。

物流运作中涉及的范围广、部门多、环节烦琐、不确定因素多,要有效地实现有关部门的及时衔接较为困难,因此,物流企业要做到成功运作,必须建立一个科学合理的物流系统,在对所有相关的物流信息进行系统管理的基础上,在企业各个部门间实现实时的交换与共享,通过高度专业化的物流管理人员在先进的物流工具的支撑下,进行对物流相关活动的计划和协调。

因此,现代物流企业还必须具备四个方面的条件:科学合理的物流系统;先进物流设施设备的支撑;物流信息的系统管理;高度专业化的物流管理人才。

(1) 科学合理的物流系统:是指在一定的时间和空间里,由所需位移的物资包装设备、搬运装卸机械、运输工具、仓储设施,以及物流人员、物流相关的环节部门等若干相互制约的动态要素所构成的具有特定功能的有机整体。物流系统的组成见表1-2。

物流系统的组成　　　　　　　　　　　　　　　　表1-2

| 物流系统组成 | 包 含 内 容 |
| --- | --- |
| 物流作业系统 | 在运输、保管、搬运、包装、流通加工等作业中使用种种先进技能和技术,并使物流作业系统中的物流网络节点(客户、物流设施)、运输配送路线、运输手段等网络化,以提高物流活动的效率 |
| 物流信息系统 | 在保证订货、进货、库存、出货、配送等信息通畅的基础上,使通信据点、通信线路、通信手段网络化,提高物流作业系统的效率 |
| 物流分析系统 | 通过相关的数学方法与评估模型,为相应的物流业务进行评估分析,选定最优的运作决策 |

(2) 先进物流设施设备的支撑:是物流企业在保管、采购、储存、销售搬运、运输等环节所要运用到的工具,包括企业在组织物流活动中所要用到的各种机械设备、运输和搬运工具、

仓库、站场设施等以及服务于物流活动的计算机、通信网络设备等。先进的物流设施设备，如自动化仓库、自动传送机械、自动分拣分类工具、计算机控制的光电导引出入库工具、标准化物流包装工具、集装工具、捆扎机械、EDI（电子数据交换）系统、车辆跟踪与管理工具等，无疑是物流企业高效运作的物质基础。各个物流环节所需设备见表1-3。

物流设备举例　　　　　　　　　　　表1-3

| 物流环节 | 所需设备种类 |
| --- | --- |
| 保管 | 仓储设备,检验、分货、拣货装置等 |
| 流通加工 | 剪裁机、折弯机、组装、分装工具,贴标机,条形码工具 |
| 包装 | 定量分包设备、集装设备、标准包装设备、封包设备、真空包装设备等 |
| 装卸 | 集装箱、托盘、集装袋、框架、货捆、搬运机械、皮带式/平板式输送机、堆垛起重机等 |
| 运输 | 各种车辆 |
| 物流网络 | 通信主机、服务器、网络系统、相关支持软件包等 |

（3）物流信息的系统管理：在现今物流信息化的时代,物流实时信息的传递与交换的提供与其说是企业竞争优势的表现,倒不如说是物流企业的一种竞争资格,如果物流企业不能提供实时的信息,就会被认为是一种低效率的表现,所以信息已被看作是未来物流企业竞争优势的关键因素之一。物流企业为实现成功的运作管理,必须建立对物流信息的系统管理,进行对具体物流信息的收集、处理、统计和分析工作。

（4）高度专业化的物流管理人才：物流活动具有复杂性与广泛性、联系性的特点,企业在对物流活动进行管理控制的操作时,必须配备有高度专业化的物流管理人才来对其进行专门化的物流管理,才能实现对物流的一体化、合理化操作,提高物流系统的效率和作业有效程度。

对物流基层管理人员的要求主要有：

①专业技能——基层管理人员必备的能力

物流基层管理人员所必须具备的专业技能包括：熟悉物流工具和能够运用物流技术,了解企业的物流运作章程和程序,具有一定的现场活动的管理能力,并且能够根据企业物流任务合理调配的要求来安排人员开展具体的物流活动,有能力对企业的短期（一年内）物流计划细化到各个环节进行具体的月度和季度作业安排。

②人际关系能力——基层管理成功必需的能力

因为现在的物流工作仍然需要大部分的人工作业来对其进行处理,所以人际关系能力也就成为基层管理成功的必需条件之一。基层管理人员所要求具有的人际关系能力包括：能与下属员工就工作任务进行经常性的交流,了解其基本工作情况和对工作改进的意见,然后将有关物流活动改进与完善或成本管理等方面的问题联系自身实践的体会,提交报告给上层管理者,作为上层与基层的沟通者；能与顾客进行友好的交流沟通,解决员工之间或员工与顾客之间的冲突；具有一定的感染能力,能够带动和影响他人来遵守有关规定,共同完成企业的物流任务。

③物流业务管理能力——基层管理所必需的活动管理能力

物流业务管理能力,是指企业的物流基层管理人员,要能在明确企业物流目的和现阶段物流任务的情况下,适当地运用自己的权限,对企业短期内的物流业务运作做出安排,落实负责人,保证企业物流任务的完成；能在现场对物流工作进行指导,协助相关人员做好有关的物流安排,给予适当的资源分配和人力调配;能维护企业的物流服务形象,实施对企业物流活动的质量控制,确保企业物流工作的高效率和有效性。

对物流高层管理人员的专业化要求主要有:

①对物流业务的分析技能

物流高层管理人员的物流业务分析技能包括:能否对企业的各项物流环节在收集相关信息的基础上,从运筹学和定性、定量分析的角度,对企业物流活动做出成本—效益分析,明确采用不同方案可能对企业带来的好处与弊端。而且还要能够对总体的物流发展趋势做出分析,明确企业物流发展中的优势、劣势,以及在外界环境中企业面临的有利机会和不利威胁,从而能够把握外界环境对企业有利的发展先机。

②对企业物流战略的前瞻技能

对企业物流战略的前瞻技能是要求企业物流高层管理人员应具有一定的战略目光与前瞻性,能对企业的物流发展规划制订一个远大的战略目标,能抓住外界有利于企业物流发展的机会,发挥企业物流优势,构建企业的物流短期计划,一步步地实现企业的目标,谋求物流方面更大的发展。确保企业高层管理人员的前瞻技能发生效用,关键是这些高层管理人员要对周围的物流改善与发展机会具有一定的敏感性,能够抓住一切发展机遇,确定有效的战术计划来协助企业物流的发展,设定对环境变化有一定适应性的物流规划来作为对企业长远物流目标的支持。

③具备物流决策技能

物流决策技能要求企业的物流高层管理人员要有能当机立断、对相应的物流事务或突发事件做出针对性的物流决策的能力。如:决定企业在一定的运作状况下,是否扩大物流经营活动,或是否需要招收更多的雇员来完成物流任务,或减少直接的雇员而增加物流机器设备来顶替员工工作,以提高物流效率等。物流决策技能可借助于一定的分析软件或决策专家系统来得到巩固和提高。但主要的是物流高层管理人员必须对企业与外界的物流信息都有明确的了解,能对一定的数据作出正确的分析,从而及时地制订有效的经营决策。

④财务管理技能——ABC 成本分析和 VCA 价值链分析能力

物流的财务管理技能主要是指物流的高层管理人员要具有 ABC(基于活动的)成本分析和 VCA 价值链分析能力,这两个都是企业管理中的高级的、战略性的财务工具之一。通过它们可将物流的成本分配到各个主要活动中去,然后将企业的主要活动和特定的产品或服务联系起来,使得管理者明确企业中耗费资源的真正原因和每项产品或服务的真正成本,从而将物流系统中降低成本的机会找出来,真正地提高企业资金的运用率,达到财务管理的最佳效果。

**4. 物流企业设立程序**

(1)选择公司形式是企业设立的第一步。普通的有限责任公司,最低注册资金为 3 万元,需要 2 个或 2 个以上的股东,从 2014 年起,新的公司法规定,允许 1 个股东注册有限责任公司,这种特殊的有限责任公司又称"一人有限公司"(但公司名称中不会有"一人"字样,执照上会注明"自然人独资"),最低注册资金为 10 万元。如果只有一个人作为股东,则选择一人有限公司,最低注册资金为 10 万元;如果多人合伙投资创业,可选择普通的有限公司,最低注册资金 3 万元。股份有限公司最低注册资本为人民币 500 万元。(注意:此处随《中华人民共和国公司法》的变动作适当调整)

**知识链接**

2013年12月28日,第十二届全国人民代表大会常务委员会第六次会议审议通过了关于修改《中华人民共和国公司法》的决定。

《国务院关于印发注册资本登记制度改革方案的通知》(国发[2014]7号)如下。

主要内容:

此次注册资本登记制度改革的核心,是注册资本由实缴登记制改为认缴登记制,并放宽注册资本登记条件。

一、实行注册资本认缴制

实行注册资本认缴制,取消缴足出资期限的限制。自主约定公司股东(发起人)缴足出资的期限,除法律、行政法规以及国务院决定对公司注册资本实缴另有规定的外,取消了关于公司股东(发起人)应当自公司成立之日起两年内缴足出资,投资公司可以在五年内缴足出资的规定;取消了一人有限责任公司股东应当一次足额缴纳出资的规定。提高了公司股东(发起人)资金使用效率。

二、放宽注册资本登记条件

(1)取消最低注册资本限制。自主约定注册资本总额,除法律、行政法规以及国务院决定对特定行业注册资本最低限额另有规定的外,取消有限责任公司最低注册资本3万元、一人有限责任公司最低注册资本10万元、股份有限公司最低注册资本500万元的限制,也就是说,理论上可以"一元钱办公司"。

(2)取消首次出资比例。除法律、行政法规以及国务院决定对公司注册资本实缴另有规定的外,自主约定公司设立时全体股东(发起人)的首次出资比例,也就是说理论上可以"零首付"。

(3)取消货币出资比例的限制。自主约定出资方式和货币出资比例,对于高科技、文化创意、现代服务业等创新型企业可以灵活出资,提高知识产权、实物、土地使用权等财产形式的出资比例,克服货币资金不足的困难。

三、简化登记事项和登记文件

公司实收资本不再作为工商登记事项。公司登记时,无须提交验资报告。

(2)物流企业设立程序第二步:准备注册公司所需的注册资料。包括:

①个人资料(身份证、法人户口本复印件或户籍证明、居住地址、电话号码);

②注册资金;

③拟订注册公司名称若干;

④公司经营范围;

⑤租房房产证、租赁合同;

⑥公司住所证明;

⑦股东名册及股东联系电话、联系地址;

⑧公司的机构及其产生办法、职权、议事规则;

⑨公司章程。

(3)物流企业设立程序第三步:到工商局核名,领取一张"企业名称(字号)预先核准申请书"(表1-4),填写准备取的公司名称,由工商局在内部网检索是否有重名,如果没有重名,就可以使用该名称,核发一张"企业(字号)名称预先核准通知书"。

## 企业名称预先核准申请书

表 1-4

注：请仔细阅读本申请书《填写说明》，按要求填写。

| | □企业设立名称预先核准 |
|---|---|---|---|
| 申请企业名称 | | | |
| 备选企业字号 | 1. | | |
| | 2. | | |
| 企业住所地 | _____省(市/自治区)_____市(地区/盟/自治州) _____县(自治县/旗/自治旗/市/区) | | |
| 注册资本(金) | _____万元 | 企业类型 | |
| 经营范围 | | | |
| 投资人 | 名称或姓名 | | 证照号码 |
| | | | |
| | | | |
| | □已核准名称项目调整（投资人除外） |
| 已核准名称 | | 通知书文号 | |
| 拟调整项目 | 原申请内容 | | 拟调整内容 |
| | □已核准名称延期 |
| 已核准名称 | | 通知书文号 | |
| 原有效期 | | 有效期延至 | ___年___月___日 |
| | 指定代表或者共同委托代理人 |
| 具体经办人姓名 | | 身份证件号码 | 联系电话 |
| 授权期限 | 自　年　月　日至　年　月　日 | | |
| | 授权权限：1.同意□不同意□核对登记材料中的复印件并签署核对意见；<br>2.同意□不同意□修改有关表格的填写错误；<br>3.同意□不同意□领取《企业名称预先核准通知书》。 |
| | （指定代表或委托代理人、具体经办人身份证件复印件粘贴处） |
| 申请人签字或盖章 | | | 年　月　日 |

### 企业名称预先核准申请书填写说明

注：以下"说明"供填写申请书参照使用，不需向登记机关提供。

1. 本申请书适用于所有内资企业的名称预先核准申请、名称项目调整（投资人除外）、名称延期申请等。
2. 向登记机关提交的申请书只填写与本次申请有关的栏目。
3. 申请人应根据《企业名称登记管理规定》和《企业名称登记管理实施办法》有关规定申请企业名称预先核准，所提供信息应真实、合法、有效。
4. "企业类型"栏应根据以下具体类型选择填写：有限责任公司、股份有限公司、分公司、非公司企业法人、营业单位、企业非法人分支机构、个人独资企业、合伙企业。
5. "经营范围"栏只需填写与企业名称行业表述相一致的主要业务项目，应参照《国民经济行业分类》国家标准及有关规定填写。

6. 申请企业设立名称预先核准、对已核准企业名称项目进行调整或延长有效期限的，申请人为全体投资人。其中，自然人投资的由本人签字，非自然人投资的加盖公章。

7. 在原核准名称不变的情况下，可以对已核准名称项目进行调整，如住所、注册资本（金）等，变更投资人项目的除外。

8. 《企业名称预先核准通知书》的延期应当在有效期期满前一个月内申请办理，申请延期时应缴回《企业名称预先核准通知书》原件。投资人有正当理由，可以申请《企业名称预先核准通知书》有效期延期六个月，经延期的《企业名称预先核准通知书》不得再次申请延期。

9. 指定代表或委托代理人、具体经办人应在粘贴的身份证件复印件上用黑色钢笔或签字笔签字确认"与原件一致"。

10. "投资人"项及"已核准名称项目调整（投资人除外）"项可加行续写或附页续写。

11. 申请人提交的申请书应当使用A4型纸。依本表打印生成的，使用黑色钢笔或签字笔签署；手工填写的，使用黑色钢笔或签字笔工整填写、签署。

（4）物流企业设立程序第四步：

①到会计师事务所领取"银行询征函"，联系一家会计师事务所，领取一张"银行询征函"，必须是原件，并有会计师事务所盖章；

②去银行开立公司验资户，所有股东带上自己入股的那一部分钱到银行，带上公司章程、工商局发的核名通知、法人代表的私章、身份证、用于验资的钱、空白询征函表格，到银行去开立公司验资户。开立好公司验资户后，各个股东按自己出资额向公司验资户中存入相应的钱。银行会发给每个股东缴款单，并在询征函上盖银行的章；

③办理验资报告：拿着银行出具的股东缴款单、银行盖章后的询征函，以及公司章程、核名通知、房租合同、房产证复印件，到会计师事务所办理验资报告。

**注意**：2014年《中华人民共和国公司法》简化了登记事项和登记文件，公司实收资本不再作为工商登记事项。公司登记时，无须提交验资报告，此步骤可免。

（5）物流企业设立程序第五步。注册公司：到工商局领取公司设立登记的各种表格，包括设立登记申请表、股东（发起人）名单、董事经理监理情况、法人代表登记表、指定代表或委托代理人登记表。填好后，连同核名通知、公司章程、房租合同、房产证复印件、验资报告（可免）一起交给工商局。大概3个工作日后可领取执照。凭营业执照，到公安局特行科指定的刻章社，去刻公章、财务章；凭营业执照到技术监督局办理组织机构代码证，技术监督局会首先发一个预先受理代码证明文件，凭这个文件就可以办理后面的税务登记证、银行基本户开户手续了。

### 知识链接

组织机构代码证是社会经济活动中的通行证。中华人民共和国组织机构代码证是依据国发[1989]75号文由国家质量技术监督部门给每个机关、企事业单位和社会团体（包括法人和法人分支机构）颁发的一个在全国范围内唯一的、始终不变的法定代码标识，是组织机构的"身份证"，简称代码证。代码证已在银行基本账户管理、贷款、税收征管、国家统计、质量技术监督管理、公安车辆管理、国有资产登记、清产核资、海关通关管理、外汇管理、人事管理、劳动保险、大型国家普查等领域应用。组织机构代码已成为国家经济和社会发展重要的基础信息，是组织机构的重要证件。

代码证书1998年统一更换成组织机构代码证书，证书分为正本、副本和电子副本（IC）卡3款，3款具有同等效力。代码是参照采用国际标准ISO 6523的国家强制性标准《全国组织机构代码编制规则》(GB 11714—1997)编制的。其表示形式是由8位本体代码、1位校验码和1个连字符构成。代码具有如下特性:唯一性、完整性、统一性、准确性、无含义性和终生不变性。组织机构代码证又分很多类型,在办理代码证书的过程中,划分了企业法人、企业非法人、事业法人、事业非法人、社团法人、社团非法人、机关法人、机关非法人、个体、工会法人、民办非企业组织和其他类型共12种。

(6)物流企业设立程序第六步,交通局办理道路运输经营许可证:

①填写《道路货物运输经营申请表》(表1-5);

②提交相关材料:公司章程、身份证明文件、驾驶人员资料等;

③材料符合规定,核发受理通知书;

④审批股审查,通过则制作《道路运输经营许可证》及相关证件。

(7)物流企业设立程序第七步,银行开基本户:凭营业执照、组织机构代码证,去银行开立基本账号。开基本户要填很多表,需要准备以下资料:营业执照正本原件、身份证、组织机构代码证、公财章、法人章等。

(8)物流企业设立程序第八步,税务局办理税务登记:领取执照后,30日内到当地税务局申请领取税务登记证。一般的公司都需要办理两种税务登记证,即国税和地税。提交相关资料,填写税务登记表及其他附表,核审审批,打印税务登记证。

(9)物流企业设立程序第九步,申请领购发票:如果公司是销售商品的,应该到国税去申请发票;如果是服务性质的公司,则到地税申领发票。显然,物流企业属于后者。

**道路货物运输经营申请表** 表1-5

| 道路货物运输经营申请表 | |
|---|---|
| 说明 <br> 1.本表根据《道路货物运输及站场管理规定》制作,申请从事道路货物运输经营应当向县级道路运输管理机构提出申请,填写本表,并同时提交其他相关材料(材料要求见第4页)。 <br> 2.本表可向各级道路运输管理机构免费索取,也可自行从交通运输部网站(www.moc.gov.cn)下载打印。 <br> 3.有关常见问题可查询交通运输部网站。 <br> 4.本表必须用钢笔填写或计算机打印,要求用正楷,字迹工整。 | |
| 申请人基本信息 <br> 申请人名称_____ <br> (要求填写企业(公司)全称、企业预先核准全称或个体经营者姓名)。 <br> 负责人姓名_____ 经办人姓名_____ <br> (如系个人申请,不必填写"负责人姓名"及"经办人姓名"项)。 <br> 通信地址_____ <br> 邮编_____ 电话_____ <br> 手机_____ 电子邮箱_____ | |
| 申请许可内容　　　　　　请在□内划√ <br> 拟申请的道路货物运输经营范围或拟申请扩大的道路货物运输经营范围: <br> 　普通货运　□　　专用运输　□　　大型物件运输　□ <br> 如拟申请扩大道路货物运输经营范围,请选择现有的经营范围: <br> 　普通货运　□　　专用运输　□　　大型物件运输　□ | |

续上表

货物运输车辆信息

已购置货物运输车辆情况

| 序 号 | 厂牌型号 | 数量 | 载质量（t） | 车辆技术等级 | 外廓尺寸（mm） |
|---|---|---|---|---|---|
| 1 | | | | | |

（表格不够,可另附表填写。外廓尺寸指车辆长×宽×高。）

拟购置货物运输车辆情况

| 序 号 | 厂牌型号 | 数量 | 载质量（t） | 车辆技术等级 | 外廓尺寸（mm） |
|---|---|---|---|---|---|
| 1 | | | | | |

（表格不够,可另附表填写。）

如申请扩大经营范围,请填写"现有运输车辆情况"表。

现有运输车辆情况

| 序 号 | 道路运输证号 | 厂牌型号 | 车辆数量 | 载质量（t） | 车辆技术等级 | 外廓尺寸（mm） |
|---|---|---|---|---|---|---|
| 1 | | | | | | |

（表格不够,可另附表填写。）

拟聘用营运货车驾驶员情况

| 序 号 | 姓名 | 性别 | 年龄 | 取得驾驶证时间 | 从业资格证号 | 从业人员资格类型 |
|---|---|---|---|---|---|---|
| 1 | | | | | | |

（表格不够,可另附表填写。）

申请材料核对表　　　　　请在□内划√

1. 道路货物运输经营申请表(本表)□
2. 负责人、办理人身份证明和委托书□
3. 现有机动车辆行驶证、车辆技术等级证书或车辆技术检测合格证复印件,拟购置运输车辆的承诺书□
4. 已聘用或拟聘用驾驶员的机动车驾驶证、从业资格证及其复印件□
5. 安全生产管理制度文本□

只有上述5份材料齐全有效后,您的申请才能受理

声明

我声明本表及其他相关材料中提供的信息均真实可靠。

我知悉如此表中有故意填写的虚假信息,我取得的道路运输经营许可将被吊销。

我承诺我将遵守《中华人民共和国道路运输条例》及其他有关道路运输法规的规定。

负责人签名＿＿＿＿＿＿＿＿＿＿日期＿＿＿＿＿＿＿＿＿＿

负责人职位＿＿＿＿＿＿＿＿＿＿

如系个人申请不必填写"负责人职位"项

 **任务实施**

一、将学生进行分组

（1）第一组作为物流企业发起人，负责为公司选定形式并取好若干名称，制定公司章程，代表公司按照物流企业设立程序到各个部门办理相关手续；

（2）第二组作为工商局工作人员，负责为企业核发"企业名称（字号）预先核准通知书"，并在后续步骤中审查企业所备资料并颁发营业执照；

（3）第三组作为银行及会计师事务所工作人员，负责为公司开立验资户及正式账户；

（4）第四组作为交通局工作人员，负责对物流企业提交材料进行审查，并颁发"道路运输经营许可证"；

（5）第五组作为税务局工作人员，负责核审物流企业提交材料并办理税务登记证，同时办理企业的税务发票领取手续；

（6）第六组作为公安局特行科及技术监督局工作人员，负责为企业办理组织机构代码证。

二、准备材料

(1)第一组负责准备以下材料：

①个人资料（身份证、法人户口本复印件或户籍证明、居住地址、电话号码）；

②注册资金；

③拟订注册公司名称若干；

④公司经营范围；

⑤租房房产证、租赁合同；

⑥公司住所证明；

⑦股东名册及股东联系电话、联系地址；

⑧公司的机构及其产生办法、职权、议事规则；

⑨公司章程。

(2)第二组负责准备以下资料："企业（字号）名称预先核准申请书"、"企业（字号）名称预先核准通知书"、"营业执照"。

---

**企业名称预先核准通知书**

（　　　）名称预核　字［　　　］第　　　号

根据《企业名称登记管理规定》和《企业名称登记管理实施办法》，同意预先核准下列　　　个投资人出资，注册资本（金）　　　　万元（币种　　　　），住所设在　　　的企业名称为：

该预先核准的企业名称保留至　　　　　　。在保留期内，不得用于经营活动，不得转让。

投资人名单及投资额、投资比例：

　　　　　　　　　　　　　　　　　　　　　　　　　年　　月　　日

　　注：1.本通知书在保留期满后自动失效。有正当理由，在保留期内未完成企业设立登记，需延长保留期的，全体投资人应在保留期届满前1个月内申请延期。延长的保留期不超过6个月。

　　2.企业设立登记时，应将本通知书提交登记机关，存入企业档案。

　　3.企业设立登记时，有关事项与本通知书不一致的，登记机关不得以本通知书预先核准的企业名称登记。

　　4.企业名称涉及法律、行政法规规定必须报经审批，未能提交审批文件的，登记机关不得以本通知书预先核准的企业名称登记。

　　5.企业名称核准与企业登记不在同一机关办理的，登记机关应当自企业登记之日起30日内，将加盖登记机关印章的该营业执照复印件，报送名称预先核准机关备案。未备案的，企业名称不受保护。

（3）第三组负责准备以下资料：银行询证函等。

## 银行询证函

　　_____：

　　本公司（筹）聘请的×××事务所正在对本公司（筹）的注册资本实收情况进行审验。按照中国注册会计师独立审计准则的要求和国家有关法规的规定，应当询证本公司（筹）股东向贵行交存的出资额。下列数据如与贵行记录相符，请在本函下端"数据证明无误"处签章证明；如有不符，请在"数据不符"处列明不符金额。有关询证费用可直接从本公司（筹）_____存款账户中收取。回函请直接寄至×××会计师事务所。

　　回函地址：

　　邮编：　　　　　　电话：　　　　　　传真：

　　截至＿＿＿年＿＿月＿＿日止，本公司（筹）出资者（股东）缴入的出资额列示如下：

| 缴款人 | 缴入日期 | 银行账号 | 币种 | 金额 | 款项用途 | 备注 |
|--------|---------|---------|------|------|---------|------|
|        |         |         |      |      |         |      |
|        |         |         |      |      |         |      |
|        |         |         |      |      |         |      |
|        |         |         |      |      |         |      |
|        |         |         |      |      |         |      |
|        |         |         |      |      |         |      |
| 合计金额（大写） |  |  |  |  |  |  |

　　　　　　　　　　　　　　　　　　　　　　　　　　　公司（筹）
　　　　　　　　　　　　　　　　　　　　　　法定代表人或委托代理人：（签章）
　　　　　　　　　　　　　　　　　　　　　　　　　　　年　　月　　日

结论：1.数据及事项证明无误。
　　　　年　　月　　日　　　　经办人：　　　　　　银行盖章：
　　　2.如果不符，请列明不符事项。
　　　　年　　月　　日　　　　经办人：　　　　　　银行盖章：

(4)第四组负责准备以下资料:道路货物运输经营申请表及道路运输经营许可证。
(5)第五组负责准备以下资料:税务登记表(表1-6)、税务登记证、税务发票。

## 税务登记表

表1-6

纳税编码:税务机关填写 　　　　　　　　　　　　纳税人识别号:税务机关填写

| 纳税人名称 | 按执照上的"字号名称"或"名称"填写 | | | |
|---|---|---|---|---|
| 登记类别 | 单位纳税人□　个体纳税人□　临时税务登记□　扣缴税款登记□ | | | |
| 法定代表人<br>(负责人、业主) | 姓名 | 身份证号码 | 固定电话 | 移动电话 |
|  |  |  |  |  |
| 财务负责人 |  | — |  |  |
| 办税员 |  | — |  |  |
| 国有控股情况 | 国有绝对控股□　国有相对控股□　其他□ | | | |
| 建账情况 | 自行建账□　委托建账□　不建账□ | 核算方式 | 独立核算□　非独立核算□ | |
| 实际经营地址 | 与注册地址不一致的纳税人填写 | | | |
| 实际经营范围 | 工商营业执照、执业证件、批准设立文件等列明的经营范围不具体的纳税人填写 | 备注 | 请纳税人如实填写实际从业人数<br>从业人数_____其中外籍人数_____ | |
| 纳税人声明:本表所填内容正确无误,所提交的证件、资料及复印件真实有效,如有虚假愿承担法律责任。<br>法定代表人(负责人或业主)签名:法定代表人(负责人或业主)签名<br>经办人签章:经办人(填表人)签章　　　　　　　　　　(纳税人公章)<br>　　　　　　　　　　　　　　　　　　　　　　　　　年　月　日 | | | | |
| 受理人签章:<br>　由税务机关填写并盖章<br>　　(税务机关盖章)<br>　　　年　月　日 | 录入人员签章:<br>　由税务机关填写<br>　　年　月　日 | | 审核人员签章:<br>　由税务机关填写<br>　　年　月　日 | |

税务代理人:　　　　　　　　　　　　　代理人组织机构代码:
　若由税务代理机构代办的　　　　　　　　若由税务代理机构代办的
　请税务代理机构如实填写　　　　　　　　请税务代理机构如实填写

**填表说明:**

一、本表适用于各类纳税人、扣缴义务人申办设立税务登记时填用。
二、办理设立税务登记的类型:
1.单位(个体)纳税人税务登记:从事生产、经营的纳税人(单位或个体)应当自领取营业执照,或者自有关部门批准设立之日起30日内,或者自纳税义务发生之日起30日内,到税务机关办理税务登记。
2.临时税务登记:
(1)从事生产、经营的纳税人领取临时工商营业执照的,应当自领取工商营业执照之日起30日内申报办理税务登记;
(2)有独立的生产经营权、在财务上独立核算并定期向发包人或者出租人上交承包费或租金的承包承租人,应当自

承包承租合同签订之日起30日内,向其承包承租业务发生地税务机关申报办理税务登记;

(3)境外企业在中国境内承包建筑、安装、装配、勘探工程和提供劳务的,应当自项目合同或协议签订之日起30日内,向项目所在地税务机关申报办理税务登记。

3.扣缴税款登记。根据税收法律、行政法规的规定负有扣缴税款义务的扣缴义务人,应当办理扣缴税款登记。

三、"国有控股情况"指标口径:

"国有绝对控股"是指在企业的全部资本中,国家资本(股本)所占比例大于50%的企业;国有相对控股(含协议控制)是指在企业的全部资本中,国家资本(股本)所占的比例虽未大于50%,但相对大于企业中的其他经济成分所占比例的企业(相对控股);或者虽不大于其他经济成分,但根据协议规定,由国家拥有实际控制权的企业(协议控制)。

四、本表以A4纸印制,一式两份。税务机关留存一份,退回纳税人一份。

五、填写本表请使用碳素或蓝墨水的钢笔、签字笔。

### 三、按照物流企业设立流程模拟演练

物流企业设立流程图见图1-1。

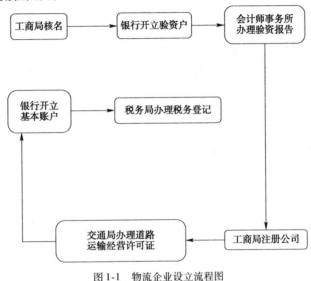

图1-1 物流企业设立流程图

## 任务2 物流企业组织机构设置

### ××物流公司的组织变革

××公司于2009年8月在福州注册,是经福州市工商、税务和交通运输部门核准注册成立,具有独立法人资格的专业性物流公司。××公司成立之初,主营业务为公路汽车货物运输,并提供仓储、中转配送等服务。由于××公司经营规模较小,业务范围主要集中在福建省内。××公司采取了简单的直线职能制组织结构,公司设物流经理一名,全面负责业务部、运输部、仓储部和配送部四个业务部门。同时,公司还设有行政事务处、财务处、人事处和信息管理部四个职能部门。2010年,××公司省外业务发展迅速,海运和空运业务得到较大发展,但由于组织不善,经常出现送货不准时、货物出错和货物损坏等现象,并接到了客户大量的投诉,给公司经营和声誉都带来了较大的负面影响。为了提高服务质量,××公司首先在西安和北京两个地区设立了分公司,组织结构开始由直线职能制向事业部制转型。成

立西安和北京分公司后,××公司的物流运作状况有了显著改善,客户投诉大量减少。西安和北京分公司的成功运营给了××公司极大的信心,随着公司业务规模和服务区域的不断扩大,××公司又先后在上海、成都、长沙、沈阳和南宁等地区成立了分公司,目前已发展成物流网络遍布全国的大型物流公司。××公司通过总公司与分公司相配合的物流组织结构,采取总部集权式物流运作模式,实现了物流一体化管理。

**引例分析**

物流企业的组织结构要与其发展状况相适应。随着物流企业经营规模的扩大,企业的组织结构也要相应地进行调整。由于物流业务的复杂性,物流企业应具有更灵活的组织结构,因此,如何设计合适的组织结构是物流企业普遍关注的问题。

## 任务分析

### 一、任务准备

(1)××物流公司有关组织机构设置的案例,××物流公司组织机构重组报告;
(2)多媒体教室(含可供学生上网查资料的电脑、多媒体教学设备、课件和动画等教学资料)。

### 二、任务目标

(1)熟悉物流企业组织机构设置的原则;
(2)熟悉物流企业管理组织的各种结构形式;
(3)能依据物流公司的资料描述绘制其组织结构图。

### 三、基础知识

**1. 组织**

(1)组织的含义

组织是指人们为了达到一项共同目标建立的组织机构,是综合发挥人力、物力、财力等各种资源效用的载体。它包括对组织机构中的全体人员指定职位,明确责任,交流信息,协调其工作等。它包括三层含义:

①组织作为一个整体,具有共同的目标。因此,在管理活动中一个组织机构的建立、撤销、合并等,都必须服从于组织的目标;
②完成组织目标的业务活动和主要责任是决定各级组织权责范围的基础;
③决定组织效率的两个主要因素是组织内的信息交流和协调配合。

(2)组织的构成要素

①有形要素,包括具有一定知识、经验、技能和行为能力的人,实现目标所需要的具体工作,以及资金、权责结构等物质条件;
②无形要素,包括共同的目标,成员的主动性、积极性,和谐的人际关系,有效配合的通力合作。

(3)组织机构的层次

第一层为最高层,也称决策层;第二层为协调层,是决策层的参谋,收集各类有效信息,为决策者提供可靠依据,同时起着上传下达的作用;第三层为执行层,具体地组织各类人力、物力、财力执行上级下达的各种命令;第四层为操作层。

(4)组织的实质

组织的实质在于它是进行协作的人的集合体,表现为充分发挥人的主动性、积极性和创造性。组织成员为实现共同的目标而有效地工作,组织机构运行高效化。组织高效化的衡量标准:管理效率高,层次简明合理,很少出现扯皮现象;信息传输迅速而准确;人员任用合理,人与人之间关系和谐、协调;整体组织的目标和计划已被组织工作分解下去,使得目标和计划的完成有了切实保障。

**知识链接**

正式组织与非正式组织的区别见表1-7。

正式组织与非正式组织的区别　　　　表1-7

| 比较项目 | 正式组织 | 非正式组织 |
| --- | --- | --- |
| 存在形态 | 正式(官方) | 非正式(民间) |
| 形成机制 | 自觉组建 | 自发形成 |
| 运作基础 | 制度与规范 | 共同兴趣与情感上的一致 |
| 领导权力来源 | 由管理当局授予 | 由群体授予 |
| 组织结构 | 相对稳定 | 不稳定 |
| 目标 | 利润或服务社会 | 成员满意 |
| 影响力的基础 | 职位 | 个性 |
| 控制机制 | 解雇或降级的威胁 | 物质或社会方面的制裁 |
| 沟通 | 正式渠道 | 小道消息 |

**2. 物流管理组织**

(1)物流管理组织的定义

物流管理组织是指在企业或整个社会中为了进行物流管理,把责任和权限体系化的组织。其通过建立一定的管理机构来发挥物流管理组织的作用。其构成要素有:物流管理人员(主体)、健全的规章制度(行为准则)、企业物流信息(媒介)。

(2)物流管理组织的内容

①物流组织机构的设计,确定整个企业物流组织的框架和结构,确定企业中各职能部门、各层次及各环节的联系和协调方式;

②物流组织规章制度的建立,从总体和局部两方面着手,明确各层次、各环节管理部门的行为准则、工作要求以及协调、检查和反馈制度;

③物流组织人力资源管理,管理组织中干部和工作人员的配备。

(3)物流组织的变迁

第一阶段——运输时代。将物流作为制造部门或销售部门下属中的一项业务来对待,没有物流管理部门,运输、保管、包装等物流的各项职能分散在各个业务部门,属于一种分散型组织。这一阶段管理的特征以顾客服务为中心,以促销为着眼点。

第二阶段——从属型物流部门。在企业的制造部门或者销售部门下设立物流子部门,将物流活动的系统化提到了管理的高度,在过去的以顾客服务为中心的管理中导入了物流成本的思考方式。

第三阶段——独立型物流部门。物流成为独立的管理部门,按照物流系统化思想,作为一种产业,遵照其特征与规律来管理。

物流组织经历了从物流的分离、物流的职能整合到物流的过程整合三个基本过程,它包含的基本阶段如图1-2所示。

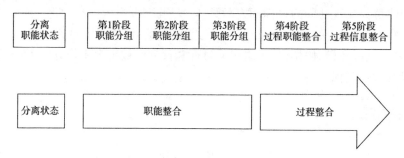

图1-2 物流组织的发展周期

(4)物流组织机构设置的作用

①物流职能的重要性得以认识;

②物流的作用能被充分发挥;

③使物流工作者的积极性得以保障;

④使物流工作向科学化、合理化发展;

⑤使企业整体利益得以提高。

(5)物流企业组织机构设计的任务

物流企业组织设计的任务是设计清晰的组织结构,规划和设计组织中各部门的职能和职权,提供组织结构系统图和编制职务说明书。具体包括:

①职务设计与分析。设计组织结构时,要从最基层开始,自下而上地划分各个部门的职责。

②部门划分。根据各个职务的工作性质以及职务之间的关系将各个职务组合成相应部门。

③结构的形成。在职务设计和部门划分的基础上,根据组织内外能够获取的资源,对初步设计的部门和职务进行调整,平衡各部门、各职务的工作量,以使组织机构合理。然后,根据各自工作的性质和内容,规定各管理机构之间的职责、权限以及义务关系,使各管理部门和职务形成一个严密的网络。

(6)物流企业组织机构设计的影响因素

①经营战略。战略在两个方面影响组织结构的设计:不同的战略要求不同的业务活动,从而影响职务的设计;战略重点的改变会导致组织工作重心的转移,从而要求对职务及部门之间的关系进行相应的调整。按企业对竞争的方式和态度可以将经营战略分为保守型战略、风险型战略和分析型战略,这三种战略对组织设计的影响如表1-8所示。

经营战略对组织设计的影响　　　　　　　　　　　　　　　　表1-8

| 结构特征 | 保守型战略 | 风险型战略 | 分析型战略 |
| --- | --- | --- | --- |
| 集权与分权 | 集权为主 | 分权为主 | 适当结合 |
| 计划管理 | 严格 | 粗放 | 严格与粗放结合 |
| 高层管理人员构成 | 工程师、成本专家 | 营销、研究开发专家 | 联合组成 |
| 信息沟通 | 纵向为主 | 横向为主 | 网络结构 |

②外部环境。

③技术。

④组织规模及其发展阶段。

(7)物流企业组织机构设计的原则

物流企业组织形成的基本条件在于如何明确企业范围、如何进行业务分工以及如何实施运营管理的统一化。基于这一条件,设计物流企业组织结构首先要有系统观念,即要立足于物流任务的整体,综合考虑各要素、各部门的关系,围绕共同的目标,建立组织机构,对组织机构中的全体成员指定职位、明确职责、交流信息,并协调其工作,达到物流企业组织的合理化,使该组织在实现既定目标过程中获得最大效益。在物流企业组织建立的过程中,应从具体情况出发,根据物流系统管理的总体需要,体现统一指挥、分级管理的原则,体现专业职能管理部门合理分工、密切协作的原则,使其成为一个有秩序、高效率的物流管理组织体系。具体来说,建立与健全物流管理组织必须遵循以下七条原则。

①有效性原则:要求物流企业组织内各部门均有明确的职责范围,能够发挥管理人员和业务人员的积极性,使物流企业能够以最少的费用支出实现目标。

②统一指挥原则:按照最高决策层、执行监督层和物流作业层的管理层次建立统一命令、统一指挥的系统。最高决策层的任务是根据企业或社会经济的总体发展战略,制订长期物流规划,决定物流企业组织结构的设置及变更,进行财务监督,决定物流管理人员的调配等;中层领导的任务是保证实现最高决策层制定的目标,包括制订各项物流业务计划、预测物流量、分析设计和改善物流体系、检查服务水平、编制物流预算草案、分析物流费用、实施活动管理、进行物流思想宣传等;基层领导的任务是合理组织物流作业,对物流从业者进行鼓励和奖励,协调各方矛盾。

③合理管理幅度原则:管理幅度是指一名管理者能够直接而有效地管理其下属的可能人数和业务范围,其表现为管理组织的水平状态和组织体系内部各层次的横向分工。管理幅度过大会造成管理者顾此失彼;管理幅度小会造成管理层次增加,机构庞杂,增加人力、财力支出,并导致部门间沟通协调复杂化。因此,合理管理幅度原则一方面要求适当划分物流管理层次,精简机构;另一方面要求适当确定每个层次管理者的管辖范围,保证管理直接有效。

④职责与职权对等原则:无论是管理组织的纵向环节还是横向环节,都必须贯彻职责与职权对等原则。不能有职无权,也不能无职授权,否则都会影响工作责任心,降低工作效率,不利于调动积极性。

⑤协调原则:物流管理各层次之间的纵向协调、物流系统各职能要素的横向协调和部门之间的横向协调。

⑥稳定与渐变原则:企业组织体制和结构,首先要有一定的稳定性,即相对稳定的组织结构、权责关系和规章制度,有利于生产经营活动的有序进行和效率的提高;同时,企业组织结构又必须有一定的适应性和灵活性,以适应迅速变化的外部环境和内部条件。

⑦执行与监督分开原则:要求企业中的执行机构同监督性机构应当分开设置,不应合并为一个机构。分开设置后,监督机构既要执行监督职能,又要加强对被监督部门的服务职能。

(8)物流企业组织结构设计的步骤

①物流企业目标的确定;

②整合物流活动,划分物流部门;

③确定物流企业组织结构的基本框架;

④确定物流职责和权限;

⑤物流企业运作方式的设计；
⑥配备人员，授予职权；
⑦物流企业组织结构的形成；
⑧物流企业组织结构的调整。

**3. 物流企业内部的组织机构**

物流企业内部的组织机构，从纵向看可划分为若干不同部门。组织机构应该服从各自经营管理活动的需要，根据各自经营分工的专业，经营对象的技术复杂程度及其品种机构，经营操作的物质技术装配先进程度、经营的规模等具体因素加以权衡，从经营管理的水平加以确定。一般来说，从物流企业担负媒介商品流通职能的共性出发，物流企业内部的组织机构，基本上可划分为业务经营部门、职能管理部门和行政事务管理部门，而各部门的进一步划分则因企业具体情况不同而有所不同。

（1）业务经营部门

业务经营部门，是指直接参加和负责组织商品流通经营业务活动的机构。它包括从事这些活动的各个业务经营机构，担负着从组织商品购进到商品销售的全部业务工作。物流企业的业务经营部门是组织机构的主体，它们的主要任务、职责、权限是直接从事商品流通的经营，对外建立经济联系，并负责处理经营业务纠纷等，是企业组织机构的主体，其机构的规模和分工程度直接影响着其他部门的机构设置。

业务经营部门组织机构的划分和设置，主要有4种分工形式：

① 按经营的商品类别分设业务经营机构，即设置若干个机构分别负责一类或几类商品从进到销的全部业务。

② 按经营过程的环节分设业务经营机构，即按购、销、运、存的经营环节设置机构，各个机构分别负责所有各类商品的购进、销售、运输和储运业务。

③ 按商品种类分工和按商品流转环节相结合设置经营业务机构，就是在商品种类分工的基础上，再把该类商品流转的诸环节的经营业务统由一个经营业务机构来承接办理。

④ 按地区分设业务经营机构。

（2）职能管理机构

职能管理机构，是指与经营业务机构的活动有着直接的联系，专为经营业务活动服务的管理工作的机构。它直接担负计划、指导、监督和调节职能，包括计划统计、财务统计、劳动工资、价格、信息等的管理，以及在专业技术上给予帮助，按经理的委托向经营业务机构布置工作，负责收集、整理经营业务的信息，是各级领导的参谋机构，不直接从事企业的经营活动。物流企业的职能管理机构是依据管理职能及管理工作的复杂及其分工的需要而设置的。一般地，物流企业都要设置计划与统计、财务与会计、劳动与工资、物价与市场等专门职能管理机构。

（3）行政事务管理机构

行政事务管理机构，是指既不直接从事商品流通经营业务活动，又不直接对经营业务进行指导和监督，而是间接地服务于经营业务和职能管理机构活动的行政事务机构，包括秘书、总务、教育、保卫等机构。它们的主要任务和职责权限是为经营和管理工作提供事物性服务、人事管理、安全保卫和法律咨询等。

上述只是物流企业组织机构设置的一般模式，如图1-3所示。它并不是永久不变的，应当随着企业自身条件和内外部经济条件的变动加以必要的调整和充实，保证企业目标的顺利实现。

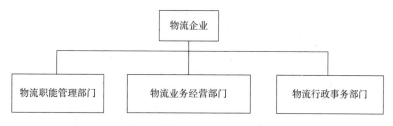

图 1-3 物流企业的一般组织机构

**4. 物流企业管理组织的结构形式**

客观来讲,要设计一种适合各种物流企业的理想组织结构形式,是十分困难的,因为每个企业依托的环境、经营战略、技术特点和管理体制等都有各自的特点。即使是针对某一特定企业,也难以设计出满足各种要求的组织结构形式。因为有许多要求实际上是相互矛盾的,如希望某种组织结构形式既能满足迅速作出决策的要求,又能保证决策的高质量;既具有较强的创新和应变能力,又要保持相对稳定。实际上,组织结构并不能解决所有的组织问题。一个组织是否能够正常运行,除了要选择合理的组织结构形式外,还取决于人员配备、工作激励、行为控制和组织文化等诸多因素。因此,指望仅仅依靠组织结构解决所有问题,是不切实际的。而且随着企业的产生、发展和领导体制的演变,组织机构形式也经历了一个发展变化的过程。以下是物流企业的若干种组织结构形式。

1)直线制形式

组织内上级管理层与下级管理层按垂直系统进行管理。信息沟通和传递渠道只有一条直线通道。一个下级只接受一个上级管理者的命令,而不设立专门的职能机构,具体表现为:

(1)企业各级行政单位从上至下实行垂直领导,下属部门只接受一个上级的指令,各级主管负责人对所属单位的一切问题负责;

(2)不设专门的职能机构,一切管理职能基本上都由行政主管执行。

这种组织结构形式的优点为:结构简单,权责明确、领导从属关系简单,命令与指挥统一,上呈下达准确,解决问题迅速,业务人员比重大、管理成本低。缺点表现为:没有专业管理分工,对领导的技能要求高,领导容易陷入实务主义,不能集中精力解决企业的重大问题。由此,该结构主要适用于小型企业、个体工商户。

目前我国物流企业中,90%左右都是市场份额低于1%的中小型物流公司。对于规模非常小的物流企业,由于业务相对较简单(往往只有运输和/或仓储业务),通常会采用直线制组织结构,如图1-4所示。

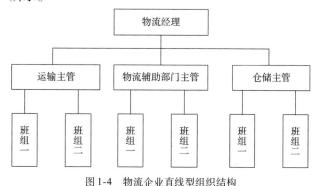

图 1-4 物流企业直线型组织结构

2) 职能制形式

按分工负责原则组成的机构,各级行政负责人都设有相应的职能机构,这些职能机构在自己的业务范围内,都有权向下级下达命令和指示。因此,下级行政负责人,除要服从上级行政领导的指挥外,还要服从上级职能机构的指挥。具体表现为:

(1)专业分工的管理者代替直线型组织中的全能型管理者;

(2)组织内设立了职能机构来分担职能管理的业务;

(3)下级直线主管除了接受上级直线主管的领导外,还必须接受上级各职能机构在其专业领域的领导和指示。

这种组织结构形式的优点为:促进管理专业化分工,解决了管理人员的品质技能与管理任务不相适应的矛盾,使决策者从日常烦琐的业务中解脱出来,集中精力思考重大问题,提高管理成效。缺点表现为:破坏了命令统一的原则,各职能组织机构都有指挥权,形成多头领导,相互协调比较困难。如图1-5所示。

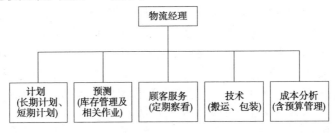

图1-5 职能型物流组织机构

3) 直线职能制形式

以直线制为基础,在各级生产行政领导者之下设置相应的职能部门,分别从事专业管理。直线管理人员,对下级发布命令,指令;职能管理人员,对下级进行业务指导,以贯彻直线管理的指示、意图,起参谋作用。即各管理层的负责人自上而下进行垂直领导,并设职能机构或职能人员协助负责人工作,但职能机构或人员对下级单位不具有直接的指挥权,只能在业务上进行指导监督,下级负责人只接受上一级负责人的领导。具体表现为:

(1)直线领导机构和人员按命令统一原则对组织各级行使指挥权;

(2)职能机构和人员按专业化原则从事组织的各项职能管理工作,他们是直线指挥人员的参谋,不能对直接部门发号施令,只能进行业务指导。

这种组织结构形式的优点为:在保持直线制统一指挥优点的基础上,吸收了职能制发挥专业管理部门作用的长处。缺点表现为:各职能部门之间横向联系较差,容易发生脱节和矛盾。特别是当各职能部门分别隶属于不同的行政领导时,仍然存在多头领导的问题。

随着物流企业的发展,其经营规模、业务领域和市场范围都会不断扩大,企业的组织结构也相应会更加复杂。此时,直线职能制成为我国中小型物流企业普遍采用的组织结构形式,如图1-6所示。

4) 事业部制组织结构形式

事业部制最早是由美国通用汽车公司总裁斯隆于1924年提出来的,故有"斯隆模型"之称,也叫"联邦分权化",是一种高度(层)集权下的分权管理体制。它适用于规模庞大,品种繁多,技术复杂的大型企业,是国外较大的联合公司所采用的一种组织形式。事业部制是分级管理、分级核算和自负盈亏的一种形式,即一个公司按地区或按产品类别分成若干个事业部,从产品的设计、原料采购、成本核算、产品制造,一直到产品销售,均由事业部及所属工厂负责,实行单独核算,独立经营,公司总部只保留人事决策、预算控制和监督大权,并通过利润等指标对事业部进行控制。即把企业的生产经营活动,按照产品种类或地区划分,建立事业部。各事业部实行相对独立的经营,有独立的产品或市场,实行独立核算,每个事业部都是一个利润中心。这是一种"分权式"组织形式,公司最高管理机构负责重大方针政策的制定,掌握影响公司成败的重大问题的决策权,而事业部的经理根据总公司的指示,统一领导其主管的事业部的工作。

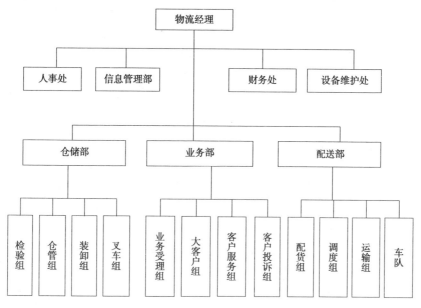

图1-6　物流企业直线职能制组织机构

在事业部制的物流企业中,事业部长为事业部的最高负责人,其地位相当于独立公司的经理,事业部长全权处理该事业部的一切事务,可根据市场变化情况,自主采取对策;总公司的职能部门不要求事业部的职能部门上报材料,不实行垂直领导,而是为事业部的职能部门提供服务。事业部的职能部门只对事业部长负责,从而保证了事业部长的决策能切实得以履行。各事业部严格采取独立核算制,绝不用盈利的事业部去弥补亏损的事业部。各事业部必须靠自身的力量实现利润增长。事业部之间的关系是市场竞争关系。

总公司在资金管理、利润管理和营运监督方面对事业部采取集权式管理。

(1)资金管理:由总公司向事业部提供"内部资金",作为事业部的总资本,总公司收取利息,控制严格;

(2)利润管理:总公司每隔一定时间向各事业部公布总方针,给各事业部下达盈利率指标,各事业部按照这一盈利率指标,制订事业部计划,计划一经批准,总公司可随时监督其执行情况,并根据不同情况提出注意事项,总公司还负责监督事业部的财务状况等;

(3)营运监督:总公司通常采用一种称作"经理职员"的制度,该制度通常从财务管理方面入手,对各事业部起到了营运监督的作用。

这种组织结构的基本特征表现为:

(1)有独立的产品或市场,是产品责任或市场责任单位;

(2)有独立的利益,实行独立核算,是一个利益责任单位;

(3)是一个分权单位,拥有足够的权力,能自主经营。

这种组织结构的优点表现为:有利于公司最高管理者摆脱日常行政事务,专心致力于公司的战略决策,充分调动各事业部的积极性,提高组织经营的灵活性和适应能力,培养人才,发现人才,使用人才,便于考核。缺点表现为:职能机构重复设置,容易造成人、财、物的浪费;职权下放过多,最高管理层的控制能力有所削弱,不利于全局协调;实行独立核算,容易使各事业部产生本位主义,忽视企业的整体利益和长远发展。大型物流企业的市场覆盖面非常广,地理位置会跨越整个国家甚至全球。因此,大型物流企业通常采用事业部制组织结构形式,如图1-7所示。

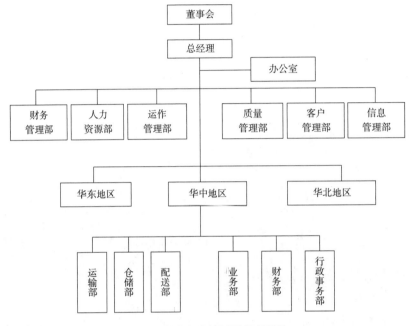

图1-7 物流企业事业部制组织结构

5)矩阵式组织结构形式

矩阵式物流组织结构是由美国学者丹尼尔·W·蒂海斯和罗伯特·L·泰勒于1972年针对企业物流组织提出的,它的设计原理是将物流作为思考问题的一种角度和方法,而不是把它作为企业内的另外一个功能。由于履行一个典型的物流业务需要跨越多个部门、历时较长、涉及的人和事较多,所以在某种程度上,一个物流业务也可看作是一个项目。泰勒和蒂海斯提出了矩阵式的物流组织结构,其大体内容是:履行物流业务所需的各种物流活动仍由原部门(垂直方向)管理,但水平方向上又加入类似于项目管理的部门(一般也称为物流部门),负责管理一个完整的物流业务(作为一个物流"项目"),从而形成了纵横交错的矩阵式物流组织结构。

矩阵组织结构是把按职能划分的垂直领导系统和按产品(项目)划分的横向领导关系组合在一起的结构,它具有以下基本特征:

(1)它打破了传统的一个员工只有一个上级的统一命令原则,使一个员工受两个甚至两个以上上级的领导;

(2)它是为完成某一项目,由各职能部门临时抽调相应人员组成的项目小组。当项目完成后,各类人员另派工作,项目小组即不复存在。

这种组织结构的优点表现为:组织中的纵向联系和横向联系能很好地结合,任务有专人负责,有利于高效完成任务,物流部门作为一个责任中心,允许其基于目标进行管理,可以提高物流运作效率;把属于不同部门的具有不同专业知识结构的专业人员组织在一起,有助于激发员工的积极性和创造性,能培养和发挥员工的工作能力,他们的协同作用可以减少项目设计的片面性;这种形式比较灵活,适合于任何企业的各种需求,团队所担负的任务可随情况的变化而变化,使组织结构能同时具有较好的适应性与稳定性。缺点表现为:由于采用双轨制管理,职权关系受"纵横"两个方向上的控制,可能会导致某些冲突和不协调。

这种形式在物流企业也有应用,第四方物流企业通常采用适合项目研究的矩阵制组织结构,如图1-8所示。

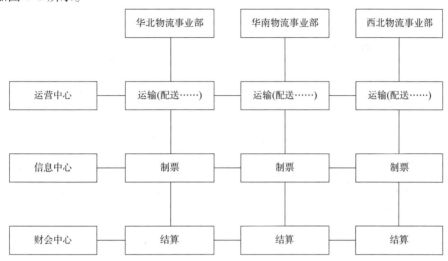

图1-8 物流企业矩阵制组织结构

6)物流子公司——物流管理组织机构的新形式

这是一种新型的物流管理组织形式,是企业或企业集团为了实现物流合理化而将物流管理的一部分或全部分离出来,由一个具有法人资格的独立的企业,实行社会化、专门化经营。其以物流管理效率化和降低费用为第一目标。有些实力雄厚的工商企业将原本属于本企业的物流管理的一部分或全部分离出来,成立一个具有法人资格的独立企业,如麦当劳公司,每天需将大量新鲜食品材料运往中国各地,为保证供货的准确及时,组建了自己的物流子公司。有的子公司既为母公司提供"第一方"物流服务,又利用过剩能力为客户提供"第三方"物流服务,所以被称为"1+3"模式,"海尔物流"、"华润物流"都是典型的例子。

这种组织结构形式的优点表现为:

(1)采取物流子公司的组织形式,不仅能摆脱企业内轻视物流工作的陈腐观念,而且大大改变了物流业务的地位,从而有利于调动物流工作人员的积极性。同时,由于物流业务的专门化和统一指挥,也便于加强对物流人员的劳务管理。

(2)建立物流子公司,能开拓物流业务新领域。如前所述,从属于一个公司或企业的物流管理机构,它的活动领域只限于本公司内部;而物流子公司是独立的物流业者,就不受这种限制,它实行社会经营,可以承担许多企业、公司的物流业务,其业务领域是无限的,而这一点恰恰是公司物流部门所不具备的。

(3)使物流费用明确化,从而改变了人们对物流的看法,提高了对物流成本核算的认识,有利于加强物流管理。

(4)物流子公司作为独立于企业之外的物流管理组织,具有法人资格,能够进行以利润为中心的管理,有利于物流效率的提高。

缺点表现为：

(1)如果物流子公司不和原有企业彻底脱钩,也会因原有企业转嫁损失、物流不合理或者由于对原有企业的依赖而无法自主经营,这些都会影响物流管理组织的有效性。

(2)物流管理业务独立化之后,子公司与原有企业成为主顾关系,两者之间的抗衡、竞争和矛盾会使原有企业不愿接受子公司提出的物流合理化建议,从而不利于原有企业合理化的推进。

要发挥物流子公司的优势,使之有效地开展活动,最重要的是解决好如何确保自主经营和扩大业务问题。因此,物流子公司必须做到：

(1)物流子公司作为独立的物流业者要成长和发展,必须实行社会经营,扩大业务领域。为此,一方面要满足总公司的需要,另一方面要面向社会开拓新业务,谋求打进物流专业者的现有市场,实现与其他企业物流共同化。为此,必须注重物流开发研究以及改进物流管理技术,同时应发展横向联合,实现共同繁荣。

(2)作为物流子公司,必须实行独立核算、自负盈亏。如果物流子公司只是为了支援总公司的生产,作为销售部门的物流职能而存在,而没有企业独立核算的性质,那就失去了子公司的意义。若建立子公司是总公司物流合理化的需要,就应该在提供廉价而优质服务的同时获得适当的利润;若设立子公司的目的在于加强物流管理,降低物流费用,那么子公司只有获利才能成为企业的基础,而要有利润就必须拥有自主经营的权力。

**5. 物流企业组织结构模式的创新**

(1)基于流程的物流组织结构:流程型组织就是围绕一系列核心流程进行工作、配置人员的一种组织模式。它打破了传统的主要着眼于任务分工的组织结构,着重于流程的一体化整合,如图1-9所示。仅仅靠减小规模并没有带来许多公司所期待的生产的巨大提高,要在绩效方面取得大的飞跃,需要重新思考完成工作的方式。为了达到这个目的,一些企业采用了这种新的组织模式,以下是这种模式可能运行的方式:

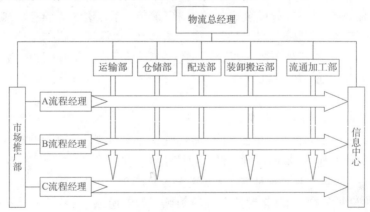

图1-9　基于流程的物流组织结构示意图

①根据过程,而不是任务进行组织;

②取消等级;

③使用小组管理一切事务;

④让客户驱动绩效;

⑤对小组的绩效予以酬劳;

⑥增加供应商和客户的接触;

⑦培训所有的雇员。

(2)物流企业联盟网络组织结构:物流企业联盟是物流企业为了扩大自身业务能力和市场覆盖范围而与其他物流企业建立的稳定的、长期的合作关系。它是通过各种协议、契约而结成的优势互补、风险共担、利益共享的松散型网络组织,是介于独立企业与市场交易关系之间的一种组织形态。对第三方物流企业的服务而言,物流企业联盟主要由物流盟主企业和物流成员企业构成,其组织结构如图1-10所示。

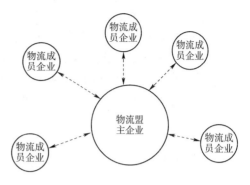

图1-10 物流联盟网络组织结构

物流联盟有利于提高服务水平,能有效降低物流成本和企业风险,但是既然收益这么明显,为什么物流联盟仍然为数不多呢?原因在于当供应链合并时,潜在的合作伙伴有所顾虑。这些顾虑主要有:失去对物流渠道的控制能力;担心被"置于物流管理之外";不能直接为客户管理物流;无法判断是否进行了充分的检查和平衡,以使合作伙伴满意;很难判断是否实现了成本约束;难以衡量共同获得的利益;合作各方相互信任不够;不知道如何成功实现物流联盟等。

(3)供应链物流结构:供应链由原材料供应、生产、流通和消费四个基本环节组成,每一环节都需要物流系统的支持。因此,供应链物流系统就是由原材料供应物流系统、生产物流系统、流通物流系统和消费物流系统组成。完整的供应链物流系统结构如图1-11所示。

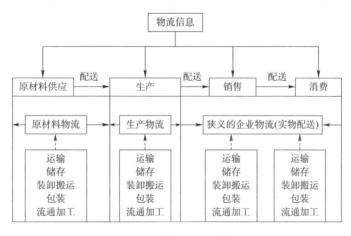

图1-11 供应链物流结构

任务实施

一、任务准备

(1)请学生分组,教师给每组一份物流企业资料,每组学生按照资料介绍进行勾画组织结构图前的准备工作。

(2)主要查阅物流企业的状况,包括成长经历、产品类型和特点、市场状况、发展规模,掌握物流企业的经营特点和未来企业发展态势,并书写提交企业状况报告。

(3)学生根据任务1中教师给定的物流企业的资料,或自选一家物流企业,分解资料内容,组成解决各个有关内容的工作小组,绘制该物流企业组织结构图,图中必须能够体现各种管理职务或部门在组织结构中的地位以及它们之间的相互关系。

(4)按照绘制的组织结构图,编制《职务说明书》,说明书中必须能够体现各管理职务的工作内容、职责与权力、与组织中其他部门和职务的关系,要求担任该项职务者所必须拥有的基本素质、技术知识、工作经验、处理问题的能力等条件。

## 二、任务实施

明确任务实施的流程,流程图如图 1-12 所示。

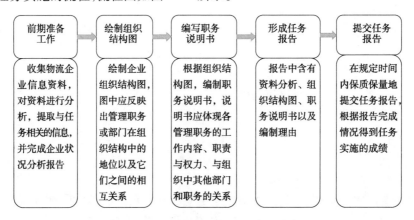

图 1-12　组织机构设计任务实施流程图

## 三、组织结构图实例

(1)江西省物资储运总公司组织机构实例,如图 1-13 所示。

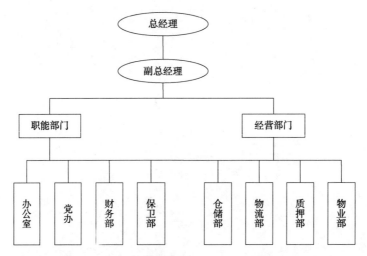

图 1-13　江西省物资储运总公司组织机构图

(2)大连中远物流有限公司组织机构图实例,如图 1-14 所示。

(3)中国海运集团物流有限公司组织机构实例,如图 1-15 所示。

(4)烟台新宏远物流有限公司组织机构实例,如图 1-16 所示。

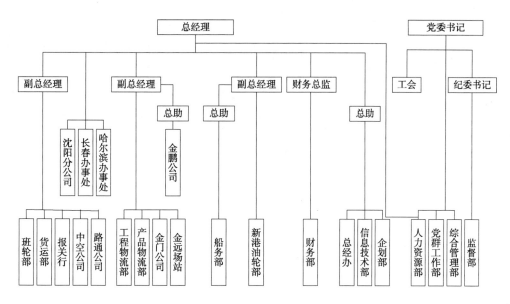

图 1-14 大连中远物流有限公司组织机构图实例

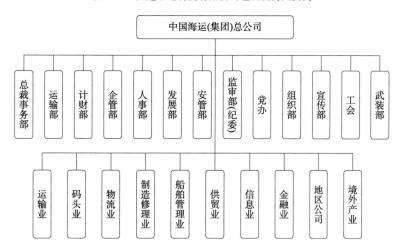

图 1-15 中国海运集团物流有限公司组织机构图

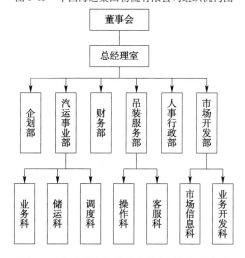

图 1-16 烟台新宏远物流有限公司组织机构图

# 任务3　物流企业经营模式设置

 案例导入

### 青岛啤酒——外包物流保鲜速度

"我们要像送鲜花一样送啤酒,把最新鲜的啤酒以最快的速度、最低的成本让消费者品尝。"为了这一目标,青岛啤酒股份有限公司与香港招商局共同出资组建了青岛啤酒招商物流有限公司,双方开始了物流领域的全面合作。2002年4月青岛啤酒与招商物流正式确定合作关系,共同出资200万元组建了青岛啤酒招商物流有限公司。自从合作以来,青岛啤酒运往外地的速度比之前提高30%以上,山东省内300km以内区域的消费者都能喝到当天的啤酒,300km以外区域的消费者原来喝到青岛啤酒需要3天左右,现在也能喝到出厂一天的啤酒了。

业内人士指出,这一合作,对青岛啤酒而言,实际是将物流业务外包,这是国企中第一个吃螃蟹的人;对招商物流而言,该项目是第三方物流服务的典型案例,在合作形式、合作技术上都具有挑战性。

招商物流公司将通过青岛啤酒优良的物流资产和招商物流先进的物流管理经验,全权负责青岛啤酒的物流业务,提升青岛啤酒的输送速度。双方协议,组建公司除拥有招商局专业物流管理经验和青岛啤酒优质的物流资产以外,还拥有基于ORACLE的ERP系统和基于SAP的物流操作系统提供信息平台支持。青岛啤酒招商物流有限公司两年内由青岛啤酒公司持股51%,两年后由招商局物流公司持股51%。

青岛啤酒招商物流公司运营以来,青岛啤酒在物流效率的提升、成本的降低、服务水平的提高等方面成效显著。据透露,青岛啤酒运送成本每个月下降了100万元,青岛啤酒车队司机的月收入也拉开了档次,最大的时候相差达3500元。

另外,与招商物流的合作,使青岛啤酒固化在物流上的资产得以盘活。据介绍,自1997年开始,青岛啤酒公司就开始进行物流提速的投资,先后在4年间共斥巨资4000多万元进口大型运输车辆40余部,以保证向全国客户按时供货。但是青岛啤酒并不具备有优势的自营运输业务,这支车队每年却有近800万元的潜亏。早在2000年,青岛啤酒就有了物流外包的意图。故在国内企业大多热衷于自建物流体系,很少向外寻求物流服务的时候,青岛啤酒却将物流从主业中剥离,在招商物流的配合下,小心却又决然地迈出了一步。

青岛啤酒招商物流有限公司是招商物流在山东布下的一个节点,希望以它来敲开华东地区物流市场的大门,其目标是三年内成为山东及周边区乃至北方的标志性物流企业。青岛啤酒是它开路的急先锋,而"青啤模式"则是招商物流开拓国内市场的一把利刃。

**引例分析**

拓展及合理选择是缓解物流市场供给结构失衡,促进物流业市场化、产业化、社会化发展的重要途径。从物流的内涵及我国物流业的发展实践来看,物流企业有8种不同的运营模式,不同的运营模式具有不同的特征,适合的企业类型、规模以及客户要求不同,在实践中应结合具体的运用条件加以分析。

 **任务分析**

## 一、任务准备

(1)多媒体教室(含可供学生上网查资料的计算机、多媒体教学设备、课件和动画等教学资料);

(2)若干物流企业运营模式的相关案例。

## 二、任务目标

(1)了解研究物流企业运营模式的意义;
(2)熟悉物流企业的八种主要运营模式;
(3)能够对物流企业的运营模式进行分析并归类。

## 三、基础知识

**1. 物流企业的分类及其特征**

物流企业的种类繁多,通过合适的指标来把它们抽象成不同的类型进行分析是研究物流企业的重要手段。从物流服务范围及资源整合度这两个指标出发对物流企业进行分类,基本能反映出物流企业的内在特征。这里,所谓的物流服务范围是指服务对象的广泛性、服务功能的多样性,也即服务对象是集中于某一个或几个行业还是具有普遍性,所提供的物流服务是专注于某一个或几个环节还是完全一体化的。类似地,资源整合度是指物流企业提供物流服务所需的资源是自身拥有的还是通过整合社会相关资源而得来的。根据这两个指标把物流企业分为整合型、综合型、专业型、功能型四种类型(表1-9)。

四类物流企业特征归纳表　　　　　　　　　　　　表1-9

| 特征＼类型 | 整合型(ITL) | 综合型(DL) | 专业型(IDL) | 功能型(FL) |
|---|---|---|---|---|
| 提供服务功能 | 一体化 | 全程 | 集成 | 单一 |
| 自身拥有资源 | 有限 | 丰富 | 有限 | 较少 |
| 资源整合度 | 高 | 较低 | 较高 | 低 |
| 客户范围 | 有限 | 广泛 | 行业集聚 | 广泛 |
| 物流网络体系 | 较健全 | 健全 | 较健全 | 不健全 |
| 资本需求规模 | 适中 | 大 | 较小 | 较小 |
| 进入壁垒 | 高 | 高 | 较高 | 低 |
| 核心竞争力 | 人才 | 物流网络 | 行业经验 | 设备、设施 |
| 物流战略 | 客户化全面物流解决方案 | 规模经济下全程物流服务 | 目标集聚 | 低成本及差异化服务 |

**2. 物流企业运营模式**

运营模式指企业根据企业的经营宗旨,为实现企业所确认的价值定位所采取的某一类方式方法的总称,其中包括企业为实现价值定位所规定的业务范围,企业在产业链的位置,以及在这样的定位下实现价值的方式和方法。

现代物流企业的运营模式是物流企业在生产经营中应用物流功能要素进行生产经营并获得收益的业务运作方式。运营模式是企业盈利的基础，只有具备了一种成功的运营模式，企业才可能获得盈利。

**3. 物流企业运营模式分类**

按照上述物流企业的分类可总结归纳出4种主要的物流企业运营模式。

（1）综合型物流企业的运营模式

综合型物流企业一般为大型的物流企业集团，有着分布广泛的物流网络体系，开展跨区域的物流业务。一般来说，该模式有三种业务类型：其一是作为客户企业的物流服务总包商，负责客户企业的整个物流运作。这种类型下，客户企业数量有限，且综合型物流企业与客户企业往往是合作伙伴或者战略联盟的关系。其二是作为客户企业物流服务的分包商，提供某环节的物流服务，综合型物流企业对客户企业直接负责或者对客户企业指定的物流总包商负责。最后一类属于临时性物流业务，这类业务大多集中于综合型物流企业所拥有的核心能力领域，如中海的远洋运输、中铁的铁路运输。不管是属于哪种业务类型，与客户之间业务的开展都是靠订单联系在一起的。

（2）整合型物流企业的运营模式

整合型物流企业的核心竞争力在于为客户公司提供运作和管理整个供应链的解决方案，并且通过方案的实施与客户建立一种长期的战略伙伴关系，为其长期提供集成性的物流服务。根据实施的主体的不同可以有以下两种不同的运营模式。

其一，为协作模式，即ITL通过与其他类型物流企业如综合型物流企业、功能型物流企业等的合作来共同服务于若干客户。综合型物流企业、功能型物流企业是执行的主体，而整合型物流企业向他们提供一系列服务，如技术、供应链策略、进入市场的能力、项目管理的能力等。整合型物流企业与其他物流企业一同工作，其思想和策略通过其他物流企业来具体地实现，以达到客户服务的目的。这里所谓的物流战略联盟一般是由具有共同利益关系的各种类型物流企业之间组成的战略共同体，核心思想是通过联盟这一方式发挥核心优势互补的效应。目的是把一系列的物流企业联合在一起，根据客户的个性化需求，提供"量体裁衣"式的、灵活的、最有效的综合服务。

其二，是集成模式，即整合型物流企业作为客户公司物流服务的集成商，为客户提供运作和管理整个供应链的解决方案。扮演一个规划者、监督者和管理者的角色，通过对其他物流企业资源、能力和技术进行综合管理，借助其他物流企业为客户提供全面的、集成的供应链管理方案，其他物流企业通过整合型物流企业的供应链管理方案为客户提供服务，此时，整合型物流企业作为一个枢纽，可以集成多个服务供应商的能力和客户的能力，依据供应链运作策划方案，使相关物流企业能同步运作，从而实现供应链管理的一体化。

# 海尔物流运作模式分析

**一、海尔公司简介**

海尔集团创立于1984年，在31年的时间里创造了从弱到强、从国内到海外的卓著业绩。经历了31年的风风雨雨，海尔已经成长为中国家电第一品牌。旗下拥有上百家法人单位，在全球多个国家建立本土化的设计中心、制造基地和贸易公司，全球员工总数过万，重点发展科技、工业、贸易、金融四大支柱产业,已发展成全球营业额超过1000亿元规模的跨国企业集团。

1993年,海尔品牌成为首批中国驰名商标;2006年,海尔品牌价值高达749亿元,自2002年以来,海尔品牌价值连续四年蝉联中国最有价值品牌榜首。海尔品牌旗下冰箱、空调、洗衣机、电视机、热水器、计算机、手机、家居集成等18个产品被评为中国名牌,其中海尔冰箱、洗衣机还被国家质检总局评为首批中国世界名牌。2009年,海尔冰箱入选中国世界纪录协会世界冰箱销量第一,创造了新的世界之最。2005年8月30日,海尔被英国《金融时报》评为"中国十大世界级品牌"之首。2006年,在《亚洲华尔街日报》组织评选的"亚洲企业200强"中,海尔集团连续第四年荣登"中国内地企业综合领导力"排行榜榜首。海尔已跻身世界级品牌行列,其影响力正随着全球市场的扩张而快速上升。

**二、海尔物流运作模式**

海尔物流的物流运营模式分内向的和外向的两部分。

1. 内向物流

海尔市场链流程再造与创新过程中,采购配送中心整合海尔集团的采购与配送业务,形成了极具规模化、网络化、信息化的JIT采购及配送体系。

海尔物流采购管理体系:实现为订单而采购,降低物流采购成本;推行VMI模式,建立与供应商的战略合作伙伴关系,实现与供应商的双赢合作。目前,采购面向包括50余个世界500强企业的供应商实施全球化采购业务,在全面推进实施寄售采购模式的同时可为用户提供一站到位的第三方服务业务。

海尔物流配送管理体系:提高原材料配送的效率,"革传统仓库管理的命",通过建立了两个现代智能化的立体仓库和自动化物流中心以及利用ERP物流信息管理手段对库存进行控制,实现JIT配送模式。从物流容器的单元化、标准化、通用化到物料搬运机械化,到车间物料配送的"看板"管理系统、定置管理系统、物耗监测和补充系统,进行了全面改革,实现了"以时间消灭空间"的物流管理目标。

目前,配送全面推广信息替代库存,使用电子标签、条码扫描等国际先进的无纸化办公方法,实现物料出入库系统自动记账,达到按单采购、按单拉料、按单拣配、按单核算投入产出、按单计酬的目标。形成了一套完善的看单配送体系。

通过先进的采购及配送管理体系、丰富的实践运作经验、强大的信息系统,海尔采购配送中心将打造出新时代的采购配送流程。

2. 外向物流

海尔物流使用SAP LES系统进行全球物流运作管理:

(1)资源管理资源统一管理和调配,降低物流成本。

(2)订单管理:订单信息同步共享,提高订单响应速度。

(3)运输管理:配送、运输系统监控,在途库存监控。

(4)仓库管理:库存信息共享、实时查询,库存报警。

(5)KPI分析:物流节点kpi自动取数,提高了效率。海尔物流使用HLES系统,进行产品先进先出、窜货、超期库存等管理,红色代表每一个扫描点。

3. 物流服务

海尔物流在一级配送网络、区域内分拨网络的基础上建立了区域间配送体系。各配送中心的网络,除了能满足区域内配送外,还建立了直接送达其他配送中心的区域间配送网络,使以前的单点和线,形成星罗棋布的网,形成完善的成品分拨物流体系、备件配送体系与返回物流体系。目前网络的类别有:零担、班车、专线、整车配送等,以满足不同客户的需求。大批量订单,提供"B2B,B2C 的门对门"的运输配送。零散、小批量的订单,以运筹优化的观点,安排合理的配送计划,实现一线多点配送,为客户提供完善的 24h 物流服务,形成一个以干线运输、区域配送、城市配送三级联动的运输配送体系;同时配合海尔集团的家电销售网络到三四级的推进,将形成一个深度和广度覆盖的综合物流服务网络。通过海尔物流网络(区域配送+干线运输+城市配送)构建了客户业务模式。

### 三、海尔物流运作模式的特点

1. 实施供应链管理

海尔实现了物流的信息化和网络化。海尔模式以订单信息流为中心提高企业的市场响应速度,快速获取订单与满足订单,体现出了信息化,企业内部所有的信息都必须围绕着订单流动。海尔还注重全球供应链资源网络、全球用户资源网络和计算机信息网络,体现了海尔网络化的思路,三者将企业内部资源与外部资源有机连接为一体。

2. 物流产业化

所谓物流产业化,是指要物流产业形成社会普遍承认的规模程度,通行法则和在全社会范围内达到通变,以彻头彻尾地从质的规定性上达到提倡的目标。"产业化"即指要使具有同一属性的企业或组织集合成社会承认的规模程度,以完成从量的集合到质的激变,真正成为国民经济中以某一标准划分的重要组成部分。海尔通过对本企业原有物流功能的破坏性重组,整合了企业原有的资源,拓展了物流规模化经营,构筑了现代的物流体系,增强了物流的核心竞争力,形成社会普遍承认的规模程度,拥有了优质的全球供应商资源,积累了丰富的实践经验,运用了世界上最先进的信息技术与物流技术,使海尔物流具备了联合采购、第三方物流与第四方物流的能力。

3. 海尔的物流业务整体规划

以海尔集团为核心企业,与供应商、分销商用户形成了供应链网络,通过实施物流管理,在缩短提前期、降低库存、加快资金周转、提高响应市场应变能力方面,发挥了巨大的作用。海尔集团因物流高效减少了库存,使仓库变成了配送中心。通过对采购资源、原材料配送资源、成品配送资源的整合,获取了更优的外部资源。

(3)功能型物流企业的运营模式

这类企业一般来源于传统的运输、仓储、配送企业,往往只能提供物流某个环节如运输、仓储等的物流服务。一般来说,功能型物流企业所提供的服务主要有两种方式,其一是以产品定向的物流服务,其二是以客户定向的物流服务。

所谓以产品定向的物流服务,是把有相似需求的客户服务聚合起来,形成规模经营,以充分利用物流企业的资源及能力,这样才能降低物流服务的单位运营成本。这种形式下的客户范围比较广泛,提供的主要是基本服务,如运输、仓储等,还是属于传统意义上的物流服务。

所谓以客户定向的物流服务,是针对客户的特殊需求,提供较为综合性的量体裁衣式的物流服务。随着服务对象(即客户公司)的需求的变化,物流企业所提供的物流服务也需向更高、更深的层次延伸,这种需求的变化表现在:制造业中更多的企业采用 JIT 即时库存管理,在商业零售业中由大型连锁商场和超市集团形成的供应渠道和配送方式的变化,广泛采用的 POS 技术、快速反应货源跟踪战略等。这些变化都直接影响到传统的运输、仓储企业所提供的内容和质量的要求,呼唤着新的、高层次的物流服务经营方式和运作方式的出现。在这种形式下，企业往往与客户公司建立一定程度上的合作伙伴关系，如以战略联盟的方式来重新构建两者之间的关系，从而不仅承担运输服务和仓储服务，而且还提供一系列附加的创新服务和独特服务，如产品的分类、包装、存货管理、订货处理，甚至包括网络设计等，来满足特定客户的独特需求。

**(4) 专业型物流企业的运营模式**

随着现代经济运行方式向全球化、专业化方向发展，企业往往会集中精力于主营业务，而把与业务开展相关的物流业务外包给专业的"第三方"物流企业。并且，对于有些行业（如汽车行业、钢铁行业、化工行业等）企业来说，要提供给它们个性化的物流服务，需要有专用的设备、行业的经验，因而许多专注于某行业领域的、具有丰富行业经验、拥有专用设备的IDL应运而生。

IDL的运营模式与ITL的集成模式很相似，不同之处在于IDL所面对的客户是属于同一个行业内的企业，而ITL的客户则一般没有行业局限。作为客户公司物流服务的集成供应商，需制订供应链解决方案、整合所需资源、管理供应链运行。其他服务供应商作为客户公司的物流服务的分包商，提供IDL所需的资源及能力，以共同为客户公司提供全面的物流服务。

当然，由于资源及能力有限，物流企业即使是IDL也很难有能力去提供包括采购物流、生产物流、销售物流的全方位的物流服务。因而，一般IDL往往根据自身的资源及能力现状，集中自己的主营业务于采购物流、生产物流或者分销物流中的某个点上，依据企业的发展战略进行业务上的上下游延伸。以国内现在的汽车物流为例，安吉汽车物流公司是国内运输手段最齐全、运输网络最完善的专业性汽车分销物流企业，以整车分销物流业务为核心，依托上海通用汽车的上海东昌企业集团公司则是以采购物流业务为核心，向生产物流及分销物流业务延伸。

**4. 物流企业经营模式研究的意义**

物流运营模式是物流企业核心竞争力的体现，研究物流企业经营模式，对于传统物流企业向现代物流企业转变寻找新的思路具有以下重要意义：

**(1) 运营模式是现代物流服务理念的体现**

随着社会经济的快速发展，客户需求呈现多样化和复杂化的趋势，企业对于物流服务的准时性、及时性、全面性的要求越来越高。这就要求物流企业针对客户的经营特点提供个性化的服务。

因此，在提供服务时，要仔细分析客户的需求，了解客户的经营规律，以便提供精确的物流服务。经营模式体现了物流企业的现代物流服务理念，企业在为顾客提供物流服务的过程中，必须站在客户的立场上思考物流合理化问题。

**(2) 运营模式是物流企业成功的关键**

在物流市场被普遍看作是具有良好发展前景的市场以后，进入物流行业的企业数量逐年增多，行业内部的竞争日趋激烈，而且竞争已经由单纯的价格竞争开始走向服务质量和服务层次的竞争。

此外，我国加入WTO以后，已经陆续开放了部分物流市场，一些跨国物流企业，如马士基、UPS等相继进入中国，国内的物流企业面临着来自跨国物流公司和国外物流资本的挑战。今后的5~10年，将是我国物流企业发展的关键时期，物流行业将重新洗牌。通过企业之间的竞争将导致相当一部分企业由于缺乏创新而被淘汰出局；那些经得起市场考验的企业则会打牢市场根基,确立自身在市场中的地位。通过企业整合、重组,将会在各个地区产生若干家大型的现代物流企业。

其中,有的将会成为具有全国性物流网络,能够提供综合物流服务的第三方物流企业。经营模式已经成为影响企业经营成败的重要因素,成功的经营模式是企业获得盈利的基础,同时也是企业核心竞争力的体现。传统储运企业向现代物流企业转变,目标就是寻求一种新的盈利模式,只有找到了适合于企业的经营模式,传统储运企业才真正完成了转变。

**5. 运营模式的选择要切合物流企业实际**

企业在选择经营模式时要注意结合自身优势,对物流市场进行深入细致的分析,明确自己的市场定位。同时,依托原有资源,利用现代物流理念来改善企业的经营,使选择的经营模式能够给企业带来最佳的经济效益。

例如,大量中小型、采用传统物流手段的物流企业,它们不具备实施项目物流或物流咨询服务的能力,但可以采用加盟连锁或者物流联盟的形式,依托大型物流企业,提供专业性、阶段性的物流服务。经营模式不是一成不变的,一个企业可以选择多种经营模式,一种经营模式也可能适用于多个企业,关键是经营模式必须与企业实际相适应。

**6. 物流企业运营模式存在的问题**

物流企业运营模式雷同化倾向在许多企业都存在,这不利于物流服务体系的建设,通过竞争提高企业的效率不高;企业在经营模式上缺乏针对目前物流市场发展现状的创新,市场培育速度较慢;相当部分企业缺乏利用不同的、具有企业核心竞争力支持的经营模式谋求发展的自觉性;多式联运仍在较大程度上受制于管理体制,发展缓慢,不利于物流服务的网络化和集约化发展。

**7. 具有一定典型性的物流企业及业务模式**

经过几年发展,我国物流市场上形成了由多种所有制、不同经营规模和各种服务模式共同构成,各具特色的物流企业群体:

(1)原有的国有物流企业通过重组改制和业务转型,向现代物流发展,已成为我国物流市场的骨干力量。如中远物流、中海物流、中外运物流、中邮物流、中国储运、中铁快运和招商局物流等几大国有骨干物流企业。

(2)出现了营业收入超亿元甚至10亿元的私营物流企业。如广州宝供、浙江传化、天津大田、广东南方、北京宅急送、黑龙江华宇、上海远成、大连锦程等。

(3)一大批外资物流企业,特别是世界知名的跨国物流企业,纷纷进入我国物流市场。如丹麦马士基、美国总统轮船、英国英运、荷兰天地、日本日通、美国联邦快递、联合包裹、德国邮政等。

此外,我国香港、台湾许多物流企业也进入内地。如香港和记黄埔、嘉里物流、利丰集团,台湾大荣、长荣等。

各种类型的企业发挥各自优势,在竞争中相互合作,促进了经营管理和服务创新,出现了仓单质押融资、区港联动、供应商管理库存、精益物流、物流地产等新的经营服务模式。

### 知识链接

1. 中国物资储运总公司从1999年开展仓单质押融资监管业务,先后为500多家客户提供了150亿元的质押融资服务。通过物流企业的中介监管服务,促进了产业资本和金融资本的融合。

2. 我国首个保税物流园区——上海外高桥保税物流园区自封关运作以来,已引进东方海外、商船三井、敦豪、日通等15家著名的国际航运集团和跨国物流企业。通过区港联动,促进了保税区和港区一体化运作,提高了国际物流效率。

3. 宝供物流企业集团为一家电器制造企业实施物流系统优化改造,使该企业全国库存点数量由原来的260多个经营部减少为35个区域配送中心,产品周转天数由65天降低到24天。

4. 浙江传化物流基地到目前已引进380多家物流企业,吸引了12万辆社会车源,服务于萧山及周边地区7000多家工业和商贸企业,成为当地高效便捷的物流枢纽。

5. 中储打造仓储平台、建设现货市场、开展商贸物流和拓展物流金融服务,并建立了高效的企业制度,优化了网络布局,积极利用外资,培养专业人才和推进信息化建设。

通过对上述物流企业的介绍,可以看出,先进的物流企业都在积极适应市场需求变化和应对国外企业的冲击中,结合自身优势,在开展现代物流服务的过程中探索出了很多具有代表性的运营模式,在这个基础上,可以归纳总结出8种具有借鉴意义的物流企业运营模式。

(1)物流服务延伸模式

所谓物流服务延伸模式,是指在现有物流服务的基础上,通过向两端延伸,向客户提供更加完善和全面的物流服务,从而提高物流服务的附加价值,满足客户高层次物流需求的经营模式。如,仓储企业利用掌握的货源,通过购买部分车辆或者整合社会车辆从事配送服务;运输企业在完成货物的线路运输之后,根据客户的要求从事货物的临时保管和配送。这种模式对于从事单一功能物流服务的传统物流企业来说,不仅可以拓展物流服务的范围,而且达到提高物流服务层次的目的。

(2)行业物流服务模式

行业物流服务模式是通过运用现代技术手段和专业化的经营管理方式,在拥有丰富目标行业经验和对客户需求深度理解的基础上,在某一行业领域内,提供全程或部分专业化物流服务的模式。这种经营模式的主要特点是将物流服务的对象分为几个特定的行业领域,然后对这个行业进行深入细致的研究,掌握该行业的物流运作特性,提供具有特色的专业服务。行业物流服务模式集企业的经营理念、业务、管理、人才、资金等各方面优势于一体,是企业核心竞争力和竞争优势的集中体现。

商业运作方式决定着物流服务方式,只有深入掌握了目标行业或项目的具体特征,才能提供专业化的物流服务。实际上,行业物流服务模式体现了细分物流市场的特征。物流企业必须不断研究目标市场行业的物流特点和发展趋势,成为这些行业的物流服务专家。在全球,只有极少数企业能提供所有种类物流服务。绝大多数物流企业都可采用目标集聚战略,进行准确的市场定位,各有侧重地展开各具特色的物流服务。在国内,行业物流服务是近年来物流市场发展的一个趋势,服装、家电、医药、书籍、日用品、汽车、电子产品等行业或领域纷纷释放物流需求,极大地丰富了物流市场,为物流企业的经营提供了广阔的市场空间。

(3)项目物流服务模式

项目物流是指为具体的项目提供全程物流服务的模式。这类需求主要集中在我国一些重大的基础设施建设项目和综合性的展会、运动会中,如三峡水电站、秦山核电站、国家体育馆等基建项目以及奥运会、展览会等大宗商品的运输物流服务,实施这种模式的物流企业必须具备丰富的物流运作经验和强大的企业实力。"中外运物流"在项目物流方面取得了不菲的成绩,长期以来,中外运在国内外建设了完善的业务经营网络,在为国内各大外贸公司提供全面运输管理服务的同时,为国家重点工程项目的生产物资实行国际多式联运,同时为我国大型国际展览会、博览会和运动会承担物品运输任务,取得了一定的成功经验。

(4)定制式物流服务模式

定制式物流服务是指将物流服务具体到某个客户,为该客户提供从原材料采购到产成品销售过程中各个环节的全程物流服务模式,涉及储存、运输、加工、包装、配送、咨询等全部业务,甚至还包括订单管理、库存管理、供应商协调等在内的其他服务。现代物流服务强调与客户建立战略协作伙伴关系,采用定制式服务模式不仅能保证物流企业有稳定的业务,而且能节省企业的运作成本。物流企业可以根据客户的实际情况,为其确定最合适的物流运作方案,以最低的成本提供高效的服务。

(5)物流咨询服务模式

物流咨询服务模式是指利用专业人才优势,深入到企业内部,为其提供市场调查分析、物流系统规划、成本控制、企业流程再造等相关服务的经营模式。企业在为客户提供物流咨询服务的同时,帮助企业整合业务流程与供应链上下游关系,进而提供全套的物流解决方案。企业可通过物流咨询带动其他物流服务的销售,它区别于一般仓储、运输企业的简单化服务,有助于增强企业的竞争力。在具体的业务运作中,可以采用大客户经理负责制来实施物流咨询服务。大客户经理要针对每个客户的不同特点,成立独立的项目组,组织行业专家、大客户代表、作业管理部门、项目经理等人员,从始至终负责整个项目的销售、方案设计与服务实施,保证项目的实施效果,提高客户满意度。实践证明,这种站在客户角度考虑问题,与客户结成长期的战略合作伙伴关系,相互合作、共同发展的业务运作模式具有良好的发展前景。

(6)物流管理输出模式

物流管理输出模式是指物流企业在拓展国内企业市场时,强调自己为客户企业提供物流管理与运作的技术指导,由物流企业接管客户企业的物流设施或者成立合资公司承担物流具体运作任务的服务模式。采用管理输出方式时,可有效减少客户企业内部物流运作与管理人员的矛盾,使双方更好地开展合作。采用物流管理输出模式时,可以利用客户企业原有设备、网络和人员,大幅减少投资,并迅速提高运作能力,加快相应市场需求的速度。在运作时,可以以下两种方式。

①系统接管客户物流资产:如果客户在某地区已有车辆、设施、员工等物流资产,而物流企业在该地区又需要建立物流系统,则可以全盘买进客户的物流资产,接管并拥有客户的物流系统甚至接受客户的员工。接管后,物流系统可以在为该客户服务的同时为其他客户服务,通过资源共享以改进利用率并分担管理成本。

②与客户合资成立物流公司:物流企业与客户共建合资物流公司的方式,既使客户保留物流设施的部分产权,并在物流作业中保持参与,以加强对物流过程的有效控制;又注入了专业物流公司的资本和技能,使物流企业在物流服务市场竞争中处于有利地位。

招商局物流集团与青岛啤酒股份有限公司的合作便是物流管理输出模式的一个成功案例,招商局物流集团通过对青岛啤酒发展现状和其他多方信息的分析,结合青岛啤酒自身拥有大量物流设施、设备与人员的实际情况,提出与青岛啤酒成立合资物流公司,购买或租赁青岛啤酒原有物流设施、设备,并接收青岛啤酒原有运作和管理人员。这种模式确保了招商局物流能够将其较为先进的现代物流理念、员工分配制度、操作流程的再造方法,渐进地、完整地灌输到合资公司的物流管理中。合资公司开始运作的三周时间内,青岛啤酒原有车辆利用率就提高了60%,每年仅公路运输就可为青岛啤酒节省物流成本近700万元。

(7) 物流连锁经营模式

物流连锁经营是指特许者将自己所拥有的商标(包括服务商标)、商号、产品、专利和专有技术、经营方式等以特许经营合同的形式授予被特许者使用;被特许者按合同的规定,在特许者统一的业务模式下从事经营活动,并向特许者支付相应费用的物流经营形式。物流连锁经营借鉴了成功的商业模式,可以迅速地扩大企业规模,实现汇集资金、人才、客户资源的目标,同时在连锁企业内部,可以利用互联网技术建立信息化的管理系统,更大程度地整合物流资源,用以支持管理和业务操作,为客户提供全程的物流服务。

(8) 物流战略联盟模式

物流战略联盟模式是指物流企业为了达到比单独从事物流服务更好的效果,相互之间形成互相信任、共担风险、共享收益的物流伙伴关系的经营模式。国内物流企业,尤其是中小型民营企业的自身力量薄弱,难以与大型跨国物流企业竞争,因此,中小型物流企业的发展方向是相互之间的横向或纵向联盟。这种自发的资源整合方式,经过有效的重组联合,依靠各自的优势,可以在短时间内形成一种合力和核心竞争力。同时在企业规模和信息化建设两个方面进行提高,形成规模优势和信息网络化,实现供应链全过程的有机结合,从而使企业在物流服务领域实现质的突破,形成一个高层次、完善的物流网络体系。在战略联盟的实施过程中,可以将有限的资源集中在附加值高的功能上,而将附加价值低的功能虚拟化。虚拟经营能够在组织上突破有形的界限,实现企业的精简高效,从而提高企业的竞争能力和生存能力。

### 广州海元物流公司成功案例

广州海元物流公司就是中小型物流企业战略联盟的成功典范,它是由31家优秀的专线运输公司经资产重组后建立的现代化物流企业,在全国拥有376个分公司,并且建立了海元物流信息系统,推出了京广物流带、广沪物流带、广渝物流带等服务区域。"海元模式"是中小型企业向现代物流企业发展过程中创造的一种新模式,为中小型物流企业做大做强提供了借鉴。

在上述运营模式中,行业物流服务模式和项目物流服务模式将物流服务具体到具体行业或具体项目,物流服务是建立在对目标行业或项目深入研究基础上的,由于掌握了行业的运作特性和客户的具体要求,因此,可以提供高质量的物流服务。

物流连锁经营模式和物流战略联盟模式体现了物流企业间横向联合和纵向联合的经营思想,通过行业内部的整合,实现优势互补。

不同的运营模式反映了不同的竞争策略和企业各自的特点及资源优势。但是,无论采取哪种运营模式,目的都是为了加速提升物流企业的市场竞争力,最大限度地满足顾客需求。

(1)请学生分组,教师给每组学生发一份物流企业相关资料,请学生对资料进行分析,并阐述该物流企业采取的是哪种运营模式或者阐述该企业更适合采取哪种运营模式,并说明原因。

（2）完成分析报告。

## 德国货运代理企业联盟发展运作模式

德国作为世界经济强国，有着完善的物流服务体系，2007年其物流行业收入超过2000亿欧元，位列经贸和汽车工业之后排在第三位。德国物流成本占国内生产总值的比重接近10%。物流产业社会化和综合服务水平高，注重物流技术研究和专业化、规模化经营，基本实现了以运输合理化、仓储标准化、装卸机械化、加工配送一体化和信息管理网络化为标志的现代综合物流管理与服务。其中起到重要作用的就是德国货代企业联盟组织。

运输作为物流作业的核心，其组织化程度直接影响到物流生产效率。货物运输组织化程度高是德国物流业发展的显著特点之一，现已形成了以少数大型跨国企业为龙头，以中等规模货运企业组成的联盟为中坚，以中小型货运企业为补充的货运组织市场主体。下面通过德国最典型的货运代理企业联盟的案例，分析德国货运代理联盟的发展模式、运作特点。

### 一、货代联盟发展背景

德国货代联盟发展起步于20世纪80年代，成长于90年代，发展于21世纪。20世纪80年代德国共成立了6家联盟，90年代成立了25家，2000年后成立了4家，而且各个联盟都获得了快速发展。德国货代联盟的快速发展一方面是物流业集约化发展的内在需要，另一方面也有其深刻的外在背景，如货代公司的日益壮大、市场的逐步开放以及竞争的加剧等。

1. 德国货代公司的快速发展

德国的货代公司发展起步于20世纪70年代，能够提供仓储、中转、运输以及增值服务，如理货、包装、预装配、呼叫中心、回程货物处理、价格标签等，主要从事货运组织，在道路货物运输环节中发挥着重要作用。目前50%的货代公司提供零担运输，20%提供包裹运输服务，70%的企业能够提供国际货物运输服务。

2. 货运市场的逐步开放

从20世纪80年代中期开始，德国逐步实行货运市场自由化，其历程大致为：1985年开始提出运输服务自由化，1993年初价格管理全部取消，包括定价、价格体系，1994年欧共体跨国运输限制取消，1997年底市场准入限制完全取消，1998年短途运输、长途运输、搬家运输的划分方式取消，到1998年德国基本上实现了货运市场的自由化，只是对用大于3.5t的车辆（包含挂车）从事经营性道路货物运输的实行准入许可和强制保险，其前提是具备专业知识、诚信、资本能力（确保竞争能力、运输安全、环境保护）。到20世纪90年代末，德国基本实现了货运市场自由化。

3. 市场竞争的加剧

由于市场开放、燃料价格升高、运输成本提高、欧洲东扩以及企业并购潮的兴起，德国货运竞争日益激烈，特别是中等以下规模企业生存压力逐渐增大。为拓宽运输服务网络、有效利用资源、降低物流成本、提高客户满意度和市场竞争力，越来越多的货运公司走向了联合。

### 二、货代联盟运作模式

联合的方式有多种，有紧密型的（如参股），有松散型的（如通过签订合同建立合作关系，而各个企业又相对独立，经营仍然比较灵活），另外还有交费式的，通过缴纳年费加入一个大的联合体。松散型是德国货代联盟的主要运作模式，下面以CargoLine公司为例，分析德国货代联盟运作模式。

1. CargoLine 公司概况

CargoLine 公司成立于 1993 年,由 7 家中等规模的货物运输企业以合股的形式建立,目前股东数量逐渐增加到 15 个,其目标是成立一个由中等规模企业组成的联盟,在所有的合作伙伴中推行统一的质量标准,以拓展业务范围,提高服务质量和运输可靠性。

CargoLine 公司 2007 年发货量 6300 万件,工作人员 5000 余人,合作伙伴 46 个,配送点 48 个,每日直达货运线路 800 多条,可转换货箱 3420 个(类似于一个标准集装箱),货车 2794 辆。CargoLine 主要通过签订合同的方式,在全德国范围内和欧洲大陆不断发展新的合作伙伴,截止到目前,CargoLine 已经发展为拥有 70(德国国内 48 个)个成员,业务能力覆盖欧洲的强大联合体,其业务主要是零担货物运输的组织、运输、中转、配送及其相关服务,其在德国 2006 年百强物流企业中排第 18 位。在全部 70 个成员中有 48 个成员企业位于德国国内,业务范围覆盖全德国的每一个角落。这些成员企业不仅仅局限于一起组建了强大的联合体,其每一个成员大都是拥有悠久历史、在各自地区有着较高的知名度和市场占有率的企业。

2. 合作关系以契约式为主

CargoLine 企业联盟运作模式是相对松散型的,这也是德国物流企业走向联合的主要方式,各成员之间的责任和义务由一系列框架性文件、合同进行制约。

联盟的运作、发展、成员之间纠纷的调解由 CargoLine 公司具体负责,除了 CargoLine 公司的股东之外,各成员和 CargoLine 公司没有隶属关系,成员企业之间除在相关业务(如主要是运输和配送)进行合作之外,其经营活动是完全独立的。合作关系的基础是一些法律法规和行业公约,法律法规包括《商法典》(HGB 关于货运代理的规定)、《货运汽车交通法》(GUKG)、《汽车交运输规定》(KVO)、CMR(关于国际道路货物交通运输的一致意见)、SPV(运输保险基本条款)等。行业自律公约包括《德国通用运输条款》(ADSp)、AGB(ADSp 的补充条款)等。

3. 联盟的组织机构完善

CargoLine 联盟的组织管理机构包括股东大会、全体大会、咨询委员会。股东大会由股东成员组成,主要负责公司发展战略、发展目标以及重要政策,并负责选举 CargoLine 公司总经理以及咨询委员会部分成员。

全体大会:不定期召开,主要对公司发展的重大事项进行商讨,提出相应意见和建议,并选举咨询委员会成员。

咨询委员会:其主要任务是为总经理提供各种意见和建议,并对其工作进行全方位的支持,监管各项合同执行情况。共有 6 名成员,其中 5 名由股东大会选举(4 名选自股东会员,也就是从 15 个股东中间选取,另一名为独立委员,来自联盟外部),还有 1 名委员为合同伙伴的代表,由全体大会选举产生。各委员每 3 年选举一次,

作为负责联盟具体运作管理的 CargoLine 公司,其主要职责是:执行股东大会上形成联盟发展战略、规划及目标;负责发展联盟新成员,包括资格审查、谈判、合同签订等;负责制定、修改各成员之间合作规则;负责组织实施各种信息系统的建设、运行;负责组织投标和对大客户的服务;各种服务产品的质量控制;组织宣传、营销等活动。

CargoLine 公司的机构非常精简,设有总经理、业务负责人、公共管理、服务产品负责人、国际业务负责人、重点客户负责人、质量管理负责人、市场营销负责人等职位。总人数约为 10 人左右。

### 三、货代联盟组织方式

CargoLine 联盟的主要业务是零担货物运输,其货物运输组织模式如下:

1. 共享运输资源

通过联盟企业之间的合作,可以最大限度地优化运输组织,降低运输成本,其主要运输方式有:

(1)一站式运输:联合体成员 A 将货物直接送到成员 B 那里,B 负责货物的配送,一般用于中、短距离货运。

(2)集线式运输:主要针对一个较大区域范围但货运量非常少的情况,为方便配送,一般在此区域内多设立一个中转中心,在这里集中进行理货,之后将货物发往各自的配送点,然后再进行配送。

(3)节点式运输:联合体成员 A 和 B 直接将货物运到两成员所在地的中间商定位置,然后交换货物(直接交换货厢),分别运输对方的货物,并负责配送,此种方式一般适合长途运输,且双向均有货源。

(4)多式联运:对于长距离单向货物运输,也就是没有回程货物的情况下,成员 A 通过铁路将货物发出,由成员 B 从铁路货运站接货,并负责配送。

2. 共享运输中转资源

由于德国面积不大,因而需要进行中转的货物比例不是很大,一般中转有以下三个层次:

(1)国际性货物中转中心:中转仓库面积 6500m$^2$,65 个车辆接驳门,主要负责前往或来自其他国家货物的中转,也负责部分国内货物的中转。

(2)地区性货物中转中心:有 2 个,即北德货物中转中心和南德中转中心,面积各约为 5000m$^2$,50 个车辆接驳门,分别负责德国北部和南部的货物中转。

(3)区域性货物中转中心:有 4 个,主要针对一个较大区域范围但货运量非常少的情况,为方便配送,一般在此区域内多设立一个中转中心,在这里集中进行理货,之后将货物发往各自的配送点,然后再进行配送。

3. 共享配送资源

由于联盟的成员本身都是区域性的企业或者某些公司的子公司,通过不同地区之间企业代为配送,最直观的效果就是其服务范围可以进行无限制的延伸,从而吸引客户,增加业务量和市场占有率。

4. 共享物流信息系统

CargoLine 联盟运作的基础是其完善的信息交换处理能力,其信息交换处理系统主要包括国际物流信息平台、国内物流数据交换中心、收费结算中心和货物跟踪查询系统。

(1)国际物流信息平台 AX4:国外的合作伙伴通过 AX4 平台将货物信息传送到国内物流信息交换中心,在那里货物信息将会被分类处理,并继续传送到相应的国内合作伙伴那里。

(2)信息交换中心:位于国际性货物中转中心内,是整个信息系统的心脏,各成员之间利用其进行货运信息处理、交换和传递。

(3)结算中心:用于各成员之间的费用结算。

(4)货物跟踪和查询系统 CEPRA II:客户可以通过互联网登录该系统,也可以将该系统和企业自身的信息系统对接,对货物的运输状态进行实时查询。

## 四、德国货代联盟发展现状

根据德国物流及货运代理协会的统计,德国现有35个货物运输代理联盟,平均每个联盟有32个合作伙伴(不包含国际合作伙伴),合理地分布于德国境内。这些联盟主要从事零担、包裹与快递以及专业化运输,其中零担货物运输有11家,占34%,包裹与快递联盟有6家,占17%,其他大部分为专业化运输联盟,包括冷冻食品、危险品、汽车整车、自行车、药品、生活用品等,共有13家,占37%。道路货物运输代理联盟在物流行业中占有重要地位,在德国物流企业前40强中,有6个是这种联合体。

德国货物运输代理联盟的成员多数为中等规模的综合性货物运输企业,业务主要涵盖货运代理、运输(部分业务为外包)、仓储等。联盟成员在准入资格方面,除了能提供综合性货物运输服务,运输质量可靠、信誉好,有一定的市场占有率之外,其所处的地理位置也相当关键。因而,成员企业往往并不是独立的公司,而是一些公司的子公司,有50%以上的成员是以子公司的身份加入该联盟的。对于一个大的运输企业来讲,其不同的子公司往往加入不同的联盟;另一方面,同一个企业也可以同时参加多个联盟,前提是参加的联盟之间不能存在业务交叉。

 模块练习

1. 设立一家物流企业大致要经过哪些程序?
2. 物流企业组织机构设置的原则有哪些?
3. 物流企业组织结构有哪些主要类型?其各自的优缺点及适用范围是什么?
4. 物流企业的运营模式有哪几种?
5. 以本地某物流公司作为调查对象,研究其运营模式类型并写出总结报告。

# 模块二　物流市场营销

### 学习导语

物流企业要成功进入物流市场,参与竞争并且获取利润,除了要具有先进的物流设备、提供适当的物流服务和优秀的物流人才之外,更重要的是快速地识别市场需求,并判断自身的优势,把营销和物流有效结合,以使企业的服务得到客户的认可,以保持长期友好的合作关系。

### 故事分享

一个乡下来的小伙子去应聘城里"世界最大"的"应有尽有"百货公司的销售员。

老板问他:"你以前做过销售员吗?"他回答说:"我以前是村里挨家挨户推销的小贩子。"老板喜欢他的机灵:"你明天可以来上班了。等下班的时候,我会来看一下。"一天的光阴对这个乡下来的穷小子来说太长了,而且还有些难熬。但是年轻人还是熬到了下午5点,差不多该下班了。

老板真的来了,问他说:"你今天做了几单买卖?""一单。"年轻人回答说。"只有一单?"老板很吃惊地说:"我们这儿的售货员一天基本上可以完成20到30单生意呢。你卖了多少钱?""30万美元。"年轻人回答道。

"你怎么卖到那么多钱的?"目瞪口呆,半晌才回过神来的老板问道。"是这样的,"乡下来的年轻人说,"一个男士进来买东西,我先卖给他一个小号的鱼钩,然后中号的鱼钩,最后大号的鱼钩。接着,我卖给他小号的渔线,中号的渔线,最后是大号的渔线。我问他上哪儿钓鱼,他说海边。我建议他买条船,所以我带他到卖船的专柜,卖给他长20英尺有两个发动机的纵帆船。然后他说他的大众牌汽车可能拖不动这么大的船。我于是带他去汽车销售区,卖给他一辆丰田新款豪华型'巡洋舰'。"

老板后退两步,几乎难以置信地问道:"一个顾客仅仅来买个鱼钩,你就能卖给他这么多东西?""不是的,"乡下来的年轻售货员回答道,"他是来给他妻子买发卡的。我就告诉他,你的周末算是毁了,干吗不去钓鱼呢?"

**思考**

1. 针对这则故事,谈谈你的想法?
2. 这则小故事,对物流销售有什么启示?

### 学习目标

通过本模块的学习,期望达到下列目标。

**1. 专业能力**

(1)具备物流市场调研分析能力、市场细分能力;

(2)能依据企业特点、基本情况选择目标市场能力;

(3)具有客户开发能力;

(4)具有物流业务投标书的编写能力;

(5)具有客户维护的能力。

**2. 社会能力**

(1)培养学生的可持续发展的能力;

(2)培养学生具有物流企业综合管理的能力;

(3)培养学生具备中层和业务部门负责人具有的基本素质;

(4)注重遵章守纪、积极思考、耐心、细致、勇于实践、竞争意识、责任意识等职业素质的养成。

**3. 方法能力**

(1)通过查阅资料、文献等,培养个人自学能力和获取信息的能力;

(2)通过情境化的任务单元活动,掌握分析问题解决实际问题的能力;

(3)制订工作计划,培养工作方法能力;

(4)能独立使用各种媒体完成物流市场营销的学习任务。

模块图解

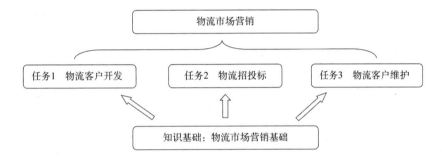

# 任务1 物流客户开发

案例导入

某日,烈日炎炎,一个客户装着满满一车货物在物流园内多个物流公司询价。当客户来到Z物流公司营业部门口时,员工小王打开玻璃门向客户热情地打招呼,并引导客户停车。

当客户走进营业部柜台时,一阵凉气扑面而来,小王引导客户坐下,并端上一杯凉水,客户一饮而尽。此时,小王迅速从资料上取出公司的宣传手册、促销资料和自己的名片递给客户,并和客户攀谈起来,逐步了解客户的发货需求。

通过了解,该客户的运输线路比较特别,其他物流公司没有开设这条专线,该客户问了几家公司,报价都较高。小王将公司的业务受理程序、服务范围等都一一介绍给客户,并且告知客户Z物流公司还提供网上下单、网上查货等增值服务,最后报出一个和其他物流公司差不多的价格。客户觉得Z物流公司服务更有保障和优势,于是在小王的指引下,快速办理了托运单据填写和货物的交接。

办理完所有的业务后,小王因一会儿到仓库,一会儿到柜台,整个人已经挥汗如雨,当客户看着货物整齐有序地码放在仓库卡板上时,终于开心的开车离去。

**引例分析**

市场开发是一件充满挑战同时又充满成功喜悦的工作,当你用心了解它的那一刻起,便会不自觉地爱上它。该案例是店面营销中非常普通的一个场景,除此之外,还有哪些客户开发的方法呢?让我们一起揭开客户开发的面纱。

**任务分析**

### 一、任务准备

(1)一家物流企业材料,主要包括:企业的主要经营的业务(含业务介绍)、模拟几个客户的资料、公司宣传资料、模拟托运单据、该物流企业的网址等;

(2)多媒体教室(含可供学生上网查资料的计算机、多媒体教学设备、课件和动画等教学资料)及模拟会客室(含服务台、椅子、茶壶、茶杯等/模拟员工和客户的名片、名片夹、各种文具);

(3)网络资源,包括:网络营销所需各类网站的网址及名称、地图软件、QQ等。

### 二、任务目标

(1)能进行店面营销,包括:熟悉物流公司的主要业务、能按服务规范进行店面柜台服务接待、能总结店面服务接待流程;

(2)能进行电话营销,包括:做好电话前准备工作、能把握好电话拜访的时机、能有效地进行电话沟通、掌握发掘潜在客户的几种方法;

(3)能进行网络营销,包括:能进行推广渠道评估、掌握通过网络寻找客户的主要渠道;

(4)能上门拜访,包括:明确上门拜访的5个任务、会寻找及指定目标客户、做好拜访前的准备、做好拜访前的目的计划。

### 三、基础知识

(1)物流服务的含义:物流服务是为满足客户需求所实施的一系列物流活动产生的结果,即为客户的利益进行的物品从供应地向接收地的实体流动过程,将运输、储存、装卸、搬运、包装、流通加工、配送、信息处理等基本功能实施有机结合。

(2)物流服务的分类:按物流服务的内容划分为基本物流服务和增值物流服务。增值物流服务(Value-added Logistics Service)是指在完成物流基本功能基础上,根据客户需求提供的各种延伸业务活动。

**知识链接**

在竞争不断加剧的市场环境下,不但要求物流企业在传统的运输和仓储服务上有更严格的服务质量;同时,还要求它们大大拓展物流业务,提供尽可能多的增值性服务。主流的增值物流服务主要包含以下几个方面:

(1)增加便利性的服务

一切能够简化手续、简化操作的服务都是增值性服务,简化是相对于消费者而言的,并不是说服务的内容简化了,而是指为了获得某种服务,以前需要消费者自己做的一些事情,现在由物流服务提供商以各种方式代替消费者做了,从而使消费者获得的这种服务变得简单,而且更加方便,这当然增加了商品或服务的价值。在提供物流服务时,推行一条龙门到门服务、提供完备的操作或作业提示、免费培训、维护、省力化设计或安装、代办业务、24h 营业、自动订货、传递信息和转账、物流全过程追踪等都是对客户有用的增值性服务。

(2) 加快反应速度的服务

快速反应是指：物流企业面对多品种、小批量的买方市场，不是储备了"产品"，而是准备了各种要素，在客户提出要求时，能以最快速度抽取要素，及时"组装"，提供所需服务或产品。

快速反应已经成为物流发展的动力之一。传统观点和做法将加快反应速度变成单纯对快速运输的一种要求，而现代物流的观点却认为，可以通过两条途径使过程变快，一是提高运输基础设施和设备的效率，比如修建高速公路、铁路提速、制定新的变通管理办法、将汽车本身的行驶速度提高等，这是一种速度的保障，但在需求方绝对速度的要求越来越高的情况下，它也变成了一种约束，因此必须想其他的办法来提高速度。第二种办法，也是具有重大推广价值的增值性物流服务方案，应该是优化配送中心、物流中心网络，重新设计适合客户的流通渠道，以此来减少物流环节、简化物流过程，提高物流系统的快速反应能力。

(3) 降低成本的服务

通过提供增值物流服务，寻找能够降低物流成本的物流解决方案。可以考虑的方案包括：采用 TPL 服务商、采取物流共同化计划；同时，可以通过采用比较适用但投资较少的物流技术和设施设备，或推行物流管理技术，如运筹学中的管理技术、单品管理技术、条形码技术和信息技术等，提高物流的效率和效益，降低物流成本。

(4) 延伸服务

运用计算机管理的思想，向上可以延伸到市场调查与预测、采购及订单处理；向下可以延伸到物流咨询、物流系统设计、物流方案的规划与选择、库存控制决策建议、货款回收与结算、教育与培训等。关于结算功能，物流的结算不仅仅只是物流费用的结算，在从事代理、配送的情况下，物流服务商还要替货主向收货人结算货款。关于需求预测功能，物流服务商应该负责根据物流中心商品进货、出货信息来预测未来一段时间内的商品进出库量，进而预测市场对商品的需求，从而指导订货。关于物流系统设计咨询功能，TPL 服务商要充当客户的物流专家，为客户设计物流系统，代替它选择和评价运输网、仓储网及其他物流服务供应商。关于物流教育与培训功能，物流系统的运作需要客户的支持与理解，通过向客户提供物流培训服务，可以培养其与物流中心经营管理者的认同感，可以提高客户的物流管理水平，并将物流中心经营管理者的要求传达给客户，也便于确立物流作业标准。

以上这些延伸服务最具有增值性，但也是最难提供的服务。

(3) 物流服务的特点：无形性、不可分性、可变性和易消失性、从属性、一体化、个性化。

(4) 营销的定义：企业通过创造客户价值和获取利益回报来建立客户关系的过程。具体内容包括市场调查、市场分析、目标市场选择、市场定位、产品决策、产品开发、产品定价、渠道选择、产品储运、产品销售、售后服务、公关工作、信息收集和反馈等。

(5) 物流服务营销的概念：物流服务营销是指物流服务提供者通过创造客户的价值和获取利益回报来建立客户关系的过程。

(6) 物流服务营销战略包括：市场细分、选择目标市场、市场定位。

**知识链接**

(1) 市场细分(Market Segmentation)：是企业根据消费者需求的不同，把整个市场划分成不同的消费者群的过程。其客观基础是消费者需求的异质性。进行市场细分的主要依据是异质市场中需求一致的顾客群,实质就是在异质市场中求同质。市场细分的目标是为了聚合,即在需求不同的市场中把需求相同的消费者聚合到一起。

(2)目标市场:就是指企业在市场细分之后的若干"子市场"中,所运用的企业营销活动之"矢"而瞄准的市场方向之"的"的优选过程。

(3)市场定位:市场定位是企业及产品确定在目标市场上所处的位置。市场定位是由美国营销学家艾·里斯和杰克特劳特在1972年提出的,其含义是指企业根据竞争对现有产品在市场上所处的位置,针对顾客对该类产品某些特征或属性的重视程度,为本企业产品塑造与众不同的、给人印象鲜明的形象,并将这种形象生动地传递给顾客,从而使该产品在市场上确定适当的位置。

(7)客户开发:客户开发工作是销售工作的第一步,通常来讲是业务人员通过市场扫街调查初步了解市场和客户情况,对有实力和有意向的客户重点沟通,最终完成目标区域的客户开发计划。客户开发的前提是确定目标市场,研究目标顾客,从而制定客户开发市场营销策略。营销人员的首要任务是开发准客户,通过多种方法寻找准客户并对准客户进行资格鉴定,使企业的营销活动有明确的目标与方向,使潜在客户成为现实客户。

(8)店面营销:店面营销是指店铺内外部经营,针对光临或路过的流动顾客所要做的促销手法。店头行销是流通零售终端所特有的行销方式,而它的表现除了反映商品、企业活动、商店促销之外,也是终端在行销力及服务力的结合表现。店面营销是以店面为一个点,沿着市场需求和时间纵深展开,它强调销售员的主观能动性、阶段性重点事件处理和时效延续性。对于物流企业来说,店面营销是快递企业、零担物流企业等多种物流企业的获得客户的主要渠道。

(9)电话营销:营销者通过使用电话,来实现有计划、有组织并且高效率的扩大顾客群、提高客户满意度、维护顾客等市场行为的收发。成功的电话营销应该使电话上方都能体会到电话营销的价值。

(10)网络营销:是以互联网为主要手段进行的,为达到一定的营销目的的营销活动。是新型的市场营销方式。

(11)上门拜访:上门拜访通常是指客户开发人员到客户的办公、生产、销售等场所与客户进行合作浅谈的拜访,包括约定后拜访、陌生拜访等。

**1. 店面营销**

(1)熟悉物流企业的业务:物流企业种类很多,因此业务内容页各不相同,所以我们必须根据具体的物流企业,来了解具体的业务内容。学生依照给定的物流企业的资料,了解并熟记该企业的基本服务业务和增值服务业务内容;教师通过业务内容抽查的方式考核学生业务内容的掌握情况。

## 物流企业的类型

物流企业(Logistics Enterprise)指至少从事运输(含运输代理、货物快递)或仓储其中一种经营业务,并能够按照客户物流需求对运输、储存、装卸、包装、流通加工、配送等基本功能进行组织和管理,具有与自身业务相适应的信息管理系统,实行独立核算、独立承担民事责任的经济组织,非法人物流经济组织可比照适用。

物流企业可以分为运输型、仓储型和综合型物流企业。对于具备一定综合水平的三种类型的物流企业,按照不同评估指标分为 AAAAA、AAAA、AAA、AA、A 五个等级。AAAAA 级最高,依次降低。具体情况见表 2-1～表 2-3。

**运输型物流企业评估指指标(GB/T 19680—2013)**　　表 2-1

| 评估指标 | | 级别 | | | | |
|---|---|---|---|---|---|---|
| | | AAAAA级 | AAAA级 | AAA级 | AA级 | A级 |
| 经营状况 | 1.年货运营业收入(元)* | 15亿以上 | 3亿以上 | 6000万以上 | 1000万以上 | 300万以上 |
| | 2.营业时间* | 3年以上 | 2年以上 | | 1年以上 | |
| 资产 | 3.资产总额(元)* | 10亿以上 | 2亿以上 | 4000万以上 | 800万以上 | 300万以上 |
| | 4.资产负债率* | | | 不高于70% | | |
| 设备设施 | 5.自有货运车辆(辆)*[或总载质量(t)] | 1500以上(7500以上) | 400以上(2000以上) | 150以上(750以上) | 80以上(400以上) | 30以上(150以上) |
| | 6.运营网点(个) | 50以上 | 30以上 | 15以上 | 10以上 | 5以上 |
| 管理及服务 | 7.管理制度 | | 有健全的经营、财务、统计、安全、技术等机构和相应的管理制度 | | | |
| | 8.质量管理* | | 通过ISO 9001、ISO 2000质量管理体系认证 | | | |
| | 9.业务辐射面* | 国际范围 | 全国范围 | 跨省区 | 省内范围 | |
| | 10.顾客投诉率(或顾客满意度) | ≤0.05%(≥98%) | ≤0.1%(≥95%) | | ≤0.5%(≥90%) | |
| 人员素质 | 11.中高层管理人员* | 80%以上具有大专以上学历或行业组织物流师认证 | 60%以上具有大专以上学历或行业组织物流师认证 | | 30%以上具有大专以上学历或行业组织物流师认证 | |
| | 12.业务人员* | 60%以上具有中等以上学历或专业资格 | 50%以上具有中等以上学历或专业资格 | | 30%以上具有中等以上学历或专业资格 | |
| 信息化水平 | 13.网络系统* | | 货运经营业务信息全部网络化管理 | | 物流经营业务信息部分网络化管理 | |
| | 14.电子单证管理 | 90%以上 | 70%以上 | | 50%以上 | |
| | 15.货物跟踪* | 90%以上 | 70%以上 | | 50%以上 | |
| | 16.客户查询* | | 建立自动查询和人工查询系统 | | 建立人工查询系统 | |

注:1.标注*的指标为企业达到评估等级的必备指标项目,其他为参考指标项目。
2.货运营业收入包括货物运输收入、运输代理收入、货物快递收入。
3.运营网点是指在经营覆盖范围内,由本企业自行设立、可以承接并完成企业基本业务的分支机构。
4.顾客投诉率是指在年度周期内客房对不满意业务的投诉总量与企业业务总量的比率。
5.顾客满意度是指在年度周期内企业对顾客满意情况的调查统计。

**仓储型物流企业评估指指标(GB/T 19680—2013)**　　　　表2-2

| 评估指标 | | 级　别 | | | | |
|---|---|---|---|---|---|---|
| | | AAAAA级 | AAAA级 | AAA级 | AA级 | A级 |
| 经营状况 | 1.年仓储营业收入（元）* | 6亿以上 | 1.2亿以上 | 2500万以上 | 500万以上 | 200万以上 |
| | 2.营业时间* | 3年以上 | 2年以上 | | 1年以上 | |
| 资产 | 3.资产总额(元)* | 10亿以上 | 2亿以上 | 4000万以上 | 1万以上 | 4000以上 |
| | 4.资产负债率* | 不高于70% | | | | |
| 设备设施 | 5.自有仓储面积(m²)* | 20万以上 | 8万以上 | 3万以上 | 50万以上 | 30以上 |
| | 6.自有/租用货运车辆(辆) | 500以上 | 200以上 | 100以上 | 50以上 | 30以上 |
| | 7.配送客户点(个) | 400以上 | 300以上 | 200以上 | 100以上 | 50以上 |
| 管理及服务 | 8.管理制度 | 有健全的经营、财务、统计、安全、技术等机构和相应的管理制度 | | | | |
| | 9.质量管理* | 通过ISO 9001:2000质量管理体系认证 | | | | |
| | 10.顾客投诉率（或顾客满意度） | ≤0.05%（≥98%） | ≤0.1%（≥95%） | | ≤0.5%（≥90%） | |
| 人员素质 | 11.中高层管理人员* | 80%以上具有大专以上学历或行业组织物流师认证 | 60%以上具有大专以上学历或行业组织物流师认证 | | 30%以上具有大专以上学历或行业组织物流师认证 | |
| | 12.业务人员 | 60%以上具有中等以上学历或专业资格 | 50%以上具有中等以上学历或专业资格 | | 30%以上具有中等以上学历或专业资格 | |
| 信息化水平 | 13.网络系统* | 仓储经营业务信息全部网络化管理 | | | 物流经营业务信息部分网络化管理 | |
| | 14.电子单证管理* | 90%以上 | 70%以上 | | 50%以上 | |
| | 15.货物跟踪 | 90%以上 | 70%以上 | | 50%以上 | |
| | 16.客户查询* | 建立自动查询和人工查询系统 | | | 建立人工查询系统 | |

注：1.标注*的指标为企业达到评估等级的必备指标项目，其他为参考指标项目。

2.仓储营业收入指企业完成货物仓储业务、配送业务所取得的收入。

3.顾客投诉率是指在年度周期内客房对不满意业务的投诉总量与企业业务总量的比率。

4.顾客满意度是指在年度周期内企业对顾客满意情况的调查统计。

5.配送客户点是指企业当前的、提供一定时期内配送服务的、具有一定业务规模的、客户所属的固定网点。

6.租用货运车辆是指企业通过契约合同等方式可进行调配、利用的货运专用车辆。

**综合服务型物流企业评估指指标（GB/T 19680—2013）**　　　　表2-3

| 评估指标 | | 级　别 | | | | |
|---|---|---|---|---|---|---|
| | | AAAAA级 | AAAA级 | AAA级 | AA级 | A级 |
| 经营状况 | 1.年综合物流营业收入(元)* | 15亿以上 | 2亿以上 | 4000万以上 | 800万以上 | 300万以上 |
| | 2.营业时间* | 3年以上 | 2年以上 | | 1年以上 | |

续上表

| 评估指标 | | 级别 | | | | |
|---|---|---|---|---|---|---|
| | | AAAAA级 | AAAA级 | AAA级 | AA级 | A级 |
| 资产 | 3.资产总额(年)* | 5亿以上 | 1亿以上 | 2000万以上 | 600万以上 | 200万以上 |
| | 4.资产负债率* | 不高于75% | | | | |
| 设备设施 | 5.自有/租用仓储面积(m²)* | 10万以上 | 3万以上 | 1万以上 | 3000以上 | 1000以上 |
| | 6.自有/租用货运车辆(辆) | 1500以上 | 500以上 | 300以上 | 200以上 | 100以上 |
| | 7.运营网点(个)* | 100以上 | 50以上 | 30以上 | 10以上 | 5以上 |
| 管理及服务 | 8.管理制度 | 有健全的经营、财务、统计、安全、技术等机构和相应的管理制度 | | | | |
| | 9.质量管理* | 通过ISO 9001:2000质量管理体系认证 | | | | |
| | 10.业务辐射面* | 国际范围 | 全国范围 | | 跨省区 | 省内范围 |
| | 11.物流服务方案与实施* | 提供物流规划、资源整合、方案设计、业务流程重组、供应链优化、物流信息化等方面的服务 | | | 提供整合物流资源、方案设计等方面的咨询服务 | |
| | 12.顾客投诉率(或顾客满意度) | ≤0.05%（≥98%） | | ≤0.1%（≥95%） | ≤0.5%（≥90%） | |
| 人员素质 | 13.中高层管理人员* | 80%以上具有大专以上学历或行业组织物流师认证 | 70%以上具有大专以上学历或行业组织物流师认证 | | 50%以上具有大专以上学历或行业组织物流师认证 | |
| | 14.业务人员 | 60%以上具有中等以上学历或专业资格 | 50%以上具有中等以上学历或专业资格 | | 40%以上具有中等以上学历或专业资格 | |
| 信息化水平 | 15.网络系统* | 物流经营业务信息全部网络化管理 | | | 物流经营业务信息部分网络化管理 | |
| | 16.电子单证管理* | 100%以上 | 80%以上 | | 60%以上 | |
| | 17.货物跟踪* | 90%以上 | 70%以上 | | 50%以上 | |
| | 18.客户查询* | 建立自动查询和人工查询系统 | | | 建立人工查询系统 | |

注:1.标注*的指标为企业达到评估等级的必备指标项目,其他为参考指标项目。
  2.综合物流营业收入指企业通过物流业务活动所取得的收入,包括运输、储存、装卸、搬运、包装、流通加工、配送等业务取得的收入总额。
  3.运营网点是指在经营覆盖范围内,由本企业自行设立、可以承接并完成企业基本业务的分支机构。
  4.顾客投诉率是指在年度周期内客户对不满意业务的投诉总量与企业业务总量的比率。
  5.顾客满意度是指在年度周期内企业对顾客满意情况的调查统计。
  6.租用货运车辆是指企业通过契约合同等方式可进行调配、利用的货运专用车辆。
  7.租用仓储面积是指企业通过契约合同等方式可进行调配、利用的仓储总面积。

（2）教师在给定物流企业的网站上(图2-1)指定要查找的内容,学生在网站上找到该内容,以上海新邦物流为例,在企业官网上点击"产品与服务",即可得到各种基本产品业务和增值类业务的具体情况。

图 2-1　某物流企业网页

（3）从任务 1 的"案例导入"同学们不难看出,好的店面服务,能为企业带来很多好处,最明显的莫过于带来多个更好的业务及利润,下面就请同学们分组讨论,总结优质的店面服务带来的好处。

（4）店面服务内容:分组模拟店面服务,服务具体内容见表 2-4;店面服务接待流程如图 2-2 所示;店面柜台服务接待规范见表 2-5。

店　面　服　务　内　容　　　　　　　　表 2-4

| 序号 | 店面服务内容 | 要求 | | | | |
|---|---|---|---|---|---|---|
| 1 | 仪容仪表 | 发型面部 | 工衣工牌 | 精神饱满 | 心态积极 | 面带微笑 |
| 2 | 用语规范 | 首尾规范 | 询问称呼 | 询问需求 | 礼貌用语 | 等待示意 |
| 3 | 客户接待 | 引导倒车 | 微笑问候 | 端水伺坐 | 伺机宣传 | 欢送客户 |
| 4 | 柜台服务 | 双手递送 | 引导签名 | 唱收唱付 | 热情主动 | 专业稳重 |

图 2-2　店面服务接待流程

店面柜台服务接待规范　　　　　　　　　表 2-5

| 客户接待 | 要求 |
|---|---|
| 客户倒车 | 引导倒车,为客户开门 |
| 客户进入营业部 | 微笑,起立上前问好,询问需求 |
| 接待客户 | 倒水让座（一般与上面同步） |
| 递水服务 | 根据季节控制水温,一手扶杯子,一手托底部交给客户 |
| 客户离开 | 请慢走,欢迎下次光临（配合递送名片及公司宣传资料） |
| 接待"八个一" | 一个微笑,一声问候,一杯水,一张凳子,一份资料,一张名片一声道别,一个相送 |

## 2. 电话营销

(1) 学生分组讨论,总结电话营销的特征。

(2) 熟悉电话营销的流程,如图 2-3 所示。

图 2-3　电话营销流程

(3) 准备工作包括心理准备、精神风貌、准备笔纸、准备资料、准备内容、确定沟通目的等多项工作。

(4) 把握好电话拜访的时机:打电话一定要掌握时机,避免在吃饭的实践段及休息的时间跟客户联系。如果把电话打过去,也要礼貌地征询客户是否有时间或方便接听。根据对客户日常工作习惯的研究表明,上午 10:00~11:00、下午 2:00~4:00 为客户较清闲时段,销售人员可参考以上时段对客户进行电话拜访。

(5) 有效地进行电话沟通,包括报出本人的姓名和单位名称、表明自己打电话的目的、避免与旁人交谈、道歉应该简洁、不要占用对方过多时间、想留言请对方回电一定留下自己电话号码、如果对方在外地最好约好再打电话时间、妥善组织通话内容、用心听、注意自己的言谈等。

(6) 适时结束通话,结束通话时注意真诚致谢、留下下次沟通的伏笔、让客户先挂电话等。

(7) 建立客户档案:没有客户关系管理系统的企业可建立每日电话销售统计表、每周电话销售统计表、电话销售评估表等;有客户关系管理系统的企业可直接录入客户信息。

(8) 教师给定客户基本信息,学生分组模拟电话营销过程,通过各组的模拟情况,老师和学生一起总结电话营销中让客户喜欢你的理由。

(9) 分组讨论,总结电话营销的优势和给企业带来的好处。

 **知识链接**

### 电话营销如何挖掘潜在客户

(1) 广告搜索法:广告搜索法是指利用各种广告媒体寻找客户的方法。如利用杂志广告版面的下部提供优惠券或者抽奖券,让读者来索取信息。但这种方法需要销售人员进行对潜在客户的筛选,耗时较长。

(2) 中心开花法:指在某一特定的区域内选择一些有影响的人物或企业,使其成为产品或服务的消费者,并尽可能取得其帮助或协作。

(3) 连锁关系链法:指通过老客户的介绍来寻找其他客户的方法。使用该法的时候需要提及推荐人以便取得签证客户的信任。

(4) 讨论会法:指利用讨论会或论坛交流来获取潜在客户的基本资料,如电话传真等,从而挖掘潜在客户。

(5) 网络下载法:指营销人员利用互联网直接到客户资料网站或者软件下载自己所要的客户资料。这种方法省时省力,比较适合物流企业挖掘潜在客户。

## 3. 网络营销

(1) 学生登录站长工具网(http://tool.chinaz.com/),输入要查询的物流企业网址,点击"ALEXA 排名查询",查阅网站浏览的 IP 数量,点击"PR 查询",查看该物流企业网站的 PR 值,从而评估该企业网站的好坏。

(2)通过网络寻找客户,包括:浏览 BtoB 类商贸网站,如阿里巴巴、慧聪网、生意人网址导航、商业网址大全等;物流网站或论坛,如阿里巴巴、慧聪网、淘宝网的物流板块、中国物流企业网等;招聘网站,如前程无忧、中华英才网、智联招聘等,并结合阿里巴巴等网站找到客户的联系方式;地图软件,如51地图或UU灵图等;QQ群,利用群组功能,查找营业部当地的QQ群或自己建一个物流QQ群,从而找到更多客户;网上黄页,如新浪黄页、中国黄页网等;搜索引擎直接搜索等。

### 4. 上门拜访

(1)寻找及指定目标客户,主要方法有扫街拜访、参考黄页或工商年鉴、关注报纸杂志、上网搜索、从前任销售人员的销售记录中获得某些可能客户、在到达收货人信息中获得某些可能客户、到竞争对手处查看其货物的发货人信息或收货人信息等。

(2)拜访客户前的基础准备。

①请学生根据业务人员的照片,从业务员的着装打扮(头发、耳朵、眼睛、鼻毛、嘴巴、胡子、手部、衬衫领带、西装、鞋袜、名片夹、笔记用具)方面总结拜访前应做哪些准备。

②请回忆礼仪课的相关内容,从职业礼仪(握手、站立姿势、椅子的作为方法、商谈的距离、视线的落点等)方面总结拜访前应做的准备工作。

③拜访客户前的目标调查,这样才能知己知彼,百战不殆。主要调查客户的基本资料,如:客户姓名、性别、大概行业、他使用了我们哪些产品或是使用了我们竞争对手哪些产品等,如果能更进一步了解,那就更好了,如客户的喜好、家庭情况、毕业院校等。

(3)拜访客户前的资料准备,是指自己所在公司的相关资料,比如:公司基本资料、近期活动及优惠介绍、行业发展状况、需要询问客户的问题清单等。除此之外,还可以准备些实事政治、经济政策,以备不时之需。

(4)拜访客户前的目的计划,计划要有,弹性要大。主要考虑的因素有时间、目标(目标含阶段目标和终极目标)、销售计划等。

## 任务2 物流招投标

### 安得物流的招投标

招标背景:恒安集团,创立于1985年,是最早进入中国卫生巾市场的企业之一,是目前国内最大的妇女卫生巾和婴纸尿裤生产企业,经营领域涉及妇幼卫生用品和家庭生活用纸两大块,总资产40多亿元,员工一万余人,在全国14个省、市拥有40余家独立法人公司,销售和分销网络覆盖全国。恒安国际集团有限公司于1998年在香港成功上市。

因为业务需要,恒安国际集团有限公司定于2010年3月23日早上9点举办由集团总部(晋江)、浙江、成都、重庆、山东、广西、江西、湖北、湖南、天津、合肥、抚顺及西安生产分公司始发全国各地各省内外汽运线路的运输承运权向社会公开招标,承运期为半年,自2010年4月1日至2010年9月30日止。

1. 项目名称:恒安集团2010国内运输招标。
2. 项目时间:2010年3月17日至2010年3月22日止。
3. 招标方式:社会公开招标。

4.招标区域:全国各地。

客户感受:深圳中海通物流的项目负责人王春蝉小姐表示,她对这次的中标结果十分满意。与恒安国际集团有限公司合作十分愉快,这次招标给公司带来了可观的收益。王女士表示中国物流招标网效率非常高,不仅按时发送电子邮件提醒客户最新的招标信息,同时还经常打电话通知企业最新的招标信息,保证物流公司不会错过商机。负责人表示,公司希望继续与中国物流招标网合作,她希望中国物流招标网能一如既往地工作下去,给客户提供优质服务。

中标企业链接:安得物流股份有限公司,创建于2000年1月,系国内最早开展现代物流集成化管理、以现代物流理念运作的第三方物流企业之一。今天的安得以专业化、规模化的第三方物流公司形象跻身行业前列。目前,公司管理仓库总面积近200万 $m^2$,年运输量近40亿 t·km,配送能力数百万票,在全国范围内设立160个物流服务平台。

未来的安得,将以客户需求为中心,完善基础管理,提高掌控能力,成为国内消费品销售物流服务领域的领导者;以技术专业化、服务差异化、平台规模化、经营精细化,实现为更多的客户提供超值服务,与更多的客户结成战略伙伴关系;以机制为本创造活力,以人为本体现真诚,以一流的团队成就前瞻的专业物流公司,为成就国内最有影响力的物流服务品牌而努力前行。

### 引例分析

由以上案例可以看出物流招投标对招投标的双方企业都有很多好处,对于物流公司来说,也是物流市场营销中必要的销市场开发的手段。

 任务分析

一、任务准备

(1)物流招标文件、物流投标书;
(2)多媒体教室(含可供学生上网查资料的计算机、多媒体教学设备、课件和动画等教学资料。

二、任务目标

(1)熟悉物流招标书的主要组成部分;
(2)能依照招标文件,撰写投标文件;
(3)能熟悉招投标的流程。

三、基础知识

(1)物流招标的含义:一般是指大型的生产企业为了使自己的产品在储运配送过程中得到更优质的服务,在一定范围内面向物流企业招商的一种手段。
(2)招标方式:可分为公开性招标和邀请性招标。公开性招标是不限定范围,通过发布招标信息向全社会的企业进行招标;邀请性招标是向特定的某些企业发出邀请进行招标。按照邀请投标人的地域划分,招标方式可分为国内招标和国际招标。
(3)招标书的编制:招标书的编制对于招标能否成功至关重要。一般情况下,招标书主要涉及企业自身情况和产品生产现状,以及对物流服务各个环节的要求,如货物运输、仓储控制、配送时效等,有的还可能涉及产品包装和流通加工等环节。大体上说,编制物流项目招标书一般应包括如下几个部分:招标邀请书、投标人须知;招标方的企业介绍和发展历程;招标方具体的物流服务需求,越详细越好;物流服务的详细操作要求、操作流程等;物流服务费用的构成;对投标书的要求和招标组织情况;物流服务招标范围和不在招标范围的说明;计划的招标程序和时间安排等。

(4)物流投标的含义:物流项目投标是投标人(即物流企业法人)寻找并选取合适的投标信息,在同意并遵循招标方核定的招标文件的各项规定和要求的前提下,提出自己的投标文件,以期通过竞争为招标方选中的交易过程。

### 物流投标的三大特点

物流项目投标活动具有三大特点:第一,投标人之间的竞争比较直接。招标方在一定的期限内接受各种投标人提出的各种服务方案和报价,并进行比较,势必使投标人之间面临相对直接的竞争。第二,投标人之间的竞争比综合优势。投标人要想被招标方选中,不仅要在物流技术、物流服务方案上具有竞争力,还要在企业资信、应付突发事件等方面具备优势。这样,投标人之间的竞争就体现出高度综合的竞争特点。第三,投标人之间形成价格博弈之势。在招投标过程中,招标方处于主动地位,其目的是以较低的成本获得需求的物流服务。投标人若想在此过程中胜出,除了提供满意的物流服务外,必须充分考虑好定价策略。

(5)物流投标的准备工作:在物流企业达成投标意向后,随即着手投标的准备工作,具体准备工作如图2-4所示。

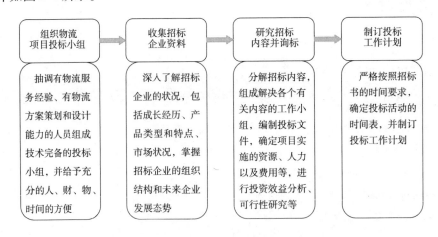

图2-4 物流企业投标准备流程图

(6)物流项目投标书:是在分析招标企业的概况和物流需求后,做出的向招标方应标的一种表示方法。同时,投标书也是物流企业介绍自己服务能力的机会,对投标的成功与否起着决定性作用。

(7)全国物流招投标网是全国物流信息网56888旗下专属栏目,设立于2002年,是我国最早的物流招投标平台。平台利用全国物流信息网强大的货主、物流公司用户资源,为广大的制造业、物流公司提供了良好的招投标服务,为制造业与物流业的联动发展架起了最便捷的通道。

**1. 投标准备**

(1)请学生分组,教师每组给一个物流招标文件,每组学生按照招标文件进行投标前的准备工作。

(2)主要调查招标企业的状况,包括成长经历、产品类型和特点、市场状况,掌握招标企业的组织结构和未来企业发展态势,并书写提交企业状况报告;

(3)学生根据任务1中教师给定的物流企业的资料,或自选一家物流企业,分解招标内容,组成解决各个有关内容的工作小组,编制投标文件,确定项目实施的资源、人力以及费用等,进行投资效益分析、可行性研究等,书写可行性分析报告。

(4)按照招标书的时间要求,确定投标活动的时间表,并制订投标工作计划。

**2. 投标实施**

(1)明确投标实施的流程,流程图如图2-5所示。

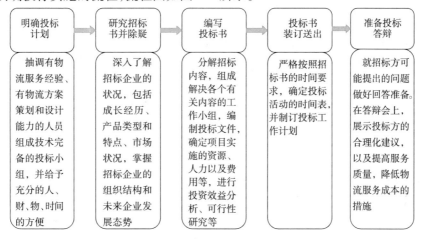

图2-5 投标实施的流程图

(2)投标书的书写(要求学生事先阅读大量的投标书,选择好版式,在计算机上完成投标书的书写)。投标书的主要内容包括:

①总则。表示愿意投标,以本企业拥有的物流资源提供招标方所需的物流服务,以及与招标方共同发展的愿望。

②本物流企业介绍。对本物流企业发展历程、企业的实力,尤其是取得的物流服务的历史业绩向招标方作说明。

③提出本企业物流服务优势。如具有经验丰富的物流运作团队,能为客户高质量地完成各项物流服务;具有先进的IT技术和物流信息网络技术,高效而实用的物流运作平台,具有足够的物流服务资源,先进的仓储设施和强大的运输网络等。

④提出物流服务措施。针对招标方的物流需求,提出实施物流服务的具体办法。

⑤据提供物流服务的种类和数量,结合市场实际,对提供的物流服务给出报价。

一般,在投标书正文前都附有投标书目录和投标涵,同学们可以通过投标书的目录来了解一个物流投标书大体的结构,表2-6中显示的投标书主要包括投标函、公司概述、服务承诺、项目简介、项目人力资源管理、项目可行性分析、项目实施流程、风险预测与控制、结束语等11个组成部分。当然,投标书的内容各物流公司可以自行组织,但总体都要围绕招标文件安排投标书内容。一般,招标文件里要求的评分项目,投标文件中必须体现出来。

物流项目投标书目录及投标涵范本 表2-6

## 投 标 函

致××××招标中心:

我方确认收到贵公司提供的×××××物流服务外包项目的物流外包及相关服务的招标文件的全部内容,我方××物流有限责任公司作为投标者正式授权张××总经理代表我方进行有关本投标的一切事宜。在此提交的投标文件,正本一份,副本六份,电子文件一份,唱标信封一份。包括如下等内容:

(1)投标函。

(2)全套资格证明文件。

(3)合作预想文件。

(4)应招标文件要求的其他文件。

我方已完全明白招标文件的所有条款要求,并重申以下几点:

(1)我方决定参加招标编号为×××××号的投标。

(2)本投标文件的有效期为投标截止日后90天,如中标,有效期将延至合同终止日为止。

(3)我方已详细研究了招标文件的所有内容包括修正文(如果有)和所有已提供的参考资料以及有关附件并完全明白,我方放弃在此方面提出含糊意见或误解的一切权力。

(4)我方承诺投标文件中的一切资料、数据是真实的,并承担由此引起的一切责任。

(5)我方明白并愿意在规定的开标时间和日之后,投标有效期之内撤回投标,则投标保证金将被贵公司没收。

(6)我方同意按照贵公司可能提出的要求而提供与投标有关的任何其他数据或信息。

(7)我方理解贵公司不一定接受最低投价或任何贵公司可能收到的投标。

(8)我方如果中标,将保证履行招标文件以及招标文件修改书(如果有的话)中的全部责任和义务,按质、按量、按期完成《合同书》中的全部任务。

(9)如我方被授予合同,由我方就本次招标支付或将支付给招标机构的招标代理服务费列于招标文件要求的承诺书(承诺书号CN××××)中。

(10)所有与本招标有关的函件请发往下列地址:

地址:

邮政编码:

电话:

传真:投标人(法人公章):××物流有限责任公司

授权代表(签名或盖章):张××

日期:

## 目 录

|  |  |  |
|---|---|---|
| 第一部分 | 投标函 | 3 |
| 第二部分 | 公司概述 | 4 |
| 第三部分 | 服务承诺 | 5 |
| 第四部分 | 项目简介 | 5 |
| 第五部分 | 项目人力资源管理 | 5 |
| 第六部分 | 项目可行性分析 | 6 |
|  | 项目背景 | 6 |
|  | 项目SWOT分析 | 7 |
|  | 结论 | 7 |
| 第七部分 | 项目实施流程 | 7 |
|  | 活动一 | 7 |
|  | 活动二 | 9 |
| 第八部分 | 风险预测与控制 | 10 |
|  | 项目的运作 | 10 |

续上表

| 项目的技术 | 10 |
| 项目的管理 | 11 |
| 建立风险管理系统 | 11 |
| 第九部分　项目预算 | 11 |
| 第十部分　项目创新点 | 12 |
| 结束语 | 12 |

(3)物流项目目标实现：招投标结束后，中标的物流企业将与招标方签订物流服务合同，提供招标方所需求的物流服务。为了使物流项目目标得以实现，需要招投标双方充分交换信息、相互信任、共同协作。在物流服务项目进行的过程中，应对服务的每一阶段进行监督，看物流项目每一阶段的目标是否实现，是否满足需求，是否存在有待改进之处。双方应本着共赢的原则，积极理顺沟通渠道，妥善解决出现的问题，这样才能使物流项目的目标得以最终实现。

(4)参与物流招标的关键技巧

**技巧之一**：要在招标现场挑选一个好位置。

很多企业觉得无所谓。其实招标现场的位置很重要，尤其是在竞争激烈的时候。什么位置是好位置？前面？后面？靠左？靠右？靠过道？居中间？每个人有每个人的看法。多年招标经验告诉我们，好位置的一个标准就是：最方便你观察全场举牌状况。

**技巧之二**：根据现场状况调整预估填写价格。

价格预估历来没有英雄。因为中标后没有人再去关心当初的价格预估了，而价格估高了、吃了亏也只有企业自己知道。多年来，我们有估得准的，也有没估准的时候。但是，我们在这过程当中越来越了解什么因素影响中标价格，每个因素影响的程度的如何。拍脑袋或凭直觉预估出来的价格，至少存在100万/单元误差。

**技巧之三**：要迅速判断一个价格的意义。

当一个竞拍价格出来后，你能不能迅速判断它是否划算？什么企业具备这个价位的竞争力？你该怎么办？当某个标的物最终中标价格出来后，你能不能迅速判断这个价格是什么意义？它是涨是跌？涨跌幅多少？对于下一个标的物有什么影响？

这些答案必须要求你在一两分钟甚至几秒钟内做出准确判断。你凭什么能够做到这点？只有具备足够的经验、完备的资料准备、快速计算能力、对参加招标企业的熟识等，才能迅速判断。

**技巧之四**：什么样的加价幅度和加价时机最好？

入围之后就是明标竞价。招标现场发生过多起花的钱多却比别人的位置要差的状况。其根源在于没有很好的判断形势并掌握好加价时机。还有就是应该加一个什么样的价格就可以结束战斗？这些问题的解决，都必须依靠多年的招标经验积累。

**技巧之五**：如何最快速判断和你在竞争的对手是谁，实力如何？

这个问题其实非常关键，它将直接影响到你在明标竞位的时候的效率。招标现场很多经典案例就是发生在这个问题上面。比如说，当明标竞位只剩下5家竞标3个位置的时候，你应该怎么办？着急？不着急？关键在于你对那几家实力的判断，对方实力弱，或许你不着急。反之，你要小心。这将直接影响到你的加价成本。

要快速判断竞争对是谁，你就一定要知道竞争对手的牌号(良好的位置这个时候就发挥作用了)，并且，你要知道他们背后是什么企业。而更复杂的是，你还要知道这有没有烟雾弹,这些企业是不是真心要投标。要了解这些,很难。要有相当强的信息收集能力,并且要对于参加招标的企业和代理公司非常熟悉和了解,这些一定是只有在招标现场拼杀了很多年的人才知道。

## 任务3　物流客户维护

### 客户无小事?

有一家物流公司费了九牛二虎之力才谈成了一笔大生意,临到签订合同这天,恰巧总经理家有急事,公司临时指派了一位物流客服人员王某顶替参加合同签字仪式,王某听说对方公司总经理姓"zhang",于是在座位牌上就写了个"张总",结果等到签合同时,对方说合同有点小问题,还要审查一下,等以后再择日签订吧。王某感到丈二和尚摸不着头脑,事后向总经理汇报。总经理勃然大怒,原来对方公司总经理姓"章"而不是姓"张"。

**引例分析**

案例中表明物流公司的客户开发已经完成,但最终客户不愿立即签订合同,表面是物流公司的小失误,但追究更深的原因是因为客户开发人员没有及时为客户建立档案所致。所以,客户无小事,客户建档是重中之重。

 **任务分析**

**一、任务准备**

(1)多媒体教室(含可供学生上网查资料的计算机、多媒体教学设备、课件和动画等教学资料);

(2)CRM客户关系管理教学系统。

**二、任务目标**

(1)能利用客户关系管理系统进行客户资料建档;

(2)能绘制、填写客户资料的档案表格;

(3)能对物流客户进行分类,并能采取正确的回访手段进行客户回访;

(4)能对客户的异议进行适当的处理;

(5)能对客户进行调查,及提高客户满意度。

**三、基础知识**

**1. 客户细分**

客户细分,又称市场细分,是指营销者通过市场调研,依据消费者的需求和欲望、购买行为和购买习惯、客户生命周期和客户价值等方面的差异,把某一产品的市场整体划分为若干个消费群,以提供有针对性的产品服务和营销模式的市场分类过程。

**2. 客户满意**

《质量管理体系—基础和术语》(GB/T 19000—2008)中的定义,"顾客满意是顾客对其要求已被满足的感受"。如图 2-6 所示。

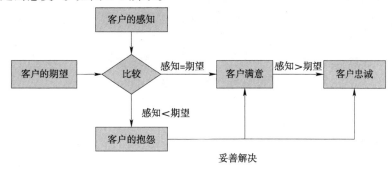

图 2-6　客户满意的示意图

**3. 客户忠诚**

客户忠诚是指客户对企业的产品或服务的依恋或爱慕的感情,它主要通过客户的情感忠诚、行为忠诚和意识忠诚表现出来。

其中情感忠诚表现为客户对企业的理念、行为和视觉形象的高度认同和满意;行为忠诚表现为客户再次消费时对企业的产品和服务的重复购买行为;意识忠诚则表现为客户做出的对企业的产品和服务的未来消费意向。这样,由情感、行为和意识三个方面组成的客户忠诚营销理论,着重于对客户行为趋向的评价,通过这种评价活动的开展,反映企业在未来经营活动中的竞争优势。具体来说,表现为下列内容:

(1)客户忠诚是指消费者在进行购买决策时,多次表现出来的对某个企业产品和品牌有偏向性购买行为。

(2)忠诚的客户是企业最有价值的顾客。

(3)客户忠诚的小幅度增加会导致利润的大幅度增加。

(4)客户忠诚营销理论的关心点是利润。建立客户忠诚是实现持续的利润增长的最有效方法。企业必须把做交易的观念转化为与消费者建立关系的观念,从仅仅集中于对消费者的争取和征服转为集中于消费者的忠诚与持久。

知识链接

### 什么样的客户是忠诚的?

提高顾客的满意度,进而形成客户的忠诚是各个企业客户管理的一个较高目标,究竟什么样的客户是忠诚的呢? 通过余世维先生——台湾著名职业经理人的一个案例说明来说明:我在读大学时有一个同班同学姓周,说很喜欢喝百事可乐。我心想还有这么忠诚的客人,我趁他不注意的时候倒了十杯可口可乐。他喝了之后就说这个是百事可乐,实际上那个是可口可乐。我说不是,周同学说:"打死我我也喝百事可乐。"这便是一个忠实的客户。

**4. 客户分类**

主要以新老客户为主,在此基础上,分为一级、二级、三级管理。根据不同的业务、流量、产品分类、不同的客户有不同的服务标准。

(1)客户按价值层次分可分为:

①最有价值的客户(Most Valuable Customer,MVC)。是指那些终身价值最高的客户。他们是企业当前业务的核心。对于他们,我们的目标是客户保持。

②第二层的客户(Second – tier Customer,STC)。是指那些具有最高未实现潜在价值的

客户。这些客户可能会比现在更加有利可图,对于他们,我们的目标是客户增长。

③负值客户(Below-Zero,BZ)。是指那些根本无法为公司业务带来足以平衡相关服务费用的利润。对此我们的目标是客户舍弃。

(2)根据合作情况可分为:

①现有客户:指已经与企业合作走货的客户;

②目标客户:就是与公司有接触,但尚未与公司合作走货的客户,这类客户需要不断地开发跟进才能与公司建立合作关系。

**5. 客户关系管理**

客户关系管理:(Customer Relationship Management,CRM)最早由美国 Gartner Group 于1997年正式提出。是企业为提高核心竞争力,树立以客户为中心的发展战略,并在此基础上开展的包括判断、选择、发展和保持客户所需实施的全过程。目前,CRM 已经被开发成客户关系管理软件,结合系统强大的数据管理分析的功能,被企业广泛应用。

### 客户关系维护和"漏桶原理"

图 2-7 漏桶原理

如果向新客户推销产品,成功率是15%,而向老客户进行推销的成功率为50%;如果每年的客户关系保持率增加5%,则利润将增加85%;以客户为导向的公司的利润比以产品为导向的公司的利润高出60%;向新客户进行推销的花费是向现有的客户推销所花费的6倍;保持一个老客户比获得一个新客户花费更少的时间和金钱,这也间接地说明流失一个客户将带来多大的损失。因此,注重客户关系管理,进行客户维护是一个企业必须要做的工作。我们可以用一个"漏桶原理"(图2-7)来描述客户关系管理和客户维护的重要性。

桶底的"洞"分别代表劣质服务、未经训练的员工、质量低劣、选择性差、价值低产品,由这些公司的漏洞造成客户流失,公司为了保住原有的营业额,就必须从桶顶不断地加入"新客户"来补充漏损,这是一个昂贵的、永无尽头的过程。

**6. 客户资料(档案)管理**

客户档案管理是企业营销管理的重要内容,是营销管理的重要基础。而不能把它仅仅理解为是客户资料的收集、整理和存档。建立完善的客户档案管理系统和客户管理规程,对于提高营销效率,扩大时常占有率,与交易伙伴建立长期稳定的业务联系,具有重要的意义。

**7. 客户档案管理方法**

建立客户档案卡。客户档案管理的基础工作,是建立客户档案卡(又称客户卡、客户管理卡、客户资料卡等)。采用卡的形式,主要是为了填写、保管和查阅方便。客户档案卡主要记载各客户的基础资料,这种资料的取得,主要有三种形式:

(1)由推销员进行市场调查和客户访问时整理汇总。

(2)向客户寄送客户资料表,请客户填写。

(3)委托专业调查机构进行专项调查。

然后根据这三种渠道反馈的信息,进行整理汇总,填入客户档案卡。

在上述三种方式中,第一种方式是最常用的。第二种方式由于客户基于商业秘密的考虑,不愿提供全部翔实的资料,或者由于某种动机夸大某些数字(如企业实力等),所以对这些资料应加以审核。但一般来讲,由客户提供的基础资料绝大多数是可信的且应比较全面。第三种方式主要是由于用于搜集较难取得的客户资料,特别是危险客户的信用状况等,但需要支付较多的费用。

**8. 客户回访**

客户回访是企业用来进行产品或服务满意度调查、客户消费行为调查、进行客户维系的常用方法,由于客户回访往往会与客户进行比较多的互动沟通,更是企业完善客户数据库,为进一步的交叉销售、向上销售铺垫的准备,所以认真的策划就显得尤为重要。

**9. 客户回访要点**

(1)注重客户细分工作

在客户回访之前,要对客户进行细分。客户细分的方法很多,上文已经提过。但单位可以根据自己的具体情况进行划分。客户细分完成以后,对不同类别的客户制定不同的服务策略。例如有的公司把要回访的客户划分为:高效客户(市值较大)、高贡献客户(成交量比较大)、一般客户、休眠客户等;有的公司从客户购买产品的周期角度判断客户的价值类别,如高价值(月)、一般价值(季度/半年)、低价值(一年以上)。对客户进行细分也可以按照客户的来源分类,例如定义客户的来源包括:CALL IN(电话来访)、自主开发、广告宣传、老客户推荐等;也可将客户按其属性划分类型,如合作伙伴、供应商、直接客户等;还可以按客户的地域进行分类,如国外、国内,再按省份例如山东、北京、上海等,再往下可以按地区或者城市分;也可以按客户的拥有者的关系进行管理,如公司的客户、某个业务员的客户等。客户回访前,一定要对客户做出详细的分类,并针对分类拿出不同的服务方法,增强客户服务的效率。总言之,回访就是为更好的客户服务而服务的。

(2)明确客户需求

确定了客户的类别以后,明确客户的需求才能更好地满足客户。特别是最好在客户需要找你之前,进行客户回访,才能体现客户关怀,让客户感动。

很多单位都有定期回访制度,这不仅可以直接了解产品的应用情况,而且可以了解和积累产品在应用过程中的问题。我们回访的目的是了解客户对我们的产品使用如何,对我们单位有什么想法,继续合作的可能性有多大。我们回访的意义是要体现我们的服务,维护好老客户,了解客户想什么、要什么、最需要什么,是要我们的售后服务再多一些,还是觉得我们的产品应该再改进一些。实际上,我们需要客户的配合,来提高我们自己的服务能力,这样才会发展得越来越好。

一般客户在使用产品遇到问题时、客户购买的产品有故障或需要维修时、客户想再次购买时是客户回访的最佳时机。如果能掌握这些,及时联系到需要帮助的客户,提供相应的支持,将大大提升客户的满意度。

(3)确定合适的客户回访方式

客户回访有电话回访、电子邮件回访及当面回访等不同形式。从实际的操作效果看,电话回访结合当面回访是最有效的方式。

按销售周期看,回访的方式主要有:

①定期做回访。这样可以让客户感觉到贵单位的诚信与责任。定期回访的时间要有合理性。如以产品销售出一周、一个月、三个月、六个月……为时间段进行定期的电话回访。

②提供了售后服务之后的回访,这样可以让客户感觉贵单位的专业化。特别是在回访

时发现了问题,一定要及时给予解决方案。最好在当天或第二天到现场进行问题处理,将用户的抱怨消灭在最少的范围内。节日回访,就是说在平时的一些节日回访客户,同时送上一些祝福的话语,以此加深与客户的联系。这样不仅可以起到亲和的作用,还可以让客户感觉到一些优越感。

(4) 抓住客户回访的机会

客户回访过程中要了解客户在使用本产品中不满意的地方,找出问题;了解客户对本公司的系列建议;有效处理回访资料,从中改进工作、改进产品、改进服务;准备好对已回访客户的二次回访。通过客户回访不仅可以解决问题,而且可以改进公司形象和加深客户关系。

产品同质化程度很高的情况下,客户购回产品后,从当初购买前担心质量、价位,转向对产品使用中的服务的担心。所以在产品售出后,定期的回访十分重要。

(5) 利用客户回访促进重复销售或交叉销售

最好的客户回访是通过提供超出客户期望的服务来提高客户对企业或产品的美誉度和忠诚度,从而创造新的销售可能。客户关怀是持之以恒的,销售也是持之以恒的,通过客户回访等售后关怀来增值产品和企业行为,借助老客户的口碑来促进新的销售增长,这是客户开发成本最低也是最有效的方式之一。开发一个新客户的成本大约是维护一个老客户成本的6倍,可见维护老客户是如何重要了。

企业建立客户回访制度,很重要的方法就是建立和运用数据库系统,例如利用客户关系管理(CRM)中的客户服务系统来完成回访的管理。将所有客户资料输入数据库,如果可能,还要尽量想办法收集未成交客户的资料,并进行归类。无论是成交客户还是未成交客户,都需要回访,这是提高业绩的捷径。制订回访计划,明确何时对何类客户做何回访以及回访的次数,其中的核心是"做何回访"。不断地更新数据库,并记录详细的回访内容,如此循环便使客户回访制度化。日积月累的客户回访将会使单位的销售业绩得以提升。

(6) 正确对待客户抱怨

客户回访过程中遇到客户抱怨是正常的,正确对待客户抱怨,不仅要平息客户的抱怨,更要了解抱怨的原因,把被动转化为主动。建议单位在服务部门设立意见搜集中心,收集更多的客户抱怨,并对抱怨进行分类,例如抱怨来自产品质量的不满意(由于功能欠缺、功能过于复杂、包装不美观、使用不方便等)、来自服务人员的不满意(不守时、服务态度差、服务能力不够等)等方面。通过解决客户抱怨,不仅可以总结服务过程,提升服务能力,还可以了解并解决产品相关的问题,提高产品质量、扩大产品使用范围,更好地满足客户需求。

客户回访是客户服务的重要一环,重视客户回访,充分利用各种回访技巧,满足客户的同时创造价值。

**10. 项目客户**

项目客户一般指物流企业的支柱型客户或高价值客户。之所以称之为项目,是因为这部分客户每一笔业务量都很大,企业必须认真对待。维护好项目客户,可以提高客户满意度,从而在稳定现有客户的基础上,深挖潜力,提高项目的营业额,对公司业绩的提升、物流网络的开发都具有重要意义。

**11. 客户的双向维护**

指不但对委托方客户进行维护,为了提高客户满意度,同时对收货方也作为客户进行维护,将维护工作与物流同步,是维护工作形成由委托方到收货方的全程维护。

## 一、客户资料建档

(1)教师给定《客户档案表》或《客户档案卡》,样板见表 2-7 ~ 表 2-9。学生结合任务 1 中开发的客户或调查的目标客户资料,进行填写,并由指导老师分组进行点评。

表 2-7 是一般现有客户档案表,是客户的基本信息表,一般能在于客户合作过程中通过业务员向客户直接获取,是最为基础性的信息。

一般现有客户档案表(基本信息表)　　　　　表 2-7

填表人:　　　　　　　　　　　　　　　　　　　序号:

| 公司名称 | | 公司地址 | |
|---|---|---|---|
| 负 责 人 | | 经 办 人 | |
| 电　　话 | | 手　　机 | |
| 邮　　箱 | | 营业范围 | |
| 产　　品 | | 所属行业 | |
| 已合作期/合同年限 | | 合同编号 | |
| 平均费用/月 | | 付款信用 | |
| 企业简介: | | | |
| 合作背景: | | | |
| 曾经合作物流企业/竞争对手: | | | |
| 服务内容(包括延伸服务): | | | |
| 发展潜力: | | | |
| 客户满意度/客户抱怨: | | | |

表 2-8 为一般现有客户联系人档案,是业务人员维护客户的直接接触对象的详细资料表,及时填写该表,并丰富该表内容,利用好内容信息,能让双方关系更为融洽,提高客户满意度。

一般现有客户联系人档案　　　　　　　　　　　　表2-8

填表人：　　　　　　　　　　　　　　　　　序号：

| 公司名称 | | 公司地址 | |
|---|---|---|---|
| 负责人/联系人 | | 公司电话 | |
| 职　位 | | 手　机 | |
| 邮　箱 | | 直属上司 | |
| 上司联系方式 | | 上司邮箱 | |
| MSN | | 从事行业 | |
| 母　校 | | 生　日 | |
| 特　长 | | 喜　好 | |
| 曾经就职公司 | | 有无子女 | |
| 子女生日 | | 子女就读学校 | |
| 其他相关事项 | | | |
| | | | |
| | | | |

表2-9是一般现有客户档案表，对客户与企业间的合作期间的业务动态及客户回访等情况进行定期跟踪，及时发现问题，改善客户关系，加深业务合作。

一般现有客户档案表（定期跟踪情况表）　　　　　表2-9

客户名称：　　　　　　　　　　　　　　　日期：　　年

| 业务动态<br>（运作量/<br>收入数） | 1月份 | 2月份 | 3月份 | 4月份 | 5月份 | 6月份 |
|---|---|---|---|---|---|---|
| | / | / | / | / | / | / |
| | 7月份 | 8月份 | 9月份 | 10月份 | 11月份 | 12月份 |
| | / | / | / | / | / | / |
| 定期拜访情况记录 | | | | | | |

| 跟踪日期 | | 联系人 | | 职务 | | 拜访人 | |
|---|---|---|---|---|---|---|---|
| 拜访记录： | | | | | | | |

| 跟踪日期 | | 联系人 | | 职务 | | 拜访人 | |
|---|---|---|---|---|---|---|---|
| 拜访记录： | | | | | | | |

| 跟踪日期 | | 联系人 | | 职务 | | 拜访人 | |
|---|---|---|---|---|---|---|---|
| 拜访记录： | | | | | | | |

(2) 利用 CRM 系统进行客户档案管理

①登录美萍客户关系管理系统,如图 2-8 所示。

图 2-8　每瓶客户管理系统登录界面

②进入系统,点击添加客户,新建合作客户档案,如图 2-9 所示。

图 2-9　新建合作客户档案界面

③添加、修改或删除客户资料可在"客户管理—客户资料管理"中进行,如图 2-10 所示。

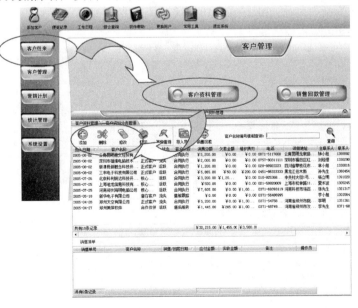

图 2-10　添加、修改、删除客户资料

④客户回访情况、客户业务联系情况可以在"客户管理—客户联系管理—客户回访"栏目进行查询,如图2-11所示。

图2-11 查询客户回访

⑤要想查看各类客户的业务进展情况,可以通过路径"客户管理—客户跟进管理"进行查询,获取相关信息如图2-12所示。

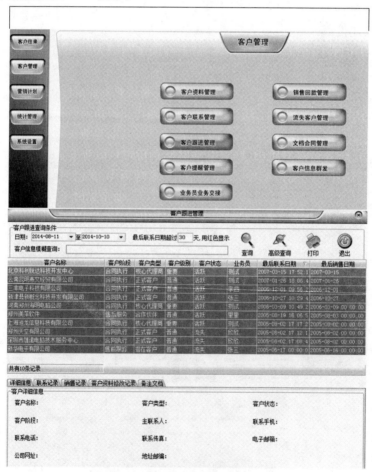

图2-12 查看各类客户的业务进展情况

## 二、客户回访

学生分组进行角色扮演,分三种情况进行客户回访课堂表演。一种是冲动型客户,一种是优柔寡断型客户,一种是满足型客户。要求学生掌握如下技巧:

**1. 面带微笑服务**

每天重复做同样的工作,产生心理疲劳,缺乏兴奋点是在所难免的。精神上不亢奋,在工作上就会懒散,表情上就会显得淡漠。在这种情况下,笑从何谈起?公司不可能为了员工兴奋,而频繁更换员工的工作岗位,如果每个岗位上都是生手操作,必然造成工作质量的下降。所以每一个员工都应该明白唯有调整好心态,高高兴兴地去对待每一天工作。打个比喻:与一位从未谋面的客户打电话,通过声音可以想象对方此时此刻的心情。这是因为人都有通过声音去想象别人容貌的习惯。如果我们说话时没有微笑,听筒另一边的客户即使没有看见,也同样可以感觉得到。因此,我们进行回访工作也必须要面带微笑的去说话。

**2. 话术规范服务**

话术规范服务是服务人员在为服务对象提供服务过程中所应达到的要求和质量的标准,话术规范服务是体现一个公司的服务品质。因此,公司专门拟定了一系列规范话术,如:新契约回访、离司业务员保单回访、失效保单回访、给付业务回访等,也是为突破性地提高服务质量,减少客户投诉,缩短与其他公司服务水平的差距。

**3. 因人而异、对症下药**

(1)对冲动型客户莫"冲动"

在回访过程中,常常会碰到这种性急而暴躁的客户,一时性急而说出气话,所以我们只当未听见,仍以温和友好的态度和他谈。只要他能够平静下来,这类客户往往很果断,决定自己的所需。作为回访工作人员对这类客户应该必须做到用温和的语气交谈。

(2)对寡断型客户"果断"地下决心

这类客户表现优柔寡断、三心二意,常常是被人左右而又拿不定主意。特别是新单回访中常常会出现此类客户,客户购买后又反悔,害怕业务员欺骗;害怕合作以后如果公司经营不善,公司破产后该怎么办;害怕购买保险后得不到理赔怎么办等,应付这类客户须花很多时间,座席必须用坚定和自信的语气消除客户忧虑,耐心地引导其明白作此决定是正确的。

(3)对满足型客户"欲望"送一个巧妙台阶

对这类客户要采用夸赞性语言满足其自尊心理。客户的抱怨,其实并不是什么大问题。只不过是他原来就有不满情绪,正好借题发挥或小题大做。他来发泄目的主要是找机会倾吐一番。对这样的客户,也不可对其失礼。不妨请他把话讲完,同样征求他对问题应如何解决所持有的意见,满足他的讲话欲望,使他的自尊心不受伤害,这样不需要采取更多的措施,也能把问题解决。

在客户回访中,有效地利用提问技巧也是必然的。通过提问,我们可以尽快找到客户想要的答案,了解客户的真正需求和想法。通过提问,理清自己的思路,同时通过提问,也可以让愤怒的客户逐渐变得理智起来。比如提出一些针对性的问题、选择性问题、服务性问题、开放性问题、封闭性问题。俗话说,人上一百,形形色色。通过服务工作者的努力,让每一位客户满意,是非常困难的。在服务工作者成功背后,是巨大的代价和艰辛。需要创新、需要学习、需要发展、需要克己、需要忍耐、需要执着、需要付出成倍的努力才能取得成功,也只有这样才能把回访客户服务工作做得更好。

### 三、处理客户异议

物流客户投诉的处理步骤如下。

不论是第一线的物流业务人员、管理人员或者是部门负责客户服务的专职人员,在接获客户投诉时的处理原则都是一致的。其主要目的在于使客户的投诉得到妥善的处理,在情绪上觉得受到尊重。因此,在处理客户抱怨时应遵循5步,如图2-13所示。

图2-13 物流客户投诉处理步骤

**1. 要有效地倾听客户各种不满陈述**

(1) 让客户先发泄情绪。当客户还没有将事情全部述说完毕之前,就中途打断,做一些言词上的辩解,只会刺激对方的情绪。如果能让客户把要说的话及要表达的情绪充分发泄,往往可以让对方有一种较为放松的感觉,心情上也比较平静。

(2) 善用自己的肢体语言,并了解客户目前的情绪。在倾听的时候,应以专注的眼神及间歇地点头来表示自己正在仔细地倾听,让客户觉得自己的意见受到重视。同时也可以观察对方在述说事情时的各种情绪和态度,以此来决定以后的应对方式。

(3) 倾听纠纷发生的细节,确认问题所在。倾听不仅只是一种动作,还必须认真了解事情的每一个细节,然后确认问题的症结所在,并利用纸笔将问题的重点记录下来。如果对于投诉的内容不是十分了解,可以在客户将事情说完之后再问对方。不过在这些过程中,千万不能让客户产生被质问的印象,而应以婉转的方式请对方提供情况,例如:"很抱歉,有一个地方我还不是很了解,是不是可以再向您请问有关……的问题。"并且在对方说明时,随时以"我懂了"来表示对问题的了解状况。

**2. 表示道歉**

不论引起客户不满的责任是否属于物流部门,如果能够诚心地向客户道歉,并对客户提出的问题表示感谢,都可以让客户感到自己受到重视。事实上,从物流部门的立场来说,如果没有客户提出投诉,物流经理也就不知道有哪些方面的工作有待改进。一般来说,客户之所以投诉,表示他关心这家企业,愿意继续与之合作,并且希望这些问题能够获得改善。因此,任何一个客户投诉都值得物流部门道歉并表示感谢。

**3. 提供解决方案**

所有的客户投诉都必须向其提出解决问题的方案。在提供解决方案时,必须考虑下列几点:

(1) 掌握问题重心,分析投诉事件的严重性。通过倾听将问题的症结予以确认之后,要判断问题严重到何种程度,以及客户有何期望。对这些都是处理人员在提出解决方案前必须考虑的。例如,客户对于配送时间延迟十分不满,进行投诉。就必须先要确认此行为是否已对客户造成经营上的损失,若是希望赔偿,其方式是什么,赔偿的金额为多少,对这些都应该进行相应的了解。

(2) 有时候客户投诉的责任不一定属于物流部门,可能是由企业其他部门所造成。例如送去的产品——奶粉里面发现异物,其责任应在企业生产部门,此时应会同生产部门处理,并为客户提供协助和保持联络,以表示关心。

(3)按照物流部门既定的办法处理。物流部门一般对于客户投诉有一定的处理方法,在提出解决客户投诉的办法时,要考虑到既定方针。有些问题只要引用既定的办法,即可立即解决,例如补货、换货的处理;至于无法援引的问题,就必须考虑做出弹性的处理,以便提出双方都满意的解决办法。

(4)处理者权限范围的确定。有些客户投诉可以由物流部门的客户服务人员立即处理,有些就必须报告物流经理,这些都视物流部门如何规定各层次的处理权限范围而定。在服务人员无法为客户解决问题时,就必须尽快找到具有决定权的人士解决,如果让客户久等之后还得不到回应,将会使其又恢复到气愤的情绪上,为平息客户情绪所做的各项努力都会前功尽弃。

处理人员所提出的任何解决办法,都必须亲切诚恳地与客户沟通,并获得对方的同意,否则客户的情绪还是无法恢复。若是客户对解决方法还是不满意,必须进一步了解对方的需求,以便做新的修正。有一点相当重要:对客户提出解决办法的同时,必须让对方也了解物流部门为解决问题所付出的诚心与努力。

**4. 执行解决方案**

当双方都同意解决的方案之后,就必须立即执行。如果是权限内可处理的,就迅速利落、圆满解决。若是不能当场解决或是权限之外的问题,必须明确告诉对方事情的原因、处理的过程与手续、通知对方的时间及经办人员的姓名,并且请对方留下联络方式,以便事后追踪处理。在客户等候期间,处理人员应随时了解投诉处理的过程,有变动必须立即通知对方,直到事情全部处理结束为止。

**5. 客户投诉处理结果总结**

这一步骤主要应从以下两个方面做好工作:

(1)检讨处理得失。对于每一次的客户投诉,都必须做好妥善的书面记录并且存档,以便日后查询。物流经理应定期检讨投诉处理的得失,一旦发现某些投诉是经常性发生的,必须追查问题的根源,以改进现有作业,或是制订处理的办法;如果是偶发性或特殊情况的投诉事件,也应制定相应规定,作为物流员工再遇到类似事件时的处理依据。

(2)对物流部门员工宣传并防止日后再发生。所有的客户投诉事件,物流经理都应通过固定渠道,如例会等在部门内宣传,让员工能够迅速改善造成客户投诉的各项因素,并了解处理投诉事件时应避免的不良影响,防止类似事件再度发生。

## 四、客户满意度调查

就调查的内容来说,客户满意度调查又可分为顾客感受调查和市场地位调查两部分。顾客感受调查只针对公司自己的顾客,操作简便。主要测量顾客对产品或服务的满意程度,比较公司表现与顾客预期之间的差距,为基本措施的改善提供依据。市场地位调查涉及所有产品或服务的消费者,对公司形象的考察更有客观性。不仅问及顾客对公司的看法,还问及他们对同行业竞争对手的看法。比起顾客感受调查,市场地位调查不仅能确定整体经营状况的排名,还能考察顾客满意的每一个因素,确定公司和竞争对手间的优劣,以采取措施提高市场份额。在进行满意度指标确定和分析应用的过程中,始终应紧扣和体现满意度调查的目标和内容要求。

物流客户满意度调查的方案具体如下。

一般在进行客户满意度调查前,先要确定调查方式。主要调查方式有:入户调查、街头拦访、电话调查、厅堂调查、留置问卷调查、邮寄调查、固定样本组连续调查等。随着信息技术的广泛应用,出现了一些新的调查方法,包括计算机辅助个人访问、计算机辅助电话访问、电子邮件调查、自动语音电话调查、网上调查等。在互联网时代,大多数中大规模的物流企业都有自己的企业网站,不少企业还开始了电子商务模式。虽然一般多采取问卷调查的方式,但问卷调查也因此出现了多种形式。网上有奖问卷调查就是很多物流企业常用的方式,如图 2-14 所示。

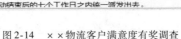

图 2-14 ××物流客户满意度有奖调查

下面以问卷调查为例,教师给学生一个问卷模板,学生分组为之前选定的物流企业设计一份《客户满意度调查方案》(含调查问卷)。

### 客户满意度调查问卷包含哪些内容?

客户满意度调查方案一般包含以下几个部分:企业简介、调查目的、调查范围(或对象)、调查组成员、调查进度安排(方案)、经费安排、调查问卷设计等。根据企业需要,可以适当更改。

调查问卷一般包括:

(1)基础部分,即客户一般信息;

(2)评分指南(或填写指南),即指导客户填写的说明;

(3)客户满意度题目,即所要客户填写或点击作答的题目。一般还可以将题目分成三部分,一是"满意度调查",一般以选择题目较适合。并且多分为"非常满意、满意、一般、不满意"等几个等级,若是采取网上问卷调查,直接用分数表示,更便于统计;二是"改善点指出",可用选择题,可用填空题;三是附加意见,一般可以进行纵向每年满意度对比,从而得到比较真实的客户服务水平的升降情况。具体客户满意度调查问卷可参见例1。

**例1　××××物流有限公司客户满意度调查问卷**

尊敬的客户：

您好！感谢您一直以来对我司工作的支持和帮助！

根据上半年满意度调查结果，结合客户评价以及意见、建议，我们从 7 月起已展开了改善并且会持续落实。请您根据改善的效果以及下半年业务运作的情况对我们的服务进行评价，期待您在百忙之中抽出 10~15min 时间思考并填写每一个调查项目。您的评价将是我们日后改善的重要依据，请您填写完毕后在 10 月 25 日前回复我们。

非常感谢您的支持，祝您工作愉快！

总经理：<br>2011 年 10 月

咨询电话：　　　　或　　　　传真：　　　　联系人：　　　　邮箱：

---

基础部分：一般信息

　　我们请您提供您的一些基本信息，这很重要，它将有助于我们更准确地分析。

　　贵公司名称（有限公司）　　您的姓名（　　　）　　电话（　　　　　）

---

　　请您参照以下评分指南选择您认为合适的数字，如果您没有该项经历或对该项目无法进行评价，请选择 N/A。每项的评分范围为 1~10 分，部分项目的选择相同也没关系。

| 评分指南： | N/A | 10 分 | 9 分 | 8 分 | 7 分 | 6 分 | 5 分 | 4 分 | 3 分 | 2 分 | 1 分 |
|---|---|---|---|---|---|---|---|---|---|---|---|
|  | ↑ 不评价 | ↑ 最高分 |  |  |  |  |  |  |  |  | ↑ 最低分 |

A 部分：满意度调查

　　请您根据对以下项目的满意程度，选择合适的分数，以使我们客观了解该部门真实的服务情况，部分项目的选择相同也没关系。如果您没有经历或难以回答请选择 N/A。

| 大项 | 小项 | 评分（单位：分；N/A 为不评价，10 分为最高分，1 分为最低分） | | | | | | | | | | |
|---|---|---|---|---|---|---|---|---|---|---|---|---|
| 作业质量 | 1. 严格遵守时间完成取货作业 | □N/A | □10 | □9 | □8 | □7 | □6 | □5 | □4 | □3 | □2 | □1 |
| | 2. 严格遵守时间完成交货作业 | □N/A | □10 | □9 | □8 | □7 | □6 | □5 | □4 | □3 | □2 | □1 |
| | 3. 严格遵守时间完成容器返空作业 | □N/A | □10 | □9 | □8 | □7 | □6 | □5 | □4 | □3 | □2 | □1 |
| | 4. 严格按照单货相符完成交货 | □N/A | □10 | □9 | □8 | □7 | □6 | □5 | □4 | □3 | □2 | □1 |

续上表

| 大项 | 小项 | 评分(单位:分;N/A 为不评价,10 分为最高分,1 分为最低分) | | | | | | | | | | |
|---|---|---|---|---|---|---|---|---|---|---|---|---|
| 作业质量 | 5. 严格按照单货相符完成容器返空 | □N/A | □10 | □9 | □8 | □7 | □6 | □5 | □4 | □3 | □2 | □1 |
| | 6. 严格按照要求进行零件运输防护 | □N/A | □10 | □9 | □8 | □7 | □6 | □5 | □4 | □3 | □2 | □1 |
| | 7. 严格按照要求进行容器运输防护 | □N/A | □10 | □9 | □8 | □7 | □6 | □5 | □4 | □3 | □2 | □1 |
| 配合度 | 8. 准时提报日常台账或数据、报告 | □N/A | □10 | □9 | □8 | □7 | □6 | □5 | □4 | □3 | □2 | □1 |
| | 9. 运输车辆满足要求 | □N/A | □10 | □9 | □8 | □7 | □6 | □5 | □4 | □3 | □2 | □1 |
| | 10. 运输司机遵守取货和交货要求 | □N/A | □10 | □9 | □8 | □7 | □6 | □5 | □4 | □3 | □2 | □1 |
| | 11. 车辆运输安全措施有效及管控到位 | □N/A | □10 | □9 | □8 | □7 | □6 | □5 | □4 | □3 | □2 | □1 |
| 改善能力 | 12. 异常及紧急情况快速妥当处理 | □N/A | □10 | □9 | □8 | □7 | □6 | □5 | □4 | □3 | □2 | □1 |
| | 13. 对问题做到举一反三,措施有力 | □N/A | □10 | □9 | □8 | □7 | □6 | □5 | □4 | □3 | □2 | □1 |
| | 14. 改善效果好,问题再发少 | □N/A | □10 | □9 | □8 | □7 | □6 | □5 | □4 | □3 | □2 | □1 |
| | 15. 积极从自身寻找问题,并付诸改善行动 | □N/A | □10 | □9 | □8 | □7 | □6 | □5 | □4 | □3 | □2 | □1 |
| 服务人员面貌 | 16. 服务人员积极配合完成日常工作 | □N/A | □10 | □9 | □8 | □7 | □6 | □5 | □4 | □3 | □2 | □1 |
| | 17. 服务人员主动沟通相关信息 | □N/A | □10 | □9 | □8 | □7 | □6 | □5 | □4 | □3 | □2 | □1 |
| | 18. 服务人员快速响应各类问题 | □N/A | □10 | □9 | □8 | □7 | □6 | □5 | □4 | □3 | □2 | □1 |
| | 19. 服务人员专业解答有关作业问题 | □N/A | □10 | □9 | □8 | □7 | □6 | □5 | □4 | □3 | □2 | □1 |
| | 20. 服务人员乐于帮助客户解决问题 | □N/A | □10 | □9 | □8 | □7 | □6 | □5 | □4 | □3 | □2 | □1 |
| | 21. 服务人员遵守承诺,守时守信用 | □N/A | □10 | □9 | □8 | □7 | □6 | □5 | □4 | □3 | □2 | □1 |
| | 22. 服务人员热情有礼 | □N/A | □10 | □9 | □8 | □7 | □6 | □5 | □4 | □3 | □2 | □1 |

B 部分:改善点指出

根据您对上述服务情况的评价,您认为该部门在以下工作中须作为首要的重点改善项目的是什么?

| 项　　目 | 请对应每一项工作选择您认为需首要改进的项目(请选择1个项目) | | | | | | |
|---|---|---|---|---|---|---|---|
| 1.取货作业 | □时间准时 | □车辆满足 | □车辆状况 | □配合度 | □沟通态度 | □其他 | 我司暂无此项合作业务 |
| 2.交货作业 | □时间及时 | □单货相符 | □货物质量 | □运输防护 | □配合度 | □沟通态度 | □其他　交货情况良好 |
| 3.容器返空作业 | □时间及时 | □数量满足 | □单货相符 | □返空质量 | □配合度 | □沟通态度 | □其他 |
| 4.日常报表反馈工作 | □时间及时 | □提供准确 | □配合度 | □沟通态度 | | □其他 | |

C 部分:附加意见

在您的印象中,该部门在下半年各方面的综合表现较上次调查期间是:

最后,如果您还有其他意见或建议,请在以下空栏阐述您的看法,无论它们是否已经包括在本调查中。例如:您可以谈谈它们的主要优点或缺点,提出可能的改进方案。或者,您可以对业务流程、工作制度和其他方面提出建议。

【您的所有评述,我们都会进行妥善的保密】

**思考**:客户满意度调查的作用是什么?

## 五、项目客户的维护

### 1. 项目客户的日常维护

项目客户的日常维护:一般分为每日维护、每周维护和每月维护。

(1)每日维护:项目客户因为发货量大、发货频次高、服务要求多等原因,与散客的维护不同,需要专职客服人员进行日常维护。客服人员每天上午做前天客户发货的清单和跟踪表,对货物状态进行跟踪,并及时反馈给客户;受理客户的咨询、查货信息,以及货物异常的处理,及时反馈给客户;统计客户的发货量和营业额。

(2)每周维护:每周对客户的问题进行整理,及时进行解答和解释。

(3)每月维护:每月对客户运作质量进行 KPI 分析,经营状况做效益分析,与客户财务人员核对运费账目等。

**2. 项目客户的紧急维护**

项目客户出现紧急情况时,应及时上报,快速反应,立即处理。特别是当项目客户发生危机时,要高度重视,采取适当的技巧,将危险化为转机。

下面这个案例是典型的项目紧急维护成功的案例。

### X物流公司的项目客户紧急维护

Y商贸公司的长沙线货物由于X物流公司长沙业务部人员在卸车时操作不当,造成木箱损坏,货物严重破损。外场人员因怕承担责任,将木箱重新钉好,送货给客户,客户正常签收。事后客户发现箱内发动机严重损坏,投诉到Y商贸公司。对于这种欺骗行为,Y商贸公司极为愤怒,不仅将长沙线调走,更严重的是Y商贸公司要取消与X物流公司的合作。X物流公司营业部经理亲自登门致歉,并请求公司高层领导出面,协助处理,后将Y商贸公司升级为项目客户,利用公司平台与资源,成功将此次客户危机变成了转机。后长沙线不但恢复,Y商贸公司更将其他线路的货量也调给X物流公司,营业额有大幅度提升。

**3. 项目客户的双向维护**

当物流企业的客户停留在委托方的维护,会直接导致有些问题不能及时有效的处理,为了进一步提高客户满意度,减少不必要的投诉,加强与客户的联系,应积极推广项目客户的双向维护。

1)实行客户双向维护的目的和意义

(1)实行全国客户共同维护,从到达方面保护的合作关系,减少客户因收货产生的投诉;

(2)突出以客户需求为核心的工作汇总点,将市场中维护范围做大;

(3)开展双向维护,将维护工作从单方单线维护,扩展到全称全线维护,是保障客户理念的具体体现。

2)双向维护的工作内容

(1)双向维护的对象的确认;

(2)客户维护人员必须了解所维护客户的项目操作要求;

(3)进港方维护收货方客户,出港方负责维护委托方的相关信息。要求各地要重视进港维护,加强和出港方项目客户维护人员的沟通,及时传递信息。

(4)进港维护人员与收货方保持沟通,必要时应上门拜访,熟悉收货方的业务操作情况及特殊要求,与收货方建立良好关系,减少因提送货造成的事故与投诉。

(5)如果发生事故与投诉,进港维护人员应及时与收货方联系或上门协商,同时通知到出港方项目维护人员,从两方面入手,解决投诉,将事故影响控制在最小范围。

3)双向维护工作的开展与实施

(1)各个区域将双向维护落实到位,明确工作职责,将双向维护人员上报客户服务中心项目客户部备案。

(2)建立重点客户双向维护的客户档案,尤其是进港客户档案,针对当地情况,以多种形式开展双向维护。

(3)双方要保证经常沟通,经常联系,在维护的同时解除客户信息,将信息反馈给对方,促进共享资源客户的开发。

4)项目客户的月度沟通会

(1)月度沟通会的概念和定义:申项目客户所在部门与客户约定时间、地点,物流公司部门经理、区域经理、大区总监与客户物流负责人就项目客户近一个月的经营与运作情况召开沟通会议,尽量在每月的上半月完成。

(2)月度沟通会的目的和意义:满足项目客户的要求,创造一个与项目客户良性沟通的平台,发生问题能够及时得到解决,促进双方高层的互访,增进客户关系,从而达到项目客户满意度提高及物流公司效益提高的双赢局面。

(3)月度沟通会的内容:

①公司上月运作质量的KPI分析报告;

②对上月货物出现的问题进行分析,给出解决方案;

③公司根据实际操作情况对客户提出配合要求;

④客户对公司项目客户运作提出要求和建议;

⑤双方就提到的问题协商沟通。

延伸阅读

## 让客户喜欢你的十种理由

有一次我乘车从科技园到罗湖,在车上,我听到坐在我前排的两个MBA在谈论面对客户时我们如何才能打动他们,让他们愿意购买我们的产品?抱着要打动客户的心理,有些人总是使尽浑身解数,旁征博引,在客户面前喋喋不休。但最终却发现客户对你的话并不感兴趣,而且过于冗长的谈话已使他产生了厌恶情绪,在他接到你电话时,从根本上否定了你,进而否定你的产品,你很难再预约到下一次的见面机会。

在与一些成功的电话营销员的交流中,我们不难发现一些规律,面对客户时,营销员语言表达是否大方、得体,是否能与客户产生共鸣,从而在感情上与客户拉近距离,这将成为他能否从心底里接受你,进而接受你产品的最终原因。

**一、说话要真诚**

只有真诚的人才能赢得信任。我们不能为了提升个人业绩,去劝说一个年产值500万的,一年就招聘一两次员工的企业去做一个我们的高级会员。那是不现实的,也会遭到客户的反感。首先,我们应该从该公司的客户群、所属行业、企业规模等因素出发,尽可能多地了解上游资源,从大形势下去与客户沟通,让客户感受到我们是专业的。其次,我们在与该公司HR经理聊天的时候,去了解此人的脾气、爱好。如果此人比较忙,在你把此客户定义为准客户之后,也可以旁敲侧击,使用一些甜言蜜语,从其助理或同事中去了解。我想当你了解了这些之后,对你的进攻一定会大有帮助。据说,美国总统华盛顿在约见客人之前,第一天晚上都是必须要看此人的兴趣爱好的,我们何乐而不为之呢!

**二、给客户一个购买的理由**

有一次去逛街,走进一家小店,老板娘热情地迎了上来,向我们介绍各式的服装。试过几件后都觉得不太满意,只是看老板娘很热情,也不太好意思就直接走了。令我意想不到的是,就在我们逛了半个小时觉得累的时候,老板娘把我们试过的那些衣服都打好包了。我说我们不要了,老板娘的脸色一下就变了。最后,我说,那你给我一个购买的理由吧!店主无语了。

时时把握客户的需求与承受能力,体察客户的心态,才是最终成交的关键。很多时候,我们做了很多事情,也浪费了很多时间,可最终临门一脚就打歪了。就像上面我去买衣服,本来也就是逛逛,没有太强烈的需求,只是看看,有合适的,实在看得上的,就淘一件。可老板娘把我看成了一个大客户,无论从接待到最后的成交金额都是按照这个级别来实现的。

就像我们做销售一样,一个小公司明明只招一两个人,我们却从始至终都是在跟他谈一年的,这样最终成交起来难免加大了难度,也给客户带来了不好的影响。

最让我想不通的就是老板娘最后还有点发脾气的意思,本来我想就是这次不买,看她为人民服务的意识还好,这也是难得,下次要是买东西一定到她这里,这样想想她这半小时的口舌也是值得了。但是我们有时太急功近利了,客户答应了或者默许的事,没有兑现时,我们往往会带有一点情绪,这样与客户交流起来就会有障碍。要知道我们所做的工作,实为销售,其实有更多的成分是在服务。

记得离开前一个东家时,我回头看了一眼销售部的办公室,那几个赭色的大字依然醒目:客户永远是对的。

### 三、让客户知道不只是他一个人购买了这款产品

人都是有从众心理的,业务人员在推荐产品时适时地告诉客户一些与他情况相类似或相同的企业或公司都购买了这款产品,尤其是他的竞争对手购买的就是这款。这样不仅从心理上给他震撼,而且还增强了他购买的欲望。根据经验,这个公司在购买同一类型的产品时,肯定会买比竞争对手更高级的,也以此来打击对方的士气。

### 四、热情的销售员最容易成功

不要在客户问起产品时,就说:"我给你发一个报价,你看一下。"除非在客户时间非常紧的情况下,你才应该说发一份报价看看。那也应该在前面说,"实在抱歉,本来要给您介绍产品的,这次可能得让您自己看了"。让客户时时感觉你就在他(她)身旁,让他(她)感受到奔放的热情。如果时间允许的话,就算客户没有需求,或者没有需求的客户。我们也应该真诚、热情地去接待他(她)们。我们应该有"广义客户论"——世人皆客户也。

### 五、不要在客户面前表现得自以为是

很多做HR的客户对人事工作一知半解,更多地,我们接触到的,就是个前台文员,或人事专员,有时会问些非常幼稚的问题,这个时候请我们一定不要自以为是,以为自己什么都懂,把客户当成笨蛋。很多客户都不喜欢那种得意扬扬,深感自己很聪明的业务员。要是客户真的错了,机灵点儿,让他知道其他人也经常在犯同样的错误,他只不过是犯了大多数人都容易犯的错误而已。很多人在家贴着做人两规则:一、老婆永远是对的;二、即使老婆错了,也按第一条执行。在外面,在公司,只要你把词稍作修改,变成"客户永远是对的,即使客户错了,那也是我们的错",那么我相信你不仅是一名"新好男人",同时也是一名工作出色的销售员。

### 六、注意倾听客户的话,了解客户的所思所想

有的客户对他希望购买的产品有明确的要求,注意倾听客户的要求,切合客户的需求将会使销售更加顺利。反之,一味地想推销自己的产品,无理地打断客户的话,在客户耳边喋喋不休,十有八九会失败。

### 七、你能够给客户提供什么样的服务,请说给客户听,做给客户看

客户不但希望得到你的售前服务,更希望在购买了你的产品之后,能够得到良好的售后服务。持续不断的电话,节日的问候等,都会给客户良好的感觉。如果答应客户的事,千万不要找借口拖延或不办,比如礼品、发票是否及时送出。

### 八、不要在客户面前诋毁别人

纵然竞争对手有这样或者那样的不好,也千万不要在客户面前诋毁别人以抬高自己,这种做法非常愚蠢,往往会使客户产生逆反心理。同时不要说自己公司的坏话,在客户面前抱

怨公司的种种不是,客户不会放心把人才招聘放在一家连自己的员工都不认同的公司里。

**九、当客户无意购买时,千万不要用老掉牙的销售伎俩向他施压**

很多时候,客户并没有意向购买你的产品,这个时候是主动撤退还是继续坚持地向他销售?比较合适的做法是以退为进,可以转换话题聊点客户感兴趣的东西,或者寻找机会再次拜访,给客户一个购买的心理准备过程,千万不要希望能立刻一锤定音,毕竟这样的幸运是较少的。

**十、攻心为上,攻城为下**

兵法有云:攻心为上,攻城为下。只有你得到了客户的心,他才会把你当作合作伙伴,当作朋友,这样你的生意才会长久,你的朋友才会越来越多。做职业经理人的大哥告诉我,只有你把客户做成了朋友,你的路才会越走越宽;反之,那只是昙花一现。攻心并不一定是大鱼大肉的应酬、腐败,锦上添花不如雪中送炭。平时过年过节的问候一下,一句话、一辈子、一声情、一杯酒,足矣,足矣!

## 模块练习

1. 准备工作包括_____、_____、_____、_____、_____、_____等多项工作。

2. 把握好电话拜访的时机:打电话一定要掌握时机,避免在吃饭的实践段及休息的时间跟客户联系。如果把电话打过去,也要礼貌地征询客户是否有时间或方便接听。根据对客户日常工作习惯的研究表明,_____、_____为客户较清闲时段,销售人员可参考以上时段对客户进行电话拜访。

3. 有效进行电话沟通,包括_____、_____、_____、_____、_____、_____、_____、_____等。

4. 适时结束通话,结束通话时注意_____、_____等。

5. 建立客户档案:没有客户关系管理系统的企业可建立_____、_____等;有客户关系管理系统的企业可直接录入客户信息。

6. 通过网络寻找客户,包括:_____,如阿里巴巴、慧聪网、生意人网址导航、商业网址大全等;_____,如阿里巴巴、慧聪网、淘宝网的物流板块、中国物流企业网等;_____,如前程无忧、中华英才网、智联招聘等,并结合阿里巴巴等网站找到客户的联系方式;_____,如51地图或UU灵图等;_____,利用群组功能,查找营业部当地的QQ群或自己建一个物流QQ群,从而找到更多客户;_____,如新浪黄页、中国黄页网等;_____等。

7. 寻找及指定目标客户,主要方法有_____、_____、_____、_____、_____、_____等。

8. 投标书一般包括哪几个部分?

9. 怎样才能有效倾听客户的不满?

10. 客户满意度调查方式有哪些?

# 模块三　物流业务运营管理

 **学习导语**

物流企业在日常的经营运作过程中,能否有个正规的业务流程,注不注重时效,能不能保证货物、人员、设备的安全,发生异常情况能不能及时成功地处理,业务现场能否稳定有序,是企业能否保证物流服务能满足客户的重要因素,所以,本模块将带领大家走入真实的物流企业业务管理的环境,让大家能对物流服务业务流程以及具体业务运作的实际情况有个清楚的认识,帮助同学们熟悉物流企业业务运作管理岗位的实际情况。

 **故事分享**

植树节那天,某领导来视察植树的情况,走到一条街上,发现一个人沿着马路边在挖坑,已经挖了一排;而离他不太远,另一个人在往那些坑里填土。领导看了很奇怪,好好的路挖了又填,折腾什么呢?

于是领导就问这两个人:"你们在干什么啊?"

"我们在植树啊。"

"植树?那树呢?"领导四下看看,疑惑地问。

"我们三个人一组植树,按照新的植树流程,一个人挖坑,一个人种树,最后一个人填土。可是,今天负责种树的那个人病了,没来。"

"……"

**思考**

1. 针对这则故事,谈谈你的想法?
2. 这则小故事,对业务流程管理有什么启示?

**学习目标**

通过本模块的学习,期望达到下列目标。

**1. 专业能力**

(1)具备物流企业时效管理的能力;

(2)具备分析企业业务流程合理性的能力;

(3)具备货物安全管理的能力;

(4)具备处理异常业务的能力;

(5)能进行物流企业作业现场监督。

**2. 社会能力**

(1)培养学生的可持续发展的能力;

(2)培养与人沟通和协调工作的能力;

(3)培养学生具备中层和业务部门负责人具有的基本素质;

(4)注重遵章守纪、积极思考、耐心、细致、勇于实践、竞争意识、责任意识等职业素质的养成。

**3. 方法能力**

(1)通过查阅资料、文献等,培养个人自学能力和获取信息的能力;
(2)通过情境化的任务单元活动,掌握分析问题解决实际问题的能力;
(3)制订工作计划,培养工作方法能力;
(4)能独立使用各种媒体完成物流业务运作管理的学习任务。

模块图解

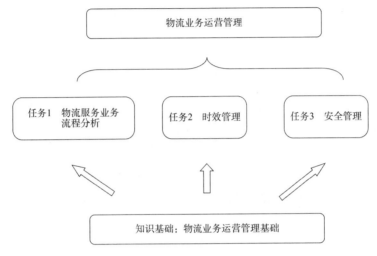

# 任务1　物流服务业务流程分析

案例导入

2009年2月6日麦哲思科技通过顺丰速递寄送资料给上海的一位客户。

2月8号周日,麦哲思科技的行政助理收到"顺丰快递"的短信(他们有短信通知的业务),确认资料已经由客户接收。

2月9日周一,恰好麦哲思科技上海本地的咨询顾问去客户处咨询,于是行政助理就委托咨询顾问帮忙和客户确认是否收到资料,结果咨询顾问由于工作繁忙忘记了确认此事,而此后,行政助理也没有在催问咨询顾问是否确认过。

2月16日,发现客户没有收到资料,经查询快递公司,是客户方收发室盖章接收的,但没有通知客户的接受人前去领取。应该2月9日收到的资料,直到2月16日才发现客户没有收到资料。

**引例分析**

简单的一件事情,要确保做好、做对,一直做好、做对,还是很不容易的。为了预防错误、及时发现错误、修复错误,必须定义流程,严格按流程执行,否则,失败的概率就会变大。小事尚且如此,况大事乎?

**任务分析**

## 一、任务准备

（1）物流企业的业务流程资料，或给定几个物流企业网址，要求网站上能查到该物流企业的业务流程，企业网站上能查到物流企业业务流程内容；一些物流企业业务流程的案例；

（2）多媒体教室（含可供学生上网查资料的计算机、多媒体教学设备、课件和动画等教学资料）及模拟会客室（含服务台、椅子、茶壶、茶杯等，模拟员工和客户的名片、名片夹、各种文具）；

（3）教学用具：包括相机（带相机功能的手机亦可）、打印机、收据等各类单据。

## 二、任务目标

（1）能进行物流服务业务流程分析，包括：物流业务类型及特点分析，物流服务业务流程存在的问题分析；

（2）能进行时效管理，包括：城际干线的发车时效管理；省际干线发车流程、运行时效管理；车辆时效管理；增派车辆管理；卸货时效管理；配送时效管理专车派送管理；签收回单管理托运书管理等；

（3）能进行物流业务安全管理，包括：货损管理、破损修复、货差管理等；

（4）能进行异常业务管理，包括：异常信息处理、业务差错管理、异常到付款处理、异常货物的处理、送货费异常的处理等；

（5）能进行现场督导，包括：货物收运管理、货物标签管理、货物卸货管理、中转外发管理；

## 三、基础知识

**1. 运作中心**

运作中心：是指在指定的作业区域内进行零担货物的集散分拨活动的业务组织，它是辐射区域的货流、车流、信息流的枢纽，是区域运作资源整合，是实现零担规模运输和达成客户物流服务要求的核心单位。如图3-1所示，为物流中心运作模式。

图3-1 物流中心运作模式

### 物流运作中心的重要性和功能

如果说物流企业是一名超级搬运工，那么运作中心就是他的心脏，带动着整个企业的生命延续。运作中心保证了客户的货物准时、安全地到达目的地，运作中心实现了数百条汽运线路紧张而有序的运行。运作中心是物流公司的心脏、枢纽,肩负着所有汽运货物的分拨重任,是营业部门业务开展的重要保障和强劲后背。

运作中心的主要功能有:

(1)助力物流企业铺设物流网络。随着企业业务量不断增大,企业需要扩张自己的物流网络。在资金有限的前提下,资源的调配显得尤为困难。运作中心帮助企业进行资源调配,提高资源利用率,提升网点的综合实力。

(2)物流成本的节约。运作中心强大的信息处理功能,能使车辆、路线、运输节点等安排更为合理,成本更为优化。

(3)提升物流效率。运作中心的设立提高了各种物流作业的专业性,能在短时间内完成辐射范围内的物资分拨,提升货物的流通速度,提高客户满意度。所以,各大电商如京东、淘宝都已经或开始建立自己的物流运作中心,希望通过物流服务的高效,来获取更大的市场。

**2. 运作中心的分类**

按生产规模的集约能力、发展规划和辐射范围,一般可以将物流运作中心分为三个等级:一级运作中心、二级运作中心、三级运作中心。

(1)一级运作中心一般是大区域物流节点的枢纽,承担区域间主要物流中转、交换、衔接。一级运作中心的辐射范围一般是几个省,周围辐射许多城市。因为货运量一般较大,所以一般处在多条运输干线通过或连接的交汇点,有些物流企业涉及多种运输方式,所以,他们的一级运作中心还需设置在一些大交通枢纽城市。一级运作中心同时也进行着与其他一级、二级运作中心的对流。

(2)二级运作中心一般是区域内物流节点的重要支点,承担区域间部分城市的货物中转及到达货物的配送,主要是为了优化资源和辅助一级运作中心。他的辐射范围一般是一个省内或相邻的几个城市区域。位置一般设在该辐射区域范围内运输网络上多条运输干线或连接的交汇点。二级运作中心进行着与其他区域一级运作中心的对流,实现部分城市的货物的发送,辅助一级运作中心,并指导三级运作中心的管理。

(3)三级运作中心是指在特定的区域内为实现资源整合,对一级运作中心和二级运作中心提供服务的重要物流节点。三级运作中心的辐射范围一般是一个或几个县区。位置一般处在部分物流节点的连接点或交汇处。三级运作中心对小区域内不同方向上的货流顺畅起着重要作用。一般只承担城际配送业务。

**3. 业务流程的含义**

业务流程是为达到特定的价值目标而由不同的人分别共同完成的一系列活动。活动之间不仅有严格的先后顺序限定,而且活动的内容、方式、责任等也都必须有明确的安排和界定,以使不同活动在不同岗位角色之间进行转手交接成为可能。活动与活动之间在时间和空间上的转移可以有较大的跨度。而狭义的业务流程,则认为它仅仅是与客户价值的满足相联系的一系列活动。

**4. 业务流程图**

业务流程图是一种描述系统内各单位、人员之间业务关系、作业顺序和管理信息流向的图表,利用它可以帮助分析人员找出业务流程中的不合理流向,它是物理模型。业务流程图主要是描述业务走向,比如说病人,首先要去挂号,然后再到医生那里看病开药,然后再到药房领药,然后回家。业务流程图描述的是完整的业务流程,以业务处理过程为中心,一般没有数据的概念。

**5. 绘制业务流程图的软件**

因为企业对业务流程的规范化要求越来越高,各个企业都在设计自己的业务流程图,常用业务流程图的绘制软件有:WORD、VISIO、亿图等。

**6. 业务流程分析**

业务流程分析(Business Process Analysis,BPA):是对业务功能分析的进一步细化,从而得到业务流程图即 TFD(Transaction Flow Diagram),是一个反映企业业务处理过程的"流水账本"。帮助确定流程工作与合作建模的基本要素,更好地分析理解其同其他要素的关系,例如业务目标、业务策略、面对的问题、产生的影响、组织机构参与者或者相关的企业架构。

**7. 快递公司的业务类型**

(1)按投递范围分为:同城投递、国内投递、国际快递。

(2)投递方式:限时投递、贵重物品签约投递、大宗物品集中投递。

(3)投递形式:空运投递、铁路投递、公路货运投递、海运投递。

(4)收取方式:小件上门递送投递、偏远地区自取投递、公司物流直达、协商投递、带仓储延时投递等。

### 一、物流企业业务流程

随着市场经济的不断发展,电子商务时代的到来使得物流行业迎来了飞速发展时期。物流行业发展至今可所谓是遍地开花,凡事有人的地方物流基本都能到达。很多人对于物流的一些相关知识都已经不再陌生了。那么想去物流投递一件货物,到底需要走哪些流程呢?下面就为大家归纳、总结有关办理物流业务的一些相关流程。

**1. 接单**

(1)公路运输主管从客户处接受(传真)运输发送计划。

(2)公路运输调度从客户处接出库提货单证。

(3)核对单证。

**2. 登记**

(1)运输调度在登记表上分送货目的地,分收货客户标定提货号码。

(2)驾驶员(指定人员及车辆)到运输调度中心拿提货单,并在运输登记本上确认签收。

**3. 调用安排**

(1)填写运输计划。

(2)填写运输在途、送到情况、追踪反馈表。

(3)计算机输单。

**4. 车队交换**

(1)根据送货方向、质量、体积,统筹安排车辆。

(2)报运输计划给客户处,并确认到厂提货时间。

**5. 提货发运**

(1)检查车辆情况。

(2)按时到达客户提货仓库。

(3)办理提货手续。

(4)提货,盖好车棚,锁好箱门。
(5)办好出厂手续。
(6)电话通知收货客户预达时间。

**6. 在途追踪**

(1)建立收货客户档案。
(2)驾驶员及时反馈途中信息。
(3)与收货客户电话联系送货情况。
(4)填写跟踪记录。
(5)有异常情况及时与客户联系。

**7. 到达签收**

(1)电话或传真确认到达时间。
(2)驾驶员将回单用 EMS 或 FAX 传真回本公司。
(3)签收运输单。
(4)定期将回单送至客户处。
(5)将当地市场的住处及时反馈给客户。

**8. 回单**

(1)按时准确到达指定卸货地点。
(2)货物交接。
(3)百分百签收,保证运输产品的数量和质量与客户出库单一致。
(4)了解送货人对客户产品在当地市场的销售情况。

**9. 运输结算**

(1)整理好收费票据。
(2)做好收费汇总表交至客户,确认后交回结算中心。
(3)结算中心开具发票,向客户收取运费。

## 二、业务流程的绘制

若想绘制业务流程图,必须对企业的流程及规程非常清楚,并且应熟练应用几种绘制流程图的软件。下面,将以同学们比较熟悉又易懂的毕业论文写作流程为例,来介绍用 Word 绘制物流企业流程图的方法步骤。

在日常的很多实际任务中,我们可能需要表达某个工作的过程或流程。有些工作的过程比较复杂,如果你仅仅用文字表达,通常是很难描述清楚的。与此同时,听者也难于搞懂。在这种情况下,最好的方式就是绘制工作流程图,图形的直观性会让双方都大大获益。

下面我们介绍利用 Word 制作漂亮工作流程图的方法。

任务要求:这里我们还是以制作毕业论文写作流程图为例,该工作流程图表达的是××学院毕业生毕业论文的制作过程。

步骤一:页面和段落的设置;
步骤二:制作流程图的标题;
步骤三:绘制流程图框架;
步骤四:流程图的对齐与修饰;
步骤五:添加连接箭头;

步骤六：添加折线连接符和说明性文字。

为了让同学们对制作目标有个大概的了解，下面先来看一下完成后的效果图(图3-2)。

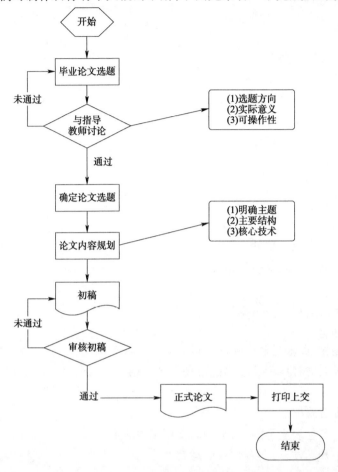

图3-2　××学院毕业论文写作流程图

为了提高工作流程图的制作效率，在具体制作之前应该先在头脑中构思一下流程图的大概效果，最好能够在稿纸上把效果图画出来，这往往比边想边做要快很多。

在纸上画好草图之后，我们就可以打开 Word 2003 进行具体的制作了，本例的操作是在 Word 2003 中进行的，使用 Word 其他版本的朋友可以参照进行。

**步骤一**：页面和段落的设置。

为了流程图有较大的绘制空间，我们先来设置一下页面。

(1)启动 Word 2003，打开一个空白文档，并切换到页面视图。选择菜单"文件→页面设置"命令，打开"页面设置"对话框，在"页边距"选项卡中，设置上下边距为"1 厘米"，左右边距为"2 厘米"(图3-3)，完成后单击"确定"按钮。

(2)由于后面要在自选图形中输入文字，为了让输入的文字在垂直方向上看起来居中，这里顺便设置一下段前距。选择菜单"格式→段落"命令，打开"段落"对话框，在"缩进和间距"选项卡中设置段前间距为"1 行"，完成后单击"确定"(图3-4)。

**步骤二**：制作流程图的标题。

基本工作环境设置好之后就开始制作流程图的标题。大家看到的最终效果中的标题是放在一个矩形自选图形中的，下面开始制作。

图 3-3　页面设置　　　　　　　　图 3-4　段落设置

（1）在窗口 Word 窗口底部的自选图形工具栏中选择"矩形"按钮（图 3-5）。

（2）这时可以在页面中看到"在此创建图形"的画布，接着拖动鼠标，在该画布中绘制矩形，让矩形的宽度与画布相同，高度可参照最终效果图，约 3cm。

（3）画好后调整画布的高度，使之与矩形的高度相同（图 3-6）。

（4）接下来选中插入的矩形，单击鼠标右键，在弹出的菜单中选择"设置自选图形格式"命令，打开"设置自选图形格式"对话框，在"颜色与线条"选项卡中，先设置线条颜色为"无线条颜色"，接着单击"填充"区"颜色"下拉箭头，选择"其他颜色"命令，打开"颜色"对话框，参照下图设置填充颜色（图 3-7），完成后依次单击两次"确定"。

图 3-5　选择"矩形"按钮

图 3-6　调整画布高度

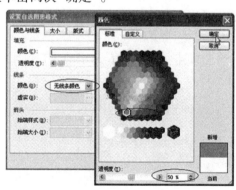

图 3-7　设置填充颜色

（5）接下来在矩形框中插入艺术字标题。选中矩形框，单击鼠标右键，在弹出的菜单中选择"添加文字"命令，这时可以看到光标在矩形框内闪动，表示等待添加文字。

（6）选择底部"绘图"工具栏上的"插入艺术字"按钮（图 3-8），打开"艺术字库"对话框。选择第二行第二种艺术字，单击"确定"（图 3-9）。

（7）在打开的"编辑'艺术字'文字"对话框中，按图 3-10 输入文字和设置字体格式（图 3-10），完成后单击"确定"，返回 Word 编辑窗口，艺术字被加入

图 3-8　选择"插入艺术字"按钮

到矩形框中。

(8)接下来回车换行,输入"毕业论文写作流程图"文字,并将其字体设置为"宋体"、"小二"、"加粗",对齐方式为"右对齐",到这里为止标题就制作完成了(图3-11)。

图3-9 单击"确定"

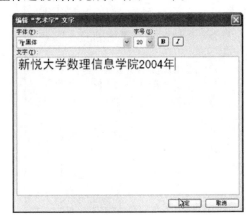

图3-10 编辑"艺术字"文字

**步骤三:**绘制流程图框架。

接下来我们开始绘制流程图的框架。所谓框架就是画出图形,把图形大致布局并在其中输入文字。在这里大家可以体会到,如果已经作好了草图,这里的操作将是比较轻松的,如果在这里边想边画,可能会耽搁很多时间。

(1)单击窗口底部工具栏上的"自选图形"按钮,在弹出的菜单中选择"流程图",接着选择"流程图"中的"准备"图形(图3-12)。

(2)这时,在页面中标题的下方也会出现一个"在此创建图形"的画布,拖动鼠标,在画布的恰当位置画出"准备"图形。

(3)选中"准备"图形,单击鼠标"右键",在弹出的菜单中选择"添加文字"命令,接着在其中输入文字"开始"。

(4)如果觉得"开始"文字的位置过于靠近底部,则可以适当调整它的段前距为"0.5"行(图3-13)。

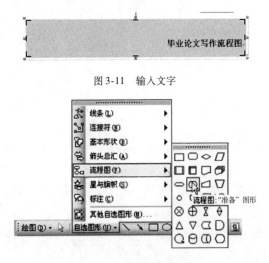

图3-11 输入文字

图3-12 选择"准备"图形

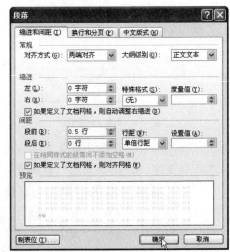

图3-13 段落设置

(5)然后设置其对齐方式为"居中对齐",完成后的效果如图 3-14 所示。

(6)接下来先拖动"画布"右下角控制点,使其扩大面积到页面底部边缘,以便能容纳流程图的其他图形。

(7)用同样的方法,绘制其他图形,并在其中输入相应的文字,完成后效果如图 3-15 所示。

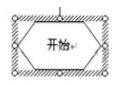

图 3-14 完成效果

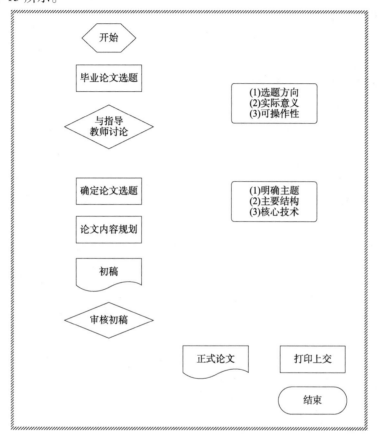

图 3-15 其他图形完成效果

**步骤四**:流程图的对齐与修饰。

由于的框架的制作都是手工的,因此在对齐上可能不太准确,下面使用对齐命令精确对齐,同时我们将对图形做一些修饰,让它们有更漂亮的外观。

(1)按住 Shift,同时选中左边一列的所有图形,单击窗口底部"绘图"工具栏上的"绘图"按钮,依次选择"对齐或分布→水平居中"命令,将所有选中的图形"水平居中"对齐(图 3-16)。

(2)同样地,同时选择"正式论文"和"打印上交"图形,执行"对齐或分布→垂直居中"命令,让它们"垂直居中"对齐。

(3)为了文字看起来更醒目,可以设置每个图形内的文字为"粗体"。

(4)接下来为图形设置三维效果。按住 Shift 键,同时选中所有的图形,单击底部"绘图"工具栏上的"三维效果样式"按钮,在弹出的列表中"三维样式 1"(图 3-17),可以看到所有的图形被应用了三维效果样式。

(5)在所有图形保持被选中的状态下,再次单击"三维效果样式"按钮,选择"三维设置"命令,打开"三维设置"工具栏,按图3-18设置其"深度"为"12磅"。完成后三维效果的厚度看起来更薄,更自然。

图3-16 选择"水平居中"对齐　　　　　图3-17 选择"三维样式"

(6)接下来为同种类型的图形设置相同的填充色。比如选中"开始"图形,单击鼠标右键,在弹出的菜单中选择"设置自选图形格式"命令,打开"设置自选图形格式"对话框,在"颜色与线条"选项卡内,按图3-19设置该图形的填充色。

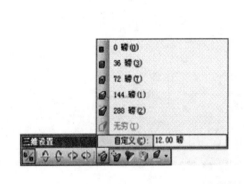 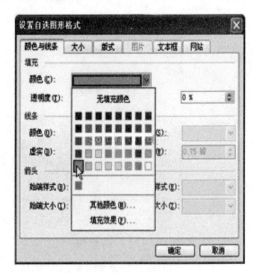

图3-18 设置图形"深度"　　　　　图3-19 设置图形的填充色

(7)用同样的方法为其他图形设置填充色,让流程图的外观看起来更漂亮。

**步骤五**:添加连接箭头。

下面的工作是为流程图的各个图形之间添加连接箭头。连接箭头可以让阅读者更准确快速地把握工作流程的走向。在绘制箭头之间,为了能够让绘出的箭头完全水平或者垂直,一定要在前面利用"对齐或分布"的"水平对齐"或者"垂直对齐"命令对图形进行过对齐。如果前面没有对齐过,则可以在绘制之间将相应图形"水平对齐"或"垂直对齐"。下面进入添加连接箭头的操作。

(1)选择窗口底部的"自选图形"按钮,在弹出的列表依次选择"连接符→直箭头连接符"(图3-20)。

（2）接着在两个需要添加连接符的图形之间拖动鼠标，当鼠标移动到图形对象上时，图形会显示蓝色的连接点，这些点表示可以附加连接符。将鼠标在两个图形的下方连接点和上方连接点之间拖动即可将两个图形连接在一起（图3-21）。

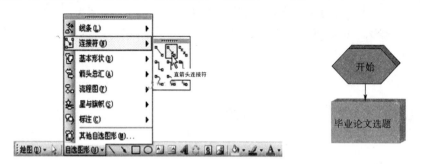

图3-20　选择"直箭头连接符"　　　　图3-21　添加连接符

（3）用同样的方法为其他图形间添加直箭头连接符。在这个过程中，如果需要对某个图形进行移动，可选中图形后用方向键移动，如果要微移，则按住 Ctrl 的同时，使用方向键。

**步骤六：**添加折线连接符和说明性文字。

接下来我们要添加三个折线（肘形）连接符。

（1）选择窗口底部的"自选图形"按钮，在弹出的列表依次选择"连接符→肘形箭头连接符"（图3-22）。

（2）先在"与指导教师讨论"图形左侧的连接点点一下，接着向左侧拖动鼠标，然后向上再往右，在"毕业论文选题"图形左侧的连接点上点一下即可。完成后可以看到连接线上有一个黄色的小点，利用鼠标拖动这个小点可以调整肘形线的幅度（图3-23）。

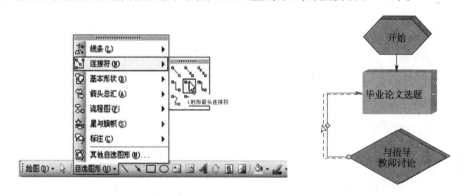

图3-22　选择"肘形箭头连接符"　　　　图3-23　调整肘形线幅度

（3）接下来，在这个小黄点处画一个矩形框，在其中添加文字"未通过"，同时设置该矩形框的线条颜色为"无线条颜色"（图3-24），即不显示边框。

（4）设置完成后效果如图3-25 所示。

（5）其他肘形线和说明文字的添加完全一样，可以仿照操作。

到此为止，工作流程图就制作完成了，你是否得到与前述一样的效果图呢？如果没有，千万不要泄气，想想问题出在哪里，多想多试肯定能成功。如果已经做到完全一样的效果，则可以发挥一下自己的创造力，尝试做出更好的效果。以后需要制作工作流程图时，我们就可以利用 Word，好好展示一下自己的动手能力了！

### 三、物流服务业务流程图的绘制

物流服务业务流程图的绘制请同学们分组(3人一组),组内分好工,利用 Word 对【任务实施】中"一、物流企业业务流程"中的实际业务流程进行流程图的绘制。注意,每组的流程图可能做出来不是完全相同,但逻辑关系不能做错。至于美观程度,就取决于同学们的作图水平。流程图做出来后,教师可以将每组的流程图投影展示,师生共同分析每组流程图的正误和优劣。

图 3-24 设置线条颜色

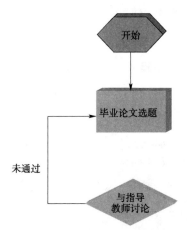
图 3-25 设置完成后效果

## 任务2 时效管理

案例导入

### DHL 的广告(广告描述,纯属虚构)

两位 DHL 快递送货员开着送货车,在排着长龙的塞车队伍里显得焦急万分,再塞下去会耽误客户的送货时间。无奈之下的一位送货员突然看到街道边有辆没上锁的自行车,灵机一动,拿了快件,骑上这辆自行车在巷子里使足全劲往客户公司飞去。路上刚好遇到一群骑着自行车的人,他们正在举行自行车比赛,虽然他们是专业赛车手,但为了能及时将快件送到客户手中,送货员爆出极限,始终在这些赛车手的前面,还第一个冲过了他们的比赛终点。

最后,DHL 送货员终于将快件准时送到客户的手中。最后一个镜头是,DHL 送货员轻松地回到仍在塞车的长龙中的送货车里。

### 引例分析

相信很多人看完这个广告会为 DHL 机智的、不顾一切为客户着想的、拼了命维护公司信誉的行为感动着。需要快件服务的人把快件送给这样的公司无疑是最让人放心的,不用担心快件会延时,因为 DHL 的工作人员一定会想尽办法排除障碍,准时将货物送到,保证物流时效。这就是这个广告的目的。那么,时效管理都包含哪些内容呢?同学们一起来了解一下吧!

 任务分析

## 一、任务准备

(1)多媒体教室(含可供学生上网查资料的计算机、多媒体教学设备、课件和动画等教学资料);

(2)某物流企业时效管理内容资料。

## 二、任务目标

(1)能了解物流企业时效的多个方面;
(2)以某一物流企业为例,能了解各类时效管理的标准;
(3)能进行时效管理和控制。

## 三、基础知识

随着竞争越来越激烈,客户对供货时效要求也越来越高。时间就是金钱,时间就是生命,既快又准的时效已成为物流人不断优化和追求的目标和努力的方向,那么物流企业的时效管理包含哪些内容呢?下面我们先来了解一些物流企业时效管理的基础知识。

(1)时效管理的含义:时效是时间与效益的缩写,就是在规定的时间内达到所要求的工作效益。时效管理是通过工作时间的控制来完成预定的工作指标,实现工作效益。对于国内各个物流公司来说,时效管理包含很多方面,比如城际、省际干线运输就包含发车时效、运行时效和到达时效;车辆管理有车辆时效、增派车管理有增派车辆时效、卸货有卸货时效、配送有配送时效、签收回单也要注重时效等。可以说,业务包含的环节越多,涉及的时效种类就越多,时效管理的内容也越复杂。

(2)发车时效:指各部门对车辆是否按照城际配送车辆时效标准表在指定的时间之前从指定地点出发。

(3)运行时效:是指公司车辆从始发站到达目的站运行时间是否在公司规定的运行时间之内。

(4)到达时效:是指公司车辆从始发站到达目的站到达时间是否在公司规定的到达时间之内。

(5)车辆时效:是指车辆到达打卡与出发打卡之间的时间差,减去车辆在途中发生异常情况(堵车、坏车等)的时间。

(6)增派车辆管理:因货量上升、交通事故、车辆晚到或其他异常原因导致货物时效延误,为满足客户需求,采取时效补救措施,临时增派至终端部门的车辆(含专车派送)。

(7)卸货时效:是指车辆到达后,终端部门卸货所花费的时间。终端环节是货物运行流通过程中最为关键的节点之一,直接影响到终端客户的满意程度。时效是客户选择物流公司的标准之一,而卸货环节所花费的时间,占整个走货时间的30%~40%。因此卸货成为缩短走货时效的重要部分,成为实现双赢的重要环节。

(8)配送时效:因为配送时按照客户发货的要求,将货物按时送达终端客户的操作,所以配送时效是按公司承诺给客户的时间内完成配送业务的时间。配送是一项复杂的业务,涉及的部门和人员比较复杂,所以又可以将配送时效细分为发车时效、运行时效、到货时效、装

卸货时效等。

(9)专车派送:是指客户对时效有特殊要求需加急派送或因发货部门原因造成时效晚点需专车派送所产生的送货事实。

(10)签收回单:签收回单是发货客户在物流公司托运货物后,物流公司将货物送达客户处,收货客户正常签收后,为客户提供原件签收单返还的服务。例如,客户甲通过物流公司托运衣服给客户乙,为证明物流公司已按要求将衣服完好交给乙,物流公司必须向甲出示乙已经收到的凭证,这凭证就是客户乙签收的签收单。通常情况下签收回单是作为结款的依据。

(11)托运书(Shippers Letter of Instruction):是托运人用于委托承运人或其代理人填开货运单的一种表单,表单上列有填制货运单所需各项内容,并应印有授权于承运人或其代理人代其在货运单上签字的文字说明。

任务实施

## 一、理解时效管理的重要意义

在企业中做好管理时效性工作具有以下几个方面的意义:

(1)管理者可以掌握主动权。注重时效性管理,我们就不会总是当消防队长和事故追查员。根据我们的库存和资金占用的要求,以及市场状况,六月要销售的产品,我们不要在四月份就进货。我们也不要过于贪图厂家给的优惠,积攒大量的库存,进了滞销的产品,最后变成了死库存,而导致最终这些死库存蚕食了我们的利润。在做这些之前,在我们的头脑中时刻要有时效性的概念,只有这样我们才会掌握主动权,才不会被供应商牵着鼻子走。

(2)减少各种问题和事故所造成的损失。我们在处理问题时不及时,经常把重要而不紧急的事情放到重要而紧急的时候去做。等到已经造成损失之后,才想到规章、流程的建立。所以重视时效性管理可以帮我们减少损失。

(3)防患于未然。对于重大事情或者影响全局的问题,我们不能等到它们发生了才去寻找解决的办法。这道理很简单:其一,等到问题发生时,我们已经没有时间处理问题了;其二,到那时,我们也无法选择比较好的办法应对;其三,会使我们造成思想上的混乱和行动上的不一致;其四,我们会十分被动,损失惨重,代价太大。认识和掌握了管理的时效性,我们就会超前谋划,未雨绸缪。

## 二、如何做好时效管理

物流企业进行时效管理应该形成时效计划机制。这也就是说要进行明细化,形成量化指标体系。前文中已经提到,物流企业设计的时效管理是非常复杂的,某个环节时效延误都会造成对客户服务时效的延误或增加服务成本,所以物流企业应该尽量做到时效计划具体而明细,对各种时效做出系统量化的规定。下面,本文以某物流企业为例,对其时效管理的内容进行详细讲解。

**1. 车辆发货、运行、到达时效管理**

对于某物流公司来说,该公司主要业务含省际干线运输、城际干线运输、配送等业务。由于每类业务涉及的运输范围不同,所以对于各种时效的时间规定和时效种类都不一样,见表3-1。

表3-1 典型运输业务的特点比较

| 比较项目 | 省际干线运输 | 城际干线运输 |
|---|---|---|
| 服务特点 | 收货地点比较分散、运输线路比较长、更注重路线优化、车辆选择和配载优化 | 配送网点密集、配送范围广;货物运输今发明至;全封闭式现代化车厢;提供完善的增值服务 |
| 运行监控 | NIS系统备注,制作车辆跟踪记录表。18h内一般必须有一次跟踪记录,18~25h一般必须有两次跟踪记录,25h以上必须有三次跟踪记录 | NIS系统备注,对车辆运行过程中向运作中心反映的天气、坏车、堵车或其他原因,需经过GPS跟踪查询核实后登记备注 |
| 车辆打卡 | 除发车打卡外,各个运行环节节点都需打卡,对未打卡的要进行处罚或自费培训 | 由于环节较少,一般只包含发车、到达打卡 |

**2. 增派车辆管理**

要想做好增派车管理就要从以下几个做好保障。

(1)增派车辆资源的保障:增派车辆第一个条件是车辆资源得到保障。车队管理中心在接到运作中心调车申请后1h内给予安排指定吨位的车辆,如超过此时间仍未安排到位,调度必须批复外租车辆,运作中心有权利外租车辆,且此类外租车费用不列入运作中心的考核范围。

(2)运作中心装卸作业时效保障:运作中心外场必须保证进港车辆在公司规定的时间内卸货完毕(53尺货柜卸货时间为4h)。车队管理中心车辆及时到位后,运作中心外场应保证装货时效(8t,150min;5t,135min;3t,75min;2t,45min)。

(3)终端部门装卸、配送作业保障:终端部门在收到腾讯通自动弹出的增派车通知信息后,自行提前安排相关人员准备卸货,随到随卸,如果卸货超时,签单费用由终端部门承担。当出现车辆同时到达时,终端部门必须启动紧急预案,区域内部协调解决,转移货物至临近部门或是外租仓库和外请劳务人员。如出现天气等不可抗因素,必须提前致电相应的品质管理部门,品质管理中心所属区域对应的品质管理部将会根据实际情况给部门明确指示,终端部门无条件执行。终端部门不可以在未经过品质管理中心、运作中心同意的情况下,以仓库暴仓、无法卸货等理由私自将货物拉回,造成资源(包括车源、场地、人员等)浪费。营业部门不可私自将运作中心电话及驾驶员电话告知客户,让客户直接致电品质管理中心、运作中心及驾驶员,避免因解释不当造成客户满意度下降及对开车驾驶员造成相关困扰。

**知识链接**

## 封 单 时 间

"封单"本是股票市场的一个术语,很多物流企业将它引进到业务运作中来。配载部门一般情况下将不对货物进行预配载,所设置的最晚预配载时间称为封单时间。为保证运作中心货物出港时间,结合运作中心外场操作时效,运作中心配载部门将根据实际情况对各线路或区域设置最晚预配载时间,即在某一时间后进港运作中心的货物,运作中心不保证此类货物出港时效。所以运作中心根据一般货物需求的急缓,给予不同的封单时间。比如某物流公司,对该公司广州运作中心发往广州、花都、番禺的封单时间为3:00,其余地方为4:00,封单时间前进港的快线货必须当日100%配载处港。封单时间后进港的快线货物,配载处需尽量将货物配载出港,最迟在进港后24h内配载。

**3. 卸货时效管理**

由于卸货工作占整个走货时间的比重比较大,所以高效的卸货时效管理就非常有必要了。若想做好卸货时效管理,必须做好以下工作。

要熟悉并严格遵守卸货操作流程。以某零担物流公司为例。

1）到达卡

（1）所有车辆必须在到达目的站后5min内，以交接单号为准进行车辆到达打卡确认，因卸货时间确认系统后台数据与交接单号连接，部门必须以交接单号进行打卡确认。

（2）对于24h工作制或者两地卸中途站的各营业部门、分拨中心，由到达部门负责5min内打车辆到达卡。

（3）对于非24h工作制或者非两地卸中途站的营业部门、分拨中心，若车辆在06:00～22:00期间到达目的站的，由到达部门负责5min内打车辆到达卡；若车辆在22:00～次日06:00期间到达目的站的，司机必须在车辆到达后5min内通知运作管理部门，由运作管理部门核实车辆到达信息后代打到达卡。

（4）如遇停电、软件系统问题、网络故障等异常情况，到达部门需及时通知相应区域的运作管理部门打卡并登记备案，否则按打卡异常处理。

2）卸货操作

（1）卸货时效标准：卸货时间根据货量而定，运作中心11min/t，营业部门14min/t，体积与吨位的换算按4m³折合1t计算，取换算后数值较大项计算。部门无卸货平台，卸货时效可顺延30min，每辆车的卸货总时间最高限额为5h。

（2）对于核对锁号、放下尾板、打开车门、关车门等卸货配套动作，统一规定为5min。

（3）对于24h工作制或者两地卸中途站的各营业部门、分拨中心，到达部门必须在车辆到达后30min内货单点到并组织卸货，标准开始卸货时间（标准点到时间）为一车辆到达时间+30min，卸货时效标准按第（1）点执行。

（4）对于非24h工作制或者非两地卸中途站的营业部门、分拨中心，若车辆在22:00～次日06:00期间到达目的站的，从06:00开始计算30min内货单点到并组织卸货，标准开始卸货时间（标准点到时间）为06:00+30min，卸货时效标准按（1）执行；若车辆在06:00～22:00期间到达目的站的，到达部门必须在车辆到达后30min内货单点到并组织卸货，标准开始卸货时间（标准点到时间）为车辆到达时间+30min，卸货时效标准按（1）执行。

3）操作要求

（1）各营业部门、分拨中心必须按以上时效规定货单点到，及时组织卸货。

（2）每辆车在每个站点的标准卸货时间由系统根据货量自动计算，并显示在交接单上，外场根据交接单上的标准卸货时间卸货。

（3）各营业部门、分拨中心开始卸货，卸货结束都必须在NIS系统的"时效跟踪"模块的"卸货时间确认"模块点击"确认"，营业部门卸货确认工作由柜台人员负责，分拨中心卸货确认工作由当班仓管人员负责。

（4）各营业部门、分拨中心在标准卸货结束时间45min内进行异常信息反馈及处理。

（5）到达部门必须严格按照规定及时卸货，不得因部门同时到达多辆车而延误卸货。

（6）如遇停电、软件系统问题、网络故障等异常情况，到达部门必须联系运作管理部门代为点击"卸货确认"。

**4. 配送时效管理**

配送是货物到达终端部门，按照客户发货的要求，将货物按时送达终端客户的一种操作。按照地域不同可分为省际配送和城际配送。做好配送时效管理，首先需要配送业务工作人员及运作中心工作人员都严格按照企业所制定的配送的操作流程执行操作。下面我们以某物流公司为例,来介绍一下配送操作的主要流程,如图 3-26 所示。

图 3-26 配送流程

依照此流程,本文将配送流程中每项具体作业的操作点及配送时效标准进行整理,供同学们参考,见表 3-2、表 3-3。

配送流程作业操作点  表 3-2

| | | |
|---|---|---|
| 预约送货 | | 柜台客服根据配送时效要求联系客户预约送货时间,确认送货地址的准确性 |
| | | 通知客户应付款项,并询问客户是否需要发票或收据 |
| | | 应付款项超过人民币 8000 元原则上不做送货服务;如确实需要送货的,必须通知客户上门验货付款后,方可安排送货 |
| 办理出仓单 | | 打印送货出仓单 |
| | | 检查付款方式,检查是否有代收货款、原件签收单 |
| | | 准备好发票(收据) |
| 安排送货车辆 | | 根据货量安排车辆及安排送货人员 |
| | | 如果需要外请车,柜台人员必须核查驾驶员驾驶证、车辆行驶证、身份证三证,并复印存档,还需检查车况是否良好 |
| 交接出仓 | | 打印配载清单,与驾驶员进行交接,培训外请驾驶员手机短信签收操作 |
| | | 驾驶员根据具体情况(送货地址、公司产品属性,如快线、城际配送、专线等)安排好货物装车次序,然后交给仓管点货装车;出现异常做好记录并反馈柜台 |
| | | 驾驶员清点货物件数,与仓管员(外场)签字交接。驾驶员要在黄联、白联以及仓管的出仓交接本上签字 |
| | | 驾驶员和柜台人员检查送货单据与配送清单是否相符 |
| | | 柜台人员检查送货清单、发票(收据)、原件签收单、进仓单等相关单据 |
| 联系送货 | | 见配送时效标准表格 |
| 送达交货 | 个人收货人 | 收货人本人收货的 | 对于收货人本人收货的,送货人员必须要求收货人出示本人身份证原件,并核对身份证上"姓名"是否与送货单上收货人姓名一致,核对无误后,还必须打电话至 NIS 系统管理人员核实收货人的手机号码或电话号码,然后由收货人在送货单上签名,并填写身份证号码及收货日期,签名字迹必须清楚可辨认 |
| | | 对于收货人委托代理人收货的 | 送货人员必须要求收货人同时出示收货人及代理收货人身份证原件,并核对身份证上"姓名"是否与送货单上收货人姓名一致,核对无误后,还必须打电话至 NIS 系统管理人员核实收货人的手机号码或电话号码,然后由代理收货人在送货单上签名,并同时填写收货人及代理人身份证号码及收货日期,签名字迹必须清楚可辨认 |
| | 单位收货人 | | 送货人员必须要求收货人公司(单位)的签收人员出示身份证,并填写身份证号码及收货日期,签名字迹必须清楚可辨认;同时必须要求其在本公司送货单上加盖收货公司(单位)的公章,并打电话至 NIS 系统管理人员核实收货人的手机号码或电话号码;如没有公章不得将货物给予该收货公司(单位),送货人员须通知营业部柜台,由柜台人员通知收运部门,让其征得发货人同意后更改收货人为个人,方可安排送货、签收。驾驶员在送货时,如发现特殊异常情况马上反馈到柜台处理;由柜台给出具体操作方案,方能送货。核实收货人,登记收货人身份证信息并签字。收款后开具发票(收据)。对单点货。引导客户在签收单、出仓单上签字盖章。使用手机短信录入签收信。如有异常,在签收单、出仓单上记录异常,同时用手机短信录入异常签收,并将异常情况反馈柜台。如果货物未送,需重新进仓登记并对货物说明;同时仓管必须在司机的交接本上签字,重新给司机开具进仓单 |

配送时效标准　　　　　　　　　　　　　表3-3

| 环节 | 时 效 标 准 |
|---|---|
| 进港点到 | 　　终端部门必须在车辆到达后30min内进行点到,不在此时间范围内点到的,均视为点到异常。非24h制部门在22:00~8:00时段到达的车辆,可在8:30前点到,否则视为点到异常。如不是8:00上班的部门必须在正常上班后30min内进行货物点到。如果货物先在A部门点到,后来因特殊原因转到B部门,B部门必须在30min内通知A部门撤销点到。并在A部门撤销点到后20min内点到,否则视为点到异常。A部门接到B部门通知后必须在10min内撤销点到,不得延误B部门正常操作。如有特殊情况(如停电、网络故障等),必须在30min内向时效管理部说明情况。否则视为点到异常 |
| 联系送货 | 　　08:30~16:00点到的货物,点到后必须在2h内联系客户送货或通知自提。16:00~次日08:30点到的货物,点到后必须在次日10:30前联系客户送货或通知自提(如有特殊时效要求的货物,必须以保证货物时效为原则,及时通知客户)。客户要求的送货时间超出公司正常到达配送时效的,联系客户的时候必须将客户要求备注在"NIS系统综合查询"模块下的"未录签收原因"中的"配送时效原因日志"里面,如未及时备注配送情况或备注错误地方特按异常处理。客户当时不方便联系的,必须约好再次联系时间并作出备注说明 |
| 送货 | 　　(1)城际配送(广东省内各城际配送部门、华东城际配送部门、华北城际配送部门)。<br>　　①00:00~12:00点到的货物,必须在当天20:30前送完并录入签收。<br>　　②12:00~24:00点到的货物,当日应尽量安排送货,当日无法送完的,必须次日15:00前送到并录入签收。<br>　　(2)专线货物(广东省外无城际配送的部门)。<br>　　①00:00~12:00点到的货物,必须在次日12:00前送到并录入签收。<br>　　②12:00~24:00点到的货物,必须在次日17:30前送到并录入签收。<br>　　(3)快线货物(广东省外无城际配送的部门)。<br>　　①00:00~12:00点到的货物,必须在当日17:30前送到并录入签收。<br>　　②12:00~15:00点到的货物,必须在当日20:30前送到并录入签收。<br>　　③15:00~24:00点到的货物,必须在次日15:00前送到并录入签收。<br>　　(4)项目客户货物一律按快线时效配送 |
| 其他特殊情况 | 　　(1)对于客户要求某天送的,必须在该日17:30前送到并录入签收。<br>　　(2)客户若指定送货时段(如要求上午送货、中午送货、下午送货、晚上送货等),在我公司能力范围内的,必须按照客户要求送货。<br>　　(3)等待通知放货的货物,配送时效从更改为允许放货的时候开始考核。<br>　　(4)客户电话错误或无人接听时,必须及时反馈异常信息及联系开单部门处理,开单部。须将解决方案备注在系统里。送货时效从开单部门备注有效方案之时开始计算。<br>　　(5)有大额到付款、代收货款的,送货时效从到付款、代收货款的事情处理结束时开始计算。<br>　　(6)配送部门对送货费、上楼费、卸货费等费用有异议的,不得延误送货时效,必须按照规定时效送货。如与开单部门无法协调,统一先送货,所产生的额外费用按实际产生成本原则提交补送货费流程,由异常业务管理部进行费用划分。<br>　　(7)各到达部门不得以准备发票、无发票、发票不足等理由延误送货时效。<br>　　(8)全公司统一使用手机录入签收。手机录入故障,必须及时联系时效督导部,运作督导部必须及时给出处理方案并做备案。配送部门不通知或超出规定送货时效才通知时效督导部的,一律按照配送时效异常处理。<br>　　(9)如果送货途中,因车辆出现故障等其他不可抗因素导致货物无法在规定时效内送到,必须第一时间报时效督导部备案,并将情况备注在系统中,为开单部门跟踪货物提供方便。不通知或超过以上条款规定的送货时效通知时效督导部,受影响的货物按配送异常处理。<br>　　(10)点到异常的货物,配送时效按货物实际到达时间进行考核 |

**5. 专车派送管理**

所谓专车派送,是指客户对时效有特殊要求需加急派送或因发货部门原因造成时效晚点需专车派送所产生的送货事实。

根据公司规定,货物在限时未到运费全免范围内,对于因延误时效客户要求专车派送的货物,必须符合以下条件:

(1) 如客户要求在某天指定时段收货,正常配送时效无法满足的情况,可以安排专车送货,在与客户约定的时间送到,专车费用由客户承担。由于操作失误导致时效延误,安排专车送货。如因配载员漏配或外场漏装导致货物延误,由品质管理中心裁决是否专车派送,专车费用由责任部门承担。

(2) 对于因运作中心责任导致货物未能及时出港的情况,货物到达终端部门时,如客户要紧急派送,由品质管理中心裁决是否专车派送,专车费用由责任部门承担。

(3) 如客户时效紧急时,终端到达部门又未按照公司标准时间派送或联系客户,到达部门必须无条件安排专车送货。

(4) 如货物到达终端部门前已有时效延误,则由到达部门与收货人进行沟通,如客户时效要求紧急,由时效管理部进行裁决,如需安排专车送货,到达部门必须无条件先安排送货,专车费用按"实报实销"由到达部门起草送货费补收流程进行责任划分(责任划分由异常管理部执行)。

(5) 运作中心发车延误。

① 如因运作中心发车延误或车辆运行过程中事故、无故延误到达导致货物无法正常分拨,相应的配载部必须在4h内统计好时效紧急的货物明细,并发给目的站的运作中心到达部,到达部必须按时点到货物,外场必须严格按照卸货标准时效安排卸车。

② 到达部必须按照大票提货点做好分类统计,当该部门或该区域货量达到 $8m^3$ 时,到达部必须增派车辆,将货物转至分部,车队必须配合执行,如车队在半小时内无法安排车辆,到达部应立即联系外请车辆,增派费用由到达部负责签单,划入公司费用。

③ 如同部门或同区域货量不能达到以上标准,但客户急收货的,则由时效管理部按照标准进行裁决,如需专车派送,到达部必须无条件执行,专车费用按"实报实销"由到达部门起草送货费补收流程,异常管理部进行责任划分。

④ 特殊货物如超重、超长货物:单件250kg(含)以上,2500kg以内(不含);货物最长边在4.0m(含)以上的货物,配送需要安排专车配送。

⑤ 禁行路段如需送货,需要安排专车配送,产生的费用向客户收取。根据公司规定货物在限时未到运费全免范围内,对于因延误时效客户要求专车派送的货物,必须符合以下条件中的任意一项:

a. 客户同意支付本票运费,专车派送费未超出本票运费,允许免收专车派送费。

b. 客户拒付本票运费,愿意承担专车派送费,允许专车派送。

c. 货物延误时效,客户要求改发空运,转发空运的运费未超出汽运的运费范围内,允许对运输方式进行更改。

d. 客户为开单部门或到达部门欠款客户。

e. 货物需要转关出口等紧急情况。

f. 专车派送能够赶回时效的情况下可以安排专车,其他情况则由相关部门进行协调。

**6. 签收回单管理**

签收回单的定义:签收回单是发货客户在物流公司托运货物后,物流公司将货物送达客户处,收货客户正常签收后,为客户提供原件签收单返还的服务。例如,客户甲通过物流公司托运衣服给客户乙,为证明物流公司已按要求将衣服完好交给乙,物流公司必须向甲出示乙已经收到的凭证,这凭证就是客户乙签收的签收单。通常情况下签收回单是作为结款的依据。

根据签收回单的来源和返回方式,签收回单可分为四类,如图3-27所示。

图3-27　签收回单分类

1)始发部门签收单操作

(1)签收单标准制作

①在制作签收单时必须要写上:代单号、目的站、收货人、收货人电话、签收单种类。如签收单种类为原件签收时,必须盖部门原件签收回单专用章,便于到达部门分类管理,便于辨认。

②在填开签收单时,系统将提示是否需要打印签收单信封,直接打印即可;对于有个性化要求的客户,必须在打印前填写好具体的个性化要求,确保到达部门清楚相关信息。

(2)签收单制作辅助措施

将签收单信息包括代单号、目的站、收货人、收货人电话、签收单种类、原件签收回单专用章(签收单种类是原件签单的)以及发货方的个性化要求[第(1)条标准]打印在一张白纸上,与签收单一并装入信封内。如出现签收单信封丢失的情况时,仍然能够正确引导客户填写签收单,降低签收单不合格率。

(3)签收单交接

始发部门货物出港时,部门人员必须将签收单交接给驾驶员,并让驾驶员在单据交接单上签名确认,保证货单同行。

(4)签收单跟进与检查

每日对本部门发出货物的签收单进行跟踪(运单号、目的站、走货方式、客户资料、规定返回日期、实际返回日期等,及时与运作中心"签收回单"管理员核对返回情况),并做好相关记录,对逾时未返签收单进行督促返回。主要核实两项内容:一是核实签收回单原件及信封制作标准是否规范与合格;二是核实终端部门返回签收单的数量(应与实返数量是否一致)及签收是否正常,并对签收单分类整理、妥善管理,做好相关记录工作。

2)运作中心签收单操作

(1)签收单交接

车辆进港运作中心后,驾驶员将签收单交接给相关柜台人员并进行交接确认。

(2)签收单检查

①检查签收单制作是否合格,包括签收单信封上是否打印有代单号、目的站、收货人、收货人电话、签收单种类、个性化需求。

②开单有原件签单的,检查始发部门是否盖有部门原件签收回单专用章。

③如发现签收单制作不合格,将签收回单缺失信息进行补充,到合格为止,并及对将异常情况通过"异常信息"模块进行反馈。

(3)签收单分拨交接

根据货物目的站,对签收单进行分拨,保证货物出港时,货单同行。核对"签收回单"原件是否按规定操作(即原件"签收回单"随单同行),并与驾驶员交接确认。

(4)签收单跟进催返

每日对已签收逾时未返和项目客户特殊返回时效要求的签收单进行催返并跟进返单情况。

(5)签收单的返回交接

签收单管理员对终端部门返回签收单进行交接确认。

(6)返回签收单的检查

①检查签收单返回数量是否正常,若有遗漏,在异常反馈时间内反馈给上一环节;

②签收单签收是否合格,不合格则返回重签;

③检查终端部门是否将已签收的签收单扫描图上传至 NIS 系统,且核实是否合格。

(7)返回营业部

对检查合格的签收单进行分拨返回,并做好交接。

(8)统计分析

统计当日签收单返回情况,将应返回票数、未及时返回票数、返回及时率、未返回明细表上报至时效管理部签收单管理员;对签收单扫描不合格的及时反馈异常,并做成表格上报至时效管理部签收单管理员备案。

3)终端部门签收单操作

(1)签收单交接

车辆到达终端部门后,驾驶员必须将签收单交接给柜台人员进行交接确认。如该货需中转外发,外发时,终端部门需将货物签收单交接至外发公司,保证货单同行,并要求外发公司按照签收单信封上的要求引导收货方签收,并在规定时间内返回终端部门。

(2)签收单检查

终端部门柜台工作人员必须检查签收单信封制作是否合格,如不合格,应及时反馈异常信息至上一环节。

(3)签收单标准签收

送货或自提货的情况,在客户签收时,终端部门人员应引导客户按要求填写签收单。如是外请车送货,营业部务必对外请驾驶员培训到位,按标准要求签收。

(4)签收单催返(中转外发)

签收单管理员每日对已签收逾时未返和项目客户特殊返回时效要求的签收单进行催返,并跟进返单情况。

(5)签收单扫描

对已签收的签收单进行扫描上传 NIS 系统,如不合格必须配合始发部门进行重签或补签。

(6)整理返回

整理部门每天已签收的签收单,并在公司规定时间内返回至运作中心。

4)整车业务签收单操作

(1)对于公司所有整车业务,又有签收单返回要求的情况,如该整车经过公司自有网点时,签收回单返回责任由公司自有网点承担,返回时效与专线货物返回时效一致。

(2)对于公司所有整车业务,又有签收单返回要求的情况,如该整车不经过公司自有网点时,签收回单的返回责任由该整车业务驾驶员承担;若该车辆为外请车辆,则由请车部承担,请车人员在请车时,必须将支付驾驶员整车运费的 15% 先行扣压,要求在签收后 15 天内,凭签收回单进行结算。

5）签收单操作的注意事项

（1）在制作原件签收单时必须要写上：代单号、目的站、收货人、收货人电话、原件签收回单专用章。方便到达部门对签收单进行分类，并便于辨认。

（2）对于有个性化要求的客户，必须在打印前填写好个性化要求，确保到达部门能清楚明了地看到相关的信息。

（3）到达部门必须按照系统内或者签收单信封上的注意事项正确引导客户在签收单上签名。

（4）原件签收单和网点签收单一律不得返回复印件，除非是开单部门备注要求返回复印件。

（5）一旦货物出现异常，则客户会拒签签收单，送货员要尽量说服客户至少要签出仓单，并写明异常签收、实际收货件数、异常情况；并将异常情况告知始发部门，由始发部门通知发货人进行处理。

（6）对于始发部门不能补单的，则征得始发部门同意返回出仓单或返回客户的收货凭条。

（7）签收单返回有相应时效，列入营业部绩效考核。

（8）各节点标准交接和检查是有效保证签收回单安全与合格的措施，上环节对签收回单的跟进是对下一节点的监督。

### 7. 托运书管理

1）托运书的定义

托运书（Shippers Letter of Instruction）是托运人用于委托承运人或其代理人填开货运单的一种表单，表单上列有填制货运单所需各项内容，并应印有授权于承运人或其代理人代其在货运单上签字的文字说明。

2）制作规范要求

为了保证公司、部门利益，营业部门填写托运书一定要规范，营业部门可以参照表3-4填写，加以规范。

制作规范要求　　　　　　　　　　　　　　　表3-4

| 项目 | 填写要求 |
| --- | --- |
| 托运人签字 | 托运书上方托运人一栏填写：①个人发货就填发货人名，如张三；②公司发货就填公司名，如广州国药集团；③个人代表公司发货就填公司名/个人名，如广州国药集团/张三。<br>托运书下方托运人一栏填写：①个人发货就签个人全名及证件号码，如张三430726197401162011；②代理他人发货签发货人＋代理人及代理人证件号码，如李四/张三430726197401162011；③公司发货要盖公司公章；④个人代表公司发货就签公司名称＋个人全名及证件号码，如广州国药集团/张三430726197401162011 |
| 保险填写 | ①客户投保填写实际金额，如￥:2000.00或￥:2000；②客户不投保必须注明，如不保或NVD；③保险不得有涂改 |
| 始发站与目的站 | 始发站：填写发货部门所在城市名，如深圳目的站：①发往直辖市填写直辖市名，如上海；②发往市或者县填写为××省××市（或者县），如河北省石家庄市 |
| 品名包装 | ①必须填写包装；②无包装填写"裸" |
| 发货人与收货人资料填写（姓名、电话、详细地址） | 包括：①发货人地址或电话号码；②收货人地址或电话，送货必须有详细送货地址 |
| 过磅人签字（规范） | 接货人或过磅人用正楷字签自己名字的全称，并填写日期 |
| 单号 | 开单员制单完毕后填写，如单号12345678 |

续上表

| 项　目 | 填　写　要　求 |
|---|---|
| 运输方式、提货方式、支付方式 | 包括：①储运事项必须明确；②打钩必须要正确，且不许涂改 |
| 空运身份证号码 | 空运必须合适发货人证件，并将号码填写在托运书上 |
| 过磅提及或重量填写 | 必须按照货物实际体积或重量填写 |

# 任务3　安全管理

### 货物签收异常

A营业部收运一票开单品名为"汽车美容产品"的货物，此货正常走货到达终端，终端部门卸车反馈，货物为液体，内物泄漏，污染通车6票共26件货。收货部门在收到终端异常反馈后，回复：此货不是液体，是汽车美容品。

收货部门收运知识匮乏，且未认真检查货物实际性质及状态，最终造成污染事件，导致部分被污染货物异常签收，客户要求索赔，给公司造成损失。

**引例分析**

请大家思考，如何才能避免货损货差？如何处理破损货物？

物流是物资有形或无形地从供应者向需求者进行的物资物质实体的流动。具体的物流活动包括包装、装卸、运输、储存、流通加工和信息等诸项活动。安全是人们最常用的词汇之一，在日常生产、生活中无不涉及安全问题，小到衣、食、住、行，大到国家的稳定、社会的安定，都与安全息息相关，而物流业正是为满足人们这些方面的需要而提供服务的。两者都与人们的生产、生活密切相关。物流企业的安全管理对企业服务水平和成本控制都至关重要，也是重中之重。

## 一、任务准备

（1）物流企业的业务流程资料，或给定几个物流企业网址，要求网站上能查到该物流企业的业务流程，企业网站上能查到物流企业业务流程内容；一些物流企业业务流程的案例；

（2）多媒体教室（含可供学生上网查资料的计算机、多媒体教学设备、课件和动画等教学资料）及模拟会客室（含服务台、椅子、茶壶、茶杯等，模拟员工和客户的名片、名片夹、各种文具）；

（3）教学用具：包括相机（带相机功能的手机也可）、打印机、收据等各类单据。

## 二、任务目标

（1）能进行货损管理，包括：能及时发现货损、会对货损情况进行拍照记录、能向系统反馈异常、尽可能地修复破损，减小损失；

（2）能进行货差管理，包括：能及时发现业务差错并反馈异常、能尽快将货物查找出来、能进行清仓作业、能进行无标签货物处理等。

### 三、基础知识

（1）安全管理的含义：对于一般的生产企业都会有企业的安全管理，而且一般都以安全管理机制为主要形式。对于物流企业来说，安全管理一方面主要集中在对货物及设备等"物"的安全管理上，因为各种物流作业的对象，都是运输或储存的货物，以及作业使用的设备及工具，特别是货物的安全决定了客户最终是否满意，所以对"物"的安全管理是重中之重；另一方面，作业过程中，作业人员——"人"的安全也是应该注意的一个方面。

（2）物流服务的分类：按物流服务的内容划分基本物流服务和增值物流服务。增值物流服务（Value-added logistics service）是指在完成物流基本功能基础上，根据客户需求提供的各种延伸业务活动。

 任务实施

#### 一、安全管理组织机构建立

安全管理是每个物流企业应该给予足够重视的管理项目，若想在管理上流程规范、有据可依，就必须建立起专门的安全管理组织机构，并且制定相应的责任制度。下面同学们一起来熟悉一下安全管理组织机构该如何建立。

一般，企业建立安全生产工作领导小组，企业安全生产工作领导小组一般是本企业安全生产工作的最高领导机构。公司安全生产工作领导小组负责本企业安全生产规章制度的建立健全和安全生产工作计划的审核批准。"安全领导小组"负责监督、检查本企业各项安全制度、安全生产整改措施和安全生产工作计划的贯彻落实。图3-28为安全领导小组组织结构图。

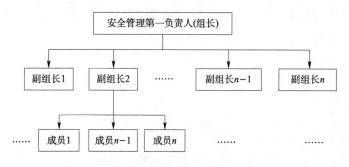

图3-28　安全领导小组组织结构图

公司主要负责人（或法人代表）是企业安全生产工作的第一负责人，负责安全生产的全面工作。公司各部门经理或负责人、各项目主管和业务主管，是分管部门、项目、业务的安全生产工作主要负责人，负责全面工作。公司各部门经理或负责人、各项目主管、业务主管，负责结合主管范围内的安全生产工作实际制定本部门、本项目、本业务的规章制度和安全生产工作措施与实施方案，并积极主动地接受"安全工作领导小组"、"车辆部"等部门的监督、检查和管理。建立健全安全生产岗位责任制，从法定代表人（或公司主管负责人）到每个具体工作岗位，真正做到"横到边、纵到底"。同时要建立健全安全操作规程。

## 二、各类安全责任制度的建立

**1. 关于"人"的安全管理的各种责任制度及原则**

企业里,人是企业的主体,工作人员的安全是重中之重。下面,我们一起来了解一下关于人员的安全管理的各种制度及原则。

1) 安全法规

(1)《中华人民共和国安全生产法》(以下简称《安全生产法》)(2002年6月29日由第九届全国人民代表大会常务委员会第二十八次会议通过,自2002年11月1日起施行)。《全国人民代表大会常务委员会关于修改〈中华人民共和国安全生产法〉的决定》已由中华人民共和国第十二届全国人民代表大会常务委员会第十次会议于2014年8月31日通过,自2014年12月1日起施行。第三条规定:"安全生产管理,坚持安全第一、预防为主的方针。"

(2)安全是人类生存与发展活动中永恒的主题,也是当今乃至未来人类社会重点关注的主要问题之一。人类在不断发展进化的同时,也一直与生存发展活动中所存在的安全问题进行着不懈的斗争。当今社会无处不在的各类安全防护装置、管理措施都是人类安全研究的心血结晶。而且随着科学技术的飞速发展,安全问题会变得越来越复杂,越来越多样化,对安全问题的研究也就需要更深入,更具科学性。

2) 工伤安全原则

(1) 人本原则。

①在生产生活中必须把人的因素放在首位,体现以人为本的指导思想。

②"以人为本"就是以人为根本,始终把人的地位放在第一,根据人的思想和行为规律,运用各种激励手段,充分发挥人的积极性和创造性,挖掘人的内在潜力。

(2) 三不伤害原则。

①三不伤害就是指在生产工作中做到不伤害自己,不伤害他人,不被他人伤害。

②员工的安全是公司正常运行的基础,也是家庭幸福的源泉。有了安全,美好生活才有可能;他人生命与你的一样宝贵,不应该被忽视,保护同事、不伤害他人是你应尽的义务;人的生命是脆弱的,变化的环境蕴含多种可能失控的风险,你的生命安全不应该由他人来随意伤害,工作中应该做到不被他人伤害。

(3) 三同时原则是指:新建、改建、扩建工程和技术改造工程项目中,其劳动安全卫生设施必须与主体工程同时设计、同时施工、同时投产使用。这一原则要求生产性建设工程项目在投产使用时,必须要有符合国家规定标准的劳动安全卫生设施与之配套使用,使劳动条件符合安全卫生要求。

(4) 五同时原则是指:公司领导者在计划、布置、检查、总结、评比生产时,同时计划、布置、检查、总结、评比安全工作。

五同时要求企业把安全生产工作落实到每一个生产组织管理环节中去。五同时使得企业在管理生产的同时必须认真贯彻执行国家安全生产方针、法律法规,建立健全各种安全生产规章制度,如安全生产责任制、安全生产管理的有关制度、安全卫生技术规范、标准、技术措施,各工种安全操作规程等,配置安全管理机构和人员。

(5) 预防原则。

①通过有效的管理和技术手段,减少和防止人的不安全行为和物的不安全状态,这就是预防原理。在可能发生人身伤害、设备或设施损坏和环境破坏的场合,事先采取措施,防止

事故发生。

②事故的发生主要是由于人的不安全行为和物的不安全状态在同样的时间、同样的地点发生重合,使能量逆流于人体,造成事故的发生。我们控制事故的发生也就是从人和物两个方向入手,通过控制人的不安全行为和物的不安全状态,从而避免安全事故的发生。

3)工伤安全知识培训

(1)公司有义务对新入职的员工进行工伤安全知识培训,新入职的员工有权利进行工伤安全知识学习。《安全生产法》第五十条规定:"职工应当接受安全生产培训和学习,掌握本职工作所需要的安全生产知识,提高安全生产技能,增强事故预防和应急处理能力。"

(2)各部门结合地域分布情况分别由培训部(有培训部的区域)、各区域人力资源部(没有培训部的区域)、各部门经理(不便在人力资源部培训者)对新入职公司的员工进行全面工伤安全知识培训,培训的方式采取脱产的方式进行,培训时间为两个小时,考试的合格率必须达到100%,第一次考试不合格,进行再次补考,两次考试不合格,退回各区域人事行政部门处理。

工伤安全培训的主要方式和方法主要有:

(1)安全生产培训的主要形式有"三级安全培训""特殊工种培训""经常性的安全宣传培训"等。

(2)由于新入职的员工缺乏安全知识而产生的事故发生率一般为50%左右,所以对新入职的员工,要实行入职、部门经理、班组三级培训。部门经理培训每天一次,班组培训每班一次。

(3)特殊工种培训。特殊工种培训指对操作者本人和周围设施的安全有重大危害因素的工种。我公司特殊工种包括但不限于:汽车驾驶员、机动叉车驾驶员、电瓶车驾驶员。由于特种作业人员不同于其他一般工种人员,他们在生产活动中担负着特殊的任务,危险性较大,容易发生重大工伤事故。一旦发生工伤事故,对整个企业的生产就会产生较大的影响,因此必须进行专门的培训和学习。

(4)经常性的工伤安全培训。结合不同部门的具体情况,采取各种形式进行工伤安全培训,如安全活动日、班前班后会、工伤事故现场分析会等。

(5)请假超过一个月的员工、二次入职的员工、变换岗位的员工也要进行工伤安全知识培训和学习。

工伤安全知识培训内容主要有:

(1)入职培训。

新员工入职后,首先必须进行入职工伤安全培训,培训学习时间为两个小时。培训内容:

①学习公司的工伤安全管理体制。

②学习公司的工作特点及其主要的工作流程。

③学习公司特别危险的工作状况。

④学习新入职员工的安全生产责任。

⑤学习公司的典型事故案例和教训。

⑥学习救治受伤员工的急救常识。

⑦学习工伤事故报告的流程。

(2)部门经理培训。

部门经理培训是对部门员工工伤安全意识的强化,包含以下内容但突出部门特点:

①培训本部门的概况,本部门的工作特点、工作流程。
②培训劳动保护用品的着装要求及注意事项。
③组织员工学习本部门工伤事故案例。
④组织员工学习工伤安全文件。
⑤介绍本部门容易出事故的部位和区域。
⑥介绍本部门的安全操作规程和岗位责任。
(3)班组培训。班组培训是对部门员工工伤安全意识的维护,反复强调,时刻叮嘱。
①培训本部门的概况,本部门的工作特点、工作流程。
②培训劳动保护用品的着装要求及注意事项。
③组织员工学习本部门工伤事故案例。
④组织员工学习工伤安全文件。
⑤介绍本部门容易出事故的部位和区域。
⑥介绍本部门的安全操作规程和岗位责任。
以下对工伤应急的相关知识的简要介绍。
随着社会的发展,在任何活动中随时都有可能发生受伤事故。学习一些简单而正确的现场急救方法,就有可能减少自己或别人的伤残甚至拯救一些人的生命。
现场急救的目的是最大限度地降低死亡率和伤残率,提高伤者愈后的生存质量。
(1)紧急救护的程序
①拨打急救电话(120)。
②迅速将伤者移至就近安全的地方(部分敏感或要害部位外伤或内伤的人员不可移动,应根据具体情况进行处理,就地急救)。
③对其进行必要的急救措施。
④快速对伤者进行分类。
⑤先抢救危重者。
⑥优先护送危重者。
(2)现场救护的原则
"三快"原则,即快抢、快救、快送,动作迅速,方法正确。
(3)现场急救基本知识
物流公司员工工伤事故多是由创伤导致。创伤是各种致伤因素造成的人体组织损伤和功能障碍。轻者造成体表损伤,引起疼痛或出血;重者导致功能障碍、残疾,甚至死亡。
现场急救基本技术包括:通气、止血、包扎、固定、搬运,为抢救病员生命赢得时间。
通气:保持呼吸道通畅至关重要,是一切救治的基础。头后仰、稳定侧卧、手法清理口腔气道、托颌牵舌、击背。
止血的主要方法有:
①指压法:通常是将中等或较大的动脉压在骨的浅面。此法仅能用于短时间控制动脉血流。应随即使用其他止血法。
②压迫包扎法:常用于一般的伤口出血。注意应将裹伤的无菌面贴向伤口,包扎要松紧适度。
③加垫屈肢法:在肘、膝等侧加垫,关节屈曲,再用三角巾等缚紧固定,可控制关节远侧流血。适用于四肢出血,但已有或疑有骨关节损伤者禁用。

④填塞法：用于肌肉、骨端等渗血。先用1~2层大的无菌纱布铺盖伤口，以纱布条、绷带等其充填其中，外面加压包扎。此法的缺点是止血不够彻底，且会增加感染机会。

⑤止血带法：能有效地制止四肢出血。但用后可能引起或加重肢端坏死、急性肾功能不全等并发症，因此主要用于暂不能用其他方法控制的出血。

⑥对出血多的伤口应加压包扎，有搏动性或喷涌状动脉出血不止时，暂时可用指压法止血，或在出血肢体伤口的近端扎上止血带，止血带上应有标记，注明时间，并且每20min放松一次，以防肢体的缺血、坏死。

包扎：包扎的目的是保护伤口，减少污染，帮助止血。常用方法有绷带包扎法、角巾包扎法。

固定：骨关节损伤时必须固定制动，目的是减轻疼痛，避免骨折片损伤血管和神经。

搬运：现场救治伤员必须尽快运送。原则是必须在原地进行急救、包扎止血保持呼吸道通畅、骨折简单固定。

4）具体部位的急救办法

（1）手外伤。

①不要惊慌，对伤手立即止血，可用干净一点的手绢、毛巾、衣物对伤手包扎止血。伤员可以用另一只手或者由别人对伤手加压并适当抬高。不要用不洁物品包扎伤口，也不要用尼龙线、电线等捆扎伤手的手腕或上臂等部位，那样会造成更大的损害。

②对于断掉的手指或断手，要进行简单处理，可立即将其用干净的布包好，置于一大口保温瓶中，夏天最好在四周放置冰块，切忌将断手或断指与冰块直接接触。

③立即送专科医院治疗，如出血过多，先在就近医院应急处理后，再送专科医院。夏天一般应在4~6h，春秋6~8h，冬天8~10h内得到手术治疗。急诊期内进行及时、有效的手术，对以后的功能恢复非常重要。

（2）四肢骨折。先简单固定四肢，避免神经血管遭受附加损伤或新的骨折。如有出血，用干净布条、毛巾做暂时性压迫包扎止血，立即送医院。

（3）脊柱损伤。脊柱损伤后应注意保持脊柱的正常弯曲，切忌屈曲，但也不必过伸，最忌只抬伤病员的两肩与两腿，搬运伤病员时以滚动为宜，仰卧硬板上。颈椎骨折时，应有专人用双手扶持伤病员头部，并可轻轻牵引头部，保持头部中立位，不伸曲，不转动，以免伤及脊髓，发生高位截瘫。

（4）肋骨骨折。肋骨骨折后应平抬，切忌抱患者胸部，以免骨折的肋骨刺破肺，造成血气胸。

（5）头部损伤。头皮损伤一般出血较多，要加压止血。如为颅脑损伤，将患者平放，或将头转向患侧。口、鼻、耳有出血者，不要堵塞。

（6）特殊伤口的处理。

①大而复杂的伤口现场不冲洗、不复位、不乱用药。

②肢体断离伤处理，要用布料包好断肢，外面套一层塑料袋，然后放在另一装满冰块的塑料袋中保存。

③内脏脱出处理。先用大块纱布覆盖在脱出的内脏上，再用纱布卷卷成保护圈，放在脱出的内脏周围，保护圈可用碗或皮带圈代替，再用三角巾包扎。伤员须仰卧位或半卧位，下肢屈曲。

④当有木桩等物刺入体腔或肢体时，不宜拔出，等到达医院后，准备手术时再拔出，有时戳入的物体正好刺破血管，可暂时起填塞止血作用，一旦现场拔除，会导致大出血而来不及

抢救。

⑤颅底骨折耳鼻有出血者,现场不冲洗、不堵塞。

(7)急救设备。急救要有急救设备,如三角巾、绷带、急救包、棉垫夹板、担架等;无急救设备时,可用布条、衣服、硬纸板等代用品。

5)工伤理赔

为了保障因工作遭受事故伤害的员工获得医疗救治和经济补偿,促进企业和谐发展,特制定工伤理赔办法。工伤内容的界定如下:

(1)有下列情形之一的,应当认定为工伤(各参保地方政策有所不同):

①在工作时间和工作场所内,因工作原因受到事故伤害的;

②工作时间前后在工作场所内,从事与工作有关的预备性或者收尾性工作受到事故伤害的;

③在工作时间和工作场所内,因履行工作职责受到暴力等意外伤害的;

④患职业病的;

⑤因工外出期间,由于工作原因受到伤害或者发生事故下落不明的;

⑥在上下班途中,受到机动车事故伤害的;

⑦法律、行政法规规定应当认定为工伤的其他情形。

(2)有下列情形之一的,视同工伤(各参保地方政策有所不同):

①在工作时间和工作岗位,突发疾病死亡或者在48h之内经抢救无效死亡的;

②在抢险救灾等维护国家利益、公共利益活动中受到伤害的;

③因工作环境存在有毒有害物质或者在用人单位食堂就餐造成急性中毒而住院抢救治疗,并经县级以上卫生防疫部门验证的;

④由用人单位指派前往国家宣布的疫区工作而感染疫病的;

⑤职工原在军队服役,因战、因公负伤致残,已取得革命伤残军人证,到用人单位后旧伤复发的;

⑥职工有前款①~④项情形的,按照《工伤保险条例》的有关规定享受工伤保险待遇;职工有前款⑤项情形的,享受除一次性伤残补助金以外的工伤保险待遇。

(3)以下情况不得认定为工伤或者视同工伤(各参保地方政策有所不同):

①因犯罪或者违反治安管理伤亡的;

②醉酒导致伤亡的;

③自残或者自杀等情形。

6)工伤登记流程

(1)工伤登记。发生工伤事故时,受伤员工所属部门经理或直接上级必须在事故发生起24h内登录"物流综合信息管理系统",按照以下顺序操作:输入工号、密码—保险管理—工伤管理—工伤登记—"新增"—填写带红色*号选项(如出险日期、工伤员工、受伤部位、工伤原因、责任类型、责任部门、责任人、联系人电话、发生场所、治疗医院、治疗方式、治疗费用、治疗日期)—"保存"。不按规定填写者负激励50元/起工伤事故。

(2)工伤上报。理赔服务部、职业规划部将直接在工伤系统上监督全公司工伤情况;4类及以上工伤事故,部门经理或直接上级需在第一时间内通知职业规划部和理赔服务部。

(3)由于没有在规定的时间内报案,造成工伤费用不能报销,给公司造成损失的,工伤费用由部门经理级、区域经理级、大区总监级、事业部总经理级分别承担25%,工伤费用包括工伤医疗费、工伤一次性伤残补助和工伤补贴等。

(4)发生工伤事故 24h 内,必须由受伤员工部门经理或直接上级填写《工伤事故报告书》,并提交受伤现场(什么原因导致)、受伤员工(受伤员工本人照)、受伤员工的受伤部位三张图片,通过 OA 发送到职业规划部工伤专员邮箱。没有提交《工伤事故报告书》及图片的,在 OA 工作流中一律退回,并作出负激励。不提交《工伤事故报告书》的负激励 50 元/起,不提交图片的负激励 50 元/起。

7)工伤认定

(1)员工符合《工伤保险条例》第十四条、第十五条规定情形之一的,所在单位应当自事故伤害发生之日或者被诊断、鉴定为职业病之日起 30 日内,向统筹地区(一般指企业注册所在地)劳动保障行政部门提出工伤认定申请。

(2)遇有特殊情况,报请劳动保障行政部门适当延长申请时限。用人单位未在规定的期限内提出工伤认定申请的,受伤害职工或者其直系亲属、工会组织在工伤事故发生之日或者被诊断、鉴定为职业病之日起 1 年内,向统筹地区劳动保障行政部门提出工伤认定申请。

(3)工伤认定由各区域人力资源部门经理办理。

申请工伤认定需向劳动保障行政部门提交有关证明材料,一般应提交以下证明材料(各参保地方政策有所不同):

①《工伤认定申请表》(一式四份)。

②工伤事故报告:内容包括时间、地点、受伤部位、事发经过、事故原因。

③劳动合同书复印件或其他建立劳动关系的有效证明。

④医疗机构出具的受伤后诊断证明书或者职业病诊断证明书(或者职业病诊断鉴定书)。

⑤受伤者的身份证复印件,如死亡的死亡证和火化证明或火葬收费发票和户口注销复印件、殓葬证。

⑥用人单位注册登记资料。

⑦受伤时在场工友的证明及其身份证复印件。

⑧交通事故伤害的,提交公安交通管理部门出具的交通事故证明。

⑨受到暴力伤害的,提交公安刑事管理部门或治安管理部门出具的证明。

⑩下落不明的提交司法部门裁定书。

⑪复转军人旧伤复发的,提交本人的《革命伤残军人证》。

⑫见义勇为的提交司法部门的证明材料。

⑬劳动保障部门要求提交的其他证明资料。

8)劳动能力鉴定(各参保地方政策有所不同)

员工发生工伤,经治疗伤情相对稳定后存在残疾、影响劳动能力的,应当进行劳动能力鉴定。进行劳动能力鉴定提交以下证明资料:

(1)《劳动能力鉴定表》(一般一式三份)。

(2)《工伤认定书》原件及复印件各一份。

(3)身份证复印件。

(4)工伤诊断证明:工伤后在医院就诊的病例资料,首次就诊病历、出院小结、诊断证明及其后所有门诊病历,原件及复印件各一份(门诊病历需复印封面)。

(5)首次就诊及其后复查的 B 超报告单或 X 光报告单、CT 报告单、DR 报告单、MRI 报告单等相关检查报告单,原件及复印件各一份。

(6)手足缺损伤、畸形、烧伤等有外观损害者需提供受伤部位的彩色图片(用相机照的4R 大小,也可以直接带被鉴定人到劳动能力鉴定部门照相)。

(7)劳动能力鉴定由各区域人力资源部门经理办理。

9)工伤医疗待遇

(1)员工因工作原因受伤的,必须第一时间送往医院救治(尽量前往该员工社保参保地的工伤定点医院)。如在非工伤定点医院抢救、治疗的,在该员工生命体征表现稳定后转院至该员工社保参保地的工伤定点医院治疗。

(2)工伤借支。员工向公司借支治疗的,部门经理或直接上级须指明借支情况即工伤借款。

(3)受伤员工住院期间,须按社保用药治疗。不按社保用药治疗的,由受伤员工本人承担费用;社保用药不能满足伤情治疗的,可使用非社保用药,非社保用药费用凭票据公司予以报销。

(4)员工治疗工伤所产生费用,符合工伤诊治范围的住院费、医疗费、医药费、辅助器具费等由工伤保险基金支付,工伤保险基金不能支付的由公司支付。(注:各地工伤费用标准并不完全相同,以下所列的补助标准等各地、各公司也不一定完全相同。)

①符合工伤范围且医疗票据齐全的,经理赔服务部审核由公司承担。

②符合工伤范围但医疗票据不齐全(如遗失、被销毁等情况)或者医疗票据不合格导致公司产生损失的,损失部分由受伤员工本人承担。

(5)营养补助的规定是工伤员工住院治疗期间,伙食补助标准为员工或主管伙食补助标准35 元/天,经理或区域经理50 元/天,总监级及以上70 元/天,期限为30 天。

(6)陪护补助方面,住院期间根据伤情及医院建议,需要陪护的,对受伤员工的陪护人员给予30 元/天陪护费,仅限一人陪护。

(7)员工发生工伤后,其直接上级或部门经理应于事故发生后7 天内打工伤假条,所请工伤假日期应根据医疗机构出具的诊断证明书(医嘱)而定;如果假期结束后仍需要住院治疗的,直接上级或部门经理必须在第一次请假时间结束前3 天内续请假,工伤假期最长为6 个月。

(8)工伤医疗期待遇根据医疗期限而定。凡工伤休假6 天(含)内者,视为正常出勤;7 天(含)至2 个月(含)(自然月就是指每月的1 日到那个月的月底)之内者扣除全勤奖和奖金;超过2 个月者,员工按1000 元/月(若低于广州市最低工资标准,以广州市最低工资标准为准)、主管级及以上人员按1500 元/月发放工资待遇(若有变动,以高于员工500 元为准);工伤医疗期最多为6 个月(含),具体如表3-5 所示。

医疗期工资待遇　　　　　表3-5

| 医疗期 | 工　资　待　遇 |
| --- | --- |
| 6 天内 | 按正常出勤处理 |
| 7 天至2 个月 | 扣除全勤奖和奖金 |
| 2 个月至6 个月 | 扣除1000 元/月(若低于广州市最低工资标准,以广州市最低工资标准为准) |
| 2 个月至6 个月 | 主管级及以上人员1500 元/月(若有变动,以高于员工待遇500 元为准) |

(9)工伤医疗待遇由受伤员工所在区的人事行政部门经理办理。

10)工伤医疗费用报销(各参保地方政策有所不同)

(1)申请工伤费用报销,应准备以下材料:

①《社会保险医疗待遇申请表》一式一份。

②经认定的《职工工伤认定申请表》复印件和原件或《工伤认定决定书》复印件和原件(原件备查)。
③财税部门统一印制的专用收据或发票原件(背面需有工伤员工或家属签名)。
④与财税部门印制的专用收据(发票)金额相符的医疗费用明细清单。
⑤门诊病历(包括病历封面)原件和复印件。
⑥出院小结原件和复印件。
⑦工伤员工的身份证复印件。

(2)下列情形需另外提供相应的资料：
①医疗期超过一个月的或因工伤致残者,须提供《工伤员工劳动能力鉴定申请表》原件和复印件,以及劳动能力鉴定部门出具的《劳动能力鉴定结论书》原件和复印件。
②安装或使用辅助器具的需提供经劳动能力鉴定部门审核同意的《工伤职工康复辅助器具申请表》。
③工伤职工到非工伤协议医院就医,工伤当日以后发生的门诊医疗费用、工伤当日起超过七天的住院医疗费用,需提供单位书面申请(写清楚到非工伤协议医院就医的原因)。
④申报时工伤职工已经办理退休或为非本市户籍且已办理社保减员的,需提供由社保部门出具的该职工在发生工伤时已参加工伤保险的证明。
⑤工伤职工的社保关系是委托劳务中介机构代理的,需提供书面报告,写明有关情形和接收单位名称、并附委托合同复印件。
⑥如有其他特殊情形则应按政策要求提供相应的资料。

(3)工伤医疗费用报销后,打到公司对公账户上。
(4)工伤医疗费用报销由各区域人事行政部门经理办理。

11)工伤慰问和受伤员工家属的接待
(1)员工受伤后,相关人员应进行慰问。
(2)受伤员工家属接待,受伤后员工住院治疗的,直接上级或部门经理应在24h之内通知其家属；家属护理受伤员工的,相关慰问人员应向受伤员工家属转达公司对受伤员工的关爱,公司已依法为员工购买保险,受伤员工将依法得到经济补偿,解除受伤员工和家属的后顾之忧。
(3)受伤员工及家属对公司的处理方法有异议的,各区域人力资源部门经理要妥善处理,安抚受伤员工及家属,爱惜员工健康,维护公司利益；将工伤矛盾化解在各区域人事行政部门,不得将工伤异议带到公司总部处理,影响公司正常工作。
①总部人力资源管理中心职业规划部有义务向各区域人力资源部门提供信息、政策支持。
②理赔法务部有权利提供法律支持和保障。
③公司总部职能部门员工的工伤事宜,由职业规划部处理。
(4)超出慰问权限或有特殊情况的,职业规划部将情况提请公司高层领导,由公司高层领导决定。

**2. 消防安全管理**

1)救火应急
火灾是威胁人类安全的重要灾害,为了保护人民财产的安全,国家每年要投入大量的经费用于防火工作。尽管如此,我国每年因火灾造成的人员伤亡数量仍然很大,经济损失相当严重。因此一旦发生火灾,救火必须分秒必争。首先要及时扑救,将火灾扑灭在初起阶段,同时应拨打火警电话"119"。报警时一定要讲清楚发生火灾的单位和详细地址和门牌号,高层建筑应讲清第几层着火,还应讲清楚着火的对象、类型和范围及报警本人的姓名。做到及时、准确报警。消防部门在接到报告后,就能迅速调派消防车赶到着火点,并针对燃烧物的性质"对症下药",及时将火扑灭。

2)灭火的基本方法

燃烧必须同时具备三个条件:可燃物、助燃物和着火源。灭火就是为了破坏已经产生的燃烧条件,只要破坏一个燃烧条件,燃烧就不能发生,火即可熄灭。根据这个基本原理,从灭火实践中,人们总结出了以下几种基本方法。

(1)隔离法:将可燃物从燃烧区中移开或隔离,燃烧就会因为缺少可燃物而停止。

(2)窒息法:阻止或隔绝空气进入燃烧区域或用不燃烧的气体冲淡空气中的含氧量,使燃烧区得不到足够的氧气而熄灭。

(3)冷却法:将灭火剂直接喷射到燃烧物上,把燃烧物的温度降低到燃点以下而终止燃烧。冷却法是灭火的常用方法。

(4)抑制法:这种方法是用干粉灭火器喷向火焰,让灭火剂参与到燃烧反应中去,使燃烧的连锁反应(俗称"燃烧链")中断,达到灭火的目的。

3)灭火的参与方法

"火光就是命令,火场就是战场。"在火灾面前,要积极加入灭火队伍。然而,火场常常是人员众多,情况复杂,要迅速地扑灭火灾,就必须统一指挥,协调一致,才能有计划、有步骤、有成效地进行灭火。因此,我们应做到如下几点:

(1)"一切行动听指挥"。为了有效地进行灭火,火场一般都要成立临时指挥机构。企业发生火灾,员工们常常是灭火战斗的积极参加者。在火场上员工们要自觉地听从指挥机构的指挥,是有秩序地进行灭火的关键。

(2)提高警惕,维持秩序,防止坏人乘火场混乱之机,窃取财物,进行破坏活动。

(3)在灭火行动中,要注意安全,避免不必要的伤亡。火场一般都比较复杂,越是复杂的火场,越要有条不紊,切忌盲目行动。

4)人身体着火的处理方法

(1)不能奔跑,要就地打滚。

(2)如果条件允许,可迅速将着火的衣服撕裂脱下,浸入水中,或踩,或用水扑灭。

(3)倘若附近有河流、水池之类,可迅速跳入浅水中,但是,如果人体烧伤面积太大或烧伤程度较深,则不能跳水,防止细菌感染或其他不测。

(4)如果有两个以上的人在场,未着火的人需要镇定、沉着,立即用随手可以拿到的麻袋、衣服、扫帚等朝着火人身上的火点覆盖、扑、掼,或帮他撕下衣服,或将湿麻袋、毛毯把着火人包裹起来。

(5)用水浇灭。但应注意,不宜用灭火器直接往人体上喷射。

5)多层建筑火灾脱险方法

公司的办公楼,大多是多层建筑。员工们在这些场所工作、学习,一旦突然出现火灾,如果没有思想准备可能会惊慌失措。在这种火灾面前,我们要有压倒它的勇气,要有临危不惧的精神,要有敢于战胜它的胆识。首先要保持清醒的头脑,想办法就地灭火。楼房着火,浓烟往往朝楼梯口通道蔓延,可用湿毛巾捂住嘴、鼻,贴近楼板或者干脆蹲下来走。即使楼梯被火焰封住了,也可以用湿棉被等物作掩护及早迅速地冲出去。如果楼梯确已被火封了,也应冷静想一想是否还有别的楼梯可走;可以借助外窗,利用竹竿滑下来;可利用绳子、皮带等物爬下来。

6)精密仪器设备火灾救援方法

员工们工作的场所,径常进出的设备精良的实验室、计算机中心、图书资料室,这些地方发生火灾我们应该怎样去扑灭呢?首先明确不能用水去对付,水虽然可以用来扑灭这类火灾,但是,火扑灭了,仪器、图书、档案同时也损坏了,达不到我们既要灭火又要保护企业集体财产的根本目的。这类火灾,我们常用气体灭火器来扑灭。

7)安全用电

乱拉电线,就是不按照安全用电的有关规定,随便拉设电线,任意增加用电设备,这样做是很危险的。例如,电线拖在地上,可能被硬的东西压破或砸伤、损坏绝缘体。

在易燃、易爆场所乱拉电线,缺乏防火、防爆措施;乱拉电线常常要避人耳目,工具材料等条件差,装线往往不用可靠的线夹,而用铁钉或铁丝,结果会磨破绝缘,损坏电线。

任意增加用电设备形成超负荷,使电线发热等。这些情况多数都能造成短路、产生火花或发热起火,有的还会导致燃烧爆炸,甚至引起触电伤亡事故。为了保证用电安全,防止乱拉电线,员工应遵守如下规定:

(1)用电要申请报装,线路设备装好后要经过检验合格,方可通电,临时线路要严格控制,专人负责管理,用后拆除。

(2)采用合格的线路器材和用电设备。

(3)线路和设备要由专业电工安装,一定要符合有关安全规定;为了安全,各员工应自觉遵守这些规定。

8)挪用消防器材是违法行为

(1)消防器材是专用器材,不能用在其他方面。《中华人民共和国消防法》明确规定:消防器材、设备、设施,除抢险救灾外,不得挪作他用。

(2)《中华人民共和国治安管理处罚法》规定:"擅自将公用消防设备、消防工具挪作他用的,要受到拘留、罚款或者警告处罚。"挪用消防器材,就是违反治安管理的行为。

9)员工宿舍防火措施

预防宿舍火灾必须做到以下几点:

(1)不乱接电源。

(2)不乱扔烟头。

(3)不躺在床上吸烟。

(4)不在蚊帐内点蜡烛看书。

(5)不焚烧杂物。

(6)不存放易燃易爆物品。

(7)不使用电炉等大功率电热设备。

(8)不擅自使用煤炉、煤油炉、液化器灶具等可能引发火灾的器具。

(9)要人走灯关。嗅到电线胶皮糊味,要及时报告,采取措施。

(10)台灯不要靠近纸张、衣物、枕头、被褥和蚊帐。

**3. 货物安全管理**

1)人员组织的安全管理

仓库安全管理应贯彻"预防为主,防消结合"的方针,实行"谁主管,谁负责"的原则。仓库保管员应熟悉储存物品的分类、性质、保管业务知识和防火安全制度,掌握消防器材的操作使用和维护保养方法,做好本岗位的防火工作。对仓库新职工应进行仓储业务和消防知识的培训,经考试合格,方可上岗作业。安全领导小组应严格执行库区夜间值班、巡逻制度,并建立仓库各类技防设施设备的管理台账,保证其正常运行。

物资仓库应根据实际情况建立以下安全管理台账和记录:灭火器材管理台账、特种设备管理台账、特种作业人员管理台账、事故、事件、不符合管理台账、危险物品管理台账、安全教育培训记录、仓库安全交接班记录、安全检查记录、应急救援预案培训演练记录等。

2) 货物储存的安全管理

库区入口处应设置防火禁令标志,并设置火种收缴存放设施。仓储物资应实行定置管理,物品仓储应符合"五距"要求。具备独立防火分区功能的库房,库与库之间的防火门应保持常闭状态。

物品的堆码要保持通常所说的货垛"五距",即指墙距、柱距、顶距、灯距和垛距。对"五距"的规定如下:

墙距:库内货垛与隔断墙的内墙距不得小于0.3m,外墙距不得小于0.5m;

柱距:货垛或货架与库房内支撑柱子之间应留有不小于0.3m的距离;

顶距:平房仓库顶距应不小于0.3m,多层库房顶距不得小于0.5m,人字形屋架库房,以屋架下檐(横梁)为货垛的可堆高度,即垛顶不可以触梁;

灯距:货垛与照明灯之间的必要距离称为灯距,灯距必须严格规定不得小于0.5m,但对危险货物应按其性质,另行规定;

垛距:它是指货垛与货垛或货架与货架之间的必要距离,库房的垛距应不小于0.5m。

危险化学品和一般物品以及容易相互发生化学反应或者灭火方法不同的物品,应分间、分库储存,并在醒目处标明储存物品的名称、性质和灭火方法。

易自燃或者遇水分解的物品,应在温度较低、通风良好和空气干燥的场所储存,严格控制湿度与温度。

物品入库前应有专人负责检查,确定无火种等隐患后,方准入库。

使用过的油棉纱、油手套等沾油纤维物品以及可燃包装,应存放在安全地点,定期处理。

库区内应明显划分库房、作业、办公区域,并采取有效的安全、防火隔离措施。要划出相对独立的外来人员活动区域。

库房布局、储存类别不得擅自改变。如确需改变的,应报安全领导小组审批同意。

3) 货物装卸的安全管理

各种机动车辆不经允许,不准进入库区、库房。装卸物品后,不准在库区、库房、货场内停放和修理。

库区内不得搭建临时建筑和构筑物。如确需搭建时,应经安全领导小组批准,作业结束后应立即拆除。

库房内固定的起重设备需要维修时,应采取安全技术措施,经安全领导小组批准后,方可进行。

装卸作业结束后,应对库区、库房进行检查,确认安全后,方可离开。

4) 仓库电器的安全管理

仓库的电气装置应符合国家现行的有关电气设计和施工安装验收标准规范的规定。特殊情况下需要架设临时电气线路应报经安全领导小组批准,仓库安全管理部门负责监督临时电气线路拆除。

库区、库房内电气线路应按有关规范安装,不得随意敷设电气线路。库房内供电线路应穿金属管,不得使用60W以上白炽灯或其他高温灯具;电气开关应安装在库房外。

库房内不准设置移动式照明灯具,照明灯具下方不准堆放物品,其垂直下方与储存物品水平间距离不得小于0.5m。

库房内不准使用电炉、电烙铁、电熨斗等电热器具和电视机、电冰箱等家用电器。特殊情况下必须使用,应到安全领导小组办理相关手续。

仓库电器设备的周围和架空线路的下方严禁堆放物品,对提升、码垛等机械设备易产生火花的部位,要设置防护罩。

仓库应按照国家有关防雷设计安装规范的规定,设置防雷装置,并定期检测,保证有效。

仓库的电器设备,应由持合格证的电工进行安装、检查和维修保养;电工应严格遵守各项电器操作规程。

5) 仓库火源管理

仓库应设置醒目的防火标志,进入库区的人员,应登记,并交出携带的火种。

库房内严禁使用明火,库房外动用明火作业时,应办理动火证,经部门和安全领导小组批准,并采取严格的安全措施;动火证应注明动火地点、时间、动火人、现场监护人、批准人和防火措施等内容。

安全领导小组在审批用火的使用地点时,应根据储存物品的分类,按照有关防火间距的规定审批。

库区以及周围50m内,严禁燃放烟花爆竹。

6) 检查、评价与改进

安全领导小组每月组织对仓库安全进行检查,发现问题和隐患,提出改进措施,填写"库区安全检查及整改记录"(表3-6),必要时下发"安全检查隐患整改通知书"(见《职业健康安全绩效监视与测量控制程序》附录A),并及时督促仓库归口管理部门整改。

库区安全检查及整改记录　　　　　　表3-6

| 检查组成人员 | | 检查组负责人 | |
|---|---|---|---|
| 受检单位 | | 检查时间 | |
| 检查情况<br>(存在隐患及问题) | | | |
| 处理意见及要求 | | | |
| 整改责任人 | | 限期整改时间 | |
| 复查情况 | | | |
| 检查组成员名单 | | 受检部位责任人签名 | |

仓库归口管理部门(车间)每周对仓库至少进行一次安全检查,发现问题和隐患及时进行整改。

安全隐患上报不及时、未按要求配合整改的和酿成安全事故的,按有关规章制度进行考核。

## 现代物流企业安全的创新管理策略

现代物流业作为一个新兴的复合型产业,近几年在我国得到了迅速发展,社会物流需求持续、高速增长,物流业增加值稳步上升,社会物流总成本趋于平稳。企业原有的体制已经或正在发生着根本性的转变,经营方式和管理模式也在不断发生变化,安全管理工作同时遇到许多新情况、新问题。因此,安全管理模式的改革与创新在当前形势下显得尤为重要。

1. 我国物流企业管理现状

我国物流市场规模巨大,现代物流产业的发展前景广阔。在这种背景下,我国各类物流企业快速成长,传统的运输、仓储、联运、货代等企业也加快了业务重组和资源整合的步伐;新兴物流企业在努力扩大规模和提升水平;民营和外资物流企业纷纷兴起和加入,加速拓展市场。目前,不同所有制形式、不同经营模式、不同规模层次的物流企业共同发展的格局已经初步形成。从目前中国物流业发展现状看,具有现代物流特征的物流企业一部分是在运输企业或仓储企业的基础上,通过物流服务的延伸和运作方式的变革转变为物流公司;还有一部分是为满足物流市场的需求,以物流事业为经营内容的新型物流企业,其中包括第三方物流企业和以提供物流信息服务为主要内容的第四方物流企业等。但与西方发达国家相比,我国物流业起步较晚,物流成本占 GDP 的比重仍然过高,社会物流整体效益差。由于管理体制改革的落后,我国企业物流的发展仍然处于"小、多、散、弱"的状态,普遍存在经营分散、功能单一、自动化程度低、物流布局不合理、物流技术含量不高、物流企业横向联合薄弱、物流服务意识和服务质量不尽如人意等问题,难以满足社会化物流的需要。

受传统计划经济体制的影响,我国相当多企业仍然保留着"大而全"、"小而全"、"产、供、销一体化"、"仓储、运输一条龙"的经营组织方式,物流活动主要依靠企业内部组织的自我服务完成,使采购、仓储和配送职能未能进行充分整合,无法实行一体化的内部供应链管理,不利于社会化专业分工。这种分散的、低水平的管理活动也存在许多安全管理弊端,抑制我国物流企业的发展。

2. 保证现代物流企业安全运营的创新管理策略

(1) 实施领导干部安全目标管理责任制。企业安全工作落实与否,关键在于领导。真正做到企业法人代表是安全工作第一责任人,对本单位的安全工作负总责;分管安全工作的领导具体抓,负具体责任;其他工作分管领导对其分管内的安全工作负责任,形成齐抓共管保安全的局面。具体说:一是企业经理重视安全,言传身教带动各基层部门负责人都来重视安全工作。经理要亲自参加企业每个月的安全工作例会,听取部门安全工作汇报,掌握各种动态,及时解决安全工作中出现的问题和困难;亲自过问上级布置的各项安全工作和专项治理工作的落实情况;亲自参加重大的或专项的安全检查,使职工感受到领导对安全工作的重视和支持;二是分管领导真抓实干,做好细致的安排与责任落实工作;三是其他领导在其分管工作中支持和服从安全工作的要求,避免产生矛盾和抵触,形成齐抓共管、确保安全的局面。

(2) 树立安全经营观念,促使安全与经营的协调统一。安全和经营是相互矛盾又相互统一的关系。因为在市场经济体制中,成本是个不得不考虑的问题。在人们的思想中,安全投入是一种不能直接获得收益的投入。正是在这种思想的影响下,很多企业经营者在企业运作中,把利润和安全投入放在一起来衡量的时候,往往会把利润放在更为优先的位置来考虑。但是我们要从思想上明确,省去了安全投入,是否就是省了成本,增加了利润呢?当安全工作与经营有矛盾时,要通过我们的工作将其化解,达到安全与经营的统一。要避免把安全与经营割裂开的倾向,处理好"安全为了生产,生产必须安全"的辩证关系。当生产与安全有冲突时,应首先考虑安全。这就给安全管理人员吃了定心丸,使他们消除了顾虑,挺起腰杆敢抓敢管。在措施上,以是否确保安全为其他工作取舍的前提,使安全管理工作变被动为主动,变事后监督为事前防范,有效地维护了安全监督的权威性。同时强调不能因为怕承担责任不敢开拓经营。随着经营的搞活,必然产生许多新的安全问题,如公司把一部分仓库、店面租给客户自行保管,会出现一些客户对安全工作重视不够或因片面强调设施利用率忽视安全有关规定的现象。

(3)建立合理规章制度,形成规范化的管理。企业的安全工作必须有据可依、依法管理,这样才能建立良好的工作秩序,形成规范化的管理。《中华人民共和国消防法》、《中华人民共和国安全生产法》等法规的出台,为企业安全工作提供了依法管理的依据和保障。作为物流企业应在国家法律法规整体架构的基础上,结合经营情况和服务方式的变化对企业的安全制度进行相应的修改、补充、完善,形成企业安全制度。随着仓库外租形式的出现,需要跟上相应的安全规章制度,要根据"谁主管,谁负责"的原则和"安全自查、责任自负、隐患自除、接受监督"的管理要求,建立完善的外租仓库安全责任书制度等。每年初,在制定经济工作计划的同时应做出全年的《安全目标管理工作分解表》,与"管钱管物"人员、特殊工种人员、外租户等签订专项责任书,对灭火器材的保养、维修、换药和特殊储备保养,对特殊工种的培训等均做出时间安排,使各项安全目标层层细化,分解落实到各职能部门、班组、岗位。这样,什么时间该干什么,由谁指定,一目了然,确保各项安全基础工作有序进行。

(4)加强监督,坚持安全检查制度和严格整改措施相结合。安全工作可以概括为两个方面:一是建立和规范安全基础管理工作;二是抓现场安全管理。现场的安全管理是安全工作的重头戏,生产现场安全管理没有捷径可走,只能脚踏实地,做好细致的工作,坚持不懈地巡回检查、再检查,整改、再整改来促进企业安全制度的落实。

物流企业要坚持每月一检查,库区每周一检查,仓库"一日二查"制度,采取二级查与专业查相结合;集中查和抽查相结合;领导查和夜查相结合;季节查和节日查相结合的办法,进行多次大检查,借助于社会大气候,推动安全工作不断改进。要坚持安全检查制度和严格整改措施相结合,对许多不安全因素和隐患做到早发现早处理,把事故苗头消灭在萌芽之中达到了超前预防、及时清理隐患的目的。认真做好各级安全检查记录,对查出的隐患,严格按照规定填发整改通知书,限期整改。实行整改反馈,落实不安全因素的整改工作。随着企业情况的变化,安全工作往往会出现新的难题,需要我们去解决。因此,在抓表面上的安全基础管理工作的同时,还要安排研究、探索和解决一些安全工作中存在的难点问题,力求企业安全管理水平有新的突破和提高。

坚持把自管库纳入企业安全管理范围,做到统一部署、统一检查、统一考核标准。当然,严格对自管库的管理是一个艰苦细致的工作过程,自管库往往为了省钱,或为了赶任务,或图一时方便,违反安全规章制度的现象时有发生,如在禁烟区内抽烟、明火作业、乱拉乱搭电线、使用高功率电器、堵塞消防通道等。有时今天检查发现的问题纠正了,明天类似的问题又会发生,因此生产现场管理关键在于持之以恒、一丝不苟地抓落实;二是改进工作方法,提高管理水平。而对常遇到的自管库对安全检查不配合,隐患整改落实难的问题和甚至出现租赁双方关系紧张的现象,使我们意识到搞好自管库的安全工作离不开承租方的理解、支持和配合,因此,安全管理也要提供优质服务,工作方法切忌简单、生硬,要经常与租户交流、沟通,尽可能为租户提供方便,帮助他们解决经营、生活上的困难,增进了解、培养感情、化解矛盾,以取得工作上的相互支持。

(5)提高全体工作人员的素质加强安全教育。提高全体职工的安全意识和安全素质是安全管理工作中的一个重要课题。意识能反作用于物质,员工的安全素质和安全意识增强了,就会减少不安全行为,从而减少安全事故的发生。如一个企业经营者的安全素质提高了,安全意识能跟上企业经营管理和社会现代生活的需要,自然会认为应该投入资金改善安全设施,他的行为就能符合现代社会所需要的安全要求。一个职工的安全素质提高了,他在工作和生活中就会自觉地用安全要求去面对工作和生活,这样就会将各类事故拒之门外,这是做好安全工作的灵魂。很多事故的发生,往往不是哪一个人,哪一个环节,哪个时刻出了某一个事故,而是缺乏安全意识所造成的后果。因此我们要加大对安全工作的宣传和教育,用钢性的力度来增强全体职工的安全意识,让我们的行为服从环境的需要,按照安全管理的各项规章制度办事。同时要重点加强对安全保卫队伍建设,对保安人员进行经常性的强化教育,使他们转变思想观念,向专业化法制化靠拢,用《中华人民共和国安全生产法》、《中华人民共和国消防法》等安全管理法规武装头脑,使他们能用法制法规来指导自己的言行及日常工作,使安全保卫工作更加法制化,更好地为企业保驾护航。

总之,进入21世纪,变革成为永恒的主题。变化的速度远远超过人们学习的速度。物流产业在科技进步和管理创新的驱动下,经历了从量变到质变的过程,全球物流已经进入供应链年代。变化的世界对供应链管理、对第三方物流和对运输、仓储、国际物流、商业物流、制造业物流都带来了挑战,企业物流管理必须自身变革,才能应对挑战。在现代物流企业的安全管理中,要坚持做到领导对安全的责任落实到位、规章制度规范到位、管理措施落实到位、员工的安全意识到位,才确保企业的安全,促使物流企业快速发展。

 模块练习

1. 物流运输企业的主要业务流程有哪些?请找到一家物流运输企业进行调查,并绘制出该企业的业务流程图。

2. 物流企业为什么要进行时效管理?你认为物流运输企业的时效节点有哪些?应该如何准确地把握这些时效节点?

3. 请将以上这些时效节点正确的插入你所调查的企业的流程图中,使流程图看起来更加清晰明确。

4. 物流企业为什么要进行安全管理?安全管理是物流企业一项的日常管理活动吗?

# 模块四　物流服务操作标准化

学习导语

　　标准化可以让运营流程易于控制和提高，使不同的人产生近乎相同的产品或服务质量，从而更好地保证企业产品或服务质量。没有标准化的企业，很难保持稳定的运营，出了问题也难找到根源。物流企业是服务型企业，它的生产服务、销售过程都要和客户密切联系，因此，物流企业进行标准化，重点在于物流服务操作标准化，本模块就从客户接待、收发货等方面来介绍各种服务操作的标准化要求。

故事分享

　　飞机起飞前，一位乘客请求空姐给他倒一杯水吃药。空姐很有礼貌地说："先生，为了您的安全，请稍等片刻，等飞机进入平稳飞行后，我会立刻把水给您送过来，好吗？"

　　15分钟后，飞机早已进入了平稳飞行状态。突然，乘客服务铃急促地响了起来，空姐猛然意识到：糟了，由于太忙，她忘记给那位乘客倒水了！当空姐来到客舱，看见按响服务铃的果然是刚才那位乘客。她小心翼翼地把水送到那位乘客跟前，面带微笑地说："先生，实在对不起，由于我的疏忽，延误了您吃药的时间，我感到非常抱歉。"这位乘客抬起左手，指着手表说道："怎么回事，有你这样服务的吗？"空姐手里端着水，心里感到很委屈，但是，无论她怎么解释，这位挑剔的乘客都不肯原谅她的疏忽。

　　接下来的飞行途中，为了补偿自己的过失，每次去客舱给乘客服务时，空姐都会特意走到那位乘客面前，面带微笑地询问他是否需要水，或者别的什么帮助。然而，那位乘客余怒未消，摆出一副不合作的样子，并不理会空姐。

　　临到目的地前，那位乘客要求空姐把留言本给他送过去，很显然，他要投诉这名空姐。此时空姐心里虽然很委屈，但是仍然不失职业道德，显得非常有礼貌，而且面带微笑地说道："先生，请允许我再次向您表示真诚的歉意，无论你提出什么意见，我都将欣然接受您的批评！"那位乘客脸色一紧，嘴巴准备说什么，可是却没有开口，他接过留言本，开始在本子上写了起来。

　　等到飞机安全降落，所有的乘客陆续离开后，空姐本以为这下完了，没想到，等她打开留言本，却惊奇地发现，那位乘客在本子上写下的并不是投诉信，相反，这是一封热情洋溢的表扬信。

　　是什么使得这位挑剔的乘客最终放弃了投诉呢？在信中，空姐读到这样一句话："在整个过程中，您表现出的真诚的歉意，特别是你的十二次微笑，深深打动了我，使我最终决定将投诉信写成表扬信！你的服务质量很高，下次如果有机会，我还将乘坐你们的这趟航班！"

　　**思考**

　　1.针对这则故事，谈谈你的想法。

　　2.物流服务的过程中会不会遇到像故事里的这种情况？这则故事中，体现出了客户服务过程中的哪些标准？

通过本模块的学习,期望达到下列目标。

**1. 专业能力**

(1) 能依照一定的物流客户接待标准接待客户;
(2) 能按服务标准进行收货与接货服务;
(3) 能按发运服务标准进行发运服务;
(4) 能按照送达服务各项标准进行送达服务;
(5) 能进行6S现场管理。

**2. 社会能力**

(1) 培养学生的可持续发展的能力;
(2) 培养与人沟通和协调工作的能力;
(3) 培养学生具备中层和业务部门负责人应具有的基本素质;
(4) 注重遵章守纪、积极思考、耐心、细致、勇于实践、竞争意识、责任意识等职业素质的养成。

**3. 方法能力**

(1) 通过查阅资料、文献等,培养个人自学能力和获取信息的能力;
(2) 通过情境化的任务单元活动,掌握分析问题解决实际问题的能力;
(3) 制订工作计划,培养工作方法能力;
(4) 能独立使用各种媒体完成物流服务作业标准化的学习任务。

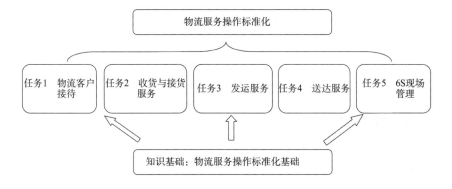

## 任务1 物流客户接待

天地公司的初萌是一个新员工,她在前台负责接待来访的客人和转接电话,还有一个同事小石和她一起工作。每天上班后一到两个小时之间是她们最忙的时候,电话不断,客人络绎不绝。一天,有一位与人力资源部何部长预约好的客人提前20分钟到达。初萌马上通知人力资源部,部长说正在接待一位重要的客人,请对方稍等。初萌转告客人说:"何部长正在接待一位重要的客人,请您等一下。请坐。"正说着电话铃又响了,初萌匆匆用手指了一下椅子,赶快接电话。客人面有不悦。小石接完电话,赶快为客人送上一杯水,与客人闲聊了几句,以缓解客人的情绪。

**引例分析**

请问秘书初萌的做法有什么不妥的地方?秘书接待应做好哪几方面的准备工作?

**任务分析**

一、任务准备

(1)物流企业的业务流程资料,或给定几个物流企业网址,要求网站上能查到该物流企业的业务流程,企业网站上能查到物流企业业务流程内容;一些物流企业业务流程的案例;

(2)多媒体教室(含可供学生上网查资料的计算机、多媒体教学设备、课件和动画等教学资料)及模拟会客室(含服务台、椅子、茶壶、茶杯、电话等/模拟员工和客户的名片、名片夹、各种文具);

(3)教学用具:包括相机(带相机功能的手机亦可)、打印机、收据等各类单据;

(4)同学们两人一组,其中一人扮演业务人员,一人扮演物流企业客户,并提前预习基础知识部分。

二、任务目标

(1)能处按标准进行客户业务咨询的接待工作,掌握具体探寻客户的信息点和操作要点;

(2)能按规定流程处理客户查货时的沟通和接待;

(3)会使用标准业务用语并做好记录;

(4)会向物流客户介绍物流企业基本情况;

(5)能两人一组模拟完成教学任务中的客户接待工作。

三、基础知识

**1. 物流公司的客户接待主要工作内容**

物流公司的客户接待主要工作内容:有问候和迎客、招待客户、送别客户等几个重要环节,业务人员在接待客户的过程当中,应认真回答客户的问题及需求,使客户对物流公司留下美好的印象,进而促成客户与物流公司的合作。下面,本书就送以上三个重要环节,来介绍一下客户接待的锦囊妙计(及接待标准)。

1)问候和迎客

一般情况下当听到门铃声或敲门声时,要迅速应答,同时前去开门。通常房门可分为外开门和内开门,如果门是向外开的,用手或身体挡住门,让客人先进入;相反门往内开,你先进入,按住或挡住门后再请客人进入;通常叫作外开门客先入,内开门己先入。在挡门时,要侧身,留有充分的出入口,并且面对客人微笑着说"请进"及伸手示意方向。请客人进入后再慢慢关上房门,跟随进屋。

在开启大门后,要以亲切的态度,微笑的面容先向客人礼貌问候,如"您好"、"欢迎您",对认识的客人也可以直接称呼,如"张先生,您好"。如果有不认识的人,可先问明对方尊姓然后立刻称呼和问候。一般情况下不必与客人握手,如果客人把手伸过来,你要顺其自然随之一握,并请客人进屋。如客人需要脱外衣、放雨伞,应主动给予帮助。如果客人手中有重物,招呼过后,应接过重物帮助放好。

2)招待客户

座位的安排:客户进房后,通常请宾客坐上位——指离房门较远的位子,而离门口近的座位为下位。目前国际上通常认为右为上,因此入座时常请宾客坐在主人的右侧。如若宾客是一对夫妇,最好让他们坐在一起,而不要分开。一般来讲,坐长沙发比坐单人沙发更显尊贵。当然具体如何让座,要根据雇主家待客房间的环境、座位的优劣、用茶的方便及其雇主的习惯综合考虑。

在请进让座接待中,要同时有"请、让"的接待声音和相应的手势,并立即请客人落座。当然要根据实际情况选择座位较好的沙发、椅子。客人来到后,你的主要任务就是满足客人的需要,不要把客人冷落一旁,要使他感到你处处为他考虑。

3)送别客户

客人落座后,你应担负起招待的任务,首先应端茶递水,如果是盛夏,也可以送上清凉饮品,如有可能,可以提出几种饮品请客人选择。首次沏茶入杯不要倒得太满,通常七分满即可。送茶时最好使用托盘,将茶杯放入托盘内,以齐胸的高度捧进,先将托盘放在桌上,再取出茶杯,双手敬上,先宾后主,并轻声招呼:"请用茶!"注意要将茶杯放在安全的地方,且杯耳朝着客户。如需要将茶壶放置在桌上,应将茶壶嘴对外而不能对人。退出时,通常手持托盘,面对客人倒退几步,在离开客人的视线后再转身背对客人静静退出。如果送茶时房门已关,应先敲门,在得到容许后再开门进入,然后说声"对不起!"再进屋。若客人停留时间较长,应随时主动为客人续水敬茶;续水时,要将茶杯拿离茶桌,以免倒在桌上或弄脏客人衣服。

雇主会客时如无明确要求,在他们谈话时,尽量不要在屋里走动、干零活。在接待过程中,还可以根据雇主的指示为客人送上些水果、小吃等。如果客人带着孩子,应给小孩取一些糖果和玩具,并可以让雇主家的孩子与客人的孩子一起玩耍。如果雇主会客时带着小孩不方便,你可请示雇主:"您若没有什么事,我可以带孩子到别处玩;若有事,您可以随时叫我。"当得到雇主的同意后,应对客人礼貌示意,随后带孩子们到别处玩耍。

如果客人已逗留至快用餐时间,你的雇主和客人均无告别之意,你应请示雇主是否需要备餐。注意,请示时要将雇主请到别处再问,并要了解清楚饭菜的特点和丰盛程度,切忌当着客人的面就请示雇主是否需要备餐;若需要备餐,应主动按要求准备饭菜。餐后应准备些洗干净的水果,必要时要去皮后放在客厅的茶桌上供客人享用。

送别客户要注意一定的送客礼仪:

如客人提出告辞时,要等客人起身后再随主人相送,且应跟随在主人之后,切忌没等客人起身,先于客人起立相送,这是很不礼貌的。"出迎三步,身送七步"是迎送宾客最基本的礼仪;因此,每次待客结束,都要以欢迎"再次见面"的心情来恭送对方回去。通常当客人起身告辞时,家政服务员应主动为客人取下衣帽,必要时可帮他穿上,同时选择最合适的言辞送别,如说些"希望下次再来"等礼貌言词。

当确定客人已离去且已走远后再轻轻地将门关严。一定不能在客人刚出门时你就将门"砰"地关上,否则,会让客人感到来此做客是不受欢迎的。客人告辞时如带有较多或较重的物品,送客时应帮客人代提重物,并按照引导宾客的礼节送客。尤其对初次来访的客人更应热情、周到、细致些。通常送客可考虑平房住户送到大门口,高层住户送到电梯口。与客人在门口、电梯口或汽车旁告别时,要目送客人上车、关上电梯门或离开。要以恭敬真诚的态度,笑容可掬的表情鞠躬或挥手致意,不要急于返回,应待客人完全消失在你的视野外,或电梯门关闭后,或车开出视线外后才可结束告别。

**2. 物流客户服务人员的能力素质要求**

1) 仪表端庄、语言文明有礼貌

客服人员此时代表的是公司,客服的一言一行直接影响客户对公司的印象。一般要统一着装,用标准的礼貌用语,比如客户来时说"您好",离开时说"再见",这些简单的礼貌用语反映企业客服人员的形象。

2) 语言要有亲和力、有信任感,要有一定的沟通能力

有个小伙子,在一家公司做了3年客服,领导和客户对他的工作都很满意,问他有什么经验,她说她对朋友怎样,就怎样去对那些客户,久而久之那些客户也真当她是朋友了,有什么问题和心里话都愿意和她说,所以她有事说一声客户一般都给面子。

3) 具有良好的服务意识和服务理念

(1) 耐心。客服人员都是幕后工作者,工作繁杂有时尽心尽力也看不到成效,可偶尔的一时疏忽却都被看在眼里,一个优秀的客服人员应该是个"脏水桶",好坏都能盛得下。人们看不到销售人员从市场收集回来的资料是不是完整,却看得到客服提供的资料是否完整,没弄完整就是客服的错。也不会去计较客户的态度是不是好,因为客户是上帝,上帝永远是对的,发生了矛盾不论起因是什么都是客服错了。谁都有生气的权利,客服没有,谁都可以不理不睬,客服没这个权利。所以很多时候客服是心里委屈,脸上还面带笑容,因为这就是客服的职业特点。

(2) 细心。在很多人的眼里客服是个不起眼的工作,很多都是琐碎事,但不代表它们不重要。不管是否直接接触客户,服务都是针对客户的,所以要做到细致、贴心。对于工作中的每一个细节都不可粗心,都要听清,听懂,记明白。在日常工作中,要学会站在客户的立场上想问题,多为客户着想,把客户的事当成自己的事去做,要对客户的情况进行全面分析,不漏过一个细节,这样才能做到万无一失,真正让客户满意。

(3) 上进心。客服工作看着很简单,做起来也简单,但是想要做好就不简单了,需要加强学习。企业的客服很多都是不专业的,需要自己摸索,找到最佳的客户服务方式,建立客户档案,具备一定的数据分析能力,还必须了解企业生产经营情况,这样无论客户咨询哪一方面的问题,客服都能从容应对,正确解答。千万不要一问三不知,那你这个客服对客户没有任何价值,对企业也没有任何价值,试想这样的客服还有存在的必要吗?

举个例子:某企业原来的客服休假了,新的客服还没有上岗,老板让她们办公室打字员小黄临时做一下,客服的基本条件她还是具备的,小姑娘仪表堂堂,整天笑呵呵的,单位里的同事们都挺喜欢她,要不领导也不能选中她做客服,只是她在这个企业做的是文秘工作,对企业的经营活动不是很了解,对客服具体要做什么一时也摸不着头绪,客户一问到实质性问题,她就不知怎样回答了,让客户等着,跑这个办公室问问,跑那个办公室问问,她自己上火,客户也着急。往往一件简单的事好半天也办不明白,有一次因为表达上的错误让公司丢了一个2万元的生意,所以上岗前的必要培训和不断学习是非常必要的。

4) 具备一定的解决问题能力与投诉处理能力

客服每天除了接待客户和接听电话,进行业务咨询外,要有一部分时间用来解决企业与

客户之间存在的问题,客服能力范围不能解决的,准确地记录下来,及时上报给相关领导,对于客服能力范围能够解决的,要以最快的速度、客户最满意的方式帮助客户解决。

客户投诉对于一个企业在生产经营过程中也会经常遇到,而客服是接待客户投诉的一个职能部门,要热情接待好投诉人员并做好情况记录,反映给领导并询求尽快解决的方案,让客户觉得企业是真诚接受投诉并积极解决问题。

此外客服还要具备一定的创新意识、自我激励能力、具备一定的数据分析能力。

总之一个好的企业客服要有信访干部的责任心和心理咨询师的爱心。应该是个多面手,要有一定的综合素质才能胜任。

**3. 来访客户接待标准说辞**

客户进门:"您好,欢迎光临!"

遇公司领导入门:"×总,您好!"

询问客户是否来过:"您是第一次来我们营业部参观吗?"

自我介绍:"我叫×××,这是我的名片,很高兴为您服务!"

应答客户时:"好的,没问题。"

征询客户意见时:"我能为您做什么吗?""您喜欢(需要、能够)……"

送别客户时:"再见,欢迎您下次再来!"

在对客户介绍企业情况时,需遵守公司规定的业务统一说辞。

与客户对话时,态度要和蔼,语言要亲切,声调要自然、清晰、柔和,音量要适中,答话要迅速明确。

对客户的问询应圆满回答,若遇自己不清楚或不知道的事,应查找有关资料或请示上级,尽量答复客户。回答问题要负责,不能随意对客户做出承诺,不能不懂装懂,模棱两可,胡乱作答。

当客户需要我们服务时,应从言语中要体现出乐意为客户服务,不要表现出厌烦、冷漠、无关痛痒的神态,应说:"好的,我马上就来(办)。"严禁说:"你没看见我忙着吗?"等类似语言。

当客户提出的某项服务或要求我们一时满足不了时,应主动向客户讲清原因,并向客户表示歉意,同时要给客户一个解决问题的建议或主动联系解决。

在原则性、较敏感的问题上,态度要明确,但说话方式要婉转灵活,既不能违反公司规定,也要维护客户的自尊心。切忌使用质问式、怀疑式、命令式、顶撞式的说话方式,杜绝蔑视、嘲笑、否定、斗气等语言,要用询问、请求、商量、解释的说话方式。

如询问式:"请问……"

请求式:"请您协助我们……"

商量式:"……您看这样好不好?"

解释式:"这种情况,有关规定是这样的……"

如有打扰客户或请求客户协助的地方,首先要表示歉意,说:"对不起,打扰您了。"

对客户的帮助或协助(如交钱后、签约后、配合我们工作后)要表示感谢。接过了客户的任何东西都要表示感谢(如单据、证件等)。客户对我们表示感谢时,一定要回答:"请别客气。"

当值的业务人员在与客户洽谈时,如遇另一客户来访而其他招商代表暂未到岗时,应点头示意打招呼,或请新来的客户稍候,不能视而不见、无所表示、冷落新来的客户,同时尽快结束谈话,招呼新来客户,如时间较长,应说:"对不起,让您久等了。"不能一声不响就开始工作。

**4. 来电客户接听标准说辞**

在电话铃声响起的4声以内,按值日安排表安排,当天值日的物流业务人员必须接听电话,用充满活力的声音及适中的音量问候:"您好,××物流公司,我姓……,很高兴为您服务"。

业务人员接听来电时须用普通话应答,认真聆听客户的问题,并按要求做好来电客户登记。

回答客户的提问应严格按照项目的统一说辞,对于不清楚的问题,应请对方留下联系方式,了解清楚后给予回复。

客户如指定某位业务人员,接听电话的当值业务人员应礼貌回复:"请您稍候,我请他过来接听您的电话",如客户指定的招商代表暂时不在现场,应礼貌回复:"对不起,他正好不在,您是否留下口讯,我替您转告?"

接听客户来电时,业务人员应尽可能留下客户关注的问题、意向业务类型、认知业务途径、客户姓名及电话号码等信息,以便后期客户跟踪与回访。

来电接听尽量控制在3分钟内,要向客户介绍自己的姓名,同时邀请客户至营业部详细了解项目情况。

通话结束后,业务人员须礼貌地向客户道谢:"再见,感谢您的来电,祝您生意兴隆!"在客户挂机后再行挂机。

业务人员应在接到业务结束的规定天数内,及时给来电客户回访,应做好相应回访记录;

 **任务实施**

模拟客户接待:

**情境描述:** 王兴最近欲从事手工绣织品的网上销售,目前正为考察负责商品运送的物流公司致电物流公司客服部,了解并选择合适的物流公司为其配送。作为物流公司的客服人员,请负责电话接待这位客户。

客户咨询业务时,我们营业员应该询问客户哪些关键信息?客户要查询货物信息,同学们又应该告诉客户应怎么查询呢?

在以上情境描述中王兴是在向物流公司的客服部做客户业务咨询工作,那么作为客服部的一名客户服务人员或业务人员,同学们应该从与客户的交谈中获得客户的哪些信息呢?请看以下内容。

**1. 需探寻客户信息点**

(1)客户名称、联系电话;

(2)货物品名、货物特征(长、宽、高等外形特点、易碎等影响托运和摆放的特性);

(3)发往目的站;

(4)本次报价;

(5)是否要上门接货。

**2. 具体操作要点**

(1)电话须在铃声响起2~3声之内拿起接听;

(2)注意使用公司电话服务标准用语(具体操作参考发货客户信息咨询操作);

(3)接听电话时做好信息记录,便于对已发货客户进行维护,对未发货客户做好后续跟踪。

那么在与客户进行业务合作内容进行交谈时,有应该注意哪些方面的事项呢?

**3. 沟通的基本方法**

沟通是一种信息交换的过程,是在两个或两个以上的人之间交流信息、观点和理解的过程。沟通也是经济组织之间在销售商品、提供劳务过程中互通信息的主要形式。沟通的要素:"信息发送者"、"信息接收"、"信息的内容"、"信息流动的渠道"。图 4-1 为沟通流程图。

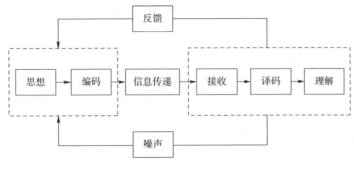

图 4-1 沟通流程图

**4. 沟通的方式**

包括口头沟通、书面沟通、电子媒介沟通(电子邮件、电话、传真)、非语言沟通等。在本任务中,是采用的电子媒介沟通中的电话沟通方式。

**5. 倾听的技巧**

(1)倾听客户的话表明你在意他们,并尊重他们的问题和他们关注的事情。

(2)提高倾听的技巧需要大量的训练和全身心的投入。

(3)倾听的基本要求是集中注意力,用心去听。

(4)既要听事实又要听情感。

(5)永远不要有意打断客户。

(6)适时发问,帮助客户理清头绪。

(7)清楚地听出对方的谈话重点。

(8)适时地表达自己的意见。

(9)肯定对方的谈话价值。

(10)配合表情和恰当的肢体语言。

(11)保持微笑。

(12)避免虚假的反应。

**6. 提问的技巧**

获得信息的一般手段就是提问。洽谈的过程,常常是问答的过程,一问一答构成了洽谈的基本部分。恰到好处的提问与答话,更是有利于推动洽谈的进展,促使推销成功。

1)推销提问技巧的基本原则

(1)洽谈时用肯定句提问。

在开始洽谈时用肯定的语气提出一个令顾客感到惊讶的问题,是引起顾客注意和兴趣的可靠办法。如:"你已经……吗?""你有……吗?"或是把你的主导思想先说出来,在这句话的末尾用提问的方式将其传递给顾客。"现在很多先进的公司都构建自己的局域网了,不是吗?"这样,只要你运用得当,说的话符合事实而又与顾客的看法一致,会引导顾客说出一连串的"是",直至成交。

（2）询问顾客时要从一般性的事情开始,然后再慢慢深入下去。

向顾客提问时,虽然没有一个固定的程序,但一般来说,都是先从一般性的简单问题开始,逐层深入,以便从中发现顾客的需求,创造和谐的推销气氛,为进一步推销奠定基础。

（3）先了解顾客的需求层次,然后询问具体要求。

了解顾客的需求层次以后,就可以掌握你说话的大方向,可以把提出的问题缩小到某个范围以内,而易于了解顾客的具体需求。如顾客的需求层次仅处于低级阶段,即生理需要阶段,那么他对产品的关心多集中于经济耐用上。当你了解到这以后,就可重点从这方面提问,指出该商品如何满足顾客需求。

（4）注意提问的表述方法。

下面一个小故事可以说明表述的重要性。一名教士问他的上司："我在祈祷的时候可以抽烟吗？"这个请求遭到上司的断然拒绝。另一名教士也去问这个上司："我在抽烟的时候可以祈祷吗？"抽烟的请求得到了允许。因此,推销实践中,我们应注意提问的表述。如一个保险推销员向一名女士提出这样一个问题："您是哪一年生的？"结果这位女士恼怒不已。于是,这名推销员吸取教训,改用另一种方式问："在这份登记表中,要填写您的年龄,有人愿意填写大于二十一岁,您愿意怎么填呢？"结果就好多了。经验告诉我们,在提问时先说明一下道理对洽谈是有帮助的。

 知识链接

## "用提问达成交易"

约翰·柯威尔为惠普服务时,惠普公司才刚刚涉足于信息领域,当时几乎信息领域的所有客户都只知道IBM。

有一次,约翰·柯威尔准备到一家公司推销惠普电子设备。可是在他刚刚表明身份时,那家公司的经理就告诉约翰·柯威尔："你不需要在这里浪费时间,我们一直以来都与IBM保持着良好的合作关系,而且我们还将继续合作下去。因为除了IBM,我们不相信任何公司的产品。"

约翰·柯威尔仍然微笑地注视着那位公司经理,他的声音中没有半点沮丧："史密斯先生,我想知道,您觉得IBM公司的产品确实值得您信赖,是吗？"

公司经理回答："那当然了,这还用说吗？"约翰·柯威尔继续问道："那么,您能否说一说,您认为IBM公司的产品最令您感到满意的特点有哪些？"

公司经理饶有兴趣地答道："那要说起来可就太多了,IBM的产品质量一直都是一流的,这一点大家有目共睹。而且这些产品的研究技术在全球也没有几家公司可比。更重要的是,IBM有着多年的良好信誉,它几乎就是权威的标志。我想仅仅是这些特点,就很值得我继续与其保持合作了。"

约翰·柯威尔又问："我想,您理想中的产品不应该仅仅包含这些特征吧？如果IBM能够做得更好,您希望他们有哪些改进？"

公司经理想了想回答说："我希望某些技术上的细节更加完善,因为我们公司的员工有时会抱怨某些操作不够简便,可是我不知道现在有没有办法解决这些问题。当然了,如果IBM愿意的话,我还希望产品的价格能够再降低一些,因为我们公司的需求量很大,每年花在这上面的费用一直居高不下。"

约翰·柯威尔此时胸有成竹地告诉公司经理:"史密斯先生,我要告诉您一个好消息,您的这两个愿望我们都可以满足。我们公司的技术人才同样是世界一流的,因此,对于产品的技术和质量水平您都不用担心。同时,正因为我们公司的这项业务刚刚起步,所以操作起来就更加灵活,我们的技术部门完全可以按照您的要求对贵公司订购的产品进行量身定做。而我们的价格更低,因为我们的目的就是先以低价策略打开市场,赢得一些像您这样的大客户的支持。"看到自己提出的几项条件惠普公司基本都能满足,公司经理当即表示先购进一小批产品试用。

**想一想**:约翰·柯威尔成功地应用了哪些提问技巧?他成功了吗?

2)几种常用的提问方式

(1)求教型提问。

这种提问是用婉转的语气,以请教问题的形式提问。这种提问的方式是在不了解对方意图的情况下,先虚设一问,投石问路,以避免遭到对方拒绝而出现难堪的局面,又能探出对方的虚实。如一推销员打算提出成交,但不知对方是否会接受,又不好直接问对方要不要,于是试探地问:"这种商品的质量不错吧?请您评价一下好吗?"如果对方有意购买,自然会评价;如果不满意,也不会断然拒绝,使双方难堪。

(2)启发型提问。

启发型提问是以先虚后实的形式提问,让对方做出提问者想要得到的回答,这种提问方式循循善诱,有利于表达自己的感受,促使顾客进行思考,控制推销劝说的方向。如一个顾客要买帽子,营业员问:"请问买质量好的还是差一点的呢?""当然是买质量好的!"。"好货不便宜,便宜无好货。这也是……"

(3)协商型提问。

协商型提问以征求对方意见的形式提问,诱导对方进行合作性的回答。这种方式,对方比较容易接受。即使有不同意见,也能保持融洽关系,双方仍可进一步洽谈下去。如:"您看是否明天送货?"

(4)限定型提问。

在一个问题中提示两个可供选择的答案,两个答案都是肯定的。

人们有一种共同的心理——认为说"不"比说"是"更容易和更安全。所以,内行的推销员向顾客提问时尽量设法不让顾客说出"不"字来。如与顾客订约会,有经验的推销员从来不会问顾客"我可以在今天下午来见您吗?"因为这种只能在"是"和"不"中选择答案的问题,顾客多半只会说:"不行,我今天下午的日程实在太紧了,等我有空的时候再打电话约定时间吧。"有经验的推销员会对顾客说:"您看我是今天下午2点钟来见您还是3点钟来?""3点钟来比较好。"当他说这句话时,你们的约定已经达成了。

3)推销实践中的提问技巧

(1)单刀直入法。

这种方法要求推销员直接针对顾客的主要购买动机,开门见山地向其推销,打他个措手不及,然后"乘虚而入",对其进行详细劝服。请看下面这个场面:门铃响了,一个衣冠楚楚的人站在大门的台阶上,当主人把门打开时,这个人问道:"家里有高级的食品搅拌器吗?"男人怔住了。这突然的一问使主人不知怎样回答才好。他转过脸来和夫人商量,夫人有点窘迫但又好奇地答道:"我们家有一个食品搅拌器,不过不是特别高级的。"推销员回答说:"我这里有一个高级的。"说着,他从提包里掏出一个高级食品搅拌器。接着,不言而喻,这对夫妇接受了他的推销。假如这个推销员改一下说话方式,一开口就说:"我是X公司推销员,我来是想问一下你们是否愿意购买一个新型食品搅拌器?"你想一想,这种说话的推销效果会如何呢?

(2)连续肯定法。

这个方法是指推销员所提问题便于顾客用赞同的口吻来回答,也就是说,推销员让顾客对其推销说明中所提出的一系列问题,连续地回答"是",然后,等到要求签订单时,已造成有利的情况,好让顾客再作一次肯定答复。如推销员要寻求客源,事先未打招呼就打电话给新顾客,可以说"很乐意和您谈一次,提高贵公司和营业额对您一定很重要,是不是?"(很少有人会说"无所谓")"好,我想向您介绍我们的X产品,这将有助于您达到您的目标,日子会过得更潇洒。您很想达到自己的目标,对不对?"……这样便会让顾客一"是"到底。

运用连续肯定法,要求推销人员要有准确的判断能力和敏捷的思维能力。

(3)诱发好奇心。

诱发好奇心的方法是在见面之初直接向可能的买主说明情况或提出问题,故意讲一些能够激发他们好奇心的话,将他们的思想引到你可能为他提供的好处上。如一个推销员对一个多次拒绝见他的顾客递上一张纸条,上面写道:"请您给我十分钟好吗?我想为一个生意上的问题征求您的意见。"纸条诱发了采购经理的好奇心——他要向我请教什么问题呢?同时也满足了他的虚荣心——他向我请教!这样,结果很明显,推销员应邀进入办公室。

但当诱发好奇心的提问方法变得近乎耍花招时,用这种方法往往很少获益,而且一旦顾客发现自己上了当,你的计划就会全部落空。

(4)"照话学话"法。

"照话学话"法就是首先肯定顾客的见解,然后在顾客见解的基础上,再用提问的方式说出自己要说的话。如经过一番劝解,顾客不由说"嗯,目前我们的确需要这种产品。"这时,推销员应不失时机地接过话头说:"对呀,如果您感到使用我们这种产品能节省贵公司的时间和金钱,那么还要待多久才能成交呢?"这样,水到渠成,毫不娇柔,顾客也会自然地买下。

(5)刺猬效应。

在各种促进买卖成交的提问中,"刺猬"技巧是很有效的一种。所谓"刺猬"反应,其特点就是你用一个问题来回答顾客提出的问题。你用自己的问题来控制你和顾客的洽谈,把谈话引向销售程序的下一步。让我们看一看"刺猬"反应式的提问法:顾客:"这项保险中有没有现金价值?"推销员:"您很看重保险单是否具有现金价值的问题吗?"顾客:"绝对不是。我只是不想为现金价值支付任何额外的金额。"对于这个顾客,若你一味向他推销现金价值,你就会把自己推到河里去一沉到底。这个人不想为现金价值付钱,因为他不想把现金价值当成一桩利益。这时你该向他解释现金价值这个名词的含义,提高他在这方面的认识。

一般来说,提问要比讲述好。但要提有分量的问题并非容易。简而言之,提问要掌握两个要点:

(1)提出探索式的问题。

以便发现顾客的购买意图以及怎样让他们从购买的产品中得到他们需要的利益,从而就能针对顾客的需要为他们提供恰当的服务,使买卖成交。

(2)提出引导式的问题。

让顾客对你打算为他们提供的产品和服务产生信任。还是那句话,由你告诉他们,他们会怀疑;让他们自己说出来,就是真理。

在你提问之前还要注意一件事——你问的必须是他能答得上来的问题。

4）掌握有效沟通的语言

（1）客服人员的话语特点：

①语言有逻辑性,层次清楚,表达明白；

②突出重点和要点；

③真实、准确；

④说话文明；

⑤话语因人而异；

⑥调整自己的音量和讲话速度。

（2）客服人员的声音特点：

①音量适中；

②发音要清晰；

③语调抑扬顿挫。

（3）适宜使用和应该回避的语言,见表4-1。

客户接待时适宜和回避的语言　　　　表4-1

| 适宜使用的语言 | 应该回避的语言 | 适宜使用的语言 | 应该回避的语言 |
| --- | --- | --- | --- |
| 请 | 不能 | 您 | 不知道 |
| 是的 | 从不 | 我们 | 为什么不早说 |
| 我能……吗 | 不要 | 欣赏 | 怎么才来 |
| 考虑一下……这个 | 你必须 | 能够 | 等一等 |
| 现在…… | 不符合我们的政策 | 您愿意 | 我说的不算 |
| 我们商量一下 | 不是我的工作 | 遗憾 | 这不是问题 |
| 谢谢 | 没有时间 | | |

（4）与不同类型的客户进行有效沟通,见表4-2。

面对各种客户的有效沟通方式　　　　表4-2

| 漫听型 | 导入对方感兴趣的话题 | 支配型 | 快速步入正题 |
| --- | --- | --- | --- |
| 浅听型 | 简明扼要阐述自己的观点 | 分析型 | 说话方法和态度要更加正式 |
| 技术型 | 提供事实和统计数据 | 表达型 | 给他充分的时间表达自己 |
| 积极型 | 多进行互动反馈 | 和蔼型 | 建立亲密的个人关系 |

（5）传达利益信息四要素：

①要记得提到所有的利益。

②要将客户已知的利益也说出来。

③要用客户听得懂的语言。

④要有建设性、有把握。

客服人员常用的语言见表4-3。

常 用 客 服 语 言　　　　表4-3

| 序号 | 客 服 情 景 | 常用的客服语言 |
| --- | --- | --- |
| 1 | 迎客时 | "欢迎"、"欢迎光临"、"你好"等 |
| 2 | 感谢时 | "谢谢"、"谢谢您"、"多谢您的帮助"等 |
| 3 | 听取客户意见时 | "听明白了"、"清楚了,请您放心"等 |

续上表

| 序号 | 客服情景 | 常用的客服语言 |
|---|---|---|
| 4 | 不能立即接待客户时 | "请您稍等"、"麻烦您等一下"、"我马上就来"等 |
| 5 | 对在等待的客户 | "让您久等了"、"对不起,让您等候多时了"等 |
| 6 | 打扰或给客户带来麻烦时 | "对不起"、"实在对不起,给您添麻烦了"等 |
| 7 | 表示歉意时 | "很抱歉"、"实在很抱歉"等 |
| 8 | 当客户向你致谢时 | "请别客气"、"不用客气"、"很高兴为您服务"等 |
| 9 | 当客户向你道歉时 | "没有什么"、"不用客气"、"很高兴为您服务"等 |
| 10 | 当你听不清客户问话时 | "很对不起,我没听清,请重复一遍好吗"等 |
| 11 | 送客时 | "再见,一路平安"、"再见,欢迎下次再来"等 |
| 12 | 当要打断客户的谈话时 | "对不起,我可以占用一会儿您的时间吗?"等 |

(6) 客服人员"七不问",见表4-4。

客服人员"七不问"　　　　　　　　表4-4

| 序号 | 不问问题 | 详　细　内　容 |
|---|---|---|
| 1 | 不问年龄 | 不当面问客户的年龄,尤其是女性。也不是绕着弯想从别处打听他(她)的年龄 |
| 2 | 不问婚姻 | 婚姻纯属个人隐私,向别人打听这方面的信息是不礼貌的,若是打听异性的婚姻状况,更不恰当 |
| 3 | 不问收入 | 收入在某种程度上与个人能力和地位有关,是一个人的"脸"。与收入有关的住宅、财产等也不宜谈论 |
| 4 | 不问地址 | 除非客户要求按照提供地址送货上门,否则一般不要问客户的住址 |
| 5 | 不问经历 | 个人经历是一个人的底牌,甚至会有隐私,所以不要问客户的个人经历 |
| 6 | 不问信仰 | 宗教信仰和政治见解是非常严肃的事,不能信口开河 |
| 7 | 不问身体 | 不要问客户的体重,不能随便说他比别人胖。不能问别人是否做过整容手术,是否戴假发或假牙等 |

(7) 赞美的技巧。

每个人都有受尊重的需求,渴望得到他人的赞美是人的一种天性。赞美可以使陌生人变成朋友,可以使对方感到温馨与振奋。

 知识链接

### "真诚地赞美"

每一个人,包括公司的客户,都渴望得到别人的赞美。适当的赞美客户不仅能体现公司员工较高的文化修养,更能为促成业务推波助澜。因此,懂得赞美的人,肯定是优秀的员工。

卡耐基讲过这样一个故事:有一次,我到邮局去寄一封挂号信,人很多,我排着很长的队。我发现那位管挂号的职员对自己的工作很不耐烦——信件、卖邮票、找零钱、写发票。我想:可能是他今天碰到了什么不愉快的事情,也许是年复一年地干着单调重复的工作,早就烦了。因此,我对自己说:"我要使这位仁兄喜欢我。显然,要使他喜欢我,我必须说一些令他高兴的话。"所以我就问自己:他有什么值得我欣赏的吗?稍加用心,我立即就在他身上看到了我非常欣赏的一点。

因此,当他为我服务的时候,我很热诚地说:"我其实很希望有您这种头发。"他抬起头,

有点惊讶,面带微笑:"嘿,不像以前那么好看了。"他谦虚地回答。我确信地对他说,虽然你的头发失去了一点原有的光泽,但仍然很好看。他高兴极了。

我们愉快地谈了起来,最后,他颇为自豪地说:"有相当多的人称赞过我的头发哩!"我敢打赌,这位仁兄当天回家的路上一定会哼着小调,他回家以后,一定会跟他的太太提到这件事,他一定会对着镜子说:"这的确是一头美丽的头发。"想到这些,我也非常高兴。

分析:对于公司人员来说,赞美是一种必需的训练。在最短的时间里找到对方可以被赞美的地方,是公司人员必须具备的本领。只要你的赞美是真诚的,就能起到意想不到的作用。一个失败的公司人员总是寻找缺点去批评,而一个成功的公司人员总是寻找优点来赞美,因为他能够透过赞美来接近客户!

(8)身体语言的运用。

客服人员最终能否实现与客户的沟通,一定程度上还取决于身体语言的灵活运用。身体语言的形式如图4-2所示。

图4-2 身体语言的形式

①表情语。

a.微笑;

b.眼神。

擅用目光接触迅速把握客户心理:

a.观察客户眼神的变化;

b.面部表情可以反映客户心理;

c.注意客户的手势动作;

d.从不经意的小动作中捕捉有效信息;

用热情的目光感染客户:

a.目光稳定的接触;

b.专注的时间;

c.看正确的地方;

d.目光要敏锐;

e.感情要投入。

②手势语。

手势语主要是指通过手指、手掌、手臂所发出的各种动作向对方传达信息的一种交流方式。手势语有两大作用:一是能表示形象;二是能表达感情。

③肢体动作语。

客服接待不应该有的肢体语言见表4-5。

**客服接待不应该有的肢体语言** 表4-5

| 不良肢体语言 | 负 面 影 响 |
| --- | --- |
| 懒散的体态 | 在与客户交谈时,显得过于放松,看起来不像在做事。懒洋洋地靠在背椅上会削弱所传达的信息的威信 |
| 居高临下 | 和客户谈话时,请确保你们在同一个水平面上。这里的水平面是指在物理上处于同一高度 |
| 侵占空间 | 当人们站着讲话并试图在沟通中表现得积极时,讲话时过于接近客户,会让他觉得不舒服 |
| 面无表情 | 面无表情说明你对自己要说的信息缺乏热情,如果你自己对表达的信息都不感兴趣,那么其他人很快也会有同样的感觉 |

续上表

| 不良肢体语言 | 负 面 影 响 |
|---|---|
| 威胁性的手势 | 最常见的例子就是手指指向他人,或者用拳头敲桌子。这些行为经常会让你表现得具有攻击性,而不是自信。即使客户不反感,也绝不是积极的促进因素 |
| 没有手势 | 把双手插进口袋里、放在桌子下面、双手变叉紧紧贴放在腿上,没有手势的谈话,容易让你表现得呆板而羞怯。你就放弃了为积极吸引他人注意力可以使用的最强有力的因素 |
| 交叉双臂 | 而当你讲话的时候,交叉双臂就会让你显得冷淡、傲慢,并且对自己传达的信息没有兴趣——这些都有悖于你想要传达的信息 |

## 任务2 收货与接货服务

### 收货的失误

某日,包装组验收供应商交由第三方物流运送的薯片时,发现整栈板上的薯片8箱一层,共7层,56箱,但在第四层却仅有7箱,最后经核查,发现是厂家商品的第三方物流公司配送过程有意截留。

某次促销雨润叉烧做买一送一活动,但供应商送货时做了小聪明,捆绑时一包日期好的捆绑一包日期不好的,收货人员发现后,对该批商品拒收。

**引例分析**

收货和接货是物流企业和客户之间的一个责任划分的环节,如果在收货或接货时出现失误而将单实不符的货物接收,很有可能会给物流企业带来不必要的损失。

### 一、任务准备

(1)物流接货前准备及接货标准、物流收货服务标准等;

(2)多媒体教室(含可供学生上网查资料的计算机、多媒体教学设备、课件和动画等教学资料)。

### 二、任务目标

(1)熟悉物流接货服务中出发前准备工作标准;

(2)明确接货过程的服务工作标准;

(3)明确接货后的工作标准。

### 三、基础知识

(1)接货的含义:接货一般指接到客户要求物流公司上门接货的电话后依照客户提供的要求做好接货前准备,按约定时间段前往客户指定地点进行接货的一种服务。随着物流企业之间竞争加剧,接货服务被衍生出来,已经被各个物流公司纳入到公司基本业务之中。

(2)收货的定义:物流中的收货是指物流公司接收发货人发出的货物,并负责将货物按发货人的要求运送到发货人指定的目的地。简单来说就是物流公司收集到发货人的货物并准备承运。物流公司收货越多,代表物流公司所拥有的资源客户越多、经营状况越好,只有收货达到一定规模,物流公司才能盈利。

任务实施

接货出发前准备工作的标准如下:

**1. 模拟客户电话联系部门,要求接货**

1)接听客户电话时需要记录信息点

(1)客户名称、接货地址;

(2)发货目的站、货物品名(确认货物属性是否在公司可托运范围之内);

(3)货物重量、体积方数;

(4)给客户报价;

(5)付款方式、约定可接货时间段。

2)对话情景模拟

小×:您好!A物流公司小×为您服务。请问有什么可以帮到您?

客户:你好。我想要发货,你们过来接一下货吧。

小×:可以。请问先生您贵姓?

客户:我姓张。

小×:张先生,您好。请问您的货是要发到哪里?

客户:发到上海。你们发到上海的价格是多少啊?

小×:请问您的货要求多长时间到上海呢?

客户:我比较急,最好两天可以到。

小×:请稍等一下,我帮您查一下。根据您的时间要求,建议您走我们公司的快线,价格是×元/kg,×元/m³。

客户:嗯。

小×:张先生,您是什么货?大概有多少呢?

客户:展柜,大概有2件货,5个立方米左右。

小×:好的。请问您的货是要在哪边付款?

客户:可以这边付钱吗?

小×:可以。您的货有没有单据要随货带给收货人的?

客户:有单据,需要客户签字后再返回来。

小×:好的。请问您公司的具体位置在哪里?

客户:在×××。

小×:好的。张先生,您那边什么时候方便,我们安排车过去接货。

客户:下午两点以后都可以。

小×:那我们到了之后打这个电话可以联系到您吧?

客户:可以。

小×:好的。张先生,请问您还有其他什么要咨询的吗?

客户:没有了。请按时过来接货。

小×:好的。我们会准时过去。谢谢您的来电,再见!
### 2. 将接货信息记录于接货本上(制作接货信息本)
将上面重点向客户询问的5个信息点(表4-6)记录于接货本上。

接货本的5点信息　　　　　　　　　　　　　表4-6

| (1)客户名称:张先生,电话13××××××××××;接货地址:×××; |
| (2)发货目的站:上海;货物品名:展柜,大概有2件货,(确认货物属性是否在公司可托运范围之内); |
| (3)货物重量、体积方数:5个立方米左右; |
| (4)给客户报价:快线,×元/kg,×元/m³; |
| (5)付款方式:预付;约定可接货时间段:今天下午2:00以后。 |
| 备注:有单据,需要客户签字后带回。 |

### 3. 根据客户要求的时间段调配、安排部门车辆
与相关车辆调配人员取得联系,由他们安排空车或电话通知汽车货运公司当地的调度人员。在这两种情况下,都应向运输公司人员通报货主的姓名和接货地点、货物质量,有时还需知道货物体积、类别和到站情况,以便车辆一到就可开始各项装货作业。这些工作步骤通常根据预先制订的货运计划进行,它包括指定人员、安排装货、货物固定、货物衬垫、办理有关文件手续和其他工作。

### 4. 准备接货所需工具物品
(1)工具类:手提工具箱、接货包、手套、卷尺、大头笔、签字笔、托运书等。
(2)资料类:公司宣传单张、部门报价单等。
(3)单据类:发票(收据)、提货证明单、代单(客户要求现付时)。

### 5. 大票货物可提前打印好标签
一般情况下,物流公司在接货后接货人员应及时在货物上手写或打印标签进行粘贴,大票货物可以通过电话提前获知标签信息,在司机出发前提前打印好标签,验收接货后及时进行标签的粘贴。

### 6. 出发前计划、安排好接货路线
(1)根据接货地址、客户要求时间段、货物性质合理安排接货路线和顺序;
(2)注意避开交通堵塞路段、禁行路段以及禁行时间。

### 7. 出发前再次向客户确认接货到达时间
小×:您好!请问您是张先生吗?
客户:是。
小×:我是××物流××营业部。张先生,我们接货的同事大概×点左右可以到您公司,您这时间方便吗?
客户:可以。
小×:张先生,您的货是要在这边付款,有2件5个立方米左右,要发到上海××是吗?
客户:对。
小×:好的。我们会准时过去接货。张先生,再见!

### 8. 到达客户处
首先,在到达接货地点后,接货员应该先和客户联系人电话取得联系,并耐心等待客户前来,若15min内客户还没有过来,接货员课再致电客户提醒、催促客户,但语气必须客气温和。

(1)对话情景模拟。

小××:您好!请问是张先生吗?

客户:是。你哪里?

小××:我是××物流接货员小××。张先生,我们现在已经到××了,请问在哪里装货?

客户:好的。我马上过来。

(2)到达客户处后15min内须耐心等待客户前来;15min以后可再次电话提醒、催促客户。

### 9. 搬货、装车

(1)询问客户装货处。

客户:你好!请问是××物流吗?

小××:是的。请问您是张先生吗?

客户:对。

小××:张先生,您好!我是××物流接货员小××,这个是我的工牌(双手向客户出示自己的工牌,)。请问在哪里装货?

客户:我带你过去。

(2)将车开至装货最近处。

(3)检查货物包装是否规范。不规范的要求客户重新包装,或者建议客户待货物返匠部门后由公司代包装。

(4)检查货物中有无违禁品、液体、危险品等,确认货物属性在公司可托运的范围之内。

(5)依据客户所报货物数量,清点货物。

(6)搬货装车,并码放整齐。

①协助客户理货装车,摆放时尽量轻拿轻放;

②属大票货物的,可事先正确粘贴标签至货物最小面;

③依据货物属性合理安排货物在车内的摆放区域。

(7)关好车门。

### 10. 与客户交接托运事项

(1)进入客户办公区时,不得大声喧哗;要遵从客户办公场所要求,并言语礼貌。

(2)托运书填写。

①指导客户正确填写托运书,并在托运书上签字确认;

②注意公司规定的不能投保、包丢不保损等货物的保险在托运书上的填写规范;

③属高价值货物的在托运书上注明,并认真检查货物。

(3)客户要求送货上门的,现场告知客户公司送货上门不包括送货上楼。若需送货上楼,需另加费用(费用按照公司标准收取,需提前知会到达部门)。

(4)与客户交接随货单据。用事先准备好的信封装好客户的随货单据,放入接货包内指定位置。

(5)运费现付的货物估算运费。

①质量根据客户处提供的数据暂且填写,回部门之后重新称重并修改正确;

②亲自量取货物长、宽、高,并计算货物体积;

③估算出货物运费。

**11. 出现异常及时向柜台或部门经理电话反馈情况**

(1)价格问题(询问柜台可折扣价格):客户名称、货量、走货方式、客户要求价格;

(2)发票问题:客户名称、货量、索要发票类型;何时要、发票抬头填写;

(3)沟通问题:客户名称、出货负责人及电话、争端问题、沟通现状;

(4)装车问题(因货物属性、体积等原因无法全部装车时):客户名称、货量、尺寸、货物特性等影响装车的因素;

(5)接货时效:客户名称、客户等待时间、延误原因(客户生气时让柜台尽量解释)。

**12. 收取运费**

(1)清点数目,仔细辨别真伪;

(2)除过公司制度规定之外不得私自加收客户其他任何费用。

# 任务3 发运服务

案例导入

2011年5月23日德州站发佳木斯站面粉一车,车号P62/3102068,5月28日到哈南站发现一侧无封,拍发电报依长春北站责补封继续运输。5月30日佳木斯站卸少40件,票记1200件,该货实际价值12万元,保价3万元。佳木斯站按保额赔款1000元。收货人诉至法院,法院判按实际损失赔偿,共赔偿4000元。

**引例分析**

同学们看了这个案例后,有什么感想?法院裁定的4000元赔偿金该如何按责任划分给各个火车站?本任务中将以铁路运输及公路运输为例,具体讲解铁路货运发运及公路运输发运服务。

任务分析

**一、任务准备**

(1)《铁路交通事故调查处理规则》等货物运输的规章制度、公路货运规则;

(2)多媒体教室(含可供学生上网查资料的计算机、多媒体教学设备、课件和动画等教学资料)及模拟会客室(含服务台、椅子、茶壶、茶杯等,模拟员工和客户的名片、名片夹、各种文具)。

**二、任务目标**

(1)能了解铁路货运发运及途中作业的基本流程;

(2)明确承托各方的装卸范围;

(3)能明确装车的基本要求;

(4)能进行装车前的"三检";

(5)明确承运的意义;

(6)明确各种途中作业的方法。

### 三、基础知识

（1）承运前保管：经车站验收完毕后的货物，由于有一个按装车计划调运适货空货车到装车地点进行装车的过程，一般情况下不能立即装车，需要在车站场库内存放一段时间，车站在这段时间内对货物的保管称为承运前的保管。

（2）进货：托运人根据车站签订的货物运单，按指定日期将货物搬入车站整齐堆放在指定的货位上，称为进货。

（3）验收：车站货运员按照货物运单的记载，进行现货检查，确认托运人的货物符合运输条件和要求并同意托运人将货物搬入货场指定地点的作业过程，称作验收。

（4）货物承运：零担和集装箱运输的货物接收完毕，整车货物装车完毕并填制货票、核收运费后，发站在货物运单上加盖车站承运日期戳时起，即为承运。

任务实施

#### 一、明确铁路运输进货与验收的主要内容

（1）货物名称、件数是否与运单记载相符。

（2）货物的状态是否良好。货物状态有缺陷，但不致影响货物安全，可由托运人在货物运单内具体注明后承运。

（3）货物的运输包装和标志是否符合规定。

（4）货物的标记（货签）是否齐全、正确。

（5）货件上的旧标记是否撤除或抹消。

（6）装载整车货物所需的货车装备物品或加固材料是否齐全。

#### 二、铁路运输承运前的保管

（1）托运人将货物搬入车站，经验收完毕后，一般不能立即装车，需在货场内存放，这就产生了承运前保管的问题。

（2）几种情况的保管责任划分，见表4-7。

在整车货物的铁路运输中，托运人员需注意要求发站收货后填发收货证，拿到了收货证，发站才开始他的保管责任，托运人需注意这一点。

保 管 责 任 划 分　　　　　　表4-7

| 整车货物 | 发站实行承运前保管的，从收货完毕填发收货证起，即负责承运前保管责任；如发站不实行承运前的保管责任，则车站可通知托运人对货物进行自行看管 |
|---|---|
| 零担货物 | 发站实行承运前保管的，车站从收货完毕时即负保管责任；如发站不实行承运前的保管责任，则车站可通知托运人对货物进行自行看管 |
| 集装箱货物 | 发站实行承运前保管的，车站从收货完毕时即负保管责任；如发站不实行承运前的保管责任，则车站可通知托运人对货物进行自行看管 |

#### 三、铁路运输装车作业

**1. 装卸车责任的划分**

以下情况都为承运人装卸的范围：

货物装车或卸车的组织工作,在车站公共装卸场所以内由承运人负责。有些货物虽在车站公共装卸场所内进行装卸作业,由于在装卸作业中需要特殊的技术、设备、工具,仍由托运人或收货人负责组织。

知识链接

## 托运人、收货人装卸的范围

下列货物由于在装卸作业中需要特殊的技术或设备、工具,所以,虽在车站公共装卸场所内进行装卸作业,仍应由托运人或收货人负责组织。

(1)罐车运输的货物;
(2)冻结的易腐货物;
(3)未装容器的活动物、蜜蜂、鱼苗等;
(4)一件质量超过1t的放射性同位素;
(5)用人力装卸带有动力的机械和车辆。

其他货物由于性质特殊,经托运人或收货人要求,并经承运人同意,也可由托运人或收货人组织装车或卸车。例如,气体放射性物品、尖端保密物资、特别贵重的展览品、工艺品等。货物的装卸不论由谁负责,都应在保证安全的条件下,积极组织快装、快卸,昼夜不断地作业,以缩短货车停留时间,加速货物运输。

**2. 装车作业**

1)装车前的检查

为保证装车工作质量,装车工作顺利进行,装车前应做好以下"三检"工作:

图4-3 检查箱体、箱号和封印

(1)检查运单,即检查运单的填记内容是否符合运输要求,有无漏填和错填。

(2)检查待装货物,即根据运单所填记的内容核对待装货物品名、件数、包装,检查标志、标签和货物状态是否符合要求。集装箱还需检查箱体、箱号和封印(图4-3)。

(3)检查货车,即检查发车的技术状态和卫生状态。货车检查的主要内容有:

(1)货车是否符合使用条件。

(2)货车状态是否良好。主要检查车体(包括透光检查)、车门、车窗、盖、阀是否完整良好,车内是否干净、是否被毒物污染。装载食品、药品、活动物和有押运人乘坐时,还应检查车内有无恶臭异味。

(3)货车"定检"是否过期,有无扣修通知、货车洗刷回送标签或通行限制。

2)装车作业的基本要求

(1)货物重量应均匀分布在车内地板上,不得超或偏重和集重。

(2)装载应认真做到轻拿轻放、大不压小、重不压轻,堆码稳妥、紧密、捆绑牢固,在运输中不发生移动、滚动、倒塌或坠落等情况。

(3)使用敞车装载怕湿货物时应堆码成屋脊形,苫盖好篷布,并将绳索捆绑牢固。

(4)使用棚车装载货物时,装在车门口的货物,应与车门保持适当距离,以防挤住车门或

湿损货物。

（5）使用罐车及敞、平装运货物时,应各按其规定办理。

（6）所装货物需进行加固时,按《铁路货物装载加固规则》的规定办理。

3）监装（卸）工作

装卸作业前应向装卸工组详细说明货物的品名、性质,布置装卸作业安全事项和需要准备的消防器材及安全防护用品,装卸剧毒品应通知公安到场监护。装卸作业时要做到轻拿轻放,堆码整齐牢固,防止倒塌。要严格按规定的安全作业事项操作,严禁货物侧放、卧装（钢瓶器除外）。包装破损的货物不准装车。装完后应关闭好车门、车窗、盖、阀,整理好货车装备物品和加固材料。

装车后需要施封、苫盖篷布的货车由装车单位进行施封与苫盖篷布。卸完后应关闭好车门、车窗、盖、阀,整理好货车装备物品和加固材料。

4）装车后要进行的辅助作业

货车施封后,货运员应将车种、车号、货车标重、使用篷布张数、施封个数记入货物运单内。

5）装车后检查

为保证正确运送货物和行车安全,装车后还需要检查下列内容,见表4-8。

**装车后的"三检"** 表4-8

| 检车项目 | 具体检查内容 |
|---|---|
| 检查车辆装载 | 主要检查有无超重、超限现象,装载是否稳妥,捆绑是否牢固,施封是否符合要求,表示牌插挂是否正确。对装载货物的敞车,要检查车门插销、底开门塔扣和篷布苫盖、捆绑情况 |
| 检查运单 | 检查运单有无漏填和错填,车种、车号和运单所载是否相符 |
| 检查货位 | 检查货位有无误装或漏装的情况 |

## 3. 货票的相关作业

货运员将签收的运单移交货运室填制货票（参见表4-9）,核收运杂费。货票的签发、运费的核算完毕,意味着承运的开始。货物发运过程中,货票的填写也是一项注意事项比较多的作业。

××铁路局　货票　　　　　　　　　　　　　表4-9

计划号码或运输号码　　　　　　　　　　　　　甲联

货物运到期限　　　日　　　　发站存查　　　　A00001

| 发站 | | 到站(局) | 车种车号 | 货车标重 | 承运人/托运人 |
|---|---|---|---|---|---|
| 托运人 | 名称 | | 施封号码 | | 承运人/托运人 |
| | 住址 | 电话 | 铁路货车篷布号码 | | |
| 收货人 | 名称 | | 集装箱号码 | | |
| | 住址 | 电话 | 经由 | | 运价 |
| 货物名称 | 件数 | 包装 | 货物重量(千克) | | 计费重量 | 运价号 | 运价率 | 现付 | |
| | | | 托运人确定 | 承运人确定 | | | | 费别 | 金额 |
| | | | | | | | | 运费 | |
| | | | | | | | | 装费 | |
| | | | | | | | | 取送车费 | |

续上表

| | | | | | | | 过秤费 | | |
|---|---|---|---|---|---|---|---|---|---|
| 合计 | | | | | | | | | |
| 记事 | | | | | | | 合计 | | |

## 货票的奥秘

(1)货票一式四联。
(2)甲联为发站存查联;
(3)乙联为报告联,由发站每日按顺序订好,定期上报发局;
(4)丙联为承运证,交托运人凭以报销;
(5)丁联为运输凭证,随货物递交到站存查。

货票的四联之间的区别如下:

| | ××铁路局 | |
|---|---|---|
| 计划号码或运输号码 | 货票 | 甲联 |
| 货物运到期限　　日 | 发站存查 | A00001 |

| | ××铁路局 | |
|---|---|---|
| 计划号码或运输号码 | 货票 | 乙联 |
| 货物运到期限　　日 | 发站→发局 | A00001 |

| | ××铁路局 | |
|---|---|---|
| 计划号码或运输号码 | 货票 | 丙联 |
| 货物运到期限　　日 | 发站→托运人报销 | A00001 |

| | ××铁路局 | |
|---|---|---|
| 计划号码或运输号码 | 货票 | 丁联 |
| 货物运到期限　　日 | 承运凭证:发站→到站存查 | A00001 |

货票丁联背面为:

(1)货物运输变更事项

| 受理站 | 电报号 | 变更事项 | 运杂费收据号码 |
|---|---|---|---|
| 处理站日期戳 | | 经办人盖章 | |

(2)关于记录事项

| 编制站 | 记录号 | 记录内容 |
|---|---|---|
| | | |
| | | |

(3)交接站日期戳

| 1. | 2. | 3. | 4. | 5. | 6. |
|---|---|---|---|---|---|

（4）货车在中途站摘车事项

| 车种、车号车次、时间 | 摘车原因 | 货物发出时间、车次车种、车号 |
|---|---|---|
|  |  |  |

摘车站日期戳

经办人盖章

1）货票的主要作用

铁路货票是铁路运营的主要票据之一，是铁路部门运输统计、财务管理、货流货物分析的原始信息，也是运输高度指挥作业不可缺少的基础依据。在车站货票具有货物运输合同运单副本的性质，是处理货运事故向收货人支付运到逾期违约金和补退运杂费的依据；在运输过程中货票又是货物运输凭证。它跟随货物一直到达目的站。

整车货物装车后（零担货物过秤完了，集装箱货物装箱后），货运员将签收的运单移交货运室填制货票，核收运杂费（托运人缴费）。

货票是铁路运输货物的凭证，也是一种具有财务性质的票据，可以作为承运货物的依据和交接运输的凭证。

货票一式四联。甲联为发站存查联；乙联为报告联，由发站报发局；丙联由发站给托运人报销用；丁联为运输凭证，由发站随货物递交到站，到站由收货人签章交付，作为完成运输合同的唯一依据。

### 信息化的铁路运输管理

原铁道部1994年立项的"铁路运输管理信息系统"项下，包括了"铁路货票信息管理系统"这样一个"子系统"。2008年1月份全国铁路开始使用货票信息管理系统2.0。

2）运输票据的填写及具体操作

填写运输票据——货运票据封套。

货车施封后，货运员应将车种、车号、货车标重、使用篷布张数、施封个数记入货物运单内。

为了便于交接和保持运输票据的完整，下列货物的运输票据使用封套后随车递送。

下列货物的运输票据使用货运票据封套，见图4-4。

```
                    货 运 票 据 封 套
车种车号_____标记载重量_____
货物到站_____  到局_____篷布号码_____
运单号码_____
货物品名_____货物实际重量（t）_____
收货人及卸车地点_____
施封号码_____
记    事_____
                                              发站戳记
                                              经办人章
```

图4-4 货运票据封套

（1）国际联运货物。

（2）整车分卸货物。

（3）一辆货车内装有两批以上的货物。

(4) 以货运记录补送的货物。
(5) 附有证明文件或代递单据较多的货物。

3) 填写运输票据——货车装载清单

货车装载清单是装车货运员对同一车内装载货物的完整而真实的记录。它记载了每批货物的运单号码、货物名称、件数、质量和发到站等内容,作为卸车核对货物的一种依据。

需填写货车装载清单的货物有:

(1) 整车国际联运出口货物和过境货物。发站(进口国境站)应以填制货车装载清单一份,随同货车送至到站(或出口国境站)。
(2) 水陆联运货物。
(3) 整零车和集装箱运输的货物。

**4. 货物的承运**

零担和集装箱运输的货物由发站接收完毕,整车货物装车完毕,发站在货物运单上加盖车站日期戳时起,即为承运。承运是货物运输合同的成立,从承运起承托双方就要分别履行运输合同的权利、义务和责任。因此,承运意味着铁路负责运输的开始,是承运人与托运人划分责任的时间界线。同时承运标志着货物正式进入运输过程。

托运人缴费后会收到运单、领货凭证和杂费收据一份。

### 四、铁路运输途中作业

**1. 货物的途中作业**

货物发运后,货物的途中作业包括:特殊作业、异常情况的处理及货运交接检查。

1) 特殊作业

特殊作业包括:10t集装箱在中转站的作业、整车分卸货物分卸作业、加冰冷藏车加冰加盐作业、活动物途中上水、托运人或收货人提出的货物运输变更等。

2) 异常情况的处理

异常情况的处理是指货车运行有碍运输安全或货物完整时须作出的处理,如货车装载偏重、超载或货物装载移位须进行的换装或整理及对运输阻碍的处理。

3) 货物的交接检查

为了保证行车安全和货物安全,划清运输责任,对运输中的货物(车)和运输票据,要进行交接检查,并按规定处理。

(1) 铁路货运检查实行区段负责制。即指在对货物列车的交接检查中,按列车运行区段划分货运检查站责任的制度。
(2) 货运检查站应设置货运检查值班员岗位,负责货运检查的现场组织工作,并按照每列车双人双面检查作业的要求配齐货运检查员。
(3) 货运检查的主要内容包括:装载加固状态、篷布苫盖状态、货车门、窗、盖、阀和集装箱关闭情况、票据及车辆的完整情况等。
(4) 货运检查发现问题的处理(表4-10)

发现异状时,应及时处理。问题的处理方法根据在装车站或在其他站而异,包括不接收,由交方编制记录、补封、处理后继运,车站换装或整理,苫盖篷布,拍发电报等。

换装整理的处理的注意事项有:

① 换装整理的时间不应超过2天,如2天内未整理完毕时,应由换装站以电报通知到

站,以便收货人查询。

**货运检查发现问题的处理**　　　　　　　　　　　　　　　　表4-10

| 处理方式 | 处理条件 | 处理方法 |
|---|---|---|
| 货车整理 | 发现危及行车和货物安全需甩车整理的货车时 | 货运检查人员应通知车站值班员甩车处理。可不甩车整理的,应在列整理 |
| 货物换装 | 在运输中发生甩车处理的货车,不能原列安全继运的,以及因车辆技术状态不良,经车辆部门扣留需要换车时,应进行换装处理。 | 进行换装时,应选用与原车类型和标记载重相同的货车,并按照货票检查货物现状,如数量不符或状态有异,应编制货运记录。对因换装整理卸下的部分货物,应予以及时补送 |

②换装整理的费用,属于铁路责任时,由铁路内部清算;属于托运人责任的,应由到站向收货人核收。

③经过换装整理的货车,不论是否摘车,均应编制普通记录,证明换装整理情况和责任单位,并在货票上丁联背面记明有关事项。

**2. 货运合同变更**

1)货运合同变更的种类(表4-11)

**合同变更的种类**　　　　　　　　　　　　　　　　　　　　表4-11

| 种类 | 变更内容 |
|---|---|
| 变更到站 | 货物已经装车挂运,托运人或收货人可按批向货物所在的中途站或到站提出变更到站 |
| 变更收货人 | 货物已经装车挂运,托运人或收货人可按批向货物所在的中途站或到站提出变更收货人 |

2)货运合同变更的限制

铁路是按计划运输货物的,货运合同变更必然会给铁路运输工作的正常秩序带来一定的影响。所以,对于下列情况承运人不受理货运合同的变更:

违反国家法律、行政法规;违反物资流向;违反运输限制;变更到站后的货物运到期限大于容许运到期限;变更一批货物中的一部分;第二次变更到站的货物。

3)货运合同变更的处理

托运人或收货人要求变更时,应提出领货凭证和货物运输变更要求书,提不出领货凭证时,应提出其他有效证明文件,并在货物运输变更要求书内注明。提出领货凭证是为了防止托运人要求铁路办理变更,而原收货人又持领货凭证向铁路要求交付货物的矛盾。

**3. 货运合同的解除**

整车货物和大型集装箱在承运后挂运前,零担和其他型集装箱货物在承运后装车前,托运人可向发站提出取消托运,经承运人同意,货运会同即告解除。

解除合同,发站退还全部运费与押运人乘车费。但特种车使用费和冷藏车回费不退。此外,还应按规定支付变更手续费、保管费等费用。

## 五、公路运输发运作业

货物发送作业主要由受理托运、组织装车和核算制票等三部分组成。

(1)受理托运。受理托运必须做好货物包装,确定质量和办理单据等项作业。

(2)组织装车。货物装车前必须对车辆进行技术检查,以确保其运输安全和货物完好。

(3)核算制票。发货人办理货物托运时,按规定向车站交纳运杂费,并领取承运凭证。

**1. 运输包装的基本要求**

(1)具有足够的强度、刚度与稳定性;

（2）具有防水、防潮、防虫、防腐、防盗等防护能力；

（3）包装材料选用符合经济、安全的要求；

（4）包装重量、尺寸、标志、形式等应符合国际与国家标准,便于搬运与装卸；

（5）能减轻工人劳动强度、使操作安全便利；

（6）符合环保要求。

运输包装器具设计应遵循的基本原则：标准化、系列化原则；集装化、大型化原则；多元化、专业化原则；科学化原则；生态化原则等。

**2. 包装形式**

内包装：易碎品内包装的最主要功能是提供内装物的固定和缓冲。合格的内包装可以保护易碎品在运输期间免受冲撞及震动，并能恢复原来形状以提供进一步的缓冲作用。有多种内部包装材料及方法可供选择方法如下。

衬板：衬板是目前最流行的内部包装形式，通常是使用瓦楞纸板通过彼此交叉形成一个网状结构，在尺寸上与外包装纸箱相匹配。根据所装物品的形状，对瓦楞纸衬板进行切割，然后将物品卡在其中即可。从衬板的制作、切割和装箱，全过程都可以通过机械化操作完成，非常适合大批量的产品包装。

用瓦楞衬板作为内部包装，可以提供良好的商品固定性能，能够避免易碎品之间的相互碰撞，降低破损率。并且，由于制作材料是瓦楞纸，与瓦楞纸箱材料一致，利于统一回收，符合环保需求，成本也很低。

与箱体底部接触的物品由于所承受压力较大，受损概率也较大。通常在箱底添加一层瓦楞纸隔板，以增强缓冲性能。目前市场上也出现了用塑料制作的隔板。它采用高密度聚乙烯(HDPE)或聚丙烯(PP)挤出或挤压成型，具有低成本、抗弯折、耐冲击、无污染、抗老化、耐腐蚀、防潮防水等多种优点，可以解决啤酒瓶、陶瓷等在大批量搬运过程中可能遇到的隔层包装问题。与瓦楞纸板相比，塑料隔板更能适应卸垛堆码机械化和仓储管理货架化等趋势，将得到越来越广泛的应用也是市面现在主流包装之一。

泡沫塑料：作为传统的缓冲包装材料，发泡塑料具有良好的缓冲性能和吸振性能，有重量轻、保护性能好、适应性广等优势，广泛用于易碎品的包装上。特别是发泡塑料可以根据产品形状预制成相关的缓冲模块，应用起来十分方便。

聚苯乙烯泡沫塑料曾经是最为主要的缓冲包装材料。不过，由于传统的发泡聚苯乙烯使用会破坏大气臭氧层的氟利昂做发泡剂，加上废弃的泡沫塑料体积大，回收困难等原因，逐渐被其他环保缓冲材料所替代。

目前代替聚苯乙烯发泡塑料的主要有发泡PP、PE、发泡聚乙烯、瓦楞纸板、蜂窝纸板及纸浆模塑产品等几类。发泡PP不使用氟利昂，具有很多与发泡聚苯乙烯相似的缓冲性能，它属于软发泡材料，可以通过黏结组成复杂结构，是应用前景很好的一类新型缓冲材料，但其相对发泡聚乙烯来讲价格相对较高，目前发泡缓冲材料多以发泡聚乙烯为主，相对便宜，加工性能好，可回收且环保。

瓦楞纸板具有可折叠性、粘贴性，将其折叠为中空形式或多层折叠为不同形状可以有较好的缓冲作用，常用于脆值在50～100G之间的产品缓冲包装，具有较好的加工性能，并且环保，重量相对蜂窝纸板轻。

蜂窝纸板具有承重力大、缓冲性好、不易变形、强度高、符合环保、成本低廉等优点。它可以代替发泡塑料预制成各种形状，适用于大批量使用的易碎品包装上，特别是体积大或较为笨重的易碎品包装。

纸浆模塑制品也是可部分替代发泡聚苯乙烯的包装材料。它主要以纸张或其他天然植物纤维为原料，经制浆、模塑成型和干燥定型而成，可根据易碎品的产品外形、重量，设计出特定的几何空腔结构来满足产品的不同要求。这种产品的吸附性好、废弃物可降解，且可堆叠存放，大大减少运输存放空间。但其回弹性差，防震性能较弱，不适用于体积大或较重的易碎品包装。

气垫薄膜：气垫薄膜也称气泡薄膜。是在两层塑料薄膜之间采用特殊的方法封入空气，使薄膜之间连续均匀地形成气泡。气泡有圆形、半圆形、钟罩形等形状。气泡薄膜对于轻型物品能提供很好的保护效果，作为软性缓冲材料，气泡薄膜可被剪成各种规格，可以包装几乎任何形状或大小的产品。使用气垫薄膜时，要使用多层以确保产品（包括角落与边缘）得到完整的保护。

气垫薄膜的缺点在于易受其周围气温的影响而膨胀和收缩。膨胀将导致外包装箱和被包装物的损坏，收缩则导致包装内容物的移动，从而使包装失稳，最终引起产品的破损。而且其抗戳穿强度较差，不适合于包装带有锐角的易碎品。

现场发泡：现场发泡，主要是利用聚氨酯泡沫塑料制品，在内容物旁边扩张并形成保护模型，特别适用于小批量、不规则物品的包装。

一般的操作程序如下：首先在纸箱底部的一个塑料袋中注入双组分发泡材料，然后将被包装产品放在发泡材料上，再取一个塑料袋，注入适当分量的发泡材料覆盖在易碎品上，很快发泡材料充满整个纸箱，形成对易碎品的完美保护。

现场发泡最大的特点在于可在现场成形，不需用任何模具，特别适合于个别的、不规则的产品，或贵重易碎品的包装，可广泛用于邮政、快递等特殊场合使用。

填料：在包装容器中填充各种软制材料做缓冲包装曾经广泛采用。材料有废纸、植物纤维、发泡塑料球等很多种。但是由于填充料难以填充满容器，对内装物的固定性能较差，而且包装废弃后，不便于回收利用，因此，目前这一包装形式正在逐渐淘汰市场。

**3. 包装标志**

运输包装的标志，其主要作用是在储运过程中识别货物，合理操作、按其用途可分成运输标志（Shipping Mark）、指示性标志（Indicative Mark）、警告性标志（Warning Mark）、重量体积标志和产地标志。运输标志、又称唛头，是一种识别标志。按国际标准化组织（ISO）的建议，包括四项内容：①收货人名称的英文缩写或简称；②参考号，如订单、发票或运单号码；③目的地；④件号。例如：ABCCO，收货人名称；SC9750，合同号码；LONDON，目的港；NO.4—20，件号（顺序号和总件数）。

运输标志在国际贸易中还有其特殊的作用。按《公约》规定，在商品特定化以前，风险不转移到买方承担。而商品特定化最常见的有效方式，是在商品外包装上，标明运输标志。此外，国际贸易主要采用的是凭单付款的方式，而主要的出口单据如发票、提单、保险单上，都必须显示出运输标志。商品以集装箱方式运输时，运输标志可被集装箱号码和封口号码取代。

指示性：是一种操作注意标志，以图形和文字表达。如小心轻放、由此起吊、禁止翻滚等。

警告性：又称危险品标志，用以说明商品系易燃、易爆、有毒、腐蚀性或放射性等危险性货物。以图形及文字表达。对危险性货物的包装储运，各国政府制订有专门的法规，应严格遵照执行。

重量体积：运输包装外通常都标明包装的体积和毛重，以方便储运过程中安排装卸作业和舱位。

产地:商品产地是海关统计和征税的重要依据,由产地证明。但一般在内外包装上均注明产地,作为商品说明的一个重要内容。

**4. 包装分类**

运输包装的方式和造型多种多样,用料和质地各不相同,包装程度也有差异,这就导致运输包装具有下列多样性:

可分为单件运输包装和集合运输包装。前者,是指货物在运输过程中作为一个计件单位的包装;后者,是指将若干单件运输包装组合成一件大包装,以利更有效地保护商品,提高装卸效率和节省运输费用,在国际贸易中,常见的集合运输包装有集装包和集装袋。

包装型:可分为箱袋,桶和捆不同形状的包装。

包装材料:可分为纸制包装,金属包装,木制包装,塑料包装,麻制品包装,竹、柳、草制品包装,玻璃制品包装和陶瓷包装等。

包装质地:半硬性包装和硬性包装,究竟采用其中哪一种,须视商品的特性而定。

包装程度:可分为全部包装和局部包装。

在国际贸易中,买卖双方究竟采用何种运输包装,应在合同中具体订明。

**5. 质量检验**

1) 普通货物的收运质量检验

根据公司的运作特色,普通货物指的是方体规则且属公司的经营范围内的,表现为正方体或长方体(特殊货物除外,如布条等)。

2) 限运货物的收运检验

(1) 活体动植物(或动植物制品)——需动植物检疫站颁发的动植物检疫证书。

(2) 麻醉药品——需卫生部药政管理局发的麻醉品运输凭证。

(3) 音像制品——需省社会文化管理委员会办公室发的音像制品运输传递证明。

(4) 粉状物品——需出产厂家的物品性质证明。

(5) 海鲜——不同地方需要不同的海鲜包装箱。南航和白云机场分别要用其指定的专用箱,单用泡沫箱不能装机,需外加纸箱并打包带。

(6) 玻璃必须订封闭木箱,打三脚架。

3) 特殊货物收运检验

根据公司运作能力,为避免因操作不规范造成不必要的损失,对部分需要特殊操作韵货物制定规定,如家具、旧机器、铝材、蔬果、鲜活动植物体、易污染及液体货物(药品除外)、LED 产品、大件货物(单件体积超过 $3m^3$ 的)、超长超高货物等。

4) 违禁品和危险品的收运处理

鉴于目前国家政府的相关规定,严厉打击非法运输香烟、光碟、枪支弹药、4-4 刀具等行为,经公司研究决定,对香烟、光碟等违禁品和危险品禁止承运,降低公司经营风险。

# 任务4 送达服务

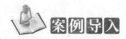
**案例导入**

A 公司储运部宋某准备为公司运送 100 箱计算机从官洲市南京路 88 号到南京市珠江路 90 号南京 B 贸易公司,每箱货物质量为 20kg,要求两天内到达。

**引例分析**

货物到达目的地的时候,送货员如何办理货物的交接,怎样进行货物的到达交付与结算?下面,本书以铁路货运送达服务为例,介绍以上几个问题。

任务分析

一、任务准备

(1)《铁路货物运输规程》等铁路货物运输的规章制度;

(2)多媒体教室(含可供学生上网查资料的计算机、多媒体教学设备、课件和动画等教学资料)及模拟会客室(含服务台、椅子、茶壶、茶杯等,模拟员工和客户的名片、名片夹、各种文具)。

二、任务目标

(1)能了解铁路货运到站交付的基本流程;
(2)能熟悉各种具体情况下铁路运输到达交付的流程;
(3)能明确铁路运输货物到达交付的主要方式;
(4)能进行铁路货运运杂费的结算。

三、基础知识

(1)铁路专用线:铁路专用线是指由企业或者其他单位管理的与国家铁路或者其他铁路线路接轨的岔线。铁路专用线与专用铁路都是企业或者其他单位修建的主要为本企业内部运输服务的,两者所不同的是,专用铁路一般都自备动力,自备运输工具,在内部形成运输生产的一套系统的运输组织,而铁路专用线则仅仅是一条线,其长度一般不超过30km,其运输动力使用的是与其相接轨的铁路的动力。

(2)到达交付:货物交付是指承运人在规定的地点与收货人进行货物(车)交接后,并在货物运单上加盖货物交付日期戳记,即表示货物运输过程终止的作业程序。由承运人组织卸车和发站由承运人组织装车、到站由收货人卸车的货物,在向收货人点交货物或办理交接手续后,即为交付完毕,发站由托运人组织装车,到站由收货人组织卸车的货物,在货车交接地点交接完毕,即为交付完毕。交付完毕,货物运输合同即告结束。

(3)到达作业:货物在到站进行的各种货运作业,称为到达作业。到达作业包括:重车和货运票据的交接、货物的卸车、保管和交付以及运输费用的最后结算等。货物经过到达作业后,货物运输技术作业过程即告结束,至此,运输合同即告终止。

(4)担保书领取货物:担保书领取货物是指在特殊情况下领货人无法取得"领货凭证"(如未到、丢失、损毁等)时,办理货物交付的特殊措施,是到站对领货人出具的各种资料、有效证件难以确定其是否具有合法资格而采取转移风险、避免误交付或被冒领的主要措施。

(5)押运人:活动物、需要浇水运输的鲜活植物、生火加温运输的货物、挂运的机车和轨道起重机以及特殊规定应派押运人的货物,托运人必须派人押运。押运人数,除特定者外,每批不应超过两人。

押运人"须知"包括以下内容:

①押运人应熟悉所押货物的特性,负责所押货物的安全。不得擅离职守,不得擅自登乘未经车长或站许可的车辆。

②要注意乘车安全。横过线路要一站、二看、三通过,不得跳、钻车辆,也不得在列车、车辆移动时爬车或跳车。严禁在载货车下乘凉避雨,不得蹬坐车帮和探身车外,不准在货车顶部或货垛的高处坐卧、走动或停留,也不准在易于窜动货物的空隙间乘坐。通过铁路电气化区段,严防触电。

③严禁携带危险品,不准在货车内吸烟、生火(押运需生火加温运输的货物除外),违反规定造成后果要负经济或法律责任。

④发现危及货物、人身、行车安全的情况,要立即通知车长、车站处理。

(6)海关监管货物是指自进境起到办结海关手续止的进口货物,自向海关申报起到出境止的出口货物,以及自进境起到出境止的过境、转运和通运货物等应当接受海关监管的货物,包括一般进出口货物、保税货物、特定减免税货物、暂准进出境货物,以及过境、转运、通运货物和其他尚未办结海关手续的货物。这是海关对进出境货物实施监督管理法律意义上的时间、范围的限制规定。

(7)铁路货物运输杂费(以下简称"货运杂费")是铁路货物运输费用的组成部分。铁路运输的货物(包括企业自备车或租用铁路货车)自承运至交付的全过程中,铁路运输企业向托运人、收货人提供的辅助作业和劳务,以及托运人或收货人额外占用铁路设备、使用用具、备品所发生的费用,均属货运杂费。

在货物的到站进行的各项作业,主要包括重车和货运票据的交换、卸车作业、保管和交付等业务活动。到站向收货人办完货物交付手续后,即完成该批货物的全部运输过程。

一、铁路运输到达交付的基本流程(图4-5)

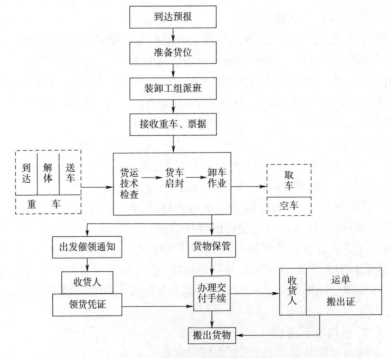

图4-5 货物到达作业程序示意图

**1. 重车到达与票据交接**

列车到达后,车站应派人接收重车。交接货车时,应详细进行票据与现车的核对,对现车的装载状态进行检查,并与车长或列车乘务员办理重车及货运票据的交接签证。运转室将到达本站卸车的重车票据登记后,移交货运室。

**2. 货物的卸车作业**

1)卸车前检查

(1)检查货位。主要检查货位能否容纳下待卸的货物,货位的清洁状态,相邻货位上的货物与卸下货物性质有无抵触。

(2)检查运输票据。主要检查票据记载的到站与货物实际到站是否相符,了解待卸货物的情况。

2)监卸工作

(1)作业开始之前,监装卸货运员应向卸车工组详细传达卸车要求和注意事项。

(2)卸车时,货运员应对施封的货车亲自拆封,并会同装卸工一起开启车门或取下苫盖篷布,要逐批核对货物、清点件数,应合理使用货位、按标准进行码放,对于事故货物则应编制记录。此外,注意作业安全,加快卸车进度,加速货车周转。

3)卸车后检查

(1)检查运输票据。

(2)检查货物。

(3)检查卸后空车。

**3. 货物的到达通知**

(1)车站对到达的货物应在不迟于卸车完毕后的次日内向收货人发出催领通知,并在货票(丁联)内记明通知方法和时间。必要时应再次催领。收货人拒领或找不到收货人时,到站要按规定调查处理。发站接到到站函电后,应立即联系托运人,要求其在规定时间内提出处理意见,并将该处理意见答复到站。

(2)到站在办理交付手续时,应在货物运单和货票(丁联)上加盖车站日期戳。货物在货场内点交给收货人的,还应在货物运单上加盖"货物交讫"戳记,凭此验放货物。车站也可根据需要,建立货物搬出证制度。

(3)车站接到不能按约定时间到达的货物预报后,应立即通告收货人,必要时应发出相关通知。

(4)收货人应于铁路发出的催领通知次日起算,在两天内将货物提走,超过这一期限将货物列车到达后,到站要核对现车并进行货运检查,检查结果符合规定要求,则与车长办理重车和货运票据的交接签证,然后将本站卸车的重车票据移交货运室。在铁路车站公共装卸场所的卸车作业由铁路负责;在其他场所卸车,由收货人负责。铁路组织卸车的货收取货物暂存费。

(5)从铁路发出催领通知日起(不能实行催领通知时,则从卸车完毕的次日起)满30日仍无人领取的货物,铁路则按无法交付货物处理。

## 特 别 提 示

货物的运到期满后经过15天,或鲜活货物超过运到期限仍不能在到站交付的,到站除按规定编制货运记录外,还必须负责货物的查询工作,依次从发站顺序查询。被查询的车站,应自接到查询的次日起两日内将查询结果电告到站,并向下一作业站(编组、区段或保留站)继续查询。到站应将查询的最终结果及时通知收货人。

(6)对到达的海关监管货物,车站应按照海关监管的有关规定办理。

 知识链接

### 铁路货物逾期交付的责任

货物、包裹、行李逾期交付,如果是因铁路逾期运到造成的,由铁路运输企业支付逾期违约金;如果是因收货人或旅客逾期领取造成的,由收货人或旅客支付保管费;既因逾期运到又因收货人或旅客逾期领取造成的,由双方各自承担相应的责任。

铁路逾期运到并且发生损失时,铁路运输企业除支付逾期违约金外,还应当赔偿损失。对收货人或旅客逾期领取,铁路运输企业在代保管期间因保管不当造成损失的,由铁路运输企业赔偿。

## 二、铁路运输货物到达交付的主要方式

由于到达货物卸车作业地点、负责装卸车组织工作的不同及是否派有押运人等情况,货物交付程序有所不同,大体分为站内卸车交付、专用线(专用铁路)卸车交付和派有押运人货物的卸车交付三种情况。

**1. 站内卸车交付**

站内卸车交付应先办理票据交付后再办理现货交付。即收货人要求领取货物时,须向到站提出领货凭证或有效证明文件,经与货物运单票据核对后,由收货人在货票丁联上盖章或签字,收清一切费用后,车站在货物运单和货票上加盖交付日期戳,收回的领货凭证或有效证明应粘贴在货票丁联上留站存查,并将货物运单交给收货人,收货人凭此到货物存放地点领取货物。交付货运员凭收货人提出的货物运单向收货人点交货物,然后在货物运单上加盖"货物交讫"戳记,并记明交付完毕的时间,将货物运单交还收货人,凭此将货物搬出货场。站内直卸车也应同样办理。

货物交付收货人当日不能全批搬出车站,对其搬剩部分,按质量和件数承运的货物,可按件点交车站保管;只按质量承运的货物,可向车站声明并在货堆上做出适当标记,以便次日继续搬出。在这种情况下,车站应同时收回货物运单并在货物运单背面由收货人注明已搬出部分件数或重量,次日继续搬出时,车站根据货物运单背面记载向收货人再次点交货物。

如果次日搬出已超过免费暂存时间,则应按车核收货物暂存费。

特 别 提 示

站内卸交付:票据交付先于现货交付;专用线(专用铁路)卸车交付:票据交付和现货交付是同时办理或现货交付先于票据交付。

**2. 专用线(专用铁路)卸车交付**

现货交付车站是根据货物运单上指明的专用线企业及"专用线(专用铁路)运输协议""专用线共用协议"规定内容和地点办理取送交接。专用线(专用铁路)产权单位负责办理本企业和共用单位到达货物的交接领取手续,统一结算相关费用。

由于到站已向货物运单内所记载的正当收货人进行送达车辆并办理货物交接,收货人是否持有领货凭证或有效证明已无意义,票据交付只是产权单位经办业务的运输员与车站办理的结算手续。

专用线(专用铁路)卸车交付不同于站内卸车交付的特点是票据交付和现货交付是同时办理或现货交付先于票据交付。

**3. 派有押运人货物的卸车交付**

押运人从承运人承运货物时起至交付完毕时止,应负责采取保证货物安全的措施,确保运输货物状态的完整。押运人不是运输合同中的收货人,到站仍需向货物运单中记载的收货人办理货物交付。但派有押运人的货物也有站内卸车和专用线(专用铁路)卸车两种情况,站内卸车与无押运人站内卸车交付相同,卸车中发现差错由押运人负责,如属于自行组织卸车的货物,车站不与收货人办理现货交付;专用线(专用铁路)卸车,车站除按规定办理票据交付外,不再与收货人办理现货交接检查。

### 三、铁路运输货物到达交付的程序

(1)收货人出具领货凭证和有关证明文件。
①收货人为个人的,需出具领货凭证和本人身份证。
②收货人为单位的,需出具领货凭证和领货人姓名的证明文件及领货人本人身份证。
③不能提出"领货凭证"的,可凭由车站同意的、有经济担保能力的企业出具担保书取货。
(2)缴付铁路运费、运杂费、装卸费等费用,取回货物运单及到达货物作业单。
(3)根据到达货物作业单指明的货位交付处办理货物交付手续。
(4)凭出站放行条将货物提出车站。

知识链接

### 担保书领取货物

以上从规章角度对货物交付办理的程序、领货手续及交付的三种情况和押运人的合同行为进行了阐述,目的是正确理解货物交付作业过程,将货物交付给正当收货人,防止误交和冒领。但是,在目前货物交付中存在着大量凭担保书领取货物的现象。因此,对担保书领取货物应有正确认识。

(1)担保书领取货物是指在特殊情况下领货人无法取得"领货凭证"(如未到、丢失、损毁等)时,办理货物交付的特殊措施,是到站对领货人出具的各种资料、有效证件难以确定其是否具有合法资格而采取转移风险,避免误交付或被冒领的主要措施。虽然这一措施使得收货人可及时领取货物,但并非是铁路货物交付的正常途径和办法,有的收货人很有意见,影响铁路负责运输的信誉。车站在实际工作中应主动督促收货人按正常手续办理货物交付,不应默许收货人将特殊措施变为正常领货的方法。

(2)收货人不能提供"领货凭证",在站内卸车,货场提货时,可凭收货人提交有经济担保能力企业出具的"担保书"办理领货手续,车站应从以下方面严格审查把关。
①出具"担保书"的企业必须符合"中华人民共和国担保法"的规定。企业法人的分支机构、职能部门不得为保证人。企业法人的分支机构有法人的书面授权的,可以在授权范围内提供保证。
②被委托办理运输业务的单位和担保单位为同一单位的担保书无效。
③对收货人提供的"担保书"进行经济能力认定时,收货人一是要提交担保企业营业执照原件或经担保企业加盖企业公章认可的复印件,二是要提交验资或审计机构出具的担保企业资金证明或财务审计报告。

④车站受理的经济能力认定资料应同时上报站段进行认定,未经站段认定的单位出具的担保书无效。

(3) 目前,愿意出具担保书的个体、私营企业、运输代理企业很多,有的担保书可信度低,担保能力不足,潜在风险巨大,车站应加强对担保企业经济实力的考察,发现担保企业无偿债能力或偿债能力不足或有其他异常行为时,应停止其担保行为,防止交付引发其他纠纷。

### 四、铁路运输货物运杂费结算

铁路货物运输营运中的运费按铁路运单或合同规定,可采用预付、现结、到付或月结的方式,杂费按实际发生的项目和表4-12的规定核收。

**铁路货运营运杂费费率表**　　　　　　　　　　　表4-12

| 序号 | 项目 | | | 单位 | 费率(%) |
|---|---|---|---|---|---|
| 1 | 过秤费 | 整车轨道衡 | | 元/车 | 30.00 |
| | | 整车普通磅秤 | | 元/吨 | 4.00 |
| | | 零担 | | 元/百千克 | 0.40 |
| | | 1t箱 | | 元/箱 | 1.50 |
| | | 5t、6t箱 | | 元/箱 | 7.50 |
| | | 10t箱 | | 元/箱 | 15.00 |
| | | 20英尺箱 | | 元/箱 | 30.00 |
| | | 40英尺箱 | | 元/箱 | 60.00 |
| 2 | 表格材料费 | 运单 | 普通货物 | 元/张 | 0.10 |
| | | | 水陆联运货物 | 元/张 | 0.20 |
| | | | 国际联运货物 | 元/张 | 0.20 |
| | | 货签 | 纸制 | 元/个 | 0.10 |
| | | | 其他材料制 | 元/个 | 0.20 |
| | | 危险货物包装标志 | | 元/个 | 0.20 |
| | | 物品清单 | | 元/张 | 0.10 |
| | | 施封锁材料费(承运人装车、箱的除外) | | 元/个 | 1.50 |
| 3 | 冷却费 | | | 元/吨 | 20.00 |
| 4 | 长大货物车使用费 | 标重不足180t | 不超重 | 元/吨公里 | 0.25 |
| | | | 一级超重 | 元/吨公里 | 0.30 |
| | | | 二级超重 | 元/吨公里 | 0.35 |
| | | 标重180t以上 | 不超重 | 元/吨公里 | 0.30 |
| | | | 一级超重 | 元/吨公里 | 0.35 |
| | | | 二级超重 | 元/吨公里 | 0.40 |
| | | | 超级超重 | 元/吨公里 | 0.60 |
| 5 | 长大货物车空车回送费 | | | 元/轴 | 300.00 |
| 6 | 取送车费 | | | 元/车公里 | 6.00 |
| 7 | 机车作业费 | | | 元/半小时 | 60.00 |
| 8 | 货车中转技术作业费 | | | 元/吨(每满250公里) | 0.05 |

续上表

| 序号 | 项　　目 | | 单位 | 费率(％) |
|---|---|---|---|---|
| 9 | 押运人乘车费 | | 元/人百公里 | 3.00 |
| 10 | 货车篷布使用费 | 500km 以内 | 元/张 | 50.00 |
| | | 501km 以上 | 元/张 | 70.00 |
| 11 | 集装箱使用费 | 1t 箱 500km 以内 | 元/箱 | 5.00 |
| | | 1t 箱 501～2000km 每增加 100km 加收 | 元/箱 | 0.40 |
| | | 1t 箱 2001～3000km 每增加 100km 加收 | 元/箱 | 0.20 |
| | | 1t 箱 3001km 以上计收 | 元/箱 | 13.00 |
| | | 5t、6t 箱 500km 以内 | 元/箱 | 30.00 |
| | | 5t、6t 箱 501～2000km 每增加 100km 加收 | 元/箱 | 3.00 |
| | | 5t、6t 箱 2001～3000km 每增加 100km 加收 | 元/箱 | 1.50 |
| | | 5t、6t 箱 3001km 以上计收 | 元/箱 | 90.00 |
| | | 10t 箱 500km 以内 | 元/箱 | 50.00 |
| | | 10t 箱 501～2000km 每增加 100km 加收 | 元/箱 | 5.00 |
| | | 10t 箱 2001～3000km 每增加 100km 加收 | 元/箱 | 2.50 |
| | | 10t 箱 3001km 以上计收 | 元/箱 | 150.00 |
| | | 20 英尺箱 500km 以内 | 元/箱 | 100.00 |
| | | 20 英尺箱 501～2000km 每增加 100km 加收 | 元/箱 | 10.00 |
| | | 20 英尺箱 2001～3000km 每增加 100km 加收 | 元/箱 | 5.00 |
| | | 20 英尺箱 3001km 以上计收 | 元/箱 | 300.00 |
| | | 40 英尺箱 500km 以内 | 元/箱 | 200.00 |
| | | 40 英尺箱 501～2000km 每增加 100km 加收 | 元/箱 | 20.00 |
| | | 40 英尺箱 2001～3000km 每增加 100km 加收 | 元/箱 | 10.00 |
| | | 40 英尺箱 3001km 以上计收 | 元/箱 | 600.00 |
| | | 铁路拼箱(一箱多批) | 元/10 千克 | 0.20 |
| 12 | 自备集装箱管理费 | 1t 箱 | 元/箱 | 3.00 |
| | | 5t、6t 箱 | 元/箱 | 15.00 |
| | | 10t 箱 | 元/箱 | 25.00 |
| | | 20 英尺箱 | 元/箱 | 100.00 |
| | | 40 英尺箱 | 元/箱 | 200.00 |
| 13 | 货物作业装卸费 | 按原铁道部《铁路货物装卸作业计费办法》和《铁路货物作业装卸费率》的规定核受 | | |
| 14 | 货物保价费 | 按铁道部《关于修订货物保价费率的通知》的规定核受 | | |

(1)在温季和热季(按装车时外温确定)使用机械冷藏车装运需要途中制冷运输的未冷却的瓜果、蔬菜,按货物重量核收冷却费。加冰冷藏车始发所需的冰、盐由托运人准备。如托运人要求承运人供应,承运人则按实际发生的费用核收。

(2)应托运人要求,铁路冷藏车在其他站加冰、盐后送至发站装货时,由发站或加冰站按 7 号运价率与自加冰站至发站间里程核收货车回送费。

(3)使用铁路D型长大货物车装运货物时,除核收运费外,还应核收下列费用:
①按确定的计费重量、运价里程,核收D型长大货物车使用费。
②按货车轴数,核收长大货物车回送费,托运人取消托运时,仍核收此项费用。

(4)用铁路机车往专用线、货物支线(包括站外出岔)或专用铁路的站外交接地点调送车辆时,核收取送车费。计算取送车费的里程,应自车站中心线起算,到交接地点或专用线最长线路终端止,里程往返合计(不足1km的尾数进整为1km),取车不另收费。

向专用线取送车,由于货物性质特殊或设备条件等原因,托运人、收货人要求加挂隔离车时,隔离车按需要使用的车数核收取送车费。

托运人或收货人使用铁路机车进行取送车辆以外的其他作业时,另核收机车作业费。

### 五、货物搬出

收货人持有加盖"货物交讫"的运单将货物搬出货场,门卫对搬出的货物应认真检查品名、件数、交付日期与运单记载是否相符,经确认无误后放行。

# 任务5  6S现场管理

### 接受5S挑战

K公司与香港某公司洽谈一项合资项目,即在K公司引进新的数字印刷设备和工艺,同时改造公司的印刷信息系统。

然而,与港商的合资谈判进行得并不顺利。对方对K公司的工厂管理,提出了很多在侯总看来太过"挑剔"的意见,比如:仓库和车间里的纸张、油墨、工具的摆放不够整齐;地面不够清洁、印刷机上油污多得"无法忍受";工人的工作服也"令人不满"……后来,在合资条款里,投资者执意将"引入现代生产企业现场管理的5S方法"作为一个必要的条件,写进了合同文本。刚开始的时候,侯总和公司管理层觉得港方有点"小题大做"。"不就是做做卫生,把环境搞得优美一些",侯总觉得这些事情太"小儿科",与现代管理、信息化管理简直不沾边。不过,为了合资能顺利进行,侯总还是满口答应下来。

几个月的时间过去了,侯总回想起来这些鸡毛蒜皮的小事,"有一种脱胎换骨的感觉"。

**引例分析**

侯总刚开始的疑惑是很多企业的经营者都有过的,这些经营管理者往往只看重自己的主营业务能为企业带来的价值,但总是认为现场管理这些事情都是"鸡毛蒜皮的小事"。从日本兴起的5S现场管理从产生到推行都经历过这样和那样的阻碍,但时至今日,5S已被各个国家的企业经营管理者认可,并逐渐被拓展到6S甚至7S,这说明现场管理能为企业带来我们所意想不到的价值。下面,同学们就一起来了解一下6S现场管理的内容。

### 一、任务准备

(1)多媒体教室(含可供学生上网查资料的电脑、多媒体教学设备、课件和动画等教学资料)及模拟会客室(含服务台、椅子、茶壶、茶杯等/模拟员工和客户的名片、名片夹、各种文具)。

(2)物流企业各种物流作业现场的图片。
(3)物流实训室各个作业现场。

## 二、任务目标

(1)学生应该牢记6S的中文名称并理解每个"S"的含义和内容。
(2)学生应通过实际的6S现场管理操作来体会6S现场管理的优点、作用及现实意义。
(3)学生应按照6S现场管理的实施步骤来进行现场管理操作,并能在日常生活中应用6S现场管理的方法。

## 三、基础知识

**1.6S内容**

"6S管理"由日本企业的5S扩展而来,是现代工厂行之有效的现场管理理念和方法。因其日语的罗马拼音均以"S"开头,因此简称为"6S"。其作用是提高效率,保证质量,使工作环境整洁有序,以预防为主,保证安全。6S的本质是一种执行力的企业文化,强调纪律性的文化,不怕困难,想到做到,做到做好,作为基础性的6S工作落实,能为其他管理活动提供优质的管理平台。

(1)整理(SEIRI)——将工作场所的任何物品区分为有必要和没有必要的,除了有必要的留下来,其他的都消除掉。目的:腾出空间,空间活用,防止误用,塑造清爽的工作场所。

(2)整顿(SEITON)——把留下来的必要用的物品依规定位置摆放,并放置整齐加以标示。目的:使工作场所一目了然,消除寻找物品的时间,创造整整齐齐的工作环境,消除过多的积压物品。

(3)清扫(SEISO)——将工作场所内看得见与看不见的地方清扫干净,保持工作场所干净、亮丽。目的:稳定品质,减少工业伤害。

(4)清洁(SEIKETSU)——维持上面3S成果。

(5)素养(SHITSUKE)——每位成员养成良好的习惯,并遵守规则做事,培养积极主动的精神(也称习惯性)。目的:培养有好习惯、遵守规则的员工,营造团员精神。

(6)安全(SECURITY)——重视全员安全教育,每时每刻都有安全第一观念,防患于未然。目的:建立起安全生产的环境,所有的工作应建立在安全的前提下。

**2.6S的关系**

6S之间彼此关联,整理、整顿、清扫是具体内容;清洁是整理、整顿、清扫的制度化、规范化;清扫指保持3S水平;素养是养成习惯,遵守纪律、规则,严谨认真;安全是基础,尊重生命,杜绝违章。

整理:区分要与不要,现场只适量留要的,不要的清理掉,节约空间。

整顿:对要的东西依规定定位,尽量摆放整齐,并准确标识,节约时间。

清扫:对工作场所脏污清除,并防止脏污的发生,保持工作场所干净,对设备点检,保养保证品质、效率的技术。

清洁:将3S的工作标准化、制度化,并保持成果,持之以恒。

素养:人人养成依规定行事的好习惯,追求的最高境界。

安全:严禁违章,尊重生命。

**3. 6S 管理的实施原则**

(1)效率化:定置的位置是提高工作效率的先决条件。

(2)持之性:人性化,全球遵守与保持。

(3)美观:做产品—做文化—征服客户群。管理理念适应现场场景,展示让人舒服、感动。

**4. 6S 管理精髓**

(1)全员参与:董事长——线员工,所有部门,包括生产、技术、行管、财务、后勤。

(2)全过程:全产品研发—废止的生命周期;人人保持—改善—保持—管理活动。

(3)全效率:综合效率,挑战工作极限。只有起点没有终点。

**5. 执行 6S 的好处**

(1)提升企业形象:整齐清洁的工作环境,吸引客户,增强信心。

(2)减少浪费:减少人员、设备、时间、场所等的浪费。杂物乱放,其他东西无处放,也是一种浪费。

(3)提高效率:良好环境、心情,摆放有序,省时省力,减少搬运作业。

(4)质量保证:做事认真严谨,杜绝马虎,品质可靠。

(5)安全保障:通道畅通,宽广明亮,人员认真负责,事故少。

(6)提高设备寿命:清扫、点检、保养、维护。

(7)降低成本:减少跑冒滴漏,减少来回搬运。

(8)交期准:一目了然,异常现象明显化,及时调整作业。

任务实施

**一、熟悉 6S 现场管理的推行步骤**

(1)决策:模拟企业 6S 现场管理的誓师大会。

(2)组织:在这个步骤中,包含各种各样的实施办法,比如可以组织各部门人员进行文件"学习",学习的形式也多种多样,同学们可以进行分组,由教师给定学习文件,分组学习,最后汇报学习形式、学习结果等。再比如可以成立 6S 现场管理项目推行办公室或者是推行小组,同学们可以根据推行办公室的需要,进行分组,将项目推行办公室成立起来,并做好岗位划分和岗位职责的明确。

(3)制定方针、目标:制定好 6S 现场管理项目推行的目标、阶段划分、进度安排等。比如,有些企业的 6S 方针是"规范现场现物,提高全员素质",大多数企业都会将这种短而有力的方针当作项目口号,需做标识牌,在车间或办公室悬挂,同学们可以讨论商量得出所在的项目小组的方针或口号,并在电脑上设计制作成美观而适合工作现场悬挂的标识牌,设计内容如标识牌的形状、底色、线条、字体、字体样色等。在这一个步骤里,同学们还可以制定项目推行的目标、阶段性目标等。

知识链接

### 终极目标与阶段性目标

有人说:"人应有理想,但是理想并不是用来实现的,而是用来激励我们前进的。"有人说:"人应该有目标,而且目标还应该很明确,是可以量化、分解和实现的。比如你目标三年以后要买房,那实现这个目标需要多少钱?你每个月又要存多少钱?只有对这些非常明确

之后,你才有动力去完成它。"

理想和目标都是我们期许在未来可以达到的一种境界,这两种说法,一个讲它不是用来实现的而是用来激励的,一个说它就是用来实现的,矛盾吗?其实它们只是我们目标体系的两种不同表现形式而已。我们把抽象的理想称之为终极目标,把具体的、明确的目标称之为阶段性目标。

终极目标和阶段性目标相辅相成,都是不可缺少的,光有终极目标没有阶段性目标,理想也就是空想,而光有阶段性目标没有终极目标,激情在实现那个阶段性目标的时候就可能消失。

进行6S现场管理项目的推行也是如此。对于企业来说,是有现有的企业文化和现场管理的各种习惯的,就像我们生活中也有固有的生活习惯一样。要想打破现有的习惯是一件非常困难的事情,特别是当企业规模大、历史比较久远时,推行6S现场管理应作为一件比较棘手的项目来推行,需要自上至下各层管理者的决心和支持。作为一个项目来做的话,就需要项目组成员为项目确定终极目标和阶段目标,将项目有步骤、有计划地推行下去。

(4)按方针、目标来进行6S项目推行计划方案的设计,方案的样板如下:

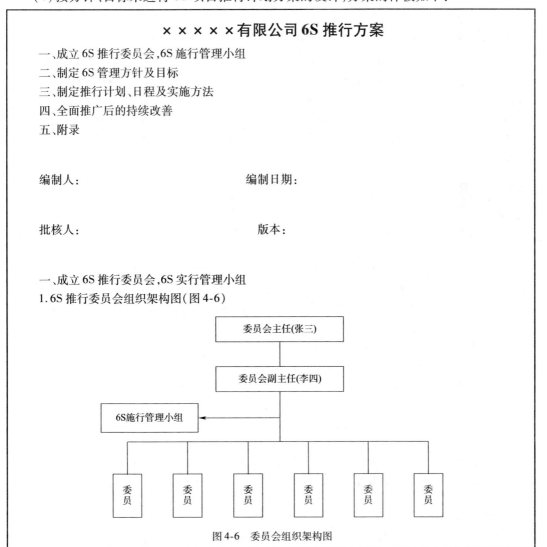

图4-6 委员会组织架构图

**2.6S 施行管理小组架构图(图 4-7)**

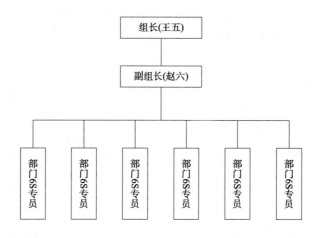

图 4-7　管理小组架构图

**3. 组织职责**

6S 推行委员会是公司 6S 推行的最高权力机构,全面统筹负责 6S 管理,划分责任区域。配备合理的资源,负责制定计划、6S 制度、6S 评估标准,对全公司 6S 管理全面监控。负责对 6S 的推行并组织指导各部门推行 6S,培训 6S 相关内容。

6S 施行管理小组是 6S 执行时 6S 推进实施和监督的组织。小组工作直接向 6S 推行委员会汇报,跟进各 6S 推行小组的工作,定期按 6S 评核要求对各部门 6S 实施情况进行审核,在日常运作中起监督作用。

**4. 成员职责**

6S 推行委员会主任:开展方案,计划书,督促各部门负责人推行 6S 工作。负责制定 6S 培训教材,对公司职员进行培训,并将 6S 的开展情况直接向总经理汇报。

6S 推行委员会副主任:协助主任开展工作,积极支持和推动 6S 活动,督促各部门负责人推行 6S 工作。

6S 推行委员会委员:是各部门的第一责任人。主导各自部门的 6S 开展工作,任命各自部门的 6S 专员,明确部门各员工的职责。

6S 施行管理小组组长:负责各部门 6S 专员的培训,组织 6S 施行管理小组成员对 6S 实行情况进行督促、审核、汇报及跟进审核过程中发现的问题。

6S 施行管理小组副组长:协助组长开展工作。

6S 施行管理小组组员:为各部门委员任命的 6S 专员,负责各自部门日常运作 6S 的推进和监督。

**二、制定 6S 管理方针及目标**

**1.6S 管理方针**

(1)只有起点,没有终点。挑战自我,塑造合力兴新气象。

(2)规范现场,现物,提升自我素质。

第一点意义是公司开展以 6S 管理作为基石,不断完善自我,提升企业形象和竞争力。

第二点意义是公司制定出规范的制度,员工积极主动以此作为行为准则,并最终养成良好的习惯,提高员工自身的素质。

**2.6S 的实行目标**

目标一:在 2011 年 1 月 31 日前初步实现整理、整顿、清扫、安全、清洁 5S 的推行。

目标二:在 2011 年 3 月 31 日前创建洁净、舒适、安全的生产环境,获得来公司参观、审查的客户、来宾的满意评价。

目标三:公司通过 6S 管理精益求精,公司员工养成良好习惯,自身素质得以提升。

三、制定推行计划、日程及实施方法

推进计划表见表 4-13。

推 行 计 划 表　　　　　　　　　　　　　　　表 4-13

| 序号 | 项 目 | 开展计划与时间 | 备注 |
| --- | --- | --- | --- |
| 1 | 制定 6S 推行方案 | 2011 年 1 有 12 日前 | 公司 |
| 2 | 成立 6S 推行委员会,确认推行计划和方法 | 2011 年 1 月 13 日 | 公司 |
| 3 | 宣传造势 | 2011 年 1 月 22 日前完成各项布置 | 管理部行政组 |
| 4 | 全厂进行第一次红牌作战,彻查暗点 | 2011 年 1 月 14 日 | 6S 推行委员会 |
| 5 | 各部门内部开始内部整理,整顿 | 2011 年 1 月 15 日~2011 年 1 月 22 日 | 各部门 |
| 6 | 培训,教育 | 2011 年 1 月 19 日 | 6S 推行委员会 |
| 7 | 6S 推行委员对点指导 | 2011 年 1 月 15 日~2011 年 1 月 28 日 | 6S 推行委员会 |
| 8 | 审核评分 | 2011 年 1 月 26 日~2011 年 1 月 27 日进行第一次审核评分,以后每周进行一次评分 | 6S 推行委员会 6S 施行管理小组 |
| 9 | 6S 推行情况阶段性小结,检讨修正 | 2011 年 1 月 28 日进行第一次阶段性小结,4 月份前每 2 周进行一次,4 月以后每月进行一次 | 6S 推行委员会 6S 施行管理小组 |
| 10 | 6S 强化管理月,每月进行一次红牌作战 | 3 月,6 月,9 月,12 月 | 6S 推行委员会 |
| 11 | 修订检查标准 | 2 月 12 日 | 6S 推行委员会 |
| 12 | 鼓励员工合理化提案,对被采纳的提案者给予奖励 | 长期 | 公司 |
| 13 | 活动总结及奖励 | 半年度,年度 | 公司 |

细则说明:

(1)制订 6S 推行方案,启动 6S 推行第一步。

(2)各部门负责人成立 6S 推行委员会,确认 6S 推行计划,确定推行办法和检查制度。明确 6S 推行委员会及 6S 施行管理小组各成员的职能,划分责任区域。

(3)在公司营造一种追求卓越的文化,营造一个良好的工作环境。宣传造势计划应做到以下几点:

①订制 2~4 条关于 6S 管理方针和内容的宣传横幅挂于公共区域。订制 15~20 幅 6S 知识简介张贴于车间、货仓和办公室等工作场所。

②各部门自主设计宣传板报。板报定期出版,如一月一期,表彰先进,曝光问题。

③计划推行班前会制度,用班前会 5~10min 宣传,布置 6S 工作对现场进行清理,令到全员参与。同样地,表彰先进,曝光问题。

④各部门设立6S专员,划分责任区,责任落实到个人。

(4)红牌作战的目的就是不断地寻找出所有需要进行改善的事物和过程,并用醒目的红色标牌来标识问题的所在,然后通过不断地增加或减少红牌,从而达到发现问题和解决问题的目的。第一次红牌作战希望尽可能多地发现现行存在的需要改善的事物和过程,以令相关部门可以及时地检讨修正。红牌作战应详细地记录:第几次红牌作战、在哪个部门发行的红牌等。

(5)各部门针对红牌作战发现的问题进行整改,全力排除所有障碍,贯彻实行6S。各部门需要学会自己发现问题,处理问题。其他整治内容可参考《6S审核评分表》。

(6)由6S推行委员会编制6S内容的培训教材,对公司全员进行培训。培训包含6S的内容,6S的意义,6S的方针和目的,6S的基本要求等。对新入职的员工同样需要进行6S知识的培训。

(7)6S推行委员会对红牌作战发现的问题进行分析,帮助各部门实施改善措施。

(8)6S进行一段时间后,6S实行管理小组定期对各部门的6S施行情况进行审核评分,处于同一部门的小组成员不给自己部门打分。对办公区与生产区分别用不同的标准评分。审核小组需要将审核中发现的问题汇总,并向6S推行委员会汇报。发生问题的部门要填写《纠正及预防措施表》,进行备案跟踪。

每周评选一次,设立流动红旗,每次评选结果的前三名可以得到流动红旗。

(9)进行6S阶段性成果的总结,检讨修正,表彰先进,曝光问题。同时商讨如何解决6S实行中发现的困难。

(10)设立6S强化管理月是为了令6S的施行保持在一个良好的状态,避免因措施的长期松动造成系统上的崩溃。同时强化管理月实施红牌作战可强化监督作用。

(11)根据前期的实行情况重新修订公平、有效的评核标准。

(12)在方便员工的地方设立定点信箱,鼓励员工提供合理化提案,对被采用的提案者提供50~200元不等的奖励。

(13)在6月半年度及12月年度进行6S的总结表彰,综合两个阶段各6个月的审核结果的平均分进行排名,选出第1、2、3名的部门,分别给予500元、300元、100元的活动奖金。

四、全面推广后的持续改善

6S的最终目的是提升人的品质,这些品质包括:革除马虎之心,养成凡事认真的习惯(认认真真地对待工作中的每一件"小事")、遵守规定的习惯、自觉维护工作环境整洁明了的良好习惯、文明礼貌的习惯。个人品质提升了,生产管理的目的也就达到了。为了达到这个目的,我们需要做到以下几点:

(1)全员参与,由公司的最高管理层到最底层工作的全体公司员工都全身心投入。

(2)持之以恒,不能因为遇到困难就想到放弃,不能因为遭受挫折就怨天尤人。

(3)均恒更新,每一位员工都必须意识到自己需要不断地进步,需要吸收好的东西而抛弃不好的东西。

(5)主题活动的设定和开展。

在上一步中,为使每一个步骤能开展的更为顺利,让员工更为印象深刻,充分意识到6S现场管理的重要意义,项目小组都会开展相关的主题活动,那么这里又涉及主题活动的设计与组织开展。主题活动的类型在初期阶段一般以组织统一学习、培训、观看录像等形式为主,中后期的活动一般以整改、评比、竞赛等形式为主,同学们也可以结合以上方案中的计划内容,为该公司设计一整套有连续性的主题活动,并做出活动实施方案,方案的具体内容可参考案例库中的"6S活动实施方案样板"。

(6)活动水准的评估方法。

不管开展什么样的6S主题活动,目的都和6S计划的目标一样,就是要让现场焕然一新,改善各个工作区域的工作环境,将工作规范化,流程明确化,让监控点得以控制。所以最终还是要制定相应的评估标准,来分块评估各个区域的6S活动的实施效果。一般在6S活动的实施方案中最后一个部分就是评估标准及要求。同学们可参考案例库中的"6S活动实施方案样板"。

### 二、目视管理和看板管理

**1. 弄清什么是目视管理**

目视管理是一种以公开化和视觉显示为特征的管理方式,是利用形象、直观而又色彩适宜的各种视觉感知信息来组织现场生产活动,达到提高劳动生产率的一种管理手段,也是一种利用视觉来进行管理的科学方法。

**2. 理解目视管理的特点**

(1)以视觉信号显示为基本手段,大家都能够看得见。

(2)以公开化、透明化为基本原则,尽可能地将管理者的要求和意图让大家看得见,借以推动自主管理或叫自主控制。

(3)现场的作业人员可以通过目视的方式将自己的建议、成果、感想展示出来,与领导、同事以及工友们进行相互交流。

**3. 明确目视管理的目的**

目视管理以视觉信号为基本手段,以公开化为基本原则,尽可能地将管理者的要求和意图让大家都看得见,借以推动看得见的管理、自主管理、自我控制。

**4. 目视管理的类别**

(1)红牌:适宜于5S中的整理,是改善的基础起点,用来区分日常生产活动中非必需品,挂红牌的活动又称为红牌作战。

(2)看板:用在6S的看板作战中,是使用的物品放置场所等基本状况的表示板。它的具体位置在哪里,做什么,数量多少,谁负责,甚至说谁来管理等重要的项目,让人一看就明白。因为5S的推动,强调的是透明化、公开化,并且目视管理有一个先决的条件,就是消除黑箱作业。

(3)信号灯或者异常信号灯:在生产现场,第一线的管理人员必须随时知道作业员是否在正常作业或机器是否在正常地启动,信号灯是工序内发生异常时,用于通知管理人员的工具。信号灯的种类有异常信号灯和发音信号灯。一般设置红或黄两种信号灯,由员工来控制,当发生零部件用完,出现不良产品及机器的故障等异常时,往往影响到生产指标的完成,这时由员工马上按下红灯的按钮,等红灯一亮,生产管理人员和厂长都要停下手中的工作,马上前往现场,予以调查处理。异常被排除以后,管理人员就可以把该信号灯关掉,然后继续维持作业和生产。

运转指示灯:检查显示设备状态的运转,机器开动、转换或停止的状况,停止时还显示它的停止原因。

进度灯:比较常见,可以让作业人员把握作业的进度,防止作业的迟缓,对应于作业的步骤和顺序,程序标准化,要求也比较高。

(4)操作流程图:它本身是描述工序重点和作业顺序的简明指示书,也称为步骤图,用于指导生产作业。

(5)反面教材:一般结合现物和柏拉图表示,就是让现场的作业人员明白,也知道他的不良的现象及后果。一般是放在人多的显著位置,让人一看就明白这不能够正常使用,或不能违规操作。

(6)提醒板:用于防止遗漏。

(7)区域线:通过用线条的方法区分物品的摆放位置。

(8)告示板:是一种及时管理的道具,也就是公告,通过告示的办法将信息传送出去。

(9)生产管理板:揭示生产线的生产状况、进度的表示板,记录生产实绩、设备开动率、异常原因(停线、故障)等,用于看板管理。

**5. 熟悉目视管理的内容**

1)规章制度与工作标准的公开化

为了维护统一的组织和严格的纪律,保持大工业生产所要求的连续性、比例性和节奏性,提高劳动生产率,实现安全生产和文明生产,凡是与现场工人密切相关的规章制度、标准、定额等,都需要公布于众。与岗位工人直接有关的,应分别展示在岗位上,如岗位责任制、操作程序图、工艺卡片等,并要始终保持完整、正确和洁净。

2)生产任务与完成情况的图表化

现场是协作劳动的场所,因此,凡是需要大家共同完成的任务都应公布于众。计划指标要定期层层分解,落实到车间、班组和个人,并列表张贴在墙上;实际完成情况也要相应地按期公布,并用作图法,让大家看出各项计划指标完成中出现的问题和发展的趋势,以促使集体和个人都能按质、按量、按期地完成各自的任务。

3)与定置管理相结合,实现视觉显示资讯的标准化

在定置管理中,为了消除物品混放和误置,必须有完善而准确的资讯显示,包括标志线、标志牌和标志色。因此,目视管理便自然而然地与定置管理融为一体,按定置管理的要求,采用清晰的、标准化的资讯显示符号,各种区域、通道,各种辅助工具(如料架、工具箱、工位器具、生活柜等)均应运用标准颜色,不得任意涂抹。

4)生产作业控制手段的形象直观与使用方便化

为了有效地进行生产作业控制,使每个生产环节,每道工序能严格按照期量标准进行生产,杜绝过量生产、过量储备,要采用与现场工作状况相适应的、简便实用的资讯传导信号,以便在后道工序发生故障或由于其他原因停止生产时,不需要前道工序供应,在制品时,操作人员看到信号,能及时停止投入。各生产环节和工种之间的联络,也要设立方便实用的资讯传导信号,以尽量减少工时损失,提高生产的连续性。生产作业控制除了期量控制外,还要有质量和成本控制,也要实行目视管理。车间要利用板报形式,将"不良品统计日报"公布于众,当天出现的废品要陈列在展示台上,由有关人员会诊分析,确定改进措施,防止再度发生。

5)物品的码放和运送的数量标准化

物品码放和运送实行标准化,操作、搬运和检验人员点数时既方便又准确,减少误送、误用产生的浪费。

6)现场人员着装的统一化与实行挂牌制度

现场人员的着装起劳动保护的作用,在机器生产条件下,也是正规化、标准化的内容之一。它可以体现职工队伍的优良素养,显示企业内部不同单位、工种和职务之间的区别,因而还具有一定的心理作用,使人产生归属感、荣誉感、责任心等,方便组织指挥

生产。

挂牌制度包括单位挂牌和个人佩戴标志。按照企业内部各种检查评比制度,将那些与实现企业战略任务和目标有重要关系的考评专案的结果,以形象、直观的方式给单位元挂牌,能够激励先进单位更上一层楼,鞭策后进单位奋起直追。个人佩戴标志,如胸章、胸标、臂章等,其作用同着装类似。另外,还可同考评相结合,给人以压力和动力,达到催人进取、推动工作的目的。

7)色彩管理

色彩是管理中常用的一种视觉信号,目视管理要求科学、合理、巧妙地运用色彩,并实现统一的标准化管理,不允许随意涂抹。

**6. 认识目视管理的作用**

(1)目视管理形象直观,有利于提高工作效率。

(2)目视管理透明度高,便于现场人员互相监督,发挥激励作用。

(3)目视管理有利于产生良好的生理和心理效应。

**7. 推进目视管理的注意事项**

(1)对事不对人:针对问题千万不能感情用事,并出言伤人。

(2)要标准化、制度化。

(3)推动标准化、制度化,需注意:是否找到了真正的原因?有没有对策?对策是否有效?对策是否已经写入了我们的5S指导书中?是否对每一个作业员都清楚明白?

(4)仅凭培训教育是解决不了问题的,还要制定"防呆"措施。

(5)布告、通告栏方面的注意事项如下:

①应在指定场所张贴,不要随便地到处张贴。

②应清楚地区分适用范围,并标明是紧急,或是对外,或是职员通信等各种内容的字样。

③指明有效的期限或随时更新,海报必须符合一定的规格,并配合适当的尺寸、文字以及图画。

④事先应该测量好它的距离,悬挂的位置,不要让这些海报挡道或阻碍通行。

⑤如果海报贴在墙壁上,必须牢固地固定好,以免打开窗户时或者行人走过时被风刮到地上。

⑥通告的内容可以手写,但必须整洁易读,最好使用计算机打印文字或图画,放置此类物品的高度和地点都必须仔细地考虑,以便人们能看到标示牌上的全部内容。

### 三、6S管理实战

**1. 整理要点**

整理的实施要点就是对生产现场中摆放和停置的物品进行分类,然后按照判断基准区分出物品的使用等级。可见,整理的关键在于制定合理的判断基准。在整理中有三个非常重要的基准:第一,"要与不要"的判断基准;第二,"场所"的基准;第三,"废弃处理"的基准。

1)"要与不要"的判断基准

"要与不要"的判断基准应当非常的明确,例如,办公桌的玻璃板下面不允许放置私人照片。表4-14中列出了实施6S管理后办公桌上允许及不允许摆放的物品,通过目视管理,进行有效的标识,就能找出差距,这样才能有利于改正。

办公桌上允许及不允许放置的物品　　　　表 4-14

| 要(允许放置) | 不要(不允许放置) |
|---|---|
| 1. 电话号码表(可放玻璃板下);<br>2. 台历;<br>3. 三层文件架;<br>4. 电话机;<br>5. 笔筒;<br>6. 水杯;<br>7. 打孔器;<br>8. 计算器;<br>9. 电脑;<br>10. 书籍;<br>11. 三格杂志座;<br>12. 小饰品(以不影响办公和美观为准) | 1. 照片(如玻璃板下);<br>2. 图片(如玻璃板下);<br>3. 文件夹(工作时间除外);<br>4. 工作服;<br>5. 工作帽;<br>6. 私人护肤品;<br>7. 私人零食 |

2)"场所"的基准

所谓"场所"的基准,指的是到底在什么地方要与不要的判断。可以根据物品的使用次数、使用频率来判定物品应该放在什么地方才合适,如表 4-15 所示。明确场所的标准,不应当按照个人的经验来判断,否则无法体现出 6S 管理的科学性。

明确场所的基准　　　　表 4-15

| 使 用 次 数 | 放 置 场 所 |
|---|---|
| 一年不用一次的物品 | 废弃或特别处理 |
| 平均 1 个月到半年使用 1 次的物品 | 集中场所(如工具室、仓库) |
| 平均 1 个月使用 1 次的物品 | 置于工作场所 |
| 1 周使用 1 次的物品 | 置于使用地点附近 |
| 1 周内多次使用的物品 | 置于工作区随手可得的地方 |

3)"废弃处理"的基准

工作失误、市场变化等因素,是企业或个人无法控制的。因此,不要物是永远存在的。对于不要物的处理方法,通常要按照两个原则来执行:第一,区分申请部门与判定部门;第二,由一个统一的部门来处理不要物。

例如,质检科负责不用物料的档案管理和判定;设备科负责不用设备、工具、仪表、计量器具的档案管理和判定;工厂办公室负责不用物品的审核、判定、申报;采运部、销售部负责不要物的处置;财务部负责不要物处置资金的管理。

(1)"整理"强调使用价值,而不是原购买价值。

在 6S 管理活动的整理过程中,需要强调的重要意识之一就是:我们看重的是物品的使用价值,而不是原来的购买价值。物品的原购买价格再高,如果企业在相当长的时间没有使用该物品的需求,那么这件物品的使用价值就不高,应该处理的就要及时处理掉。

很多企业认为有些物品几年以后可能还会用到,舍不得处理掉,结果导致无用品过多的堆积,既不利于现场的规范、整洁和高效率,又需要付出不菲的存储费用,最为重要的是妨碍了管理人员科学管理意识的树立。因此,现场管理者一定要认识到,规范的现场管理带来的效益远远大于物品的残值处理可能造成的损失。

整顿的三定原则分别是定点、定容和定量。

①定点。定点也称为定位,是根据物品的使用频率和使用便利性,决定物品所应放置的场所。一般说来,使用频率越低的物品,应该放置在距离工作场地越远的地方。通过对物品的定点,能够维持现场的整齐,提高工作效率。

②定容。定容是为了解决用什么容器与颜色的问题。在生产现场中,容器的变化往往能使现场发生较大的变化。通过采用合适的容器,并在容器上加上相应的标识,不但能使杂乱的现场变得有条不紊,还有助于管理人员树立科学的管理意识。

③定量。定量就是确定保留在工作场所或其附近的物品的数量。按照市场经营的观点,在必要的时候提供必要的数量,这才是正确的。因此,物品数量的确定应该以不影响工作为前提,数量越少越好。通过定量控制,能够使生产有序,明显降低浪费。

(2)定点定量的重要工具是形迹管理。

为了对工具等物品进行管理,很多企业采用工具清单管理表来确认时间、序号、名称、规格、数量等信息。但是,使用工具清单管理表较为繁琐,而且无法做到一目了然。因此,有必要引入一种更为科学、直观的管理方法——形迹管理。

形迹管理是将物品的形状勾勒出来,将物品放置在对应的图案上。画出每件工具的轮廓图形以显示工具搁放的位置。这样有助于保持存放有序,某件工具丢失便立即能够显示出来。

**2. 清扫的主要对象**

清扫主要是为了将工作场所彻底清扫,杜绝污染源,及时维修异常的设备,以最快的速度使其恢复到正常的工作状态。通过整理和整顿两个步骤,将物品区分开来,把没有使用价值的物品清除掉。

一般说来,清扫的对象主要集中在以下几个方面:

(1)清扫从地面到墙板到天花板的所有物品。

需要清扫的地方不仅仅是人们能看到的地方,在机器背后通常看不到的地方也需要进行认真彻底的清扫,从而使整个工作场所保持整洁。

(2)彻底修理机器工具。

各类机器和工作具在使用过程中难免会受到不同程度的损伤。因此,在清扫的过程这一环节中还包括彻底修理有缺陷的机器和工具,尽可能地减少突发故障。

(3)发现脏污问题。

发现脏污问题也是为了更好地完成清扫工作。机器设备上经常污迹斑斑,因此需要工作人员定时清洗、上油、拧紧螺丝,这样在一定程度上可以稳定机器设备的品质,减少工业伤害。

(4)杜绝污染源。

污染源是造成清扫无法彻底的主要原因。粉尘、刺激性气体、噪声、管道泄漏等污染都存在污染源头,只有解决了污染源,才能够彻底解决污染问题。

**3. 构筑安全企业的六个方面**

1)彻底推行3S管理

现场管理中有一句管理名言:安全自始至终取决于整理、整顿和清扫(3S)。如果工作现场油污遍地,到处都零乱不堪,不仅影响现场员工的工作情绪,最重要的是会造成重大的安全隐患。因此,推行6S管理一定要重视安全工作的重要性,认真做好整理、整顿、清扫这三项要求。

2）安全隐患识别

安全隐患识别是一种安全预测。首先把工作现场所要做的工作的每一步全部列出来，然后分析每一步工作是否可能造成安全隐患。例如，在检修安全中，应该详细分析针对高空作业是用安全绳还是吊篮或者其他一些辅助措施，分别列出使用各种工具或措施可能产生的问题，针对可能产生的问题采取一系列预防措施来防止问题的发生。

3）标识（警告、指示、禁止、提示）

在安全管理中，能够用标识处理好的事情就尽量用标识来处理。这是因为标识既简单又低成本，例如醒目位置处的"严禁水火"、"小心来车"等标识能够清楚地提醒现场的工作人员注意避免危险情况的发生。如果现场没有相应的警告、指示、禁止、提示等标识，一些不了解现场的人员可能因为忙中出错而导致安全事故发生。

4）定期制定消除隐患的改善计划

在安全管理中，警告、提示和禁止等标识并不能解决所有的安全隐患，企业管理层还必须定期制定出消除隐患的改善计划。因此，优秀的企业十分强调安全问题，每年都会根据隐患改善计划拨出相应的经费，专门用以解决安全隐患问题，如加强防护措施，防止物品搬运中撞坏现场的仪表等。

5）建立安全巡视制度

在很多优秀企业中都建立了安全巡视制度，即设立带着SP（Safety Professional）袖章的安全巡视员。这些安全巡视员都经过专门的培训，能够敏锐地发现现场的安全问题，以实现"无不安全的设备、无不安全的操作、无不安全的场所"的目标。

安全巡视员通过"CARD作战"的形式来给予安全指导：对公司财产可能造成人民币2万元以上损失或对人身安全构成重大隐患的，使用红卡；对公司财产可能造成人民币5000～2万元损失或可能对人身造成一般损害的，使用黄卡；对公司财产可能造成人民币5000以下损失的，则使用绿卡。

6）细化班组管理

安全管理还需要细化班组管理。人命关天，班组是安全事故最可能发生的地方，因此，企业管理人员要对员工进行安全教育，公布一些紧急事故的处理方法。例如，在适当的时机应多加强演练火灾发生时应急措施的使用，一旦工厂发生火灾，应该如何选择逃生线路，由谁负责救护，谁负责救活，以及如何确定集合疏散地点等。

**4. 清洁的注意点**

在产品企业生产过程和日常工作过程中，总会不断有没用的物品产生，这就需要不断对其进行整理、整顿、清扫等管理工作。需要注意的是，清洁还是对整理、整顿和清扫、安全的制度化，通过标准化来保持前面的4S。

此外，清洁还应注重定期检查和对新人的教育。目前，推行6S管理的企业在清洁时常采用的运作方法主要包括红牌作战、3U MEMO、目视管理以及查检表等，这些方法和工具能够有效推动6S管理的顺利开展。

**5. 素养的注意点**

抓职工素养有以下三项注意点。

1）形似且神似

所谓"形似且神似"，指的是做任何事情都必须做到位。国内很多企业以前也学习日本和欧美企业的管理体系,也推行过 TQC 等管理方法,但大多数是以失败告终,根本原因在于没有做到神似。

2)领导表率

榜样的力量是无穷的,企业在推行任何政策的过程中都需要领导层的表率作用。例如,在 6S 管理的推行过程中,如果总经理主动捡起地上的垃圾,对周围下属的影响是"此时无声胜有声"的效果,可促使其他员工效仿。

3)长期坚持

6S 管理需要长期的坚持实施。6S 管理通过整理、整顿、清扫、清洁等一系列活动来培养员工良好的工作习惯,最终内化为优良的素质。如果连 6S 管理都做不好、不能坚持下去的话,其他的先进管理都是空话。目前,日本企业已经推行了几十年的 6S 管理,依旧在坚持,因而为企业带来了巨大的利益。

**6. 全方位有计划地进行 6S 管理过程控制**

1)全方位的过程控制

企业的 6S 管理要获得预期的效果,首先要具有一个良好的、全方位的过程控制。对于公司来说,要成立 6S 推行委员会、6S 推行办公室,要有计划性目标,要宣传并进行骨干培训,要设立样板区,进行定点摄影、6S 竞赛以及红牌作战等;对于部门来说,要成立 6S 推行小组,同时也需要进行部门内部的宣传教育;对每一个人来说,要填写 6S 日常责任表。只有这样,才能使得 6S 管理的推行过程得到全方位的控制。

2)有计划的过程控制

6S 管理的推行还需要一个有计划的过程控制,从前期造势到选定样板区域,再逐步将 6S 活动日常化,最后形成实施惯性。从明确组织责任、明确方针目标计划、宣传造势、树立样板区直到个人礼貌素养的提升,要通过不断的 PDCA 循环,达到全方位、有计划的过程控制,最终获得良好的实施效果。

6S 管理活动的实施,关键在于企业人员的意识改革与过程控制。企业领导者和普通员工能够全面、准确地理解 6S 活动的意义,是推行 6S 的前提条件。此外,在 6S 管理的具体推行过程中,执行者还应该注意掌握一些有效推进 6S 管理的工具,有针对性、有策略地开展 6S 活动,从而收到事半功倍的效果。下面将介绍推进 6S 管理的两种有效工具:红牌作战和定点摄影。

知识链接

## 什么是定点摄影

定点摄影主要是通过对现场情况的前后对照和不同部门的横向比较,给各部门造成无形的压力,促使各部门做出整改措施。仅仅将定点摄影简单地理解为拍照是错误的,这表明推行者并没有掌握定点摄影的精髓。

在定点摄影的运用过程中,每个车间、每个部门只需要贴出一些有代表性的照片,并在照片上详细标明以下信息:车间主任是谁、现场的责任人是谁、违反了 6S 管理的什么规定。这样,就能将问题揭露得清清楚楚,这对存在问题的部门产生的整改压力是相当大的。改善前的现场照片促使各个部门为了本部门形象与利益而采取解决措施,而改善后的现场照片能让各部门的员工获得成就感与满足感,从而形成进一步改善的动力。

定点摄影充分利用了各部门与员工的竞争心理和面子心理,能够有效地改善生产现场

的脏、乱、差等不良状况,从而减少产品的不合格率与错误发生概率,保证现场的工作效率与现场安全。

3) 红牌作战

红牌作战经常贯穿于6S管理的整个实施过程中,对于预先发现和彻底解决工作现场的问题具有十分重要的意义。因此,企业的管理者应该掌握红牌作战的实施方法,在6S管理的实施过程中加以灵活运用。

延伸阅读

## 申通快递的标准化管理现状及策略

物流快递业在运输业中占有不可低估的地位,早在1993年,全球十大运输企业排名中,第二及第九位均为主要从事快递服务的公司,经过20多年的发展,快递业在发达国家的地位更加稳固,不仅如此,发达国家为了提高快递运作效率,还积极致力于建立现代物流标准化管理系统。

我国快递业发展尚属起步阶段,快递业物流标准化管理工作更是相对落后于快递业,影响了我国快递一体化和电子商务的发展,不利于我国快递系统之间以及与国际快递系统之间的兼容。

### 一、我国快递企业的标准化管理现状

1. 什么是物流标准化

物流标准化是流通业现代化的基础。物流标准化是以物流系统为对象,围绕运输、储存、装卸、包装以及物流信息处理等物流活动制定、发布、实施有关技术和工作方面的标准,并按照技术标准和工作标准的配合性要求,统一整个物流系统的标准的过程。标准化可以加速流通速度,保证物流质量,减少物流环节,降低物流成本,极大提高物流作业效率、管理效率及经济效益。标准化不仅是工业生产的基础,也是物流发展的基础,我国物流企业大多处于起步阶段,更要注重物流标准化的问题。物流标准化包括物流软件、硬件的标准化。硬件标准主要是指物流运作过程中相关机具、工具的标准及配套标准,从一个作业流程到另一个作业流程衔接的标准,物流仓库、堆场、货架的规格标准、建设标准,信息系统硬件配置的标准等;软件标准是指物流信息系统的代码、文件格式、接口标准,物流管理、操作规程等。

2. 我国快递企业的物流标准化管理现状分析

根据物流标准化总体规范和快递业务的需要,快递的标准化主要表现在以下几个方面。

(1)物流管理的标准化:在统一的品牌下设置组织机构,包括机构名称、岗位编制、职责的标准化,企业的标识、着装的统一等,还有规范的目标管理、成本管理、质量管理、人事管理、财务管理等企业制度。

(2)物流业务的标准化:包括有关快递专业物流术语、业务种类、服务内容、计量单位、客户服务合同、物流单据、标签、业务流程、行为规范等方面的标准化。

(3)物流网络的标准化:包括物流中心、配送中心设立原则、选址、规模、设施布局、设备配置、标识的标准化,车辆尺寸、载重量、车厢标识、包装、运载容器、装卸搬运工具等的标准化。

(4)物流信息的标准化:客户编码、货品编码、容器编码、储位编码、订单编码的标准化,物流信息系统文件格式、数据接口标准化等。

目前,我国快递企业的标准化管理工作主要围绕和体现在与快递操作流程相关的方方面面。一般来说,快递各个站点及集散中心的流程操作按统一标准来进行,即SOP(标准化

作业流程)。SOP 的英文意思是"STANDARD OPERATION PROCESS",可以理解为标准操作程序,也可以称为标准化作业流程。我查了很多资料,只查到了中国标准化协会对"工作程序标准"的定义。中国标准化协会将"工作程序标准"定义为"对生产和业务工作的先后顺序、内容和要达到的要求所做的规定称为工作程序标准。工作程序标准是工作标准的一种,其目的是使各项工作条理化、标准化和规范化,以求得最佳工作秩序、工作质量和工作效率。""标准操作程序"这个概念强调的是标准的程序,而中国标准化协会对"工作程序标准"的定义更强调的是标准和规定。因此,我们可以把 SOP 定义为"达到了工作程序标准要求的程序或流程。"

我国一些快递企业通过了 SOP,它的整个操作流程如调度、取件、站操作、集散操作、派送等各个环节的生产作业都制定了标准规程,快递操作的工作人员如客服人员、调度、递送员等也都规定了统一的操作规范和作业要求,不仅如此,许多快递企业在邮政编码的正确书写,快递服务人员的着装,操作区域的安置,安全监视系统,派送车辆的标志、检修维护,取件派送的管理要求,递送员出车、取件、理货、交接、信息的发送及接收、分拣、装袋等涉及快件流转的方方面面都制定了一系列的标准。标准的制定,为企业进行有效的管理奠定了良好的基础。

操作标准的制定,微观上使公司运作更加规范,提高了工作效率,保障了货物、人员及车辆的安全性,使公司以统一形象、标识和服务规范面对客户,提高了企业在客户心目中的地位。宏观上起到了提高了技术创新能力,开拓了市场,提高了企业的管理水平,有利于企业的规模效益等作用。

标准的制定不一定代表标准执行的到位。在标准执行过程中,企业中存在草草行事、走形式、不照章办事的现象,没有起到实质作用,经常发生不按标准操作的现象,致使快件丢失、延误经常发生,给公司造成了极大的损失,影响了企业的形象。究其原因,主要表现在以下几个方面:

(1)企业管理者和员工存在物流标准化意识、质量意识淡薄现象,有了标准也不认真执行,对企业标准的实施不能进行有效地监督,有"人治"而非"法治"现象。实际上,标准的知识应该当成企业领导和员工的必修课,在思想上树立企业标准就是企业的法规,必须严格自觉遵守。企业管理者更应该是物流标准化管理的内行和支持者,只有增强全员物流标准化意识,才能确保企业的正常运转秩序,才能使企业在市场竞争中立于不败之地。

(2)物流标准化管理思想和制度宣传贯彻不够,致使部分管理人员和职工对标准化建设作用认识不够。管理人员对物流标准化作用和相关知识了解不够,甚至不知道物流标准化到底是干什么的,对物流标准化的认识上不去,甚至错误地认为物流标准化会约束企业的发展,直接导致企业管理水平、人员素质难以得到提高。相对来说,快递企业一线从业人员素质较低,而他们直接面对的就是顾客和操作的货物,如果他们对物流标准化作用缺乏认识和相关知识的系统学习,将直接影响顾客的满意水平和货物操作的质量。

(3)标准实施组织执行不力,过程中监督管理不够。标准化的建设并不是把相关的标准化制定好了就万事大吉了,标准化的组织执行和监督反馈更是一个重要的过程,否则一系列的条文和标准也只能是一纸空文,丝毫起不到它应该有的作用。

## 二、我国快递企业标准化管理优化策略

1. 转变观念,找准定位

所谓转变观念,就是提高大家对物流标准化管理的认识,不要以为标准化管理就是标

化管理部门的事,事实上是一项全员参与的工作,标准的制订、修订要靠标准化专职人员和各专业部门共同完成,靠广大职工共同遵守。同时,强化企业领导和员工的法制观念,把企业的标准化工作当成法律的要求,把企业标准化工作当作企业完成发展战略目标和提高企业核心竞争力的重要保证,从而使企业领导从支持转变为积极推动。引导员工理解、学习和执行标准的目的,是为了提高个人的知识和技能,提高员工工作效率和工作质量,从而使员工由被动执行转变为主动参与。

所谓找准定位,是指企业标准化管理部门明确自己建立、健全企业标准体系的职责。企业标准体系不仅包括一定时期内标准体系应有的标准,还包括待定、修订的超前性发展的标准,是企业的法律、法规,规范企业生产经营的各项活动。它不仅为开展标准化工作指明了方向,也为各级人员使用标准化提供了方便。可以说,一个不断完善的标准体系是一个企业管理水平不断提高的佐证。

2. 建立健全物流标准化管理制度,加强管理制度的贯彻实施

加大物流标准化法律法规宣传和培训,根据企业需求,建立结构合理、层次分明、重点突出的企业物流标准化体系:建立企业合理的标准化组织结构,根据管理要求,制定合适的管理制度和标准;系统、全面审核标准的全局性和协调性,克服就事论事的现象;采取合适的策略保证标准的有效实施,突出标准实施的监督管理。任何管理制度不管优劣,只有全面实施才能发挥其应有的作用和功能,才能实现管理制度的持续改进和创新。一个标准制定出来,如果仅仅写在纸上、挂在墙上、喊在嘴上,而落实不到行动上,都只能是一纸空文,是不会发生任何作用的。因此,只有通过贯彻实施,在实践中加以运用,它的作用和效果才能显现出来。

3. 加强物流标准化监督工作

物流标准化监督工作执行的力度,直接影响到质量监督工作的开展。企业在整个工作流程中,只有及时配备了标准并严格执行标准,对标准的实施进行全过程的监督,才能确保操作货物的流转质量。通过监督,一方面可以及时处罚违反标准的行为,另一方面可迅速反馈标准本身的缺陷和不足之处,从而采取有效措施。如果在标准实施过程中,放任自流,不去监督检查,标准的贯彻就可能走样和流于形式,即使有较高的质量和较高水平的标准,也不能完全产生理想的效果。因此,只有对标准实施严格的监督,才能保证标准化工作的顺利实施。

所以,企业必须转变观念,以一系列制度加强物流标准化管理工作的贯彻实施,并对标准实施进行严格的全过程的监督,才能保证企业物流标准化管理工作进一步提升。

总之,我国的快递企业必须加大标准化工作的宣传力度,增强快递从业人员物流标准化意识,以有力措施保证标准化组织执行和过程监督,只有这样,我国快递企业物流标准化建设才能真正发挥其规范企业流程、降低企业运行成本、实现规模效益的作用。

### 模块练习

阅读案例并回答问题:

1. 某企业主要承接重加工业务,其工作场地很狭窄,产品往往需要经过多个部门的加工才能完成,但常常由于半成品堆积过多,产品难以发出去,造成工作场所杂乱和拥挤,并经常引发事故,在很大程度上影响了工作效率的提高。

如果你作为企业的管理者,你会如何在该企业推广6S活动?如何运用红牌来解决生产

现场中所遇到的困境？请简单叙述你的想法。

2. 浙江某企业的老总决定在自己的企业内推行6S管理。但是,推行三个月之后发现效果并不好。于是,这位老总决定向专家求助。6S管理专家到现场后发现,这家企业确实使用了"定点摄影",企业的车间、职工食堂内密密麻麻地贴满了上百张照片。但是,每个员工经过的时候也仅是看一眼就走了。

你认为这家企业在6S管理推行过程中存在什么问题？该企业对定点摄影的运用为什么效果不好？如果存在问题,应该如何改进？请简单叙述你的想法。

# 模块五　物流营业网点开发与设立

**学习导语**

物流网点布局与开发,是以物流系统和物流企业经营发展战略规划为目标,用系统的理论和系统工程方法,综合考虑物流企业自身的发展规划、市场定位、客户资源、运输条件、自然环境等因素,对物流网点的数量、位置、规模、服务范围和物流中转的比例等进行研究和设计,建立一个有效率的物流服务运营市场网络系统,达到费用低、服务好、效益高的目的。

**故事分享**

### 联邦快递曾经和柯达的情缘

2003年11月12日,全球最大的快递运输公司联邦快递(FedEx)与全球影像巨头柯达携手,利用其在中国最大的零售网络,将"联邦快递自助服务专柜"搬进广州的20家柯达快速彩色冲印店。借力于柯达公司遍布全中国的近9000家快速彩色店,联邦快递无疑也在中国铺开了一张巨网。在联邦快递自助服务专柜投递快件并以现金结账的客户,将享受联邦快递的优惠价格服务。联邦快递还将提供比电话取件更晚的截件时间,只要在中午3点之前投递,快件即可在下一个工作日送抵北美及亚洲的主要城市。非一日达国际快件的投递截止时间可延长至柯达冲印店当日营业结束。继广州之后,联邦快递将"自动服务专柜"通过柯达彩扩店推广至深圳等地。

**思考**

1. 针对这则故事,谈谈你的想法?
2. 通过这则小故事,对物流销售有什么启示?

**学习目标**

通过本模块的学习,期望达到下列目标。

**1. 专业能力**

(1) 具备物流企业新点选址的能力;
(2) 具备市场调研的能力;
(3) 能进行新点开设流程的具体工作,如店面租赁、筹建等工作;
(4) 具有为新物流营业网点创造开业氛围的能力;
(5) 能了解新物流营业网点从选址、计划推进到新点开业的全部流程。

**2. 社会能力**

(1) 培养学生的可持续发展的能力;
(2) 培养学生具有物流企业综合管理的能力;
(3) 培养学生具备中层和业务部门负责人具有的基本素质;
(4) 注重遵章守纪、积极思考、耐心、细致、勇于实践、竞争意识、责任意识等职业素质的养成。

**3.方法能力**

(1)通过查阅资料、文献等,培养自学能力和获取信息的能力;

(2)通过情境化的任务单元活动,掌握分析问题、解决实际问题的能力;

(3)制订工作计划,培养工作方法及能力;

(4)能独立使用各种媒体完成物流营业网点选址及开设的学习任务。

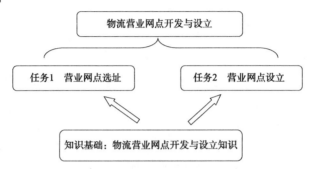

## 任务1 营业网点选址

有一家面馆的老板第一次搞餐饮,他租赁了一家临街正在营业的门面餐馆,此餐馆无论从餐厅营业面积、地理位置还是租金等方面都非常理想。而且店面前离道路有20m宽的空地,不仅有足够的停车位,也可搞夜市经营。事情谈妥后,老板花了大量资金搞装修,增添设备。但此店经营还不到半年,因在国家规定的拆迁范围之内,被拆迁了,老板受到比较大的经济损失。

**引例分析**

物流营业网点的选址同餐饮门面选址虽不完全相同,但二者还是有一定的相似之处。案例中的面馆老板因为没有事先了解清楚拆迁的相关国家规定,平白无故遭受了经济损失,物流营业网点选址也可以借鉴。下面,同学们就来了解一下物流营业网点选址应该注意哪些事项吧。

 任务分析

**一、任务准备**

(1)准备若干个物流企业营业网点选址的案例,包括基本文字材料、图片、相关数据等。

(2)各种模板,包括:选址评分表、选址信息表等。

(3)多媒体教室(含可供学生上网查资料的电脑、多媒体教学设备、课件和动画等教学资料)及模拟会客室(含服务台、椅子、茶壶、茶杯等/模拟员工和客户的名片、名片夹、各种文具)。

(4)网络资源,包括:网络营销所需各类网站的网址及名称、地图软件、QQ等。

## 二、任务目标

（1）明确物流网点的含义、特点。
（2）明确物流网点的布局的含义及应考虑的因素。
（3）熟悉物流网络的基本含义和特点。
（4）明确物流网点选址的步骤、方法及特点。
（5）能按物流营业网点的选址方法和步骤进行网点的选址。

## 三、基础知识

### 1. 物流网点

1）物流网点定义

所谓物流网点，就是物流网络的结点。主要指储运仓库、流通仓库、中转仓库等。

2）物流网点的特点

（1）物流网点是大批量物资储运、集散的场所。仓库一旦建立，就会面对整个地区的各个企业开展储运业务，将有很多企业的物资在这里储运——从各地运到这里来，或从这里运出去。

（2）物流网点是物流作业活动的种类和工作量集中的地方。大量物资在物流网点集散，要进行储存、装卸、搬运、运进运出、包装、流通加工、信息处理等活动，所以几乎所有的物流活动都会在这里发生，工作量特别大。因此，必须有比较齐全的、专业化、技术化的物流设施、设备和器具，并有专业化的物流队伍。

（3）设施设立费用高，需要较大的投资。物流网点一般是一个比较大型的仓库，有的还有比较多的起重、装卸设备，有的甚至还有专用铁路线。因此，建立一个仓库，少则几十万元，多则需要几千万元甚至几亿元的投资。

（4）运行费用高，而且运行时间长。仓库一旦建成，就必然有大量的物资在这里集散，有很多的物流作业在这里进行，需要相当数量的人、机器、设备和物料消耗，因此会发生很高的运行费用。

（5）关系到整个地区有关企业的利益和本地区的经济发展。储运仓库一旦建成并投入使用，就必然牵涉本地区各个企业和单位的利益。如果运行成本高，则会给各个企业带来负担，给地区经济的发展造成负面影响；如果运行成本低，就会给各个企业带来效益，给本地区经济发展带来好处。

（6）关系到本地生态环境。一个仓库建成后，每天必然有运货的汽车进进出出，汽车尾气、噪声、灰尘等必然破坏生态环境，造成环境污染，并且车流堵塞、交通拥挤、混乱等也给当地人们生活、工作带来不便。

3）物流网点布局

所谓物流网点布局，是以物流系统和社会的经济效益为目标，用系统的理论和系统工程方法，综合考虑物资的供需状况、运输条件、自然环境等因素，对物流网点的数量、位置、规模、供货范围、直达供货和中转供货的比例等进行研究和设计，建立一个有效率的物流网络系统，达到费用低、服务好、效益高的目的。物流网点布局的内容具体如下：

（1）区域内网点数目的设计——网点的多少。
（2）区域内网点位置的设计——设在哪里。
（3）区域内网点规模的设计——设多大的。

(4)区域内各网点的供货范围的设计——给谁供货。

(5)区域内各网点的进货渠道和进货方式(中转直达)的设计——供货与进货方式。

物流网点布局是一个典型的物流系统工程,需要运用系统理论和系统工程的方法,达到物流系统的目标,建立起一个有效率的物流系统。物流系统的主要目标如下:

①服务好。能够优质地满足社会各个企业的需要,为发展社会经济、提高社会经济效益做出贡献,这就要求物流网点建设要符合国家的宏观生产力布局和国家经济发展规划,对各个企业具有优越的地理位置关系,能够方便有效地为企业服务。

②费用省。物流系统运作综合成本低,总费用最省。这里所谓总费用最省,是指网点生命周期总费用最省。网点生命周期费用包括网点设立费用和网点运行费用。网点设立费用,指网点从设计到施工建设,再到建成基础设施、购置机器设备,一直到投入运行的全过程所花的总费用,其中主要部分是施工建设的费用。运行费用,主要是指网点投入运行以后所投入的人力、物力等费用,例如人员的工资、福利、办公费用以及能源、设备、材料等的消耗费用。

③效益高。效益高指具有较高的经济效益和社会效益。在获得好的经济效益的同时,还要注意保护自然生态环境,如防止或减少噪声、尾气、交通拥挤、混乱等现象的发生,做到不打扰居民生活,不增添交通负担等。

4)物流网点布局应考虑的因素

具体的物流网点布局,一般可以分为地区选择和地点选择两步。地区选择,主要考虑宏观布局,确定网点应该设多少个,分别设在什么地区;地点选择,主要是确定在被选定的地区中,物流网点应该设几个,具体设在什么地方,这个时候主要考虑微观因素,例如地质、市场、交通、环境、能源等问题。

具体来说,地区选择应考虑的因素有以下几点:

(1)符合国家的宏观生产力布局和经济发展规划。

(2)地区经济发展水平与市场前景良好,有比较充足的物流需求量。

(3)与大物流系统网络接轨配套。

(4)交通基础设施比较齐全、配套,运输方便。

(5)能源、信息、市场、法制等基础条件好。

(6)还应考虑竞争态势和自己的实力情况,如果在这些地区有很强的竞争对手,则要根据自己的实力来确定是勇敢挑战还是采取回避策略。

地点选择应考虑的因素有以下几点:

(1)符合当地经济发展规划和城市发展规划。

(2)周围有一大批企业可能成为自己的客户,市场前景良好,有比较充足的物流需求量。

(3)与大物流系统网络接轨配套。

(4)交通基础设施比较齐全、配套,运输方便。

(5)电力、煤气、水源、通信设施、安全设施、市场法制等基础条件好。

(6)地质条件好。

(7)地势平坦、土方量小,避免占用农田。

(8)一般不选在市中心区及居民区,不影响居民生活,不增添交通干道压力。

5)物流网点布局的类型

物流网点布局按网点数目的多少可以分为两类:第一类是一元网点布局,整个地区就只设立一个物流网点。这是一种最简单的情况,模型的方法原理和计算都比较简单。第二类是多元网点布局,在一个区域中要设立多个物流网点。这种情况比较复杂,建立的模型和计算过程都相对复杂一些。

6)物流网点布局的方法

(1)模拟法:主要通过模拟模型求解。模拟模型一般能够给出地理位置关系的概念,有些能够进行定量化的计算分析,有些则不能够进行定量化的计算分析,而是采取专家评分的方式来选定方案。

(2)解析法:解析法是一种数学方法,通过建立数学模型求解,一般可以得到一个比较精确的定量解。由于该解一般是作了一些理想化的假设以后得出的结果,但实际情况却比较复杂,所以对得出的结果还要根据实际情况作一些相应的调整才能够实施。

(3)实用性方法(启发式方法):这是一种针对实际情况,综合运用各种方法进行处理而形成的比较实用的物流网点布局方法。

## 2. 物流网络

物流网络可以分为广义物流网络和狭义物流网络两种。

广义物流网络是从宏观角度探讨,主要包括物流基础设施网络和物流信息网络。物流基础设施网络如全球运输网络、全国性运输网络、地区性运输网络;物流信息网络是指伴随物流基础设施网络而相应传递各类信息的通信网络。

狭义物流网络主要是指物流企业经营活动中所涉及的物流运输网络、物流信息网络、物流客户网络。物流运输网络是指由一个物流企业的物流节点、运输线路和运输工具等组成的运输网络。物流信息网络是指一个物流企业建立的有关用户需求信息、市场动态、企业内部业务处理情况等信息共享的网络,是依靠现代信息网络技术建立起来的物流节点间的信息网络。物流客户网络是指由物流企业所服务的对象组成的一个虚拟网络。用户越多,物流用户网络越大。全部物流活动是在线路和节点进行的,在线路上进行的活动主要是运输,物流功能要素中的其他所有功能要素,如包装、装卸、保管、分货、配货、流通加工等都是在节点上完成的。从这个意义上讲,物流节点是物流系统中非常重要的部分。

## 3. 物流网络的特性

(1)网络经济性(又称网络效应、网络外部性和需求方规模经济):物流网络强的企业将吸引越来越多的用户加入,因而变得更加强大,在竞争中取得优势地位。

(2)规模效果特性:一个完整的物流网络至少要包括物流线路和物流节点两大部分。

①物流线路

广义的物流线路指所有可以行驶的和航行的陆上、水上、空中线路,狭义的物流线路指已经开辟的可以按规定进行物流运营的路线和航线。在物流管理领域物流路线一般指后者。

铁路线路:主要有双轨线路、单轨线路;宽轨线路、标准轨线路、窄轨线路;普通线路、快运线路。

公路线路:可以分为国道、省道、城市道路;高速公路、快速公路、一般公路;货运线路、非货运线路;干线公路、支线公路、连接线公路等;几种类型。

水运路线:可分为内河航运线路、远洋海运线路、近海海运线路和沿海海运线路等。

空运线路:已经开辟的能够进行管制、导航、通信等管理的空中航线。

②物流节点

物流节点是物流网络中衔接物流线路的结节之处。铁路运输领域的节点有铁路货运站、铁路专用线货站、铁路货场、铁路转运站、铁路编组站等;公路运输领域的节点有公路货场、车站、转运站、公路枢纽;航空运输领域的节点有货运机场,航空港;商贸领域的节点有流通仓库、储备仓库、转运仓库、配送中心、分货中心等。

物流节点有以下功能:

a. 衔接功能:节点将各物流线路联结成系统,和各个线路通过节点相通而不是互不相干。

a)通过转换运输方式衔接不同运输手段。

b)通过加工,衔接干线物流及配送物流。

c)通过储存衔接不同时间的供应物流和需求物流。

d)能通过集装箱、托盘等集装处理衔接整个"门到门"运输,使之成为一体。

b. 信息功能:节点是整个物流系统或与节点相接物流的信息传递、收集、发送的集中地。

c. 管理功能:物流节点大都是集管理、指挥、调度、信息、衔接及货物处理为一体的物流综合设施。整个物流系统的有效动作都取决于物流节点的管理。

d. 结算功能。

e. 需求预测功能。

f. 物流系统设计咨询功能。

g. 物流教育与培训功能。

**4. 物流企业的营业网点**

随着物流企业经营规模的扩大,要按照企业发展规划中的物流网络来增设一些新的营业部门,一般这样的营业部门既要具备客户接待、货物接货和业务受理及派发货物的功能,也要有一定存储能力、配送和接送货物的运输能力,同时还兼负有企业宣传、市场调研等功能。由众多此类营业网点、运输线路及收货地点所组成的就是物流企业的物流网络。可以说,物流企业的营业网点也是物流节点的其中一种。

 任务实施

一、明确物流网点选址的步骤

物流网点选址是一项战略层次的工作,企业高层管理决策者必须充分考虑各种因素,做好物流网点的选址工作。

第一步:通过宏观经济和发展规划研究,选择网点布局的地区。一般要根据本地区的经济发展状况和物资供需状况,走访有关经济计划部门和城市规划部门,根据整个物流系统的规划和长远发展规划,确定物流网点布局的被选地区、网点覆盖范围和大致规模。

第二步:在被选地区中,通过详细的调查分析,根据地质、市场、交通、环境、能源等因素确定一些可能设置为网点的备选地址。

第三步:以备选地址资料为依据,建立物流网点布局模型。这种模型可以是数学模型,也可以是模拟模型。模拟模型可以是物理模拟模型,也可以是几何模拟模型。而数学模型一般是根据各个网点的位置、里程、物流量和单位运杂费以及一些约束条件建立起来的一个总费用模型,以此求出使得总费用最省的物流网点布局方案。

第四步:根据模型分析、计算、逐步优化,求出最优的物流网点地址、规模、供货范围、直达供货和中转供货的比例等,从而确定最优的网点布局方案。

第五步:将确定的物流网点布局方案写成可行性分析报告,交有关决策部门审批通过和实施。

## 二、物流网点规划及选址实战

以上这些步骤中第三步、第四步是需要进行计算机科学数据论证的步骤,下面请同学们参照某 C2C 电子商务配送物流网络网点规划的实例,来共同了解物流网络网点覆盖的规划、中心网点的选址、各级中转站的选址问题。

根据 C2C 电子商务商品的特点、供应链系统的要求,结合我国第三方物流配送企业的发展现状,我们发现必须提高全国各地的网点覆盖率,在全国划分的五大行政分区中形成各自的中心网点,即在各个分区内建立快递中心网点——一级中转站,并且优化联盟企业原有的配送网点,建立二级中转场,实现与一级中转场对接。C2C 电子商务配送物流网络网点如图 5-1 所示。

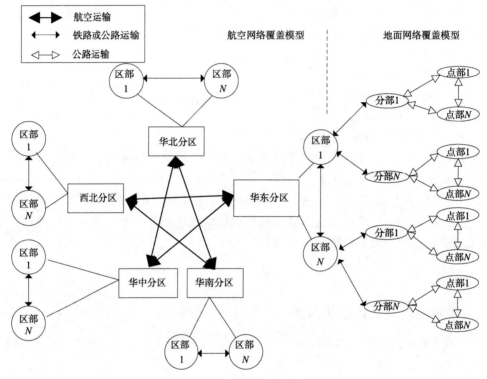

图 5-1　C2C 电子商务配送物流网络网点

**1. 航空网络覆盖布局**

1) 覆盖问题的描述

所谓覆盖模型,就是对于需求量已知的一些需求点,确定一组服务设施来满足这些需求点的需求。当忽略地租等因素的影响,建立一个设施点的固定成本相同时,为了达到成本最小,须用最小数量的设施去覆盖所有的需求点。在快递业中,由于快件时效性的限制,每个网点都有其最大服务半径,而飞机的最小经济半径为 200km。另外,各个网点可根据范围内客户群的密集度、业务量,通过配备数量不等的收派员使网点具备不同的服务能力;对于被多个网点覆盖的某些客户群集中点,则可将此客户群的业务分由多个网点处理,业务的分配取决于这些网点的服务能力。

问题假设如下:

(1) 忽略地租等因素的影响,认为建立一个网点的固定成本相同,则为了达到成本最小,须用最小数量的网点去覆盖所有的需求点。

(2)不考虑区域内交通因素的影响,设定所有网点的最大服务半径上限一致,超过此上限则达不到快件时效性的要求。

(3)由候选网点的四大基本原则,即供需平衡,战略一致,效益最大化,微观区域最优原则,我们知道快递的企业的业务量和运输路线对企业的利益最大化起决定性作用,但在业务量不确定的情况下,我们只考虑网点之间的距离,而距离一般采取直线距离。

(4)所选的网点皆为大中型城市,航空设施比较完备,如飞机场的建设。若我们所选网点都是至少有一个飞机场,一级中转站与它下辖各个网点之间的运输方式一般采取航运或大型货车、火车。符合建立一级中转站的条件。

(5)站在企业未来发展的角度,有些城市之间并没有业务往来,但基于企业扩张的战略,我们假设在一定区域内各个网点之间有业务往来。

基于以上假设,建立最大覆盖模型的目标是对有限的服务网点进行选址,为尽可能多的对象提供服务。物流网络网点覆盖模型示意图如图 5-2 所示。

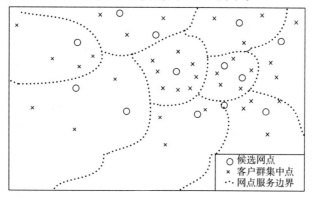

图 5-2 物流网络网点覆盖模型示意图

2)建立模型

覆盖模型符号定义如下:

$N$——区域内客户群集合点的集合,$N=\{1,2,3,\cdots,n\}$;

$M$——区域内候选网点的集合,$M=\{1,2,3,\cdots,m\}$;

$d_i$——第 $i$ 个需求点的需求量;

$D_j$——第 $j$ 个候选中该设施点的服务能力(容量);

$p$——可以建设的设施数目;

$A(j)$——设施节点 $j$ 所覆盖的所有需求节点 $i$ 的集合;

$B(i)$——可以覆盖需求节点 $i$ 的设施节点 $j$ 的集合;

$x_j$——$x_j=\begin{cases}1, j\in M,\text{在}j\text{点建立设施};\\0,\text{否则};\end{cases}$

$y_{ij}$——节点需求中被分配设施点 $j$ 的部分。

数学模型可表示为:

$$\max \sum_{j\in N}\sum_{i\in A(j)} d_i y_{ij} \tag{5-1}$$

$$\text{s.t.} \sum_{j\in B(i)} y_{ij} \leq 1, i\in N \tag{5-2}$$

$$\sum_{i\in A(j)} d_i y_{ij} \leq D_j x_j, j\in M \tag{5-3}$$

$$\sum_{j\in M} x_j = p \tag{5-4}$$

$$x_j \in \{0,1\}, j \in M$$
$$y_{ij} \geq 0, i \in N, j \in M$$

式(5-1)是满足最大可能的对需求提供服务;式(5-2)是需求的限制,服务不可能大于当前的总和;式(5-3)是对每个提供服务的网点的服务能力的限制;式(5-4)则是对问题本身的限制,也就是说,最多可能投建设施的数目为 $p$。

3)根据枢纽城市信息建立航空网络网点

(1)用经纬度计算距离。

环绕地球赤道一周共 40075.04km,一圈可分成 $360°$,而每 $1°$ 有 $60'$,每一度、每一秒在赤道上的长度计算如下:

$$40075.04 \text{km}/360 = 111.31955 \text{km}$$
$$111.31955 \text{km}/60 = 1.8553258 \text{km} = 1855.3 \text{m}$$

而每一分又有 60s,每一秒就代表 $1855.3 \text{m}/60 = 30.92 \text{m}$。

任意两点距离计算公式为:

$$d = 111.12\cos\left\{\frac{1}{[\sin\varphi A \sin\varphi B + \cos\varphi A \cos\varphi B \cos(\lambda B - \lambda A)]}\right\}$$

其中,$A$ 点经度、纬度分别为 $\lambda A$ 和 $\varphi A$,$B$ 点的经度、纬度分别为 $\lambda B$ 和 $\varphi B$,$d$ 为距离。

例如,北京到天津的直线距离为:

$$d = 111.12\cos\left\{\frac{1}{[\sin 39.02 \times \sin 39.55 + \cos 39.55 \times \cos 39.55 \times \cos(117.12 - 116.24)]}\right\}$$
$$= 128.1 \text{km}$$

由上述方法,我们可以精确地计算出物流企业开通全国城市网点直线距离。

(2)确定各区一级中转站

①华北地区。

北京作为我国的首都,经济发展迅速,居民生活水平较高,交通便利,各大交通公共设施非常完善,是与我国各大城市业务来往最频繁的城市,故在华北地区选择北京为中心网点——一级中转站。华北地区网络图如图 5-3 所示。

②华东地区。

华东地区的航空资源优势突出,地面网络覆盖华东地区 24 个大中城市。在杭州、上海、宁波、无锡四个中心城市的距离表(表 5-1)中可见,除了上海距温州超过 200km,其他的都在 200km 之内,故我们可以采取汽车运输,经济半径规定为 200km。

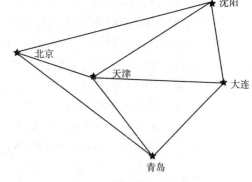

图 5-3 华北地区网络图

距离表(单位:km)    表 5-1

| 杭州 | | | |
|---|---|---|---|
| 160 | 上海 | | |
| 140 | 180 | 宁波 | |
| 240 | 360 | 190 | 无锡 |

现运用集合覆盖模型来求解华东地区的一级中转站,见表 5-2。

候选网点服务范围　　　　　　　　　　　　　　表5-2

| 客户集群城市 | $A(j)$ | $B(i)$ |
|---|---|---|
| 杭州 | 杭州、上海、宁波 | 杭州、上海、宁波 |
| 无锡 | 无锡、宁波 | 无锡、宁波 |
| 宁波 | 宁波、上海、杭州、无锡 | 宁波、上海、杭州、无锡 |
| 上海 | 上海、杭州、宁波 | 上海、杭州、宁波 |

因为 $A(宁波)=\{宁波　上海　杭州　无锡\}$，覆盖了所有的候选网点，故选 $j=$ 宁波，即在客户集群城市无锡建立一级中转站。由于无服务能力限制约束，故根据算法第三步依次指派宁波、上海、杭州、无锡点归网点宁波服务。

③华南地区。

目前广东和福建之间还没有全货机运行，互寄快件主要通过陆运干线和散航两种运输方式，网络其他区域有一大部分至福建的快件也是通过华南分拨区进行中转，由陆运干线进入福建的三个中转场。

粤闽干线主要包含深圳——泉州干线(3组对开)、深圳——福州干线(1组对开)及深圳——厦门干线(1组对开)共5组，干线网络和区位示意图如图5-4所示。

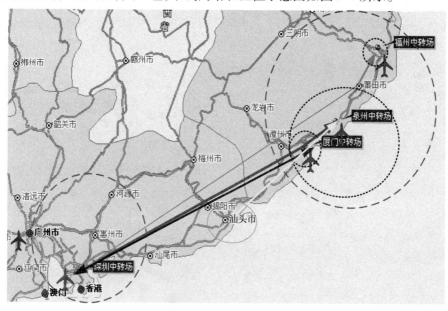

图5-4　干线网络和区位示意图

粤闽干线对开线路一览表见表5-3，由于深圳区可望成为重要航空货运中转站。故我们根据经验法选择深圳作为华南区的一级中转站。货南区距离表见表5-4。

粤闽干线对开线路一览表　　　　　　　　　　　　表5-3

| 序号 | 干线名称 | 日均票数(张) | 票均质量(kg) | 质量(kg) | 车辆吨位(t) | 总里程(km) | 日均装载率(%) |
|---|---|---|---|---|---|---|---|
| 1 | 泉深1630 | 2364 | 2.68 | 6335.52 | 7.3 | 720 | 92 |
| 2 | 泉深1900 | 2129 | 2.68 | 5705.72 | 7.3 | 720 | 90 |
| 3 | 泉深0000 | 1447 | 2.68 | 3877.96 | 11.2 | 720 | 79 |
| 4 | 厦深0030 | 927 | 2.68 | 2484.36 | 7.3 | 650 | 75 |

续上表

| 序号 | 干线名称 | 日均票数(张) | 票均质量(kg) | 质量(kg) | 车辆吨位(t) | 总里程(km) | 日均装载率(%) |
|---|---|---|---|---|---|---|---|
| 5 | 福深 0050 | 582 | 2.68 | 1559.76 | 11.2 | 840 | 51 |
| 6 | 深泉 1630 | 2380 | 2.68 | 6378.4 | 7.3 | 720 | 79 |
| 7 | 深泉 2330 | 2594 | 2.68 | 6951.92 | 7.3 | 720 | 85 |
| 8 | 深福 0300 | 3518 | 2.68 | 9428.24 | 11.2 | 840 | 90 |
| 9 | 深厦 0230 | 2148 | 2.68 | 5756.64 | 7.3 | 650 | 83 |
| 10 | 深泉 0400 | 2270 | 2.68 | 6083.6 | 11.2 | 720 | 74 |

华南区距离表(单位:km)　　　　　　　　　　表 5-4

| 广州 | | |
|---|---|---|
| 30 | 东莞 | |
| 130 | 100 | 深圳 |

综合模型求解过程,在地图上标出各个一级网络网点,见图5-5。

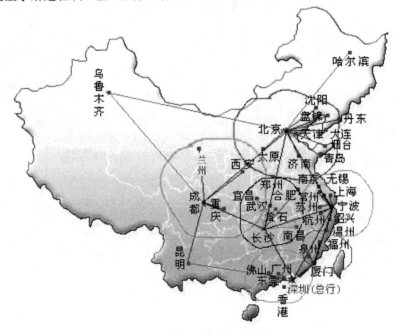

图 5-5　一级网络覆盖图

在每个华南、东南和华东行政分区里运用集合覆盖模型为一级中转站选址。根据目前与全国各地已建立业务往来的城市的业务量大小,华东地区设宁波为一级中转站,华南地区设深圳为一级中转站,东南地区设厦门为一级中转站。图5-5以每个一级中转站为中心做出一个圆,并使它尽可能覆盖多的网点,图中共用3个圆域覆盖了沿海的大部分网点,由于经济与地理以及物流中转站的经济成本等因素,有些网点不在覆盖模型之内,但是我们可以通过铁路或航运由其他中心与之进行快件的中转,解决网点覆盖率不高的问题。

**2. 物流网络网点中转场选址模型**

1) 中转场选址问题的描述

将区域内的网点看成是分布在某一平面范围内的物体系统,将各网点的业务量看成为物体的重量,物体系统的重心位置将作为中转场的最佳设置点。另外,中转场不仅与本区域内网点联系紧密,作为本区域与其他区域的连接纽带,还与机场往来频繁,且提发货量较多,因此将机场也视为一个质点,其提发货量视为其重量,作为物体系统一并考虑。

问题假设如下:

(1)各个网点与中转场间每单位货量、单位距离所产生费用相同,但与中转场和机场间每单位货量、单位距离所产生费用应区别对待。

(2)区域内的交通迂回系数一致,两点间的行车距离即为两点间直线距离与交通迂回系数的乘积。

(3)区域内中转场位置的确定,对此中转场与其他中转场进行干线运输所产生的影响可忽略。

中转场重心示意图如图5-6所示。

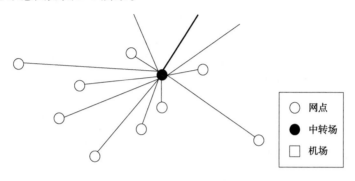

图 5-6 中转场重心示意图

2)中转场选址模型的建立

中转场选址模型符号定义如下:

$p_0(x_0, y_0)$——中转场;

$p_i(x_i, y_i)$——网点($i = 1, 2, \cdots, n-1$);

$p_n(x_n, y_n)$——机场;

$m_i$——$p_0$ 与 $p_i$ 间每单位货量、单位距离所产生费用($m_1 = \cdots = m_{i-1} \neq m_n$);

$\alpha$——交通迂回系数;

$d_1$——$p_0$ 到 $p_i$ 的直线距离;

$w_i$——$p_i$ 的业务量。

总费用 $H$ 为:

$$H = \alpha \sum_{i=1}^{n} (m_i w_i d_i) = \alpha \sum_{i=1}^{n} m_i w_i [(x_0 - x_i)^2 + (y_0 - y_i)^2]^{\frac{1}{2}} \tag{5-5}$$

目标函数为:

$$\min H = \min \alpha \sum_{i=1}^{n} m_i w_i [(x_0 - x_i)^2 + (y_0 - y_i)^2]^{\frac{1}{2}} \tag{5-6}$$

若 $(x^*, y^*)$ 使 $H$ 取得极小值点,由于公式(5-5)为凸函数,则最优解的必要条件须满足:

$$\begin{cases} \left. \dfrac{\partial H}{\partial x_0} \right|_{x = x^*} = 0 \\ \left. \dfrac{\partial H}{\partial y_0} \right|_{y = y^*} = 0 \end{cases}$$

令

$$\begin{cases} \dfrac{\partial H}{\partial x_0} = \alpha \sum_{i=1}^{n} \dfrac{m_i w_i (x_0 - x_i)}{[(x_0 - x_i)^2 + (y_0 - y_i)^2]^{\frac{1}{2}}} = 0 \\ \dfrac{\partial H}{\partial y_0} = \alpha \sum_{i=1}^{n} \dfrac{m_i w_i (y_0 - y_i)}{[(x_0 - x_i)^2 + (y_0 - y_i)^2]^{\frac{1}{2}}} = 0 \end{cases}$$

则有

$$\begin{cases} x^* = \dfrac{\sum_{i=1}^{n} \dfrac{m_i w_i x_i}{[(x_0 - x_i)^2 + (y_0 - y_i)^2]^{\frac{1}{2}}}}{\sum_{i=1}^{n} \dfrac{m_i w_i}{[(x_0 - x_i)^2 + (y_0 - y_i)^2]^{\frac{1}{2}}}} \\ y^* = \dfrac{\sum_{i=1}^{n} \dfrac{m_i w_i y_i}{[(x_0 - x_i)^2 + (y_0 - y_i)^2]^{\frac{1}{2}}}}{\sum_{i=1}^{n} \dfrac{m_i w_i}{[(x_0 - x_i)^2 + (y_0 - y_i)^2]^{\frac{1}{2}}}} \end{cases} \qquad (5\text{-}7)$$

式(5-7)两等式右端仍含未知数 $x_0$, $y_0$, 故不能一次求得显式解, 但由此可以导出关于 $x$、$y$ 的迭代公式:

$$\begin{cases} x_{k+1} = \dfrac{\sum_{i=1}^{n} \dfrac{m_i w_i x_i}{[(x_k - x_i)^2 + (y_k - y_i)^2]^{\frac{1}{2}}}}{\sum_{i=1}^{n} \dfrac{m_i w_i}{[(x_k - x_i)^2 + (y_k - y_i)^2]^{\frac{1}{2}}}} \\ y_{k+1} = \dfrac{\sum_{i=1}^{n} \dfrac{m_i w_i y_i}{[(x_k - x_i)^2 + (y_k - y_i)^2]^{\frac{1}{2}}}}{\sum_{i=1}^{n} \dfrac{m_i w_i}{[(x_k - x_i)^2 + (y_k - y_i)^2]^{\frac{1}{2}}}} \end{cases}$$

应用上述迭代公式, 则可采用逐步逼近的不动点算法求得最优解。

逐步逼近的不动点算法求解:

输入:

$n$——网点数;

$(x_i, y_i)$——各网点的坐标($i = 1, 2, \cdots, n-1$);

$m_i$——网点每单位货量、单位距离的费用($i = 1, 2, \cdots, n$);

$w_i$——网点的业务量($i = 1, 2, \cdots, n$);

$\alpha$——交通迂回系数。

输出:

$H$——总费用;

$(x^*, y^*)$——中转场坐标。

步骤1: 初始化。

选取一个初始的迭代点 $A(x_0, y_0)$, 不妨取

$$\begin{cases} x_0 = \dfrac{1}{n} \sum_{i=1}^{n} x_i \\ y_0 = \dfrac{1}{n} \sum_{i=1}^{n} y_i \end{cases}$$

然后计算 A 点到各网点的直线距离 $d_i$ 和费用 $H_0$：

$$d_i = [(x_0 - x_i)^2 + (y_0 - y_i)^2]^{\frac{1}{2}}$$

$$H_0 = \alpha \sum_{i=1}^{n}(m_i w_i d_i)$$

步骤2：迭代。

令

$$\begin{cases} a = \dfrac{\sum_{i=1}^{n}\dfrac{m_i w_i x_i}{[(x_0-x_i)^2+(y_0-y_i)^2]^{\frac{1}{2}}}}{\sum_{i=1}^{n}\dfrac{m_i w_i}{[(x_0-x_i)^2+(y_0-y_i)^2]^{\frac{1}{2}}}} \\ b = \dfrac{\sum_{i=1}^{n}\dfrac{m_i w_i y_i}{[(x_0-x_i)^2+(y_0-y_i)^2]^{\frac{1}{2}}}}{\sum_{i=1}^{n}\dfrac{m_i w_i}{[(x_0-x_i)^2+(y_0-y_i)^2]^{\frac{1}{2}}}} \end{cases}$$

则有

$$d_i = [(a - x_i)^2 + (b - y_i)^2]^{\frac{1}{2}}$$

$$H_1 = \alpha \sum_{i=1}^{n}(m_i w_i d_i)$$

步骤3：若 $H_0 < H_1$，费用已达极小值，输出最优解 $(a,b)$ 和 $H_0$；否则，转下一步。

步骤4：令 $x_0 = x_1, y_0 = y_1, H_0 = H_1$，转步骤2。

应用上述逐步逼近的不动点算法，则可求得中转场的最优位置坐标 $(x^*, y^*)$。

3）算例分析

某区域内有9个网点，其位置及业务量见表5-5，且这些网点的快件中有80%需要与其他区域互通（20%为区内件），此前的干线运输外包给货代公司受理。现根据业务发展需要，需建立一个中转场对此区域网点进行综合集散服务。机场与中转场间每1t货物运输1km产生的费用为1.125元，即 $m_{10} = 1.125$。

中转场与网点间每1t货物运输1km产生的费用为2元（运费的差异主要来自于车型与装载率的不同），即 $m_i = 2(i = 1, 2, \cdots, 9)$，区域内交通迂回系数 $\alpha = 1.2$。

**网点位置及业务量**　　　　　　　　　　　　　　　表5-5

| 网点及机场序号 | 坐　标 | 业务量 |
|---|---|---|
| $p_1$ | (150,60) | 15 |
| $p_2$ | (130,90) | 5 |
| $p_3$ | (60,130) | 18 |
| $p_4$ | (100,130) | 7 |
| $p_5$ | (70,60) | 12 |
| $p_6$ | (30,90) | 15 |
| $p_7$ | (50,40) | 13 |
| $p_8$ | (65,140) | 10 |
| $p_9$ | (110,120) | 5 |
| $p_{10}$ | (150,190) | 80（总业务量的80%） |

(1)根据模型算法,首先选取初始解,不妨设:
$$p_0 = (x_0, y_0) = (95, 120)$$
则
$$d_i = [(x_0 - x_i)^2 + (y_0 - y_i)^2]^{\frac{1}{2}} \quad (i = 1, 2, \cdots, n)$$
$$H_0 = \alpha \sum_{i=1}^{n} (m_i w_i d_i) = 23216.442$$

(2)令
$$\begin{cases} a = \dfrac{\sum\limits_{i=1}^{10} \dfrac{m_i w_i x_i}{d_i}}{\sum\limits_{i=1}^{10} \dfrac{m_i w_i}{d_i}} = \dfrac{1163.3}{122.6} = 94.9 \\[2em] b = \dfrac{\sum\limits_{i=1}^{10} \dfrac{m_i w_i y_i}{d_i}}{\sum\limits_{j=i}^{10} \dfrac{m_i w_i}{d_i}} = \dfrac{15078.8}{122.6} = 123.0 \end{cases}$$

$$d_i = [(a - x_i)^2 + (b - y_i)^2]^{\frac{1}{2}} \quad (i = 1, 2, \cdots, n)$$
$$H_1 = \alpha \sum_{i=1}^{n} (m_i w_i d_i) = 23169.786$$

(3)又由于 $H_1 < H_0$,则令 $H_0 = H_1 = 23169.786$, $x_0 = a = 94.9$, $y_0 = b = 123.0$。

(4)再次计算 $a, b, d_j$,得到:
$$H_1 = \alpha \sum_{i=1}^{10} (m_i w_i x_i) = 23161.32$$
又由于 $H_1 < H_0$,再进行迭代7次,有
$$H_0 = \alpha \sum_{i=1}^{n} (m_i w_i d_i) = 23157.636$$

(5)计算。
$$\begin{cases} a = \dfrac{\sum\limits_{i=1}^{10} \dfrac{m_i w_i x_i}{d_i}}{\sum\limits_{i=1}^{10} \dfrac{m_i w_i}{d_i}} = \dfrac{13803.8}{143.5} = 96.2 \\[2em] b = \dfrac{\sum\limits_{i=1}^{10} \dfrac{m_i w_i y_i}{d_i}}{\sum\limits_{i=1}^{10} \dfrac{m_i w_i}{d_i}} = \dfrac{17980.2}{143.5} = 125.3 \end{cases}$$

$$d_i = [(a - x_i)^2 + (b - y_i)^2]^{\frac{1}{2}} \quad (j = 1, 2, \cdots, n)$$
$$H_1 = \alpha \sum_{i=1}^{n} (m_i w_i x_i) = 23157.63$$

(6)仍有 $H_1 < H_0$,则令 $H_0 = H_1 = 23157.63$, $x_0 = x_0^1 = 96.2$, $y_0 = y_0^1 = 125.3$。

(7)再次计算。

$$\begin{cases} a = \dfrac{\sum\limits_{i=1}^{10}\dfrac{m_i w_i x_i}{d_i}}{\sum\limits_{i=1}^{10}\dfrac{m_i w_i}{d_i}} = \dfrac{13827.7}{143.7} = 96.2 \\ \\ b = \dfrac{\sum\limits_{i=1}^{10}\dfrac{m_i w_i y_i}{d_i}}{\sum\limits_{i=1}^{10}\dfrac{m_i w_i}{d_i}} = \dfrac{18009.9}{143.7} = 125.3 \end{cases}$$

$$d_i = [(a-x_i)^2 + (b-y_i)^2]^{\frac{1}{2}} \quad (i=1,2,\cdots,n)$$

$$H_1 = \alpha \sum_{i=1}^{n}(m_i w_i x_i) = 23157.63$$

（8）至此，$H_0 = H_1$，则$H_0$已最小，输出最优解：$(x_0, y_0) = (96.2, 125.3)$，$H = 23157.63$。因此，如图5-7所示，由中转场选址模型确定的中转场位置坐标是$(96.2, 125.3)$。网络规划效果图如图5-8所示。

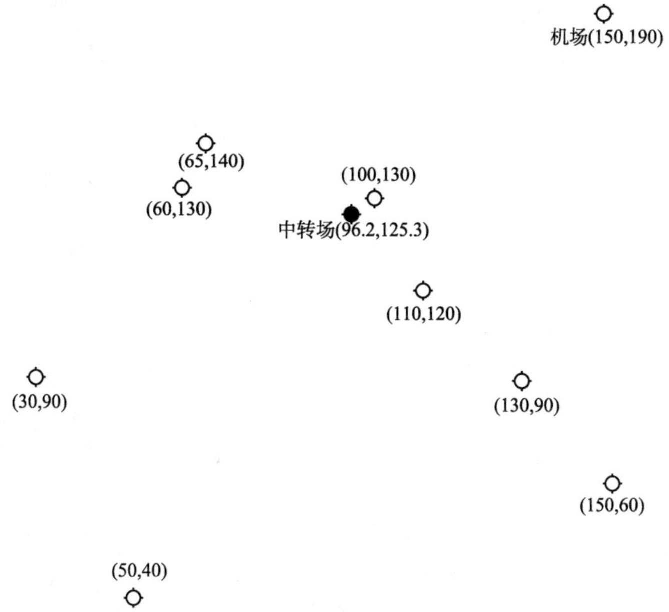

图5-7 中转场位置示意图

### 三、物流营业网点的选址

前面介绍的都是物流网络规划和选址的问题，下面我们将对更加具体的物流企业的新网点的选址进行介绍。

**1. 营业网点开设的标准流程**

物流企业新的营业网点的开设，要经过按区域发展计划选人（储备经理）、对预开市场进行市场调研、档口选址、新点的筹建、开业5大步骤。若想成功地开设一个新点，前期的筹备工作不容忽视和简化，特别是市场调研和档口选址是网点开设过程中两个不可缺少的重要环节，对网点开设是否成功起着至关重要的作用。下面我们一起来学习市场调研和档口选址两项内容。营业网点开设的标准流程如图5-9所示。

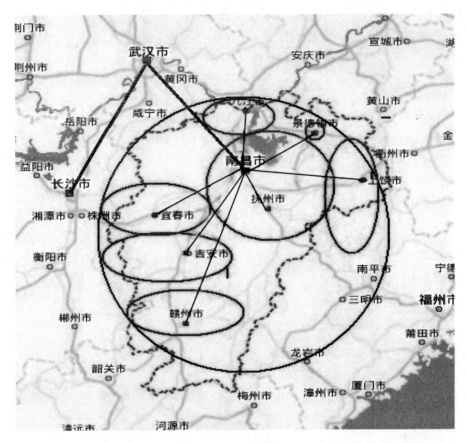

图 5-8 网络规划效果图

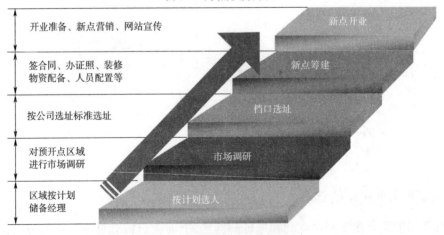

图 5-9 营业网点开设的标准流程

## 2. 市场调研

1) 市场调研的目的

(1) 通过了解市场,确定目标客户群体,进而给决策者带去决策参考,判断该市场是否适合公司拓展市场,进而开设新点。

(2) 安排人员进行市场信息调查,比如销售路线、市场价格等,为开业部门营销打下基础。

2) 市场调研的原则

(1) 计划性:有计划地进行调研。确定调研人、调研对象、时长、应得到什么结果等。

(2)全面性:按照调研计划,进行全方位的调研,避免有效信息的遗漏。
(3)准确性:确保调研数据的严谨性,决不允许提交虚假数据。
(4)时效性:在规定的时间内完成调研,非特殊情况不许拖延。

3)市场调研的主要内容

(1)市场大小:主要包括区域宏观经济状况、GDP、公路货运量、轻工业产值、5km 范围内工业区、企业数量等;10km 范围内工业区、企业数量;工业区规模、人数、年产值等;10km 范围内生活配套设施:写字楼、银行、商场等数量;企业是否在该区域已经开展业务,出发和到达该区域货量(单点城市看偏线货量)等。

(2)货源结构及流向:包括主要产品类型,如五金、机械及零部件、家电家具、纺织服装、电子产品等是否适合该物流企业走货;产品主要销往地,如产品销往的地方与该物流企业现有线路是否有优势;产品利润率,如产品利润率高的产品会更多选择物流公司走货。

(3)竞争对手调研:主要包括竞争对手的主要货源、优势线路、网点数、平均收入、到达货量等方面的调查。以列表的形式进行结果的比较更直观和形象,见表5-6。

竞争对手调研内容列表　　　　　　　　　　　表 5-6

| 主要竞争对手 | 主 要 货 源 | 优 势 线 路 | 网点数 | 平均收入 | 到达货量 |
|---|---|---|---|---|---|
| A | 电子产品、服装、监控设备 | 成都、郑州、长春 | 2 | 平均65万/月 | 200t/600方 |
| B | 电子产品、服装、五金 | 成都、郑州、济南 | 2 | 平均28万/月 | — |
| C | 电子产品、服装、家电 | 北京、上海、石家庄 | 1 | 平均30万/月 | — |

(4)周边经营环境:了解该市场范围的交通情况,如顺畅度、车道数、国道、县道、乡道、公交线路条数;市场周边有没有合适做物流的档口、租金水平,以及周边的生活配套设施是否齐全;市场市政规划和政策导向,如工业区是否有进驻或者搬迁、有无市政建设等。

4)市场调研的方法
(1)网络搜集:针对一些宏观数据信息的收集,如 GDP、公路货运量、社会消费品零售总额等。
(2)电话访谈:针对一些不熟悉的、初次接触的群体。
(3)走访观察:了解市场现状,如竞争对手调查、客户拜访等。
(4)政府组织:参与公共活动,如物流协会、政府部门等。

5)市场调研的工具
互联网是一个调研人员必须多加利用的利器,如:在百度地图上,可以搜索5km 范围内企业的分布情况,在谷歌地图(图 5-10)上,也可以搜索区域范围分类企业的分布情况等。并且可在互联网上填写"五公里市场信息表"(图 5-11)及"十公里市场信息表"。

6)市场调研报告的撰写
市场调研报告必须如实填写,避免给企业带来不必要的经济损失。调研报告样本如图5-12 所示。

**3. 新点选址的技巧**

1)新点选址的原则
选址时,必须多方面考虑,具体原则如下:
(1)成行成市:物流园、专业市场,以竞争对手为导向选址。
(2)交通便利:交通便利,尽量避免交通拥堵、限行、禁行区域。
(3)面积合理:档口面积标准、停车位面积标准、广告面积要求。
(4)广告效应:广告效应好,客户受众越多越好。

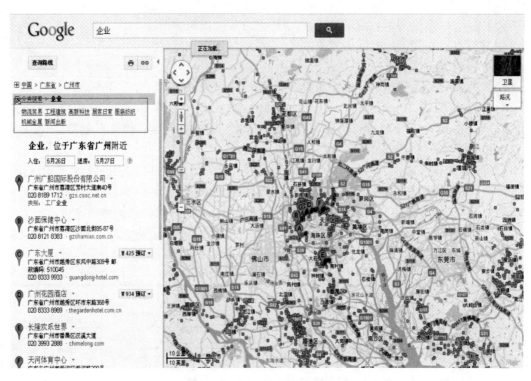

图 5-10　谷歌地图截屏

| 一级项目 | 二级项目 | 备注 | 实际值 | | |
|---|---|---|---|---|---|
| 工业区情况 | 工业区数 | 5公里内工业区（加工区、开发区等）的数目及名称 | | | |
| | 企业数 | 5公里内工业区内企业数 | 工业区名称 | 企业数 | |
| | | | | | |
| | | | | | |
| | | | …… | …… | |
| 产品情况 | 产品名称 | 企业数 | 流向哪些区域 | 利润率 | 对价格是否敏感 |
| | | | | | |
| | …… | …… | …… | …… | …… |
| 交通情况 | 交通枢纽数 | 国道总条数 | | | |
| | | 省道总条数 | | | |
| | | 县道总条数 | | | |
| | | 高速路总条数（高架、环线除外） | | | |
| | 停车场地数 | 任意时间货车停放数能达10辆以上的停车场地数 | | | |

图 5-11　五公里信息表

## 营业部开设可行性报告

**说明**：调研报告必须如实填写，保证数据的准确性和有效性，切忌弄虚作假，一旦查实，将进行严厉的处罚！

**调研信息**

调研人：_____

调研时间：_____

调研地点：_____

### 一、市场概况

**1.当地政府对物流、产业、城市规划（拆迁）的政策**

　　了解当地政府对物流行业是否有特殊政策（开物流公司办营业执照、道路运输许可证是否会有困难，政府是否在大力扶持物流行业的发展），政府正在大力扶持对哪些行业；哪些地区在未来1、2年内会因城市规划有拆迁等等。（必须认真填写）

图5-12　调研报告样本

2）新点选址的评分表

　　为了更准确地对新点的选址情况进行表述，企业更青睐于用数据说话，因此，新点选址的评分表就成了各个物流公司选址时的必备工具。一般零担物流企业的选址评分表主要分成物流园评分表、专业市场评分表、主干道评分表、次干道评分表等几种。

　　这几种评分表的打分除了按打分内容真实打分评价外，一般都有"一票否决制"的选项，即出现了一票否决选项中的内容，该新点就被一票否决掉，不予考虑。比如：纯收运部门使用面积小于60m$^2$；收运自提部门使用面积小于100m$^2$（专业市场除外）；政府有规定不能悬挂门面招牌的；2年内有城市规划建设的（拆迁、整改、搬迁等）；一次交租超过12个月（不含），即超过1年一付或需要提交3个月（含）以上押金的；不能取得或代开房租发票或者需要交纳转让费的；不能办理网线、电话线；门面宽度小于7m的或者毛坯房；无法办理营业执照、消防许可证、道路运输许可证的；档口达不到2个或以上可以停放3t车的停车位的等。

　　（1）物流园：政府规划的或者自发形成的以物流企业集聚而成的园区，如林安物流园、普洛斯等。"物流园评分表"中一般可设以下几个评分项目，如：工业区数、企业个数、同行个数、同行从业人数、同行档口面积、物流园成立时长、物流园的进出口、市场闲置率、物流园车流量、档口面积、停车面积、广告面积、档口租金（元/月）、档口位置、广告牌可视度、部门位置、单位面积租金（元/月）等项目的评分。

　　（2）专业市场：专业物品集散中心，如深圳华强电子世界、广州岗顶电脑城、中关村科技园等。"专业市场评分表"中一般可设餐馆数、银行ATM机数、公交线路数、同行信息、同行个数、同行从业人数、同行档口面积、离专业市场的距离、市场成立时长（年）、专业市场内商户数量（户）、市场闲置率（%）、限辆、限时、停车限制、部门面积、停车面积、广告面积、档口租金（元/月）、单位面积租金（元/月）等评分项目。

　　（3）主干道：主干道即在8:30～9:30或17:30～18:30任意20min时间段内双向车流量超过600辆（依各区域交通情况而定）的车道。"主干道评分表"中一般可设工业区数、企业数、可视度、车流量（辆/20min）、车道数、限辆、限时、连接情况、同行个数、同行从业人数、同行档口面积、公交线路数、餐厅数、工厂数、银行 ATM 机数、部门面积、停车面积、广告面积、档口租金(元/月)、单位面积租金(元/月)等评分项目。

(4)次干道:次干道即在 8:30~9:30 或 17:30~18:30 任意 20min 时间段内双向车流量少于 600 辆(依各区域交通情况而定)的车道。"次干道评分表"中一般可设工业区数、企业数、同行个数、同行从业人数、同行档口面积、公交线路数、超市数、餐厅数、工厂数、银行 ATM 机数、可视度、车流量(辆/20min)、限辆、限时、部门面积、停车面积、广告面积、档口租金(元/月)、单位面积租金(元/月)等评分项目。

## 任务2　营业网点设立

某物流公司在某区域内准备新开一家营业网点,经过调研、选址、店铺租赁、预算、签订租赁合同、招聘、装修等一系列程序之后,网点开始营业,但在预算的投资回收期内,并没有达到目标利润,营业点负责人及区域经理都很纳闷,一筹莫展。

**引例分析**

大家分析一下,到底在新点筹备设立的过程中,负责人应该从哪些方面做好准备?案例中这种情况,是由哪些原因导致的呢?

### 一、任务准备

(1)准备若干个物流企业营业网点选址的案例,包括基本文字材料、图片、相关数据等。

(2)各种模板,包括新开店承诺书、选址评分表、销售利润预算表等。

(3)多媒体教室(含可供学生上网查资料的电脑、多媒体教学设备、课件和动画等教学资料)及模拟会客室(含服务台、椅子、茶壶、茶杯等/模拟员工和客户的名片、名片夹、各种文具)。

(4)网络资源,包括物流网点开设所需各类网站的网址及名称,如工商、税务等网站,地图软件,QQ等。

### 二、任务目标

(1)明确开设新物流营业网点的流程。
(2)明确签订租赁合同、办证的注意事项。
(3)熟悉新开点申请流程。

### 三、基础知识

(1)营业执照:是不具备法人资格企业的营业执照,如法人企业的分公司,分公司领导称为负责人。新增营业网点的营业执照就是指这种。常见的营业执照有"企业法人营业执照"、"营业执照"两种。前者是取得企业法人资格的合法凭证,有限公司即属此类;后者是合法经营权的凭证,对不具备法人资格的个人独资企业和合伙企业核发该种执照。注册资本是企业法人营业执照中注册的注册资本,代表企业的规模(非独立的企业营业执照中没有注册资本)。

(2)企业法人营业执照:是企业具有法人资格的营业执照,如有限责任公司、股份有限公司等,单位领导称为法人代表。"企业法人营业执照"的登记事项为:企业名称、住所、法定代表人、注册资金、经济成分、经营范围、经营方式等。"营业执照"的登记事项为:名称、地址、负责人、资金数额、经济成分、经营范围、经营方式、从业人数、经营期限等。营业执照分正本和副本,二者具有相同的法律效力。正本应当置于公司住所或营业场所的醒目位置,营业执照不得伪造、涂改、出租、出借、转让。领取营业执照后,并不能马上开业,还必须办理以下事项:

①刻制印章。
②法人代码登记。
③开立银行账户。
④申请纳税登记。
⑤到工商所办理备案手续。
⑥领取购买发票。

(3)租赁合同(Lease Contract):指出租人将租赁物交付给承租人使用、收益,承租人支付租金的合同。在当事人中,提供物的使用或收益权的一方为出租人;对租赁物有使用或收益权的一方为承租人。租赁合同是诺成合同。租赁合同的成立不以租赁物的交付为要件。

(4)事业部:事业部是指以某个产品、地区或顾客为依据,将相关的研究开发、采购、生产、销售等部门结合成一个相对独立单位的组织结构形式。它表现为,在总公司领导下设立多个事业部,各事业部有各自独立的产品或市场,在经营管理上有很强的自主性,实行独立核算,是一种分权式管理结构。事业部制又称M型组织结构,即多单位企业、分权组织,或部门化结构。

(5)专业市场:传统意义上的专业市场是一种以现货批发为主,集中交易某一类商品或者若干类具有较强互补性或替代性商品的场所,是一种大规模集中交易的坐商式的市场制度安排。专业市场的主要经济功能是通过可共享的规模巨大的交易平台和销售网络,节约中小企业和批发商的交易费用,形成具有强大竞争力的批发价格。专业市场的优势,是在交易方式专业化和交易网络设施共享化的基础上,形成了交易领域的信息规模经济、外部规模经济和范围经济,从而确立商品的低交易费用优势。专业市场从农场兴起,是传统集贸市场向专业化方向发展的结果,因此其"专业"性是相对于集贸市场而言的。与集贸市场相比,专业市场的"专业"性主要表现为:首先是市场商品的专门性,其次是市场交易以批发为主,再次是交易双方的开放性。将这些特点综合起来,简而言之,专业市场的内涵就是"专门性商品批发市场"。根据以上特点,可以比较清晰地把专业市场同综合市场、超级市场、百货商店、菜市场、零售商店、专卖店、商品期货交易所、集市、庙会等各种市场形态区别开来。

(6)快速路、主干路、次干路和支干路的说明。

①快速路:快速路应为城市中大量、长距离、快速交通服务。快速路对向车行道之间应设中间分隔带,其进出口应采用全控制或部分控制。快速路两侧不应设置吸引大量车流、人流的公共建筑物的进出口。对两侧一般建筑物的进出口应加以控制。

②主干道:主干路应为连接城市各主要分区的干路,以交通功能为主。自行车交通量大时,宜采用机动车与非机动车分隔的形式,如三幅路或四幅路。主干路两侧不应设置吸引大

量车流、人流的公共建筑物的进出口。

③次干道：又叫区干道，为联系主要道路之间的辅助交通路线。次干道是城市的交通干路，以区域性交通功能为主，兼有服务功能。与主干路组成路网，广泛连接城市各区与集散主干路交通。

④支干道：又叫支路、街坊道路，通常是各街坊之间的联系道路。支路应为次干路与街坊路的连接线，解决局部地区交通，以服务功能为主。

（7）物流企业的网络发展部门：大多数物流企业在整体发展规划中都希望形成自己庞大的物流网络。但这个物流网络并不是短时间内或一次性就能形成的。它需要与企业发展战略相适应，与企业发展的实际情况相适应。可以说，物流企业的战略目标形成之时，物流网络的蓝图就已经初步勾画好了。但需要分阶段、分步骤、有计划、有节奏地逐步将网络铺展开来，所以，不少的物流企业都开设了网络发展部。

### 任务实施

新开一家营业网点的主流程一般分为规划流程和新点计划推进、筹建流程等部分。我们以此来了解一下。

下面我们先来熟悉一下规划流程，如图 5-13 所示。

图 5-13　物流营业网点规划流程

## 一、网点规划流程整体流程

（1）公司导向。

结合公司现状、发展导向、经济发展情况，制订公司发展目标，确定网点发展基调。

（2）网络发展部。

根据公司发展基调，结合上一年各城市区域网点经营情况、经济发展、同行动向等信息，采用科学的评估方法对公司目标进行分解，制订各事业部网点开设计划，由公司分管副总进行审核。

（3）各事业部。

事业部根据网络发展部下发的开点计划进行讨论评估，提出调整意见，一般在一周内反馈到网络发展部。

（4）网络发展部及事业部。

网络发展部收到事业部的意见后，在 3 个工作日（依企业具体情况而定）内对其意见进行评估，并将评估结果与事业部分管领导沟通，确认最终计划。

（5）公司决策委员会。

网络发展部将与事业部沟通确定的开点计划交由公司决策委员会讨论，并签字确定计划，如需修改，则重新与事业部沟通调整，按要求确定后下发事业部执行。

（6）计划确定。

公司决策委员会签字确定，网络发展部负责下发执行。

## 二、新点计划推进流程

**1. 计划推进实施**

网络发展部在计划确定后,将月度计划提前1~2个月下发到事业部,并根据计划制订网点跟进表,每周向事业部及总部高层领导通报新点进展数据。

**2. 事业部网点推进小组/营销部**

事业部网点推进小组/营销部根据网络发展部下发的计划,至少在计划月份前一个月组织相应的储备经理,按照计划划定选址范围进行市场调研、档口选址工作。

**3. 市场调研**

(1)调研的目的。

调研的目的:通过了解市场,真实地反映当地市场的竞争状况、市场的当前需求与潜在需求,从而为新开点的定位以及决策提供真实的依据;通过市场调研,确定该区域是否适宜新开点。

调研的内容:区域市场及物流概括、政府针对物流业的政策、新开网点办理营业执照的当地工商局要求、目标客户。

新开点的市场调研,应根据开点的思路目的,确定网点功能定位,然后有针对性地开展调研工作。

(2)物流市场调研。

①当地工业区分布情况,新点展业辐射范围的企业数量、企业规模、主要产业、产品销向、对物流的需求等。

②专业市场(专业市场内的主要产业、市场发展历史、商铺数、商铺出租率、是否有拆迁可能、未来发展前景等)分布概况。

③计划开点区域内物流市场的分布情况,主要竞争对手的经营时间、业务(是否有进港业务)、月均销售,竞争对手的客户群体主要分布在哪些市场、哪些工业区、主要货源及货物类型等;除了全国性竞争对手之外,还应该了解当地有名的地方性物流公司网点分布情况,如广东的城市之星、景光物流,福建的盛辉、盛丰,西部的金桥,河南的长通,山东的佳怡等。

通过以上市场及竞争对手的布局,规划预备新点的开点范围及主要区域,预备新点应首要贴近市场、挨近竞争对手。

(3)政府物流政策调研。

要了解当地政策(包括城市规划、拆迁、物流行业方面),避免不必要的经营风险,可通过物流市场调查、政府网站查询、询问街道办,以办理物流营业执照的形式询问工商局哪些道路将拆迁等。

(4)办证情况调研。

到当地工商局了解办证(主要为营业执照)程序并领取相关办证材料,按工商局要求联系事业行政部提前准备办证资料,待选址确定、签订办证合同后,在第一时间携相关资料前往工商局办理证照,以加快办证速度,不影响装修进度。

(5)目标客户收集。

经过以上调研后,锁定某个区域范围作为开点区域,针对该区域到达客户、竞争对手的客户进行访问(主要以电话访问为主),或者针对其他一些新客户上门访谈,了解他们的物流需求、大概货物产量等信息,最终筛选出与自己有合作意向的客户(此部分也就是我们的目标客户),进行目标客户资料收集的应将客户联系方式做好记录,以便以后给客户发送短信、宣传新点开业信息,做好新点宣传工作,提高新点知名度。

### 三、选址要求

(1)选址类型。

网点类型按市场可分为:物流园(货运市场)、专业市场、主干道、次干道。各市场主要特点如下:

①货运市场或者物流园:同行数量、规模要相对较大,有利于提高公司知名度。

②专业市场:毛利低、代收货款多、应收账款少。

③主干道:人流量和车流量较多,档口租金较高,设点有利于品牌的宣传,店面要较大,提高客户的信任感。

④次干道:车流量较小,档口租金便宜,适合在上门客户较多、交通便利的地方设立,扩大公司的覆盖圈。

(2)成行成市。

档口选址需要以同行为方向,选址在同行聚集的地方为佳,这样可以形成物流市场集中地,便于上门客户。同时可以避免一部分证照办理、拆迁风险。

(3)交通便利。

交通便利是客户上门发货的基础。因此,在进行档口选址的时,必须考虑向客户发货是否方便。需要考虑的内容包括:档口距离道路掉头位距离,是否有限行、禁行规定,道路是否拥堵,档口停车是否方便。

(4)广告效益。

营业店面就是活广告,因此,为了部门长期稳定发展,需要选择广告辐射效果好的路段,如主干道、国道、物流园、十字路口等;同时选择具有条件制作大型广告的广告位,且视觉效果好的位置作为档口。

### 四、档口租金要求

(1)档口租金单价。

各城市的租金单价标准见表5-7。

各城市租金单价表 [单位:元/(m²·月)] 表5-7

| 类型 | 市郊 | 市区(镇中心) | 城市名单 |
| --- | --- | --- | --- |
| 一类 | 60 | 90 | 广州、深圳、北京、重庆、杭州、苏州 |
| 二类 | 50 | 75 | 上海、成都、佛山、天津、宁波、惠州、绍兴、金华、温州 |
| 三类 | 45 | 65 | 济南、珠海、南京、东莞、常州、茂名、清远、海口(其他省会城市) |
| 四类 | 35 | 55 | 汕头、江门、中山、南通、武汉、廊坊、潮州、肇庆、厦门、郑州、嘉兴、无锡、泉州、保定、青岛、阳江、烟台、台州、常州(东部沿海其他城市) |
| 五类 | 30 | 45 | 石家庄、大连、烟台、绵阳、湛江、淄博、潍坊、威海、湖州、舟山(中西部、东北其他城市) |

**知识链接**

(1)租金包括房租、税金以及其他固定费用的总和,面积以建筑面积为准。

(2)专业市场、物流园新开营业部不在此标准范围内。

(3)中心城区是指区(县、镇)的中心区域。

(4)黄金路段租金可以上调至市郊租金标准的2倍,如广州中山大道东圃。

(5)含二楼或三楼的档口,一楼承担租金=总租金×0.7,单价租金=一楼承担租金/一楼面积。

(6)单价随物价变化,有时会有变动。

(2)租金递增。

一般情况下,档口租金在租期(3~5年)内递增次数一般最多允许三次,整个租期内仅递增一次的,增幅一般不得高于10%,且不允许在第二年起递增;如租期内递增次数在一次以上的,每次递增幅度一般不得高于5%。

(3)租金支付方式。

大多数物流企业的行规是:珠三角地区租金支付方式不得超出一月一付,其他地区不得超出一季度一付(具体按各物流企业行政管理中心规定)。

(4)押金(保证金)。

因珠三角地区房价物价偏高,所以珠三角新开营业部押金(保证金)不得高于2个月的总租金额,其他地区不得高于3个月的总租金额。

(5)装修期(免租期)。

装修期一般比较短,装修期一般(免租期)标准为22d,最低要求15d,且装修期(免租期)不能包含在合同租期内。

(6)转让费。

租赁档口不得出现转让费支付,专业市场新开营业部除外。

(7)合同租期。

很多物流公司的物流网络发展要求新开营业部标准租期为3~5年,基本租期最低要求为3年。对于3个门面或以上的新档口,要求签订两份租赁合同,对营业厅连同一间仓库门面单独签订一份合同,租期最低3年,对其他门面再单独签订另一份合同,租期建议按年续签。具体签订方法由网络发展部评估审核。

(8)退租违约金赔偿。

租赁合同必须注明双方在中途退租情况下,违约金赔付的约定,以减少公司损失的可能性,违约金金额不得超过档口2个月租金。

(9)退租还原。

按公司要求安装的可以循环利用的固定设备,档口期满后,要求必须拆除。但不承诺还原档口原貌。

### 五、档口面积要求

以零担物流企业为例,新开营业部选址面积要求见表5-8。

纯收运网点面积参考标准(单位:m²)  表5-8

| 网点类型 | 部门面积 | 仓库面积 |
| --- | --- | --- |
| 集中接货区域 | 50~70 | 30~45 |
| 非集中接货区域 | 70~110 | 45~75 |

说明:

(1)以上面积作为找点参考,为节约成本,建议找点人员尽量在该范围内进行找点。

(2)面积计算参考公式:

$$部门面积 = \frac{预测货量(t) \times 4.6}{0.22} = \frac{预测货量(m^2)}{0.22}(预测货量为网点稳定时平均货量)$$

收运自提派送网点面积参考标准见表5-9。

收运自提派送网点面积参考标准　　　　　　　　　　表5-9

| 区域 | 部门面积标准(m²) | 距离最近的到达部门(km) |
| --- | --- | --- |
| 华南(广东、海南) | 120~300 | >5 |
| 华北(包含东北三省) | 80~300 | >5 |
| 华东(江浙沪鲁闽) | 80~250 | >5 |
| 华中(华中、西部) | 80~200 | >5 |

自提派送网点面积参考标准(不含派送部、交接部)见表5-10。

自提派送网点面积参考标准　　　　　　　　　　表5-10

| 区域 | 部门面积标准(m²) | 距最近的派送部门(km) | 距最近派送/交接部(km) |
| --- | --- | --- | --- |
| 华南(广东、海南) | >150 | >20 | >40 |
| 华北(包含东北三省) | >150 | >20 | >40 |
| 华东(江浙沪鲁闽) | >120 | >20 | >40 |
| 华中(华中、西部) | >120 | >20 | >40 |

说明：

部门面积可根据货量进行推算，推算公式参考：

$$部门面积 = [日均进港量(t) + 日均出港(t)] \times \frac{2}{0.085}$$

$$或部门面积 = [日均进港量(方) + 日均出港(方)] \times \frac{2}{0.3899}$$

停车面积：停车面积要综合考虑上门客户的比例(可以观察周边同行的客户情况)及新点功能。收运点必须能保障1个车位以上，便于部门干线车及客户发货车辆停放。功能点必须保证有2个车位以上，同时要求能够停放5t以上车辆，还需要考虑停车是否影响道路的其他车辆通行，是否影响两旁档口的正常营业。

## 六、办证咨询

新点选址确定，储备经理在起草网点申请流程前，必须与区域经理/事业部网点推进小组负责人一同，前往所在政府单位了解新点所在地区规划及工商局进行相关办证情况咨询。如未进行确认，新点流程不予审批。

(1)到政府部门了解规划信息。

①新点所在地区能否允许物流公司入驻。

②新点所在地区近期(3年内)有无拆迁、车辆禁行规划。

(2)工商局确认办证信息。

①向工商局说明办证需求及提供相关材料。

a. 提供新点正确地址及房东的房产证/村委土地使用证明。

b. 说明需要设立物流企业分支机构(××有限公司分公司)。

c. 经营范围：承接隶属公司业务、货运代理、仓储服务、物流信息咨询(普通货运)。

②确认租赁场地是否可以办理物流经营所需证照。

③需从工商局带回"分公司设立登记申请书"等模板、"分公司设立所需提交资料清单"

等办证相关文件。

### 七、一票否决制

（1）房屋租赁发票。

租赁档口必须取得房屋租赁发票（租赁业发票、个人出租屋专用发票等）。租赁档口应强烈要求出租方提供房屋租赁发票，如出租方不能提供房屋租赁发票，必须要求出租方提供当地地税局要求的开发票资料由该公司代开。

（2）停车场地与作业时间。

新开营业部停车场地不能满足该物流企业营业部常用车辆停靠装卸货要求，并且对营业部正常作业有限制的，选址一票否决，专业市场、市区新开营业部除外。

受当地政府规划或者物流园管理对营业部（操作场地）的作业时间的规定与公司相应的操作时间有冲突的，选址一票否决。

（3）宽带、电话办理。

档口选址时，必须先到当地电信运营商咨询档口宽带、固定电话是否可办理等信息，如不能安装宽带或固定电话的档口，选址一票否决。

（4）证照办理。

档口谈判时，必须咨询出租方是否能提供证件材料，协助公司办理相关证照，并将信息反馈给事业部或公司总部行政办证专员，以核实出租房提供的资料是否可以办理证照。不能办理新点相关证照的，选址一票否决。

（5）门头招牌。

档口房屋结构不能悬挂公司新点统一标准吸塑招牌的，或当地政府规划或其他因素对悬挂门头招牌有限制的，选址一票否决。

（6）门面宽度。

档口门面总宽度低于5m的，选址一票否决，专业市场新开营业部除外。

### 八、选点注意事项

（1）地区气候影响。

对不同地区的选址，必须考虑当地气候情况，如台风、雨雪、沙尘等天气的影响，选址档口的房屋结构必须能抵抗当地常见的天气灾害，如雨水多的地区，档口不能选址在低洼地带等。

（2）意向金交付。

新点档口选址经网络发展部同意开设后，在未与出租方签订租赁合同前，可以申请2000元以内的意向金，如有特殊要求，要增加意向金额度的，事业部财务负责人审批意向金的借支流程时，需转发营销管理中心总经理审批，意向金最高额度一般不得超出5000元。

支付意向金时，需签订相关协议，明确如因不能办理营业执照或拆迁等因素，意向金必须退还。

### 九、合同谈判及租金/押金申请流程

**1. 合同签订流程**

合同签订流程图如图5-14所示。

图 5-14 合同签订流程图

**2. 证件资料的审核**

找点人员与出租方签订合同前,先要进行证件资料的审核,需审核的资料主要是"产权归属证明"与"出租方主体的合法性"两方面。

(1) 具备产权归属证明。

①如果承租商铺,出租方需要有房屋产权证(复印件):仔细核对产权证中的信息(包括但不限于:所有人、地址、使用面积、用途、使用年限等。多数新点为此种情况)。

②如果承租运作场地,出租方需提供土地使用证(复印件):仔细核对土地使用许可证中的信息(包括但不限于:所有人、地址、使用面积、用途、使用年限等)。

③房屋建筑批文:对于集体所有土地或房屋,必须有由当地土地规划局出具的房屋建设许可文件,其规划用途必须为商用。

④居委会/村委会/经济社证明:对于集体所有的土地或房屋,还应当具备当地居委会/村委会/经济社或政府的相关证明,证明该土地可以用作商用。

注意事项:房屋不具有房屋产权证或运作场地不具有土地使用权证,但有上述③④条的,找点人员应按以下步骤操作。

①携带以上资料到当地工商行政管理局咨询该房屋的合法性,确保该房屋没有被第三人注册过。

②携带以上资料到当地房地产交易中心调取所需租赁的房屋的相关信息,确认该房屋所有人、地址、面积、用途等信息与实际相符。

(2) 出租方主体的合法性。

①出租方为公司的,需提供合法有效的营业执照、组织机构代码证等证件,且这些证件必须经过工商行政管理局的年检(复印件)。

②出租方为个人的,需提供合法有效的身份证件(复印件)。

**3. 确定合同**

(1) 公司租赁合同模板:大多数情况可以由物流企业主动提供企业标准合同,这样也更加便于合同管理,但有时也会出现出租方提供合同的情况。

(2) 出租方提供合同:如使用出租方提供的合同,必须经法务部审核,审核通过后再提交租赁合同审批流程。

**4. 合同谈判及起草流程**

一般情况下,首先与出租方协商关于房屋租赁的问题,常见问题有以下几种:

(1) 要求出租方提供办证所需证照,提交给总部行政部/各区域行政人事部办证人员审核,证照不全的,按照办证专员意见要求出租方补交;办证专员确定不能办证的,须重新找点。

(2) 协商档口租期、租金、交租形式、装修期、保证金等问题。

(3) 合同上应写明场地地址、面积、用途、租金、押金、管理费或卫生费等其他杂费、结算方式、修缮责任、违约责任等事项,房租费用、水电费用均应提供合规发票进行结算(提供发票及发票税金负担方式)。

以上问题均协商清楚,便可以起草流程,签订合同。

根据与房东协商的合同,转换为电子文档,起草新点申请(含租赁合同)时附上合同及

《房屋租赁合同》详细附件。

新点房屋租赁合同原则上必须以含税租金合同签订,如出租方只肯以不含税方式签订,具体开发票事宜必须先与公司税务规划部经理咨询处理方式。

新点交付租金,必须能取得租赁发票,原则上要求出租方提供;如出租方不愿意提供,则必须能提供相关资料,并协助公司代开发票。

合同流程审批完后,必须对各审批人的审批意见中提出的问题进行解决,确保解决后,最终由总部合同专员打印合同文本(一式两份),提交给物流企业总经理(或总经理授权人)签名,盖公司公章后,寄给新点储备经理。储备经理拿合同给出租方签名(盖章)后,再返寄一份给法务部(或行政部办证人员)保管。

最后,负责人应将合同签订的形式要件收集齐全,备案。

(1)出租方身份证复印件或营业执照复印件(加盖公章)。

(2)房产证复印件或者以下三项中的一项(复印件):

①土地使用证(商用)。

②房屋建筑批文(商用)。

③居委会/村委会/经济社证明(商用)。

注意事项:没有房屋产权证的,但有以上四项证件的,找点人员必须持以上证件到当地工商行政管理局咨询是否有效合法等。

(3)如是转租类型,需要提供以下证明:

①产权所有人同意转租证明。

②第一手租赁人与产权所有人签订的租赁合同复印件。

**5. 新点租金/押金申请**

在提交"租赁合同流程"的同时,起草流程为"财务—借支类——因公/押金借款(经营)",起草该流程时必须把"租赁合同流程"的流程号备注上去。

**6. 证照办理**

(1)新开点需办理的证照。

一般对于公路运输物流企业来说,新开营业网点需办理的证照包括:营业执照、组织机构代码证、数字证书、税务登记证(国、地税)、道路运输经营许可证。

(2)证照办理基本原则。

目前,不少大中型物流企业都分区域或城市设置独立的法人公司。凡在企业设置了独立的法人公司的所辖区域内新开营业部,统一应以所属地区的法人公司作为总公司注册分支机构。其余地区原则上应以总公司注册分支机构。

 知识链接

### 物流分公司的命名——以新邦物流为例

新邦物流公司在广州、深圳、东莞、佛山、上海、北京、山东设有独立的法人公司,其正式名称分别如下:

广州新邦——广州市新邦物流服务有限公司。

深圳新邦(深一大区、深二大区)——深圳市新邦运输服务有限公司。

上海新邦(华东事业部)——上海新邦物流有限公司。

北京新邦(华北事业部)——北京新邦物流服务有限公司。

东莞新邦(东莞大区)——东莞新邦物流有限公司。
佛山新邦(佛山大区)——佛山新邦物流有限公司。
山东新邦(山东大区)——山东新邦运输有限公司。

(3)营业部命名:营业部命名程序为选址确定时,由网络发展部参考当地环境、地域和专业市场的特点,给予适当的命名,新点申请流程附上新点名称,提交公司领导审批。营业部命名原则一般秉承统一标准、客观真实、吉祥褒义的原则。营业部的命名,应在标准统一、客观真实的基础上,选择吉祥、有褒义的字眼,让人产生积极的联想。

(4)营业部命名格式。

①城市+市辖区+镇+营业部,适用地区:直辖市、一线城市的郊区网点。

举例:上海的浦东新区金桥镇的网点可命名为上海浦东金桥营业部。

②城市+市辖区+具体地名(指镇下一级)/专业市场名称/物流园名称+营业部,适用地区:一线城市的市区。

举例:深圳福田华强营业部(专业市场)、广州荔湾芳村营业部(市区网点)、广州荔湾南岸路营业部(市区网点)。

③城市+镇名(街道名)+具体地名+营业部,适用地区:东莞、中山等直接管辖至镇的地级市网点。

举例:东莞市长安镇位于上沙村委的网点可命名为东莞长安上沙营业部。

④省份+城市/县(县级市)+镇名/专业市场名称/物流园名称+营业部,适用地区:其他二线城市网点、县、县级市网点。

举例:广东省湛江赤坎区海田机电汽配市场的网点可命名为广东湛江海田营业部,江苏昆山市周市镇的网点可命名为江苏昆山周市营业部。

⑤同一镇新开第二个网点,在最后加一级,为四级命名。

举例:深圳市宝安区西乡镇的第一个网点命名为深圳宝安西乡营业部,西乡镇后面的网点可以命名为深圳宝安西乡银田营业部。

营业部选址确定后,需要确定正式名称用以办理证照。例如在上海新开营业部,则分公司名称应注册为上海××物流有限公司××××分公司;在汕头新开营业部,则分公司名称应注册为深圳市××运输服务有限公司汕头分公司。

(5)证照办理流程图,如图5-15所示。

(6)证照管理。

公司证照(公章)由证照管理处统一归口管理,证照、印章所涉及的流程应当经过总部行政部审核(包括房屋租赁合同及其产权证明资料必须符合办证要求、合同备案要求)。

区域行政处负责本区域的证照原件、租房合同及其产权证明资料管理以及公章管理。营业执照、税务登记证、道路运输许可证的正本应挂在营业厅墙上,副本、组织机构代码证、数字证书、租房合同及证明资料,可放在使用部门的保险柜内。

跨地区、跨省营业部的证照(印章)管理,当事部门经理为直接责任人,会计为保管人,事业部行政处负管理、监管职责。涉及证照(印章)管理者承担连带责任。

证照管理处每旬公布公司证照管理信息,检查、督办的公司证照有:营业执照,组织机构代码证,国、地税证(业务由会计主导),道路运输许可证,航空货物销售代理许可证,保险兼业代理许可证(业务由证照与合同档案管理处主导)。

证照领取要求如下:工商行政管理机关规定,要求所注册的公司法定代表人或负责人亲自领证。当证照受理期限到期时,证照管理部门或证照经办人应提前2d电话通知所注册的负责人领证时间,注册的负责人有义务密切配合按时领证。若因领证延误时间引发被行政机关处罚的,公司将对相关责任人按延误执行工作职责予以处罚。

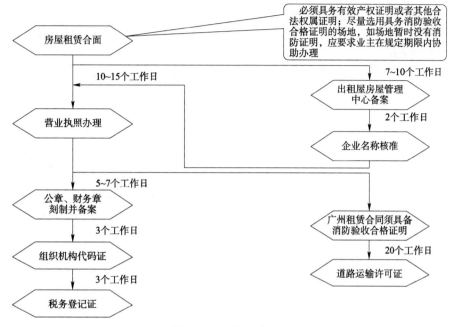

图 5-15 证照办理流程图

营业执照、税务登记证备案要求如下:营业执照登记备案由其区域行政处主导、使用部门经理配合到所属地区的工商所登记备案。税务登记备案由其区域财务部主导,使用部门会计配合到所属地区的税务机关登记备案。因延误登记备案被工商、税务机关处罚的,公司将对相关责任人按延误执行工作职责予以处罚。

(7)证照办理注意事项。

新点办理证照由新点负责准备办证所需资料,统一由新开点区域负责人或部门经理报当地工商机关办理。

领取国税、地税登记证后发信息或电话通知财税部报税。

核名或营业执照受理之后,证照名称可以确定,这时要走印章流程,申请刻制印章,然后在行政服务中心领取营业执照时直接申请公章、财务章刻制并备案,因为接下来的证照办理都需要用到公章、财务章。

## 十、新点筹建流程

证照齐全之后,新开点负责人便可以向公司申请开始新营业网点店铺装修等一系列工作。但为了能保证计划进度,需指定相应的时间节点标准。

**1. 制定新点进度时间节点标准**

为了能保证新开网点按计划顺利开业,一般需做一个时间节点的计划,计划项目一般包括:房屋租赁合同申请、审批、打印邮寄时间节点,借支流程申请、审批时间节点,人员流程申请、审批时间节点,下工程通知函时间节点,合同签订时间节点,收集办理营业执照资料时间节点,提交物资需求时间节点,通知储备物资时间节点,报装宽带、电话时间节点,踩点、出图纸,做工程预算时间节点,申请办理营业执照时间节点,进场装修时间节点,工程施工时间节点,物料发放时间节点,物料验收与核对时间节点,物料补发时间节点,开业单张设计及印刷发放时间节点,人员配置到位时间节点,营业执照领取时间节点,新点开业节点。以上时间节点项目基本上按照前后顺序排列,但具体工作可能同步进行。

**2. 新点装修**

房屋租赁合同签订后,由工程部统筹新点装修事宜,网络发展部负责跟进。

(1)工程现场勘察。

新开点确定后,第一时间将信息告知网络发展部筹建专员,由其及时通知工程部到现场勘察及设计工程图纸、做工程预算(一般为7个工作日)。

(2)装修施工。

新点合同签订后,由网络发展部筹建专员通知工程部对接人安排装修队进场装修。工程部派遣装修队进场装修(进场),装修时间正常为15d。特殊情况除外,如加做地面,改建房屋架构,制作特殊广告牌(如大型招牌),档口门头招牌未申报(针对部分地区必须申报的),档口水电没到位,需交纳装修押金,消防栓问题,天气原因(影响室外招牌安装)等。

新点经理要及时跟进新点施工进度,多与施工人员负责人沟通,及时处理施工质量及进度问题。

(3)工程验收。

工程人员对装修工程进行检验,并做工程验收、工程结算。工程验收标准以工程部标准为准,省外部门在工程结束后,按照工程部的工程验收标准对营业厅进行工程验收。

(4)注意事项。

装修队进场装修前,部门经理必须先了解清楚以下几个问题:

①是否需交纳装修押金给出租房,以免耽误装修进度。

②档口是否水电已到位。

③卷闸门是否完好。

④安装门头招牌是否需要申报。

⑤是否需要安装户外招牌。

⑥安装户外招牌是否需要申报。

⑦其他注意事项,须提前咨询区域企划人员。

(5)报装宽带、电话。

签订房屋租赁合同后,新点经理需进行新点电话(原则是3个,特殊情况上报区域行政人事)、宽带报装,咨询及办理相关手续可联系当地电信营运商(主要是电信、网通),或者由行政部办证人员/各大区办公室办理新点电话、宽带的报装。

申请到电话、传真号码后,必须第一时间报至网络发展部筹建专员处,以便制作开业单张。电话、宽带安装工作必须在新点开业前完成。

(6)人员及物料配置。

签订合同后,必须报至网络发展部筹建专员处,由网络发展部向品牌推广部下单制作1000份新点开业单张。

电话、传真号码确定后,必须第一时间报至网络发展部筹建专员处,再印刷1000份开业单张(比原先1000份增加电话号码信息)。

(7)物料配置。

物料分必须配置及按需配置,必须配置部分由工程与仓储管理部直接按公司要求发放。

按需配置部分,工程与仓储管理部按新点经理在"新点物资申请表"提交的物料需求信息配置物料。

工程与仓储管理部在接收到网络发展部审核后的新点物料申请表后,按物料表的预计发放时间进行物资发放,并须在7个工作日内完成物资发放,确保新点开业前能准时到位。

(8)经理名片制作。

在新点合同签订后一周内,新点经理走"行政类—名片申请"流程申请,开业前可申请3盒(3×100张),以后的再由部门经理走流程申请制作即可。

(9)人员配置。

新开点一般原则上按3人编制,新点租赁合同签订后,新点经理起草流程为"人事类—人员申请",申请新点储备人员。原则上人员招聘需15d,新点经理随时跟进新点人员到位情况。

**3. 新点开业**

新点开业必须同时具备以下条件:

(1)已领取营业执照,并以照片方式发送至行政部备案审核通过。

未领取证照并要求开业的新点,部门经理需起草"开业申请书",且经直接上级、分管领导、事业部副总经理、公司总经理签字同意后,传真至网络发展部和行政部备案方可批准开业。

(2)网络发展部审核通过的新点物资验收单。

(3)部门人员至少应到位3人(含经理)。

(4)电话、宽带已经安装完毕。

(5)档口已装修完工并清洗干净。

**4. 新点正式开业**

新点正式开业主要包括根据部门筹建实际情况,确定开业日期,由新点所属事业部人事部门确定员工任免、员工培训的相关事宜。

另一项重要的开业前准备就是开业氛围的打造。开业氛围的打造会影响到开业后业务流量的大小,所谓"开门红"即是通过开业氛围的打造,形成开业初期业务量的保证。主要形式有:派发新点折扣宣传单张、悬挂横幅等方式帮助新点提升人气,利用公司平台向潜在客户群发短信,线下可以根据部门、区域条件进行路演活动,必要时可适当燃放鞭炮以吸引周边客户群体。

知识链接

## 新点6S验收标准

新点开业后,物流企业应及时组织专人进行营业店铺的现场管理的验收,保证企业留给客户良好的形象。目前比较流行的验收标准为6S验收标准,见表5-11。

新点6S验收标准　　　　　　　　　　　　　　　　表5-11

| 新点6S验收标准 ||||
|---|---|---|---|
| 物　品 | 标准化项目 | 标准化是否完成 | 异常备注 |
| 5cm黄色地板线 | 饮水机、资料架、垃圾桶统一使用黄色5cm定位线,定位线脏旧定期更换 | | |
| 责任卡 | 将责任卡张贴在柜台、办公桌、资料柜抽屉的右上角 | | |

续上表

| 新点6S验收标准 | | | |
|---|---|---|---|
| 物 品 | 标 准 化 项 目 | 标准化是否完成 | 异常备注 |
| 纸杯架 | 在饮水机的旁边用螺丝钉固定 | | |
| 绿色小夹板 | 用在操作柜台上摆放托运书 | | |
| 伴世洁强力去污剂 | 将桌子、柜子等白色办公用具擦洗干净 | | |
| 文件夹 | 在文件架的侧栏贴上侧栏标签 | | |
| 垃圾桶 | 里外各一个 | | |
| 水杯 | 营业部自行统一购买,定位摆放 | | |
| 执照 | 新开点的执照在看板和形象墙之间预留位置,悬挂3张营业部执照 | | |
| 仓库画线 | 大于50m² 的部门在开业期间画好线,营业部根据自己部门的实际情况划分 | | |
| 辅料架 | 用新纸箱隔开,物品分类摆放,有储物间的摆放在储物间内 | | |
| 仓库指示牌 | 4m 以上2.5～3m,4m 以内2～2.5m,尽力仓库内所有指示牌平行 | | |
| 禁烟牌 | 张贴在仓库显眼位置,靠近地磅旁边,工具箱的上面和仓库宣传画平行 | | |
| 显示器背后的画面 | 放在电脑后面 | | |
| 其他类 | 清洁、清扫 | | |

延伸阅读

## 锦程国际物流的发展模式

　　锦程国际物流从最初一个默默无闻的小型货代公司,发展到今天成为中国民营物流企业的领军企业,锦程国际物流只用了短短的15年时间,塑造了一个中国物流企业战略转型并高速成长的神话。锦程国际物流成立于1990年,由现任锦程国际物流集团董事长李东军先生一手创办,原名锦联进出口货运代理公司,总部设在大连。锦程国际物流最初以做货运代理业务为主,凭借经营者独到的经营理念和敏感的市场嗅觉,锦程国际物流只用了短短5年时间便发展成为东北地区货代公司三甲之一。但是进入到九十年代中后期,中国的国际货代市场经过前几年的迅速发展,已经形成了国有企业、集体企业、民营企业、中外合资企业等多种形式并存的局面,中外运、中货、中外代等少数几家国有大企业凭借拥有庞大的运输资源,占据了大部分市场份额,而全国众多小货代企业大多靠点式经营艰难维持,1997年的亚洲金融风暴更是让中国中小货代企业的处境雪上加霜,身处其中的锦程国际物流也同样经历了这种考验。面对困境,锦程国际物流并没有坐以待毙,而是在董事长李东军的带领下,创新求变,独辟蹊径,形成了锦程独有的创新发展模式,并一举取得了成功。经过十几年的发展,锦程国际物流成为为中国十大优秀国际货运公司。2004年,锦程国际物流位列中国首届国际货代综合实力百强排名第 5 位,中国首届物流百强企业第 3 位,民营物流企业第 1 位,并荣获了"中国物流十大知名品牌"、"最具竞争力物流企业"等荣誉。

锦程国际物流的创新发展模式是什么?锦程国际物流是如何谱写发展的神话的?锦程国际物流将如何适应新形势、新环境的变化,继续保持其行业领头羊的地位?从以下描述中我们将能够窥其一斑。

**一、重视网络布局**

2000 年,一个以网络为支持的连锁经营模式开始在中国物流界广泛传开。对物流界而言,这个模式的出现可谓石破天惊,因为自 20 世纪初出现物流这个概念至今,锦程国际物流是第一个将连锁经营这种商业模式用于物流公司的运营。这种创新的商业模式,为企业带来了快速发展。

锦程国际物流实行的并不是标准的加盟连锁方式,而是借鉴了加盟连锁的商业模式,结合行业的特点,提出了自己的一套连锁加盟体系。要在一个地方办公司,锦程不是自己派人、独立投资,而是选择当地成熟的赢利的公司,合并到锦程国际物流集团。在挑选合作伙伴的时候,锦程国际物流不要求对方太大的规模,不要求控股,只要求对方有一个出色的经营管理团队。同时,合作后公司必须更名,统一使用"锦程"的品牌。

锦程国际物流的连锁加盟,使很多单兵作战的小规模货运公司联合起来,把"雪球"朝着一个方向使力,大家风险共担,利益共享,形成"滚雪球效应"。"盈利企业为什么肯加盟呢?他高兴呀,为什么呢?过去他是个小公司老板,现在他可以借助'锦程'这个平台,共享'锦程'资源,利用集中采购的优势,实现利益最大化、分配最大化、品牌最大化,获得在当地的价格竞争优势。"董事长李东军先生如实介绍过连锁加盟的好处。其实,锦程国际物流连锁加盟的优势还在于:汇集人才优势,汇集资金优势,汇集客户资源,避免迅速扩张的风险。以连锁经营为依托,锦程国际物流持续推动着网络布局的建设。截至 2005 年末,锦程国际物流以大连为基地,在哈尔滨、营口、北京、天津、烟台、上海、青岛、武汉以及香港等地开设了 200 余家分支机构,并与国外众多物流企业建立了长期稳定的合作关系。几年来,依托加盟连锁这种运作模式,"锦程"的发展进入了良性循环。"锦程"的这种模式被行业认可。

**二、以业务整合为核心的集中采购**

锦程国际物流在制定发展战略时经过分析研究认为,当前是一个产业整合的时代。跨国公司之所以能做大、做强,大多是通过资源整合。目前,中国有数十万家各种类型的物流企业,市场资源高度分散,存有巨大的、潜在的资源整合机会。如果能抢先一步,在某一业务方面通过资源整合做精、做专、做大,发挥核心竞争优势,就很有可能发展成为一家国际化大公司。

为此,锦程国际物流提出了"以业务整合为核心的集中采购",这是锦程国际物流创新发展模式的核心。所谓业务整合就是集合各分支机构的现有业务和客户资源,由总部主导开发共同的国外代理,集中与船公司签订航线约价,形成价格优势,实现公司整体的优势资源共享、优势代理共享、优势约价共享;同时以锦程国际物流总部为主导开发核心大客户,实现与分支机构的互动支持和整体运营,最终实现总部与所有分支机构的业务一体化。

要实现网络布局基础上的业务整合这一核心使命,需要进行集中采购。因为有了这样一个庞大的业务资源联名体,就可以集合起来向拥有车、船、场地、飞机等资源的承运人进行集中采购,这样可以大大降低运营成本,提高公司整体竞争能力,同时实现集中采购带来的资源利益,总部与分支机构资源共享,利益共享,这将是一个合作双赢的局面。

物流本身就是整合,整合的关键是管理理念转换:从资本管理到资源管理,从职能管理到流程管理,从操作管理到价值管理。在整合前提下的"全员服务、全程服务、全面服务",已成为每一个锦程人的服务理念。

为了更有效地进行业务整合,锦程国际物流成立了全球订舱中心(Global Booking Center,简称GBC)。GBC是锦程为实现资源整合、集中采购、超越传统运作模式的组织,通过聚拢和整合市场上的海运箱量,集中向船东进行统一的订舱采购,从而获取集中采购的利益。其简单的流程为:集合箱量资源→向船东集中采购获取合约运价──→合约运价销售──→整合更多箱量──→获取更低运价──→前面过程的循环──→获得规模收益。

### 三、以全信息管理为基础的电子商务

近些年来,国内各行业都产生了本行业较为成功的网站,并且一个重要的发展趋势就是:电子商务网站将会逐步向更加专业的行业垂直发展。但是,一个最大的不均衡就在于,各行业电子商务在迅速发展,而为之服务的物流行业的电子商务却并没有随之跟进,这既是巨大的挑战,也是巨大的机遇!物流的电子商务网站巨大的发展潜力正吸引着越来越多进入者的跃跃欲试,锦程人凭借火眼金睛,较早地锁定了物流行业电子商务网站的建设,并迈出了一步步坚实的步伐。

但是,近几年网络经济渐渐降温,中国的网站正在步美国网络先驱们的后尘,一个接一个死掉了不少。当别的网站纷纷倒下的时候,锦程国际物流继续投资,是在"烧钱",还是能从中赚钱?是认识滞后,还是战略执着?这是摆在锦程国际物流面,也是摆在网络这种经营模式面前的一个现实的问题,对这个问题最好的解答便是现实的业绩。在接下来的时间里,锦程国际物流用骄人的业绩向对这个问题持有疑问的人做出了回答。

 **模块练习**

1. 某公司计划在某城市建立一办事处。经过分析,与该公司有密切业务往来的公司有6家。在一个以千米为单位的笛卡尔坐标系中,他们的左边分别为:(3,3)、(3,10)、(6,1)、(9,9)、(12,6)、(8,11)。他们的业务密切程度权重分别为:4、3、5、6、2、2。请分别用城市距离和欧几里得计算新办事处的位置。

2. 物流企业新开网点的流程是怎样的?你能用VISIO绘制出比较全面的流程图并进行流程的描述吗?

3. 新开物流营业网点需要办理哪些证照?

4. 请你调查一家物流企业,弄清楚该物流公司的物流网络覆盖情况。

# 模块六　物流企业财务管理

## 学习导语

物流企业作为营利性组织,获得利润是其根本目标,要达成这个目标,基本途径主要有两个方面:增加收入或减少成本。因此,作为物流企业的各级管理人员,就应该清楚企业内部业务收入及成本是如何核算的。本模块按照物流保险——→物流企业成本核算——→物流企业业务收入核算——→物流企业税务申报及缴纳等流程,讲述对应的任务,使同学们掌握有关物流企业财务管理方面的相关知识步骤及环节要点。

## 故事分享

李强已经在上海新邦物流有限公司工作有一年多的时间了,在这段时间里,他对自己所在的城际配送部门的相关业务流程已经十分熟悉了,操作起来游刃有余,从没出过差错。这天,李强刚到公司上班,就听说自己部门的配送车辆在中途出了车祸,一车货物全部损坏,这下可把他急坏了,部门里有经验的同事让他别着急,保险公司会处理相关后续事物的。李强听了之后,不在着急,可是心里又有了疑惑,物流企业是如何购买保险的,发生了货损货差,又如何理赔?

同时,在工作中,他深刻的体会到了物流成本冰山这一理论,在物流业务运作过程中,存在很多隐性成本,如果没有仔细核算,往往物流企业就要产生亏损,但是物流企业是如何进行成本核算及业务收入核算的,在核算过程中,物流企业又要如何申报及缴纳税费,对于这一切,李强都有着强烈的学习欲望,通过这件事情,他打算跟部门领导申请将他调配到其他相关部门去进行新的业务学习,好好了解一下有关物流保险、物流企业成本核算、物流企业收入核算及物流企业税务申报及缴纳的问题。

**思考**

1. 物流公司怎样购买保险?发生货损货差后应该如何理赔?
2. 物流企业成本如何构成?成本核算的方法是什么?
3. 物流企业业务收入是如何进行核算的?
4. 物流企业要缴纳的税费种类有哪些?

## 学习目标

通过本模块的学习,期望达到下列目标。

**1. 专业能力**

(1)掌握物流企业保险的种类及特点,能够按程序做好货损、货差理赔工作;
(2)了解物流企业的成本构成,成本核算的方法,并且能够对物流企业成本进行核算;
(3)了解物流企业业务收入核算过程及方法,并且能够对物流企业业务收入进行核算;
(4)掌握物流企业税务种类、税务申报流程,并且能够完成物流企业的税务申报工作。

**2. 社会能力**

(1) 培养学生的可持续发展的能力;

(2) 培养学生具有物流企业财务管理的能力;

(3) 培养学生具备中层和业务部门负责人具有的基本素质;

(4) 注重遵章守纪、积极思考、耐心、细致、勇于实践、竞争意识、责任意识等职业素质的养成。

**3. 方法能力**

(1) 通过查阅资料、文献等,培养个人自学能力和获取信息的能力;

(2) 通过情境化的任务单元活动,掌握分析问题、解决实际问题的能力;

(3) 制定工作计划,培养工作方法能力;

(4) 能独立运用各种媒体完成物流企业财务管理的学习任务。

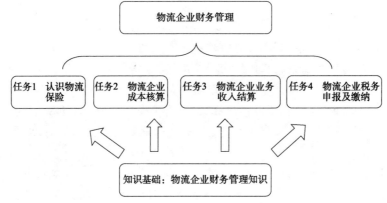

# 任务1  认识物流保险

1994年2月,中国某纺织进出口公司与大连某海运公司签订了运输1000件丝绸衬衫到马赛的协议。合同签订后,进出口公司又向保险公司就该批货物的运输投保了平安险单。2月20日,该批货物装船完毕后启航,2月25日,装载该批货物的轮船在海上突遇罕见大风暴,船体严重受损,于2月26日沉没。3月20日,纺织品进出口公司向保险公司就该批货物索赔,保险公司以该批货物由自然灾害造成损失为由拒绝赔偿,于是,进出口公司向法院起诉,要求保险公司偿付保险金。

问题:本案中保险公司是否应负赔偿责任?

解:保险公司应负赔偿责任。根据中国人民保险公司海洋运输货物保险条款的规定,海运货物保险的险别分为基本险和附加险两大类。基本险是可以单独投保的险种,主要承保海上风险造成的货物损失,包括平安险、水渍险与一般险。平安险对由于自然灾害造成的部分损失一般不予负责,除非运输途中曾发生搁浅、触礁、沉没及焚毁等意外事故。平安险虽然对自然灾害造成的部分损失不负赔偿责任,但对自然灾害造成的全部损失应负赔偿责任。

本案中,进出口公司投保的是平安险,而所保的货物在船因风暴沉没时全部灭失,发生了实际全损,故保险公司应负赔偿责任,其提出的理由是不能成立的。

### 引例分析

物流的基本功能要素包括运输、储存、装卸搬运、包装、流通加工、信息处理等,在这些环节中,尤其在运输、储存环节中,很有可能对货物造成货损货差,为避免损失,物流企业往往会选择为货物购买保险,下面就让我们一起来了解一下物流保险方面的知识吧!

**任务分析**

### 一、任务准备

(1)物流企业物流保险相关案例若干。

(2)多媒体教室(含可供学生上网查资料的电脑、多媒体教学设备、课件和动画等教学资料)。

(3)各大保险公司与物流相关的保险条款,如中国太平洋财产保险股份有限公司物流货物保险条款。

### 二、任务目标

(1)能了解风险的定义、特征、风险因素、风险事故及造成的损失,能够清楚地知道风险与保险之间的关系。

(2)能了解物流保险的概念、物流风险以及物流保险的种类,能理解物流保险的职能、作用及原则。

(3)能了解物流保险合同的效力、订立、终止及接触,能够根据合同内容分清责任归属。

(4)能根据相关保险知识对物流保险纠纷进行分析并得出正确结论。

### 三、基础知识

**1. 风险的基础知识**

风险的概念:风险是指在某一特定环境下,在某一特定时间段内,某种损失发生的可能性。风险是由风险因素、风险事故和损失等要素组成。

风险的基本要素由风险因素、风险事故和损失构成。风险因素是指引起或增加风险事故发生的机会或扩大损失幅度的原因和条件。它是风险事故发生的潜在原因,是造成损失的内在的或间接的原因。风险因素根据性质通常分为实质风险因素、道德风险因素和心理风险因素三种类型。

风险事故是指造成生命财产损失的偶发事件,又称风险事件。也就是说,风险事故是损失的媒介,是造成损失的直接的或外在的原因,即风险只有通过风险事故的发生,才能导致损失。

在风险管理中,损失是指非故意的、非预期的和非计划的经济价值的减少。显然,风险管理中的损失包括两方面的条件:一为非故意的、非预期的和非计划的观念;二为经济价值的观念,即损失必须能以货币来衡量。二者缺一不可。

风险具有以下几个方面的特征:

(1)风险的客观性。风险处处存在、时时存在,人们无法回避它、消除它,只能通过各种技术手段来应对风险,从而避免费用、损失与损害的产生。

(2) 风险的可变性。风险来源于社会环境,而环境是变化着的,随着环境的变化以及科学技术的发展和普及,可能会有一些新的风险产生,而有的风险可能会发生性质的变化。

(3) 风险的可控性。个别风险的发生是偶然的,人们可以通过对大量偶发事件进行预测分析,揭示风险潜在的规律性。此外,人们可以通过适当的技术来回避或控制风险的影响程度。

**2. 风险与保险的关系**

(1) 风险是保险产生和发展的前提。

(2) 风险的发展是保险发展的客观依据。

(3) 保险是风险处理的传统有效措施。

(4) 保险经济效益受风险管理技术的制约。

在现代物流的过程中,所有涉及货物作业、监管的运作以及所涉及的风险问题,都有可能随时发生。现代物流活动中的风险和收益,就好像一枚硬币的两个面,对于一些已经或正在转型拓展现代物流业的企业而言,它有收益较好的一面,但是,责任风险也随之加大。这些风险,已经大大影响到企业正常的经营活动。

保险是为了规避风险所发明的产物。因此在了解物流保险之前首先要了解物流系统中存在哪些风险。一般而言,现代物流风险主要包括以下三个方面:

1) 与托运人之间可能产生的风险

(1) 货物灭损带来的赔偿风险——对物流安全性的挑战。

包括货物的灭失和损害。可能发生的环节主要有运输、仓储、装卸搬运和配送环节。发生的原因可能有客观因素,也可能有主观因素。客观因素主要有不可抗力、火灾、运输工具出险等,主观因素主要有野蛮装卸、偷盗等。

(2) 延时配送带来的责任风险——对物流及时性的挑战。

在 JIT 原则的要求下,物流企业延时配送往往导致客户索赔。从实践中看,客户索赔的依据大多是物流服务协议。也就是说,此时第三方物流企业承担的是违约赔偿责任。

(3) 错发错运带来的责任风险——对物流准确性的挑战。

有些时候,物流企业因种种原因导致分拨路径发生错误,致使货物错发错运,由此给客户带来损失。一般而言,错发错运往往是由于手工制单字迹模糊、信息系统程序出错、操作人员马虎等原因造成的。由此给客户带来的损失属于法律上的侵权责任。但同时,物流服务协议中往往还约定有"准确配送条款",因此客户也可以依据该条款的约定提出索赔。此时便存在侵权责任和违约责任的竞合,我国合同法规定当事人享有提起侵权责任之诉或违约责任之诉的选择权。

2) 与分包商之间可能产生的风险

(1) 传递性风险。传递性风险是指第三方物流企业能否通过分包协议把全部风险有效传递给分包商的风险。例如,第三方物流企业与客户签订的协议规定赔偿责任限额为每件 500 元,但第三方物流企业与分包商签订的协议却规定赔偿责任限额为每件 100 元,差额部分则由第三方物流企业买单。在这里,第三方物流企业对分包环节造成的货损并没有过错,但依据合同不得不承担差额部分的赔偿责任。由于目前铁路、民航、邮政普遍服务等公用企业对赔偿责任限额普遍规定较低,因此第三方物流企业选择由公用企业部门分包时将面临不能有效传递的风险。

(2) 诈骗风险。资质差的分包商,尤其是一些缺乏诚实信用的个体户运输业者配载货物后,有时会发生因诈骗而致货物失踪的风险。

3) 与社会公众之间可能产生的责任风险

(1) 环境污染风险。第三方物流活动中的环境污染主要表现为交通拥堵、机动车排放尾气、噪声等。根据环境保护法,污染者需要对不特定的社会公众承担相应的法律责任。

(2) 交通肇事风险。运输司机在运输货物的过程中发生交通肇事,属于履行职务的行为,其民事责任应该由其所属的物流企业承担。

(3) 危险品泄漏风险。危险品物流有泄漏的风险,随时会给社会公众的生命财产安全带来威胁,这一点值得从事危险品物流的企业警惕。

物流企业所面临的风险具体可如图 6-1 所示。

图 6-1　物流企业面临的风险

中国外运集团总公司总法律顾问孟于群先生认为,物流的成本较低,增值服务较多,供应链因素多,质量难以控制,运营风险大。现代物流商作为整个物流业务的组织者和指挥者,要对全过程负责,所面临的风险与日俱增,对专业的物流保险的期盼也越来越强烈。

**3. 保险的基础知识**

(1) 保险的含义:对保险可以从两个不同的方面来解释。

①保险的法律定义。从法律的意义上解释,保险是一种合同行为,体现的是一种民事法律关系。

②保险的经济学定义。从经济学的角度来看,保险是一种经济关系,是分摊意外损害的一种融资方式。

(2) 保险的基本要素:

①特定风险事故的存在。

②多数经济单位的集合。

③费率的合理计算。

④保险基金的建立。

(3) 物流保险的概念:顺应现代物流的发展潮流而发展起来的一系列的保险产品的集合,这一系列保险产品旨在防范现代物流管理中的风险。承保物流货物在运输、储存、加工包装、配送过程中由于自然灾害或列明的意外事故造成的损失和相关费用。按照产品结构划分,物流保险可以分为一般性的物流保险条款和专门性的物流保险条款。前者根据物流业务操作模式的不同,又可以分为物流货物保险和物流责任保险。后者根据物流活动各个环节的不同,又可以分为货物运输保险、仓储财产保险、吊装作业责任保险、码头作业综合保险等。货物保险投保人和收益人都是货方。而物流保险投保人和受益人都是物流企业。货物保险保的是货物本身,物流保险保的是物流经营人的责任。

(4)物流货物保险:从法律上讲,物流并不转移货物的所有权,货物所有权仍然掌握在委托方(第一方或第二方)手中,委托方对货物具有直接的保险利益,故其须对货物损失的风险负责。货物所有权在第一方和第二方之间的转移,决定了由谁来办理保险;但是不管委托方中的任何一方承担保险义务,均与第三方的物流企业无关。以 CFR 贸易方式为例,货物风险在买卖方之间的转移以货物越过船舷为界,此时为了转嫁货运风险,一般应由买方(表现为第二方)办理保险。自始至终,第三方物流企业既不承担货物的保险义务,也不负责赔偿货物损失的风险。归根到底,第三方物流企业不是物流货物保险法律关系的当事人。

(5)物流货物保险及其附加险:针对第一方和第二方物流方式的年度保险产品,采取类似预约保险的业务运作方式,为客户提供全面、无缝式的保险保障,保险标的为全部物流货物,可避免一票货物一单的承保方式,从而为客户最大程度简化投保手续,方便客户投保。本保险所称物流货物指被保险人进行物流的物品。除枪支弹药、爆炸物品、现钞、有价证券、票据、文件、档案、账册、图纸外,凡以物流方式流动的货物均可作为本保险合同的保险标的。金银、珠宝、钻石、玉器、贵重金属、古玩、古币、古书、古画、艺术作品、邮票等在事先申报并经保险人认可并明确保险价值后可作为特约保险标的进行投保。它的保障范围综合传统货运保险和财产保险的责任,承保物流货物在运输、储存、加工包装、配送过程中由于自然灾害或意外事故造成的损失和相关费用。

(6)保险责任:在保险期间内,若保险标的在物流运输、装卸、搬运过程中由于下列原因造成损失,保险人依照本保险合同的约定负责赔偿。

①火灾、爆炸。

②自然灾害。本保险合同所称自然灾害是指雷击、暴风、暴雨、洪水、暴雪、冰雹、沙尘暴、冰凌、泥石流、崖崩、突发性滑坡、火山爆发、地面突然塌陷、地震、海啸及其他人力不可抗拒的破坏力强大的自然现象。

③运输工具发生碰撞、出轨、倾覆、坠落、搁浅、触礁、沉没,或隧道、桥梁、码头坍塌。

④碰撞、挤压导致包装破裂或容器损坏。

⑤符合安全运输规定而遭受雨淋。

⑥装卸人员违反操作规程进行装卸、搬运。

⑦共同海损的牺牲、分摊和救助。

在保险期间内,若保险标的在物流储存、流通加工、包装过程中由于自然灾害或意外事故造成损失的,保险人依照本合同的约定负责赔偿。

本保险合同所称意外事故是指外来的不可预料的以及被保险人无法控制并造成物质损失的突发性事件。

下列损失和费用,保险人也依照本合同的约定负责赔偿。

①保险事故发生时,为抢救保险标的或防止灾害蔓延,采取必要的、合理的措施而造成保险标的的损失。

②保险事故发生后,被保险人为防止或减少保险标的的损失所支付的必要的、合理的施救费用。

③经保险人书面同意的,被保险人为查明和确定保险事故的性质、原因和保险标的的损

失程度所支付的必要的、合理的费用。

(7)保险期间:除另有约定外,保险期间为一年,以保险单载明的起讫时间为准。

不同批次保险标的的保险责任自保险期间开始后各批次保险标的运离其买卖合同上注明的起运地存储仓库或存储处所开始,至该买卖合同上注明的目的地存储仓库或存储处所时终止。

保险期间结束时,如果保险标的的物流过程尚未结束,该保险标的的保险责任自动延长至该保险标的运至对应买卖合同上注明的目的地存储仓库或存储处所时终止。如果有关收货人未及时提货,则该保险标的保险责任的延长以该保险标的卸离运输工具后 15d 为限。

(8)责任免除:下列原因造成的损失、费用和责任,保险人不负责赔偿。

①被保险人的故意行为或重大过失行为。

②战争、外敌入侵、敌对行动(不论是否宣战)、内战、反叛、革命、起义、罢工、骚乱、暴动、恐怖活动。

③核辐射、核爆炸、核污染及其他放射性污染。

④执法行为或司法行为。

⑤公共供电、供水、供气及其他公共能源中断。

⑥大气、土地、水污染及其他各种污染。

下列原因造成的损失、费用和责任,保险人不负责赔偿。

①被保险人自有的运输、装卸、搬运工具不适合运输或装卸搬运保险标的,或被保险人自有的仓库不具备存储或流通加工保险标的的条件。

②保险标的设计错误、工艺不善、本质缺陷或特性、自然渗漏、自然损耗、自然磨损、自燃或由于自身原因造成腐烂、变质、伤病、死亡等自身变化。

③保险标的包装不当,或保险标的包装完好而内容损坏或不符,或保险标的的标记错制、漏制、不清。

④发货人或收货人确定的保险标的数量、规格或内容不准确。

⑤保险标的遭受盗窃或不明原因地失踪。

⑥在保险标的物流储存、包装、流通加工过程中发生地震、海啸。

下列损失、费用和责任,保险人也不负责赔偿。

①保险期间开始前已运离起运地存储仓库或存储处所的保险标的的损失和费用。

②在水路运输过程中存放在舱面上的保险标的的损失和费用,但集装箱货物不在此限。

③储存在露天的保险标的的损失或费用。

④盘点时发现的损失,或其他不明原因的短量。

⑤被保险人的各种间接损失。

⑥发生在中华人民共和国境外的财产或费用的损失。

⑦本保险合同中载明的免赔额。

其他不属于保险责任范围内的损失、费用和责任,保险人不负责赔偿。

(9)物流责任保险:当由于第三方物流企业的责任造成货物损失时,按照保险法代位求偿理论,货物所有权人可以直接向保险公司索赔,保险公司赔偿货物所有权人的同时便取得了代位求偿权。基于代位求偿权,保险公司可以向第三方物流企业追偿。因此,第三方物流企业为降低自身责任风险,一般会选择投保物流责任保险。物流责任保险的投保人和被保险人(保险利益人)均为第三方物流企业。物流责任保险的标的不是货物实体财产本身,货物的所有权人自然也不是物流责任保险法律关系的当事人。

物流责任险则是专门针对第三方物流开发的物流保险产品。作为第三方物流公司,它所承担的货物责任与货主不同,一旦货物遭遇风险,只承担它依法承担的部分,而不是任何损失都要承担。这样,它的风险比企业物流要少一部分,比如在货物运输过程中的不可抗力损失,承运人就无须承担赔偿责任。

第三方物流企业就委托方交来的物流货物承担着安全仓储、流通加工及运输的责任风险,此险种为专业经营第三方物流业务的物流公司提供了全面有效的保障。该产品也是年度保险产品,其责任保障范围包括在经营物流业务过程中依法应由被保险人承担赔偿责任的物流货物的损失。它将运输中承运人的责任以及仓储、流通加工过程中保管人及加工人的责任融合在一起,因此物流责任保险的风险大于其他单独的责任保险的风险。物流责任保险可以为客户提供经营第三方物流业务过程中的全面保障,国际上普遍认为该险种是一种契合现代物流业发展潮流的新型保险产品。该产品的保险责任如下:在保险期间,被保险人在经营物流业务过程中,由于下列原因造成物流货物的损失,依法应由被保险人承担赔偿责任的,保险人根据本保险合同的约定负责赔偿。

①火灾、爆炸。

②运输工具发生碰撞、出轨、倾覆、坠落、搁浅、触礁、沉没,或隧道、桥梁、码头坍塌。

③碰撞、挤压导致包装破裂或容器损坏。

④符合安全运输规定而遭受雨淋。

⑤装卸人员违反操作规程进行装卸、搬运。

下列费用,保险人根据保险合同的约定负责赔偿:保险事故发生后,被保险人因保险事故而被提起仲裁或者诉讼所支付的仲裁费用、诉讼费用以及事先经保险人书面同意支付的其他必要的、合理的费用(以下简称"法律费用")。

下列原因造成的损失、费用和责任,保险人不负责赔偿。

①自然灾害。本保险合同所称自然灾害是指雷击、暴风、暴雨、洪水、暴雪、冰雹、沙尘暴、冰凌、泥石流、崖崩、突发性滑坡、火山爆发、地面突然塌陷、地震、海啸及其他人力不可抗拒的破坏力强大的自然现象。

②被保险人的故意或重大过失行为。

③战争、外敌入侵、敌对行动(不论是否宣战)、内战、反叛、革命、起义、罢工、骚乱、暴动、恐怖活动。

④核辐射、核爆炸、核污染及其他放射性污染。

⑤执法行为或司法行为。

⑥公共供电、供水、供气及其他的公共能源中断。

⑦大气、土地、水污染及其他各种污染。

下列原因造成的损失和费用,保险人不负责赔偿。

①被保险人自有的运输或装卸工具不适合运输或装载物流货物,或被保险人自有的仓库不具备存储物流货物的条件。

②物流货物设计错误、工艺不善。本质缺陷或特性、自然渗漏、自然损耗、自然磨损、自燃或由于自身原因造成腐烂、变质、伤病、死亡等自身变化。

③物流货物包装不当,或物流货物包装完好而内容损坏或不符,或物流货物标记错制、漏制、不清。

④发货人或收货人确定的物流货物数量、规格或内容不准确。

⑤物流货物遭受盗窃或不明原因地失踪。

下列物流货物的损失,依法应由被保险人承担赔偿责任的,保险人不负责赔偿。但由被保险人向保险人事先提出申请并经被保险人书面同意的不在此限。

①金银、珠宝、钻石、玉器、贵重金属。

②古玩、古币、古书、古画。

③艺术作品、邮票。

④枪支弹药、爆炸物品。

⑤现钞、有价证券、票据、文件、档案、账册、图纸。

下列损失、费用和责任,保险人不负责赔偿。

①被保险人及其雇员的人身伤亡或所有的财产损失。

②储存在露天的物流货物的损失或费用。

③盘点时发现的损失,或其他不明原因的短量。

④在水路运输过程中存放在舱面上的物流货物的损失和费用,但集装箱货物不在此限。

⑤精神损害赔偿。

⑥被保险人的各种间接损失。

⑦罚款、罚金或惩罚性赔偿。

⑧发生在中华人民共和国境外的财产或费用的损失。

⑨本保险合同中载明的免赔额。

其他不属于保险责任范围内的损失、费用和责任,保险人不负责赔偿。

(10)物流保险针对物流风险存在。物流风险的特点主要表现在以下两个方面:一方面是物流风险多样化和复杂化。一般来说,传统物流业的业务范围比较狭窄,主要是运输和仓储,而现代物流业不仅涉及运输与仓储,还包括对存货管理、加贴商标、订单实现、属地交货和包装等提供服务,并且还要按照客户的经营战略去谋划它的物流,所以,现代物流企业提供的服务要复杂得多。另一方面是物流风险的发生比率不易确定。一般而言,风险的估算要参考两个指数,即发生的概率和损失的严重程度,发生损失的概率越高,造成损失的程度越严重,风险也就越大,由于物流风险的多样化和复杂性,所以物流风险的发生比率较难确定,因此物流业的风险要远远高于其他行业。物流保险要应对物流风险的特点,找出相应的政策,将物流风险降低到最低点。

(11)物流业的经营风险主要来源于以下两方面:一方面是物流企业在采取海、陆、空等方式进行运输时的运动状态下,其风险主要来自自然灾害等不可抗力、交通事故、偷窃抢劫以及装卸搬运不当等意外事故;另一方面是物流企业在进行存储、加工时的静止状态下,其风险主要来自自然灾害等不可抗力,火灾、爆炸的意外事故。

物流保险的构成如图6-2所示。

(12)物流保险的种类。

①国内水路货物运输保险。承保沿海、内河水路运输的货物,分基本险和综合险。

②国内铁路货物运输保险。承保经国内铁路运输的货物,分基本险和综合险。

③国内公路货物运输保险。

④国内航空货物运输保险。

⑤鲜、活易腐货物特约保险。

⑥国内沿海货物运输舱面特约保险。

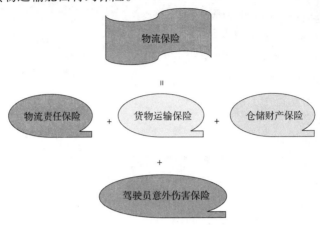

图 6-2 物流保险的构成

进出口货物运输保险：进出口货物运输保险主要分海洋、陆上、航空和邮包四类。针对这四类，又分别有主要险和附加险。

①主要险。海洋货物运输保险有平安险、水渍险、一切险三种。陆上货物运输保险有陆运险和陆运一切险两种。航空货物运输保险有空运险和空运一切险两种。邮包保险有邮包险和邮包一切险两种。

②附加险。一切险范围内的附加险有：偷窃险、提货不着险、淡水雨淋险、短量险等。承保了一切险，对其中任何一种附加险都是负责的。不属于一切险范围内的特别附加险主要有：进口关税险、舱面险、卖方利益险、港澳存仓火险、虫损险等。特殊附加险指战争险和罢工险。

企业财产保险：企业财产保险是指投保人存放在固定地点的财产和物资作为保险标的的一种保险，保险标的的存放地点相对固定且处于相对静止状态。

物流责任保险：针对第三方物流的兴起而开发。第三方物流企业就委托方交来的货物承担着安全仓储、流通加工及运输的责任风险。

机器损坏保险：为提供专业的物流服务，物流公司会购置许多机器设备，这些机器在正常运行中由发生故障及人员的错误操作引起的维修费，甚至是因为上述原因造成的经济损失，可通过机器损坏险得到保险公司的赔偿。

雇员忠诚保证保险：物流企业的员工每天都会接触到大量高价值的货物，为避免管理上的失误以及因雇员的欺诈和不诚实行为而导致的经济损失，可通过投保此险种得到保险公司的经济补偿。

人身意外险：物流企业的员工每天都会面临着各种可能的意外伤害事故的发生，此险种是为保障员工的人身安全，获得保险公司的补偿而进行的保险。

车辆保险：此险种能保障机动车辆在行驶中发生交通事故或自身的单方责任而得到保险赔偿，使驾驶人员更能安心开车。

(13) 国内货物运输保险的含义：以国内运输过程中的货物作为保险标的，当运输中的货物因自然灾害或意外事故而遭受损失时给予经济补偿的一种财产保险。

国内货物运输保险的种类如下：

①按运输工具的不同分类

a. 水上货物运输保险。

b.陆上货物运输保险。

c.航空货物运输保险。

除以上三种货运险外,还有特种货物运输保险,如排筏保险、港内外驳运险、市内陆上运输保险等。

②按运输方式分类:

a.直运货物运输保险。

b.联运货物运输保险。

c.集装箱运输保险。

具体保险条款请参考国内水运、陆运等保险条款。

(14)购买物流保险的原因。可以从以下三个角度去分析:对货主而言,货物所有者是货主,一旦出现事故,在责任方无力或有意逃避情况下,最终损失落在货主头上,所以货主风险最大,货运保险能将货主最大风险降到最低;对物流公司来说,各种自然灾害、意外事故和经营管理的疏忽都有可能给物流企业造成重大损失。其中有些风险是可以预知、可以控制的,但是更多的风险无法事先知道,从而无法避免其发生。有些事故的发生并不是物流公司的责任,而是一些自然灾害或意外事故造成的,但现在物流公司基本上要对全部货物进行担保负责,所有损失都得由物流企业来赔偿。货物发出后,全程有保险公司的"保驾护航",不用时刻提心吊胆,自己可以安心地做自己的生意。对车主来说,车主是货物承运人,事故发生后,从法律的角度来说,往往是最终责任人,有了货运保险,车主的责任风险降到最低,所以货运保险从法律角度上来讲车主是最大的受益者。

(15)物流保险的职能。物流保险的职能是由物流保险的本质和内容决定的,包括物流保险的基本职能和派生职能。物流保险的基本职能是物流保险的原始职能,是物流保险固有的职能,并不会随着时间和外部环境的变化而变化。物流保险的派生职能是随着保险业的发展和客观环境的变化,在基本职能基础上派生出来的职能。

①物流保险的基本职能:物流保险的经济补偿是指在物流保险活动中,投保人根据物流保险合同的约定,向保险人支付保险费,保险人对于物流保险合同约定的可能发生的事故因其发生所造成的财产损失及其相关利益的损失承担赔偿保险金的责任。

②物流保险的派生职能:

a.物流保险的融通职能。融资是保险人将保险资金中的暂时闲置部分,以有偿返还的方式重新投入再生产过程,以扩大社会再生产规模的职能。保险公司从收取保险费到赔付保险金之间存在着时间差和规模差,使保险资金中的一部分资金处于闲置状态,从而为保险公司融通资金提供了可能性。

b.物流保险的防灾防损职能。防灾防损是风险管理的重要内容。保险本身也是风险管理的一项重要内容,而物流保险进行风险管理体现在防灾防损工作上。物流保险防灾防损工作体现在:从承保到理赔履行社会责任;增加保险经营的收益;促进保险人的经营意识,从而促进其加强防灾防损的意识。

(16)物流保险与物流业发展的相互作用:

①有利于实现物流业发展的畅通与高效。

②提供了新的业务增长点。

③丰富了保险产品品种,拓展了物流保险市场。

④填补了我国物流企业综合责任保险的空白。

⑤简化了物流企业投保责任保险的手续,节约了保险费用。
⑥初步满足了我国物流企业的基本责任保险需求。
物流保险的作用示意图如图6-3所示。

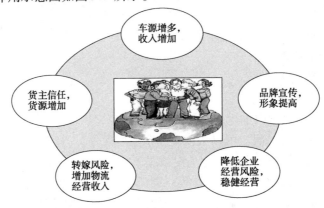

图6-3　物流保险的作用示意图

(17)物流保险的基本原则为:最大诚信原则;保险利益原则;近因原则;补偿原则。

①最大诚信原则:基本含义是保险双方在签订和履行保险合同时,必须以最大的诚意履行自己应尽的义务;物流保险合同双方应向对方提供影响对方做出签约决定的全部真实情况,互不欺骗和隐瞒,信守合同的认定和承诺,否则物流保险合同无效。最大诚信原则是物流保险合同成立的基础。诚信原则是民事法律关系的基本原则之一。在保险法律关系中对当事人的诚信的要求比一般民事活动更严格,因此必须遵循最大诚信原则。

②保险利益原则:保险利益是投保人或被保险人对保险标的具有法律上承认的利益。这里的利益一般是指保险标的的安全与损害直接关系到被保险人的切身经济利益。

③近因原则:损失有可能是由几个原因或一连串原因造成的,那么,哪个原因是出险的真正原因呢?近因原则就是判断风险事故与保险标的损失之间的因果关系,从而确定保险赔偿责任的一项基本原则。

④补偿性原则:补偿性原则是物流保险合同中最重要的原则。大多数货物保险合同是补偿性合同。补偿性合同具体规定了被保险人不应该取得超过实际损失的赔偿。损失补偿性原则是指物流保险合同生效后,当保险标的发生保险责任范围内的损失时,保险赔偿只能使被保险人恢复到受灾前的经济原状,被保险人不能因损失而获得额外收益。

(18)如何选择国际物流货运保险

办理国际货物运输保险,几乎是每一单出口业务都要做的事,但要办得既稳妥又经济却不简单。由于实际操作中情况千差万别,因此,如何灵活运用保险回避出口货物运输中的风险,是技巧性很强的专业工作。

①险别选择五要素:

a.货物的种类、性质和特点。

b.货物的包装情况。

c.货物的运输情况(包括运输方式、运输工具、运输路线)。

d.发生在港口和装卸过程中的损耗情况等。

e.目的地的政治局势,如在1998年北约空袭南联盟和1999年巴基斯坦政变期间,如果投保战争险,出口商就不必为货物的安全问题而心惊肉跳了。

②主险与附加险灵活使用:目标市场不同,费率亦不同,出口商在核算保险成本时,就不能"一刀切"。如果投保一切险,欧美发达国家的费率可能是0.5%,亚洲国家是1.5%,非洲国家则会高达3.5%。另外,货主在选择险种的时候,要根据市场情况选择附加险,如到菲律宾、印尼、印度的货物,因为当地码头情况混乱,风险比较大,应该选择偷窃提货不着险和短量险作为附加险,或者干脆投保一切险。

③防险比保险更重要:保险是转移和分散风险的工具。虽然风险造成的损失保险公司会负责理赔,但货主在索赔的过程中费时费力,也是不小的代价,所以,预防风险的意识和在投保的基础上做一些预防措施非常必要。近年来,因集装箱的破漏而导致货物受损的案例越来越多。要防止这种风险,一是尽量选择实力强、信誉好的船公司,他们的硬件设备相对会好一些;二是在装货前要仔细检查空柜,看看有无破漏,柜门口的封条是否完好。还要查看是否有异味,推测前一段装了什么货物。如果现在要装的货是食品或药品,而以前装的是气味浓烈的货物甚至是危险性很高的化工品的话,就可能导致串味,甚至使货物根本不能再使用。

(19)其他相关保险条款介绍。

①淡水、雨淋险条款:本保险对被保险货物因直接遭受雨淋或淡水所致的损失负责赔偿,但包装外部应有雨水或淡水痕迹或有其他适当证明。被保险人必须及时提货,并在提货后10d内申请检验,否则,保险公司不负赔偿责任。

②串味险条款:本保险对被保险食用物品、中药材、化妆品原料等货物在运输过程中,因受其他物品的影响而引起的串味损失,负责赔偿。

③钩损险条款:本保险对被保险货物在装卸过程中因遭受钩损而引起的损失,以及对包装进行修补或调换所支付的费用,均负责赔偿。

④受潮、受热险条款:本保险对被保险货物在运输过程中因气温突然变化或由于船上通风设备失灵致使船舱内水汽凝结、发潮或发热所造成的损失,负责赔偿。

⑤短量险条款:本保险对被保险货物在运输过程中,因外包装破裂或散装货物发生数量散失和实际重量短缺的损失负责赔偿,但正常的途耗除外。

⑥锈损险条款:本保险对被保险货物在运输过程中发生的锈损,负责赔偿。

⑦混杂、沾污险条款:本保险对被保险货物在运输过程中,因混杂、沾污所致的损失,负责赔偿。

⑧偷窃、提货不着险条款:本保险对被保险货物遭受下列损失,按保险价值负责赔偿。

a. 偷窃行为所致的损失。

b. 整件提货不着的损失。

c. 根据运输契约规定船东和其他责任方免除赔偿的部分。

被保险人必须及时提货,遇有第a项所列的损失,必须在提货后十日内申请检验;遇有第b项损失,必须向责任方取得整件提货不着的证明,否则,保险公司不负赔偿责任。保险公司有权收回被保险人向船东或其他有关责任方面追偿到的任何赔款,但其金额以不超过保险公司支付的赔款为限。

⑨包装破裂险条款:本保险对被保险货物,在运输过程中因搬运或装卸不慎,包装破裂所造成的损失,以及为继续运输安全所需要对包装进行修补或调换所支付的费用,均负责赔偿。

(20)物流保险合同。

①概念。物流保险合同是合同的一种形式。物流保险合同是投保人与保险人约定物流保险权利和义务关系的协议。

②物流保险合同的特征。

a.物流保险合同是射幸合同。一般的民商合同所涉及的权益或者损失都具有相应的对等性,但是在物流保险合同中,投保人支付保险费的行为是肯定的,而保险人对被保险人是否赔偿或给付保险金则依物流保险事故是否发生而定,是不肯定的。由于投保人以少额保险费获取大额保险金具有机会性,所以物流保险合同便具有了射幸性。

b.物流保险合同是附合合同。一般民商合同完全或者主要是由各方进行协商以约定合同的内容。但是物流保险合同内容的产生是以附合为主,即由合同的一方提出合同的主要内容,另一方当事人只能做出取舍的决定。由于保险业的特点,使物流保险合同趋于定型性、技术性和标准化。

c.物流保险合同是双务合同。物流保险合同是一种双方的法律行为,一旦生效,便对双方当事人具有法律约束力。保险双方相互承担义务,同时享有权利。

d.物流保险合同是要式合同。要式是指合同的订立要依法律规定的特定形式进行。订立合同的方式多种多样,但是,根据《中华人民共和国保险法》的规定,保险合同要以书面形式订立,其书面形式主要表现为保险单、其他保险凭证及当事人协商同意的其他书面协议。

e.物流保险合同是最大诚信合同。最大诚信是指物流保险合同以最大诚信为基础,合同中任何一方违反最大诚信原则物流保险合同则无效。

③物流保险合同的主体。

a.物流保险合同的当事人:指直接订立物流保险合同的具有行为能力的人,包括保险人和投保人。保险人又称承保人,是与投保人订立物流保险合同,具有保险金责任的保险公司,它依法设立,专门经营保险业务。投保人是指以保险人订立物流保险合同,并按照物流保险合同的规定,负有支付保险费义务的人。投保人可以是自然人,也可以是法人。投保人要具备两个条件:一是应该具有相应的民事行为能力;二是应该对保险标的具有保险利益。

b.物流保险合同的关系人:指与物流保险合同的订立间接发生关系的人。在物流保险合同约定事故发生时,物流保险合同的关系人享有保险金的请求权。物流保险合同的关系人包括被保险人和受益人。被保险人是其财产和人身受物流保险合同保障,享有保险金请求权的人。被保险人可以是自然人,也可以是法人。受益人是由被保险人或投保人在物流保险合同中指定的享有保险金请求权的人,在我国受益人仅存在人身保险合同中。物流保险合同的辅助人是指协助物流保险合同当事人办理保险合同有关事项的人。通常包括保险代理人、保险经纪人和保险公估人。

④物流保险合同的客体。物流保险合同的客体就是保险利益。"保险利益"又称"可保利益"、"被保险利益"、"可保权益"等。

⑤物流保险合同的内容。保险条款是保险单列明的反映保险合同内容的文件,是保险人履行保险责任的依据。

保险条款主要包括以下几个方面:

a.基本条款。标准保险单的背面印就的保险合同文本的基本内容,即物流保险合同的法定记载事项,也称物流保险合同的要素,主要明示保险人和被保险人的基本权利和义务,以及依据有关法规规定的保险行为成立所必需的各种事项和要求。

b.附加条款。它是对基本条款的补充性条款,是对基本责任范围内不予承保而经过约定在承保基本责任范围内基础上予以扩展的条款。

c.法定条款。它是法律规定合同必须列出的条款。

d. 保证条款。它是保险人要求被保险人必须履行某项规定所制定的内容。

e. 协会条款。它是专指由伦敦保险人协会根据实际需要而拟定发布的有关船舶和货运保险条款的总称。

⑥基本条款的主要内容。

a. 当事人和关系人的名称和住所。

b. 物流保险标的。物流保险标的也叫物流保险客体,在财产保险中是指财产本身或与财产有关的利益及责任。

c. 保险价值也叫保险价额,是投保人与保险人订立物流保险合同时,作为确定保险金额基础的物流保险标的的价值,也即投保人对物流保险标的的所享有的保险利益在经济上用货币估计的价值额。

d. 保险金额。也叫保额,是指保险人承担赔偿或者给付保险金责任的最高限额,也是投保人对物流保险标的的实际投保金额。

e. 保险费及支付办法。保险费是指投保人为获得保险保障,按照物流保险合同约定向保险人支付的费用。

f. 物流保险责任和物流责任免除。物流保险责任是指保险人承担赔偿或给付保险金的物流风险项目。

g. 保险期间。又称保险期限,是保险人对物流保险事故承担责任的起止期限。保险期间规定了物流保险合同的有效期限,是对保险人为被保险人提供保险保障的起止日期的具体规定。

h. 保险金的赔偿或者给付方法。保险金的赔偿或者给付方法是指保险人承担物流保险责任的方法。

i. 违约责任和争议处理。违约责任是合同当事人未履行或未完全履行物流保险合同应当承担的法律后果。

### 知识链接

我们在投保过程中,有五个相近概念容易混淆,他们分别是保险标的、保险价值、保险金额、保险金、保险费,理解这5个相关概念将有利于我们正确的投保。

1. 保险标的

保险标的也叫保险客体,在财产保险中是指财产本身或与财产有关的利益及责任,在人身保险中则是指人的生命或者身体。物流险主要是针对运载车辆所承运的货物,所以它属于财产险中的一种。对于不同的保险标的具有不同的风险种类、性质和程度,所以保险标的的不同,使用的费用率各不相同。

2. 保险价值

保险价值也叫保险价额,是指投保人与保险人订立保险合同时,作为确定保险金额基础的保险标的的价值,也即投保人对保险标的的所享有的保险利益在经济上用货币估计的价值额。保险价值的确定有不同的方法,一是按照市价确定,二是依照合同双方的约定,三是依照法律的规定。

3. 保险金额

保险金额也叫保额,是指保险人承担赔偿或者给付保险金责任的最高限额,也是投保人对保险标的的实际投保金额。保险金额的确定以保险标的的保险价值为基础,保险金的确定又以保险金额为基础。在定值保险中,保险金额为双方约定的保险标的地价值;在不定值保险中,对保险金额的确定主要有两种方法:一是投保人按照保险标的的实际价值确定;二是合同双方根据保险标的的实际情况协商确定。保险金额和保险价值之间的关系是判断足额保险合同、不足额保险合同和超额保险合同的尺度。

4. 保险金

保险金是指保险人在保险事故发生时应该支付给的金钱数额。在财产保险合同中,是向被保险人进行赔偿经济损失的金额;在人身保险合同中,是向受益人支付保险合同约定的保险金额。

5. 保险费

保险费是指投保人为获得保险保障,按照合同约定向保险人支付的费用。支付保险费是投保人的基本义务,保险费的多少是按照保金额的大小、保险期限的长短和保险费率的高低决定的。保险费的支付方法应该在保险合同中约定,可以一次性支付,也可以分期支付。

⑦物流保险合同的订立、效力、变更和终止。

a. 物流保险合同的订立。

a)要约。要约是指通报人向保险人提出的订立物流保险合同的意思表示,即提出物流保险要求。

b)承诺。承诺是保险人完全统一投保人提出的物流保险要约的行为,是承保人为保险人的单方法律行为,是工程物流保险合同成立的条件。

b. 物流保险合同的生效。

物流保险合同生效的要件:《中华人民共和国民法通则》第 55 条规定,民事法律行为应当具备下列条件。

a)行为人具有相应的民事行为能力。

b)意思表示真实。

c)不违反法律或者社会公共利益。

物流保险合同的无效:物流保险合同的无效是指因法定原因或者约定原因,物流保险合同的全部或部分内容不产生法律约束力。

物流保险合同可由以下原因归于无效:

a)因具备保险法上的无效原因而无效。

(a)超额保险。超额保险是保险金额高于保险价值的保险合同,各国保险立法均认同,对于损失补偿性保险合同,因受"损失补偿原则"的制约,需防止被保险人因获而不当得利引发道德风险。

(b)无保险利益。

b)物流保险合同因其他的法定无效原因而无效。物流保险合同作为民事合同,应当符合《中华人民共和国合同法》所规定的合同的一般生效要件。在以下几种情况下,保险合同无效。

(a)内容违反法律、行政法规的强制性规定的。

(b)无权代理。

(c)违反国家利益和社会公众利益。

(d)物流保险合同因合同当事人约定的原因而无效。

c. 物流保险合同的变更。

a)主体变更:物流保险合同的主体不同,变更所涉及的法律程序规定也不相同。主体变更投保人的变更;被保险人的变更;受益人的变更。

b)内容变更:物流保险合同内容的变更指物流保险合同中规定的各事项的变更。在物流保险合同有效期内,投保人和保险人经协商同意,可以变更保险合同的有关内容。

d.物流保险合同的终止。指物流保险合同当事人确定的权利和义务关系的消火。物流保险合同的终止主要包括以下几种情况。

a)物流保险合同解除:在物流保险合同期限尚未届满前,合同一方或双方当事人依照法律或约定行使解除权,提前终止合同效力的法律行为。物流保险合同解除的形式一般分为法定解除和意定解除两种形式,即法定解除和意定解除。

b)物流保险合同的期满终止:物流保险合同的期满终止是物流保险合同终止的最普遍的原因。保险期限是保险人承担物流保险责任的起止时限。

c)物流保险合同的履约终止:物流保险合同的履约终止是指在物流保险合同的有效期内,约定的物流保险事故已发生,保险人按照物流保险合同承担了给付全部保险金的责任,物流保险合同即告结束。

### 一、模拟物流企业工作人员进行投保

当物流企业需要转嫁风险购买保险时,首先要与保险公司联系,通常是填制一张投保单,经保险公司接受后就开始生效。保险公司出立保险单以投保人的填报内容为准。填报时要明确以下内容:

(1)被保险人名称:要按照保险利益的实际有关人填写。

(2)标记:应该和提单上所载的标记符号相一致,特别要同刷在货物外包装上的实际标记符号一样,以免发生赔案时,引起检验、核赔、确定责任的混乱。

(3)包装数量:要将包装的性质如箱、包、件、捆以及数量都写清楚。

(4)货物名称:要具体填写,不要笼统地写纺织品、百货、杂货等。

(5)保险金额:通常按照发票 CIF 价加成 10% ~ 20% 计算,如发票价为 FOB 带保险或 CFR,应将运费、保费相应加上去,再另行加成。需要指出的是保险合同是补偿性合同,被保险人不能从保险赔偿获得超过实际损失的赔付,因此溢额投保(如过高的加成、明显偏离市场价格的投保金额等)是不能得到全部赔付的。

(6)船名或装运工具:海运需写明船名,转运也需注明;联运需注明联运方式。

(7)航程或路线:如到目的地的路线有两条,要写上自×经×至×。

(8)承保险别:必须注明,如有特别要求也在这一栏填写。

(9)赔款地点:除特别声明外,一般在保险目的地支付赔款。

(10)投保日期:应在开航前或运输工具开行前。

货运保险投保时的几点注意事项。

**1.认真填写投保书**

(1)亲自填写"投保书",投保书上有关告知事项应如实告知;不隐瞒不遗漏,以确保投保后的权益。

《中华人民共和国保险法》第十六条规定:订立保险合同,保险人应当向投保人说明保险合同的条款内容,并可以就保险标的或者被保险人的有关情况提出询问,投保人应当如实告知。

投保人故意隐瞒事实,不履行如实告知义务的,或者因过失未履行如实告知义务足以影响保险人决定是否同意承保或者提高保险费率的,保险人有权解除保险合同。

故意不履行如实告知义务的,保险人对于保险合同解除前发生的保险事故,不承担赔偿或者给付保险金的责任,并不退还保险费。

投保人因过失未履行如实告知义务,对保险事故的发生有严重影响的,保险人对于保险合同解除前发生的保险事故,不承担赔偿或者给付保险金的责任,但可以退还保险费。

(2)投保书上"投保人(签章)"栏应亲自签名或盖章,并请被保险人于"被保险人(签章)"栏亲自签名或盖章。

《中华人民共和国保险法》第五十五条规定:以死亡为给付保险金条件的合同,未经被保险人书面同意并认可保险金额的,合同无效。

2. 索取首期缴费收据

在保险公司未签发保险单前,连同投保书一起缴付首期保险费时,应向业务员索取保险公司出具的保费暂收收据或保费收据。为确保投保的权益,最好不要收取业务员以个人或任何他人的名义出具的收条。

3. 索取保单并认真审查保单内容

填写投保单并交纳首期保险费后一个月内(特殊情况除外),投保人将收到正式保险单。收到保险单后,务必进行认真审核,发现错漏之处,要求业务员及时交保险公司更正。如确认保单无误,应填妥保单回执交业务员带回公司以确保自己的权益。

4. 善用契约撤销权

保单撤销权是指投保人在收到寿险保单之日起10d内,向保险公司申请撤销保险,保险公司将全额退还所收保险费。为确保该项权利的顺利行使,请务必注意以下几点:

(1)收到保险单时,一定要填写保单回执,保险公司一般都是以回执日期作为收到保单的日期。

(2)投保人行使契约撤销权,可以不论撤销原因,但必须以书面为意思表示,口头申请无效。

(3)由于契约撤销权影响业务员利益,业务员可能加以阻拦,这时投保人可以直接向保险公司申请。

## 二、准备材料

必要的索赔单证如下:
(1)保单或保险凭证正本。
(2)运输契约,如提单、运单和邮单等。
(3)发票。
(4)装箱单、磅码单。
(5)向承运人或有责任方请求赔偿的书面文件。
(6)检验报告。
(7)海事报告摘录或海事声明书。
(8)货损货差证明。
(9)索赔清单。

## 三、按照程序模拟出险

出险是指在保险单有效期限内,保险合同中保险责任范围内保险事故的发生。出险后相关人员应该按照以下流程处理,如图6-4所示。

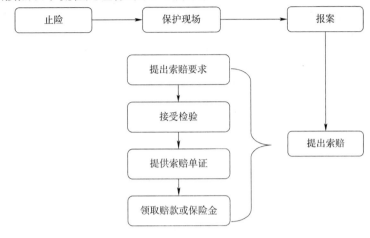

图6-4　出险流程图

**1. 止险**(尤其是财产保险事故发生时)

被保险人有施救的义务,《中华人民共和国保险法》规定:"保险事故发生时,被保险人有责任尽力采取必要措施,防止或减少损失。"如果不履行此义务,保险公司可以拒赔。

**2. 保护现场**

在保险事故发生之后,未经保险人查勘、核损或同意之前,被保险人或受益人有义务保护好事故现场,等待保险人查核实事故原因及损失状况。

**3. 报案**

《中华人民共和国保险法》规定了被保险人有及时通知保险事故的义务。止险后,投保人、被保险人或受益人应立即通知保险人,以便保险人及时派员到现场调查检验,并采取施救措施,避免损失继续扩大。出险报案一般应采用书面形式,也可以先口头或电话通知,然后补交书面通知。出险通知的内容一般包括被保险人的姓名、地址、保险单号码、出险日期、出险原因、受损财产的项目或受损人身的部位、受损财产的金额等。

**4. 提出索赔**

(1)提出索赔要求:除了根据保险合同的约定,索赔权由被保险人指定的受益人享有外,被保险人本人拥有索赔权。如果被保险人履行了所承担的各项义务,就有权在保险单许可的范围内要求保险人赔偿保险事故造成的损失和给付保险金。

(2)接受保险人的检验:保险人有调查权,调查核实事故原因及损失状况。而被保险人负有接受检验的义务,接受保险人或其委托的其他人员(如保险代理人、检验机关)的检验,并为其检验提供方便条件,用以保证保险人及时、准确地查明事故原因,确认损害程度和损失数额等。

(3)提供索赔单证:所谓索赔单证就是能证明事故原因、性质及损失金额的文件。《中华人民共和国保险法》规定被保险人有提供索赔单证和证明材料的义务。

(4)领取保险赔款或保险金:被保险人或受益人领取了保险赔款或保险金之后,其据以索赔的保险单可能继续有效,这个要视具体情况来处理。

📖 **知识链接**

投保前主要做好咨询、调查、综合分析工作，根据自己的实际情况选择合适的险种，至少了解以下几个问题：

（1）欲投保保险公司的情况。
（2）保险产品的销售情况。
（3）保险产品投保条件。
（4）保险责任。
（5）保险期限。
（6）保险费与保险金额。
（7）除外责任等。

## 任务2　物流企业成本核算

### 百汇物流公司的成本核算体系改革

百汇物流公司于1998年8月在杭州注册，是经杭州市工商、税务和运输部门核准注册成立，具有独立法人资格的物流公司。百汇物流有限公司是一家综合型物流公司，主要承揽仓储、运输业务。目前该公司正在进行成本核算体系的改革，首要问题就是明确物流成本核算范围，而该公司很多与物流相关的费用都包含在"管理费用"和"销售费用"中，一时间很难确定哪些属于物流成本，哪些属于非物流成本。财务部经理把这项任务交给了李佳，李佳拿到了四月份的部分成本费用资料，具体情况如下。

本月折旧费用共200000元，其中仓库及储存设备折旧费用90000元，运输车辆折旧费用60000元，仓库各种装卸搬运设备折旧费用40000元，行政办公设备折旧10000元。

本月水电费10000元，其中仓库水电费7000元，车队管理处水电费2000元，行政部门水电费1000元。

本月燃料动力费共232000元，其中运输车辆消耗燃料动力费200000元，装卸搬运设备消耗燃料动力费12000元，流通加工设备消耗燃料动力费15000元，行政部门消耗燃料动力费5000元。

本月共领用材料47000元，其中流通加工消耗材料30000元，包装过程消耗材料10000元，运输过程消耗材料5000元，行政部门消耗材料2000元。

各类人员工资及福利费共600000元，其中运输业务相关人员工资及福利300000元，仓储业务相关人员工资及福利200000元，行政部门人员工资及福利100000元。

李佳认为，首先要确定物流成本的含义、构成及特征，于是她翻阅了一些资料，进行了合理的分析，为正确划分物流成本和非物流成本做了充分的准备。

**引例分析**

降低物流成本是每个物流企业都十分关心的问题，而如何降低物流成本是物流企业所关注的重点话题。正所谓"知己知彼，方能百战百胜"，下面就让我们一起来了解有关物流企业成本核算的相关知识吧！

**任务分析**

## 一、任务准备

(1)若干物流公司财务资料;若干物流公司成本核算案例。
(2)多媒体教室(含可供学生上网查资料的电脑、多媒体教学设备、课件和动画等教学资料)。

## 二、任务目标

(1)理解物流成本的含义、特征、影响因素、构成及分类。
(2)掌握物流成本核算的基本方法。
(3)能对物流成本的影响因素进行分析。
(4)会运用作业成本法核算物流成本。

## 三、基础知识

**1. 物流成本**

1)物流成本的概念

物流成本(Logistics Cost)是指物流活动中所消耗的物化劳动和活劳动的货币表现,包括产品在包装、装卸、运输、储存、流通加工等物流活动中所支出的人力、财力、物力的总和以及与存货有关的资金占用成本、物品损耗成本、保险和税收成本。现代物流成本的范围更广,贯穿于企业经营活动的全过程,包括从原材料供应开始一直到将商品送达到消费者手中所发生的全部物流费用。

2)物流成本的特征

物流成本具有以下特征:物流成本的隐含性;物流成本的非可控性;物流成本削减的乘法效应;物流成本的效益背反;物流部门难以控制全部物流成本。

(1)物流成本的隐含性。

在传统上,物流成本的计算总是被分解的支离破碎、难辨虚实。由于物流成本没有被列入企业的财务会计制度,制造企业习惯将物流费用计入产品成本,流通企业则将物流费用包括在商品流通费用中。因此,无论是制造企业还是流通企业,不仅难以按照物流成本的内涵完整地计算出物流成本,而且连已经被生产领域或流通领域分割开来的物流成本,也不能单独真实地计算并反映出来。任何人都无法看到物流成本真实的全貌,了解其可观的支出。

日本早稻田大学西泽修教授在研究物流成本时发现,现行的财务会计制度和会计核算方法都不能掌握物流费用的实际情况,人们对物流费用的了解是一片空白,甚至有很大的虚伪性,他把这种情况比作"物流冰山",如图6-5所示,我们只看到水面上的一小部分,而沉在水面之下的黑色区域却未引起人们的开发和重视。

(2)物流成本削减的乘法效应。

物流成本类似于物理学中的杠杆原理,物流成本的下降通过一定的支点,可以使销售额获得成倍的增长。而其上升通过一定的支点,也可使销售额成倍的削减。假定销售额为100万元,物流成本为10万元,如物流成本下降1万元,就可得到1万元的收益。物流成本的下降会产生极大的效益。

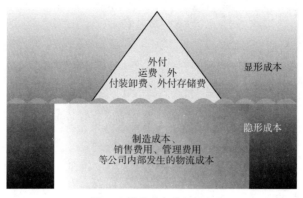

图 6-5　物流成本冰山理论

（3）物流成本的效益背反。

"背反"现象，常称之为"交替损益"现象，即改变系统中任何一个要素，会影响其他要素的改变。要使系统中任何一个要素增益，必将对系统中其他要素产生减损的作用。通常，对物流数量，人们希望最大；对物流时间，希望最短；对服务质量，希望最好；对物流成本，希望最低。显然，要满足上述所有要求是很难办到的。例如，在储存子系统中，站在保证供应、方便生产的角度，人们会提出储存物资的大数量、多品种问题；而站在加速资金周转、减少资金占用的角度，人们则提出减少库存。库存量中体现出的效益背反现象见表 6-1。

库存量中体现出的效益背反现象　　　　　　表 6-1

| 职能部门 | 职　能 | 库存目标 | 对库存量的倾向 | 反　应 |
|---|---|---|---|---|
| 营销 | 出售产品 | 降低缺货率 | 高 | 如果总是缺货，保不住客户 |
| 生产 | 生产产品 | 有效批量，保证连续生产 | 高 | 如果大批量生产将有效降低单位生产成本 |
| 采购 | 购入原材料、零部件等 | 足够批量，单位成本低 | 高 | 如果整批大量购进，享受数量折扣，省很多采购费用，降低单位成本 |
| 财务 | 提供流动资金 | 资金有效利用 | 低 | 存货已经积压了很多流动资金，库存水平应该更低一些 |
| 工程 | 设计产品 | 避免陈旧 | 低 | 市场已经流行新产品了，剩下的库存不适用 |
| 仓库 | 保管原材料、产品等 | 对物料管理有条理 | 低 | 已经没有货位放置更多的存货了 |

效益背反理论指物流的若干功能要素之间存在着损益矛盾，即某一功能要素的优化和利益发生的同时，必然会存在另一个或几个功能要素的利益损失，反之也如此。主要包括物流成本与服务水平的效益背反和物流各功能活动的效益背反。

（4）物流部门难以控制全部物流成本。

物流部门难以控制全部物流成本的主要原因是产生物流需求的部门与管理物流的部门不统一。换句话说，产生物流需求的部门是企业的生产、采购、销售等部门，管理这些部门所需的物流的部门是相对独立于这些部门的物流部门。产生物流的部门，也就是物流的发生源，是物流部门本身所不能控制的。物流部门的效率很大程度上受制于物流需求产生的方式，也就是说，物流发生源缺乏有效管理，就一定导致物流管理部门管理的低效率。

3）影响物流成本的因素

产品因素：产品价值、产品密度、易损性、特殊搬运。竞争性因素：订货周期、库存水平、运输。空间因素：指企业制造中心或仓库相对于目标市场或供货点的位置。

4）物流成本的构成

物流成本具体包括物流各项活动的成本，即物流过程中运输、仓储、装卸与搬运、包装、配送、流通加工与信息处理等方面的成本与费用。这些成本和费用之和构成了物流的总成本。

(1) 运输成本。运输成本主要包括人工费用，如运输人员工资、福利、奖金、津贴和补贴等；营运费用，如营运车辆燃料费、折旧、维修费、养路费、保险费、公路运输管理费等；其他费用，如差旅费、事故损失、相关税金等。运输费用的基本计算方法：运输费用＝运费＋装卸搬运等辅助费。

(2) 仓储成本。仓储成本主要包括建造、购买或租赁仓库设施设备的成本和各类仓储作业带来的成本，如出入库作业、理货作业、场所管理作业、分区分拣作业中的人工成本和相关机器设备费用。保管费用的基本计算方法：保管费用＝利息费用＋仓储费用＋保险费用＋货物损耗费用＋信息及相关服务费用＋配送费用＋流通加工费用＋包装费用＋其他保管费用。

(3) 流通加工成本。在商品从生产者向消费者流动的过程中，为了促进销售，维护商品质量，实现物流的高效率所采用的使商品发生形状和性质的变化的成本就是流通加工成本。主要有流通加工设备费用、流通加工材料费用、流通加工劳务费用及其他如在流通加工中耗用的电力、燃料、油料等费用。

(4) 包装成本。包装对商品具有保护、保管、定量、标识、便利、效率和促销的功能。按包装的功能，包装可分为工业包装和商业包装两大类。成本主要包括包装材料费用、包装机械费用、包装技术费用、包装人工费用等。

(5) 装卸与搬运成本。装卸搬运渗透到物流各领域、各环节，成为提高物流效率、降低物流成本、改善物流条件、保证物流质量、使物流能够顺利进行的关键环节之一。主要包括人工费用、资产折旧费、维修费、能源消耗费以及其他相关费用。

(6) 配送成本。配送成本是企业的配送中心在进行分货、配货、送货过程中所发生的各项费用的总和，包括包装费用、装卸费用及相关人员的工资费用等。配送是小范围内的物流活动。一般的配送集装卸搬运、包装、储存、运输于一身，特殊的配送还包括加工在内。

(7) 物流信息和管理费用。物流信息和管理费用包括企业为物流管理所发生的差旅费、会议费、交际费、管理信息系统费以及其他杂费。管理费用的基本计算方法：管理费用＝社会物流总额×社会物流平均管理费用率。

需要指出的是，广义的仓储费用包括流通加工成本和装卸搬运成本，由于这两者在整个仓储成本中占有较大的比例，所以单独列出以加强物流成本管理。

(1) 流通企业物流成本的构成：流通企业物流成本是指在组织物品的购进、运输、仓储、销售等一系列活动中所消耗的人力、物力、财力的货币表现。主要包括：人工费用；营运费用；财务费用；其他费用。

(2) 生产企业物流成本构成：供应、仓储、搬运和销售环节的职工工资等；生产材料采购费用，包括运杂费、保险费等；产品销售费用，如广告费、运输费等；仓储保管费，如仓库维护费等；有关设备和仓库的折旧费、维修费等；营运费用，如能源消耗费、物料消耗费等；财务费用，如仓储物资占用的资金利息。

**知识链接**

生产企业物流成本包括：销售物流成本；材料和生产设备采购供应物流成本；生产消耗物流成本。

商业流通企业物流成本包括:装卸搬运成本;包装成本;配送成本;运输成本;信息管理成本;储存成本;流通加工成本。

物流企业是为货主企业提供专业物流服务的,可以说物流企业的整个运营成本和费用实际上就是货主企业(工商企业)物流成本的转移。

5)物流成本的分类

(1)按企业业务性质不同分类。

按企业业务性质不同可分为:生产企业的物流成本;商业流通企业的物流成本;物流企业的物流成本。

(2)按物流成本是否具有可控性分类。

①可控成本:指考核对象对成本的发生能够控制的成本。例如:生产部门对材料的消耗是可以控制的,所以材料的耗用成本是生产部门的可控成本。

②不可控成本:指考核对象对成本的发生不能予以控制,因而也不予负责的成本。从整个企业来考察,所发生的一切费用都是可控的,只是这种可控性需分解落实到相应的责任部门。例如:材料的采购成本对于生产部门来说是无法控制的,因此属于不可控成本。

(3)按物流成本与业务量之间的关系分类。

①变动成本:指其发生总额随业务量的增减变化而近似成正比例增减变化的成本。这里所需强调的是变动的对象是成本总额而非单位成本。

②固定成本:是指成本总额保持稳定,与业务量的变化无关的成本。同样应予以注意的是:固定成本是指其发生的总额是固定的,而就单位成本而言,却是变动的。

③混合成本:在生产经营活动中,还存在一些既不与产量的变化成正比例变化也非保持不变,而是随产量的增减变动而适当变动的成本,这种成本被称为半变动成本或半固定成本,又称混合成本。

(4)按成本计算的方法分类。

①实际成本:指企业在物流活动中实际耗用的各种费用的综合。

②标准成本:是通过精确地调查、分析与技术测定而制定的,用来评价实际成本、衡量工作效率的一种预计成本。在标准成本中,基本上排除了不应该发生的"浪费",因此被认为是一种"理想成本"。

**知识链接**

标准成本在实际工作中有两种含义。第一种含义是"单位产品的标准成本",亦称"成本标准",它是根据单位产品的标准消耗量和标准单价计算出来的,其计算公式为:单位产品的标准成本=单位产品标准消耗量×标准单价。第二种含义为"实际产量的标准成本",是根据实际产品产量和成本标准计算出来的,其计算公式为:标准成本=实际产量×单位产品标准成本。

理想标准成本是指在最优的生产条件下,利用现有的规模和设备能够达到的最低成本。因其提出的要求过高,不能作为考核的依据。

标准成本按其适用期,又分为现行标准成本和基本标准成本。现行标准成本是指根据其适用期间应该发生的价格、效率和生产经营能力利用程度等预计的标准成本。基本标准成本是指一经制定,只要生产的基本条件无重大变化,就不予变动的一种标准成本。

(5)按物流成本在决策中的作用分类。

①机会成本:是企业在做出最优决策时必须考虑的一种成本,其含义为当一种资源具有

多种用途,而选定其中的一种就必须放弃另外几种,所放弃的价值就是选定机会的成本。

②可避免成本:指当决策方案改变时某些可免予发生的成本。

③重置成本:指按目前的市价来计量的所耗资产的成本,其反映的是现时价值,比采用原始成本计价更为合理。

④差量成本:指两个不同方案之间预计成本的差异数。

(6)按物流费用的支付形态分类。

①直接物流成本:由企业直接支付。

②间接物流成本:指由企业把物流活动委托其他组织或个人而支付的物流费用。

这两大项又可细分为:材料费、人工费、燃料动力费、经营管理费、一般经费和委托物流费等。

 知识链接

(1)材料费:包括包装材料、燃料、工具材料等的消耗所形成的费用。

(2)人工费:包括工资、奖金、退休金、福利费等。

(3)燃料动力费:包括水费、电费、燃气费等。

(4)经营管理费:主要包括维护保养费、消耗材料费、房租、保险费、折旧费等。

(5)一般经费:包括差旅费、交际费、教育费、会议费、杂费等。

(6)委托物流费:包括包装费、运费、保管费、出入库费、手续费以及委托企业外部承担物流业务而支付的费用。

(7)按照物流功能的不同分类。

①物流作业费用:指为完成商品、物资的物理运动而发生的费用,可进一步细分为包装费、运输费、保管费、装卸搬运费、流通加工费和配送费。

②物流管理费用:指进行物流活动的计划、协调、控制等管理活动所发生的费用。它既包括物流作业现场的管理费,还包括综合物流管理部门的管理费用。具体包括人工费用、办公费用、物料消耗费用、资金使用费用等。

③信息处理费用:指因处理和传输与物流有关的信息而发生的费用,包括库存管理、订单处理、客户服务等相关费用。

(8)按照物流成本发生在企业内部与外部分类。

按照物流成本发生在企业内部与外部可分为企业内部发生的物流费用和企业外部发生的物流费用。企业外部发生的物流费用就是委托外部企业从事物流活动的所有开支,例如:委托运输公司的运输费、装卸费、包装费;委托仓储企业进行货物储存、保管、分类、分拣、装卸搬运的费用;委托咨询公司或专家、学者进行物流规划、系统设计的费用等。

(9)按照物流的流动过程分类。

物流活动筹资成本、供应物流成本、生产物流成本、销售物流成本、退货物流成本、废品物流成本。这种分类强调物流活动的先后次序,因而便于分析各个物流阶段的物流成本情况,无论是在专项物流部门还是在综合型物流部门以及各种类型的企业物流中,都具有较大的实用性。

 知识链接

总结归纳,物流成本主要构成如图6-6所示。

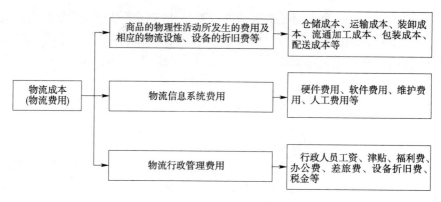

图 6-6  物流成本构成图

6)降低物流成本的对策

(1)树立现代物流理念,健全企业物流管理体制。

(2)树立物流总成本观念,增强全员的物流成本意识。

(3)加强物流成本的核算,建立成本考核制度。

(4)优化企业物流系统,寻找降低成本的切入点。

7)降低物流成本的若干途径

(1)通过采用物流标准化进行物流管理来降低物流成本。物流标准化是以物流作为一个大系统,制定系统内部设施、机械设备、专用工具等各个分系统的技术标准。制定系统内各个分领域如包装、装卸、运输等方面的工作标准,以系统为出发点,研究各分系统与分领域中技术标准与工作标准的配合性,统一整个物流系统的标准。物流标准化使货物在运输过程中的基本设备统一规范,如现有托盘标准与各种运输装备、装卸设备标准之间能有效衔接,大大提高了托盘在整个物流过程中的通用性,也在一定程度上促进了货物运输、储存、搬运等过程的机械化和自动化水平的提高,有利于物流配送系统的运作,从而降低物流成本。

(2)通过实现供应链管理,提高对顾客物流服务的管理水平来降低物流成本。实行供应链管理不仅要求本企业的物流体制具有效率化,也需要企业协调与其他企业以及客户、运输业者之间的关系,实现整个供应链活动的效率化。正因为如此,追求成本的效率化,不仅企业中物流部门或生产部门要加强成本控制,采购部门等各职能部门也都要加强成本控制。提高对顾客的物流服务可以确保企业利益,同时也是企业降低物流成本的有效方法之一。

(3)借助于现代信息系统的构筑降低物流成本。要实现企业与其他交易企业之间的效率化的交易关系,必须借助与现代信息系统的构筑,尤其是利用互联网等高新技术来完成物流全过程的协调、控制和管理,实现从网络前端到最终端客户的所有中间过程服务。一方面是各种物流作业或业务处理正确、迅速地进行;另一方面是能由此建立起战略的物流经营系统。通过现代物流信息技术可以将企业订购的意向、数量、价格等信息在网络上进行传输,从而使生产、流通全过程的企业或部门分享由此带来的利益,充分对应可能发生的各种需求,进而调整不同企业间的经营行为和计划,企业间的协调和合作有可能在短时间内迅速完成,这可以从整体上控制物流成本发生的可能性。同时,物流管理信息系统的迅速发展,使混杂在其他业务中的物流活动的成本能精确地计算出来,而不会把成本转嫁到其他企业或部门。

(4)从流通全过程的视点来加强物流成本的管理。对于一个企业来讲,控制物流成本不仅仅是本企业的事情,即追求本企业的物流效率化,还应该考虑从产品制成到最终用户整个流通过程的物流成本效率化,亦即物流设施的投资或扩建与否要视整个流通渠道的发展和要求而定。例如,有些厂商是直接面对批发商经营的,因此,很多物流中心是与批发商物流中心相吻合,从事大批量的商品输送,然而,随着零售业界便民店、折扣店的迅速发展,客户要求厂商必须适应零售业这种新型的业态形式,展开直接面向零售店铺的物流活动。因而,在这种情况下,原来的投资就有可能沉淀,同时又要求建立新型的符合现代物流发展要求的物流中心或自动化的设备。显然,这些投资尽管从企业来看,增加了物流成本,但从整个流通过程来看,却大大提高了物流绩效。

(5) 通过效率化的配送来降低物流成本。对于用户的订货要求尽力短时间、正确的进货体制是企业物流发展客观要求,但是,随着配送产生的成本费用要尽可能降低,特别是多频度、小单位配送要求的发展,更要求企业采取效率化的配送,就必须重视配车计划管理,提高装载率以及车辆运行管理。一般来讲,企业要实现效率化的配送,就必须重视配车计划管理,提高装载率以及车辆运行管理。通过构筑有效的配送计划信息系统就可以使生产商配车计划的制定与生产计划联系起来进行,同时通过信息系统也能使批发商将配车计划或进货计划相匹配,从而提高配送效率,降低运输和进货成本。

(6) 通过削减退货来降低物流成本。退货成本也是企业物流成本中一项重要的组成部分,它往往占有相当大的比例,这是因为随着退货会产生一系列的物流费,退货商品损伤或滞销而产生的经济费用以及处理退货商品所需的人员费和各种事务性费用,特别是存在退货的情况下,一般是商品提供者承担退货所发生的各种费用,而退货方因为不承担商品退货而产生的损失,因此,容易很随便地退回商品,并且由于这类商品大多数数量较少,配送费用有增高的趋势。不仅如此,由于这类商品规模较小,也很分散,商品入库、账单处理等业务也很复杂。因此,削减退货成本是物流成本控制活动中需要特别关注的问题。

**2. 成本核算**

1) 成本核算的概念

成本核算是根据企业确定的成本计算对象,采用相适应的成本计算方法,按规定的成本项目,通过一系列的物流费用汇集与分配,从而计算出各物流活动成本计算对象的实际总成本和单位成本。通过物流成本计算,可以如实地反映生产经营过程中的实际耗费,同时,也是对各种活动费用实际支出的控制过程。

### 知识链接

由于物流没有形成独立的会计核算制度,在现行的企业会计核算制度中,物流成本往往根据其生产过程中的环节,被分摊到诸如采购成本、生产成本、销售成本、财务费用等其他成本中,不便于集中,无法准确计算。

通常企业所能明确掌握的物流成本,只占企业物流总成本的一小部分,大部分物流成本并没有为管理者所认识。由于缺乏对物流成本的准确把握,给企业的物流管理带来许多障碍,不利于发现企业物流运作中存在的非效率活动,也难以对物流成本进行纵向和横向的比较。一方面,由于企业不能清晰地掌握自己的物流成本,由企业自营物流和物流业务外包在成本支出上有哪些差异也就不得而知;另一方面,如果委托方过小地估计了自己的物流成本,作为提供物流服务的第三方物流企业,也难以在物流费用上满足委托方的要求。可见,物流成本管理的显示要求和现行会计制度之间存在着明显的技术性冲突。

➢ 物流成本核算的概念:物流成本核算是根据企业确定的成本计算对象,采用相适应的成本计算方法,按照规定的成本项目,通过一系列的物流费用汇集与分配,从而计算出各物流环节成本计算对象的实际总成本和单位成本。通过物流成本计算,可以如实地反映物流经营过程中的实际耗费,同时,也是对各种物流费用实际支出的控制过程。物流成本核算指的是企业按照物流管理目标对物流耗费进行确认、计量和报告的制度。物流成本核算的基础是物流成本的计算,只有搞清楚物流成本的大小,才能够实施物流成本分析,编制物流成本预算,控制物流成本支出。

2)物流成本计算的难点

(1)计算要素难以确定。主要原因如下:

①物流成本的计算范围太大。

②以不同的对象计算物流成本,结果相差很大。

③物流成本的计算内容难以归集。

④一些非物流费用与物流费用很难清楚界定。

(2)按照现行会计核算制度,计算物流成本难度很高。

(3)核算方法难以统一。

3)物流成本的计算对象

物流成本计算对象指企业或物流管理部门,为归集和分配各项成本费用而确定的、以一定的时期和空间范围为条件而存在的成本计算实体。物流成本对象的选取主要取决于物流范围、物流功能范围、物流成本费用范围和物流成本控制的重点。

4)物流成本计算对象的构成要素

(1)物流成本计算期间的确定。

(2)物流成本计算范围的确定。

(3)物流成本承担者的确定。

**知识链接**

(1)物流成本计算期间:指汇集生产经营费用、计算生产经营成本的时间范围、物流环节运作周期。例如:远洋运输航次周期;配送和运输以及装卸搬运合同签订的时间范围;仓储存货周期。

(2)物流成本计算范围(计算空间):指成本费用发生并能组织企业成本计算的地点或区域(部门、单位、生产或劳务作业环节等)。其划分包括:对物流成本控制重点的选取;对物流活动范围选取;对物流功能范围选取。

(3)物流成本承担者(承担实体):指其发生并应合理承担各项费用的特定经营成果的体现形式,包括有形的各种产品和无形的各种劳务作业等。

5)物流成本核算的基本要求

(1)正确划分应计入物流成本和不应计入物流成本的费用界限。

(2)正确划分各个月份的费用界限。

(3)正确划分不同物流成本对象的费用界限。

(4)正确划分完工和未完工的物流服务成本。

6)物流成本核算的目的及意义

物流成本核算能促进企业加强物流管理,提高管理水平;创新物流技术,提高物流效益。

(1)提高企业内部对物流重要性的认识。

(2)通过对每个客户物流成本的分解核算,为物流服务收费水平的制定以及有效地客户管理提供决策依据。

(3)通过对某一具体物流活动的成本核算,弄清物流活动中存在的问题,为物流运营决策提供依据。

(4)按不同的物流部门组织计算,计算各物流部门的责任成本,评价各物流部门的业绩。

(5)通过对物流设备或机械成本核算,弄清其消耗情况,谋求提高设备效率、降低物流成本的途径。

(6)确定本期物流成本与上年同期成本的差异,查明成本超降的原因。

(7)评价物流成本预算的执行情况。

7)物流成本核算的对象

物流成本核算对象是指企业或成本管理部门为归集和分配各项成本费用而确定的、以一定时间和空间范围为条件而存在的成本核算实体。物流成本核算的对象可分为以下几类:

(1)以某一产品为核算对象,计算产品成本中物流成本的大小。

(2)以某一物流部门为核算对象,以此评价物流部门的成本控制质量。

(3)以某种物流功能为核算对象,弄清完成某项物流功能花费的物流成本。

(4)以某一服务客户作为核算对象,计算为达到客户的服务水平成本支出。

(5)以某一地区为核算对象,了解不同地区的物流成本支出情况。

(6)以企业全部物流活动为核算对象,核算企业物流总成本支出。

(7)以某一物流设备和工具为核算对象。

(8)以某一物流成本项目为核算对象。

根据物流成本核算的目的不同,所选取的核算对象也不一样。根据不同目的物流成本核算对象主要有以下几种:

(1)成本类项目类别物流成本:即对企业一定时期的物流费用使用其成本项目作为核算对象。包括物流功能成本和存货相关成本。成本项目类别物流成本构成表见表6-2。

成本项目类别物流成本构成表　　　　表6-2

| | 成本项目 | | 内　容　说　明 |
|---|---|---|---|
| 物流功能成本 | 物流运作成本 | 运输成本 | 一定时期内,企业为完成货物运输业务而发生的全部费用,包括从事货物运输业务的人员费用、车辆(包括其他运输工具)燃料费用、折旧费、维修保养费、租赁费、养路费、过路费、年检费、事故损失费、相关税金等 |
| | | 仓储成本 | 一定时期内,企业为完成货物储存业务而发生的全部费用,包括仓储业务人员费用、仓储设施折旧费、维修保养费、水电费、燃料与动力消耗费用等 |
| | | 包装成本 | 一定时期内,企业为完成货物包装业务而发生的全部费用,包括包装业务人员费用、包装材料消耗费、包装设施折旧费、维修保养费、包装技术设计、实施费用以及包装标记的设计、印刷等辅助费用 |
| | | 装卸搬运成本 | 一定时期内,企业为完成装卸搬运业务而发生的全部费用,包括装卸搬运人员费用、设施折旧费、维修保养费、燃料与动力消耗费用等 |
| | | 流通加工成本 | 一定时期内,企业为完成物流流通加工业务而发生的全部费用,包括流通加工业务人员费用、流通加工材料消耗、加工设施折旧费、维修保养费、燃料与动力消耗费用等 |
| | 物流信息成本 | | 一定时期内,企业为完成采集、传输、处理物流信息而发生的全部费用,指与订货处理、储存管理、客户服务有关的费用,具体包括物流信息人员费、软硬件折旧费、维护保养费、通信费等 |
| | 物流管理成本 | | 一定时期内,企业物流管理部门及物流作业现场所发生的管理费用,包括管理人员费用、差旅费、办公会议费等 |

续上表

| | 成本项目 | 内容说明 |
|---|---|---|
| 存货相关成本 | 资金占用成本 | 一定时期内,企业在物流活动过程中负债融资所发生的利息支出(显性成本)和占用内部资金所发生的机会成本(隐性成本) |
| | 物品损耗成本 | 一定时期内,企业在物流活动过程中所发生的物品跌价、损耗、毁损、盘亏等损失 |
| | 保险和税收成本 | 一定时期内,企业支付的与存货相关的财产保险费以及因购进和销售物品应缴纳的税金支出 |

①功能物流成本核算是指以物流活动的功能为成本计算对象所进行的物流成本核算。

②存货相关成本指与存货有关的资金占用成本、物品损耗成本和保险税收。

(2)范围类别物流成本:以物流活动的范围为成本计算对象。具体包括供应物流、生产物流、销售物流、退货物流、废弃物流等不同阶段的成本支出。范围类别物流成本构成表见表6-3。

**范围类别物流成本构成表** 表6-3

| 成本范围 | 内容说明 |
|---|---|
| 供应物流成本 | 指经过采购活动,将企业所需原材料(生产材料)从供给者的仓库运回企业仓库为止的物流过程中所发生的物流费用 |
| 企业内物流成本 | 指从原材料进入企业仓库开始,经过出库、制造形成产品以及产品进入成品库,直到产品从成品库出库为止的物流过程中发生的物流费用 |
| 销售物流成本 | 指为了进行销售,产品从成品仓库运动开始,进过流通环节的加工制造,直到运输到中间商的仓库或消费者手中的物流过程中发生的物流费用 |
| 回收物流成本 | 指退货、返修物品和周转使用的包装容器等从需方返回供方的物流活动过程中所发生的物流费用 |
| 废弃物流成本 | 指将经济活动中失去原有使用价值的物品,根据实际需要进行收集、分类、加工、包装、搬运、储存等,并分送到专门处理场所的物流活动过程中发生的物流费用 |

(3)形态类别物流成本:形态类别物流成本核算是指以物流费用的支付形态为成本计算对象所进行的物流成本核算,具体包括委托物流费和企业内部物流成本。形态类别物流成本构成表见表6-4。

**形态类别物流成本构成表** 表6-4

| 成本支付形态 | | 内容说明 |
|---|---|---|
| 企业内部物流成本 | 材料费 | 资材费、工具费、器具费等 |
| | 人工费 | 工资、福利、奖金、津贴、补贴、住房公积金等 |
| | 维护费 | 土地、建筑物及各类物流设施设备的折旧费、维护维修费、租赁费、保险费、税金、燃料与动力消耗费等 |
| | 一般经费 | 办公费、差旅费、会议费、通讯费、水电费、煤气费等 |
| | 特别经费 | 存货资金占用费、物品损耗费、存货保险费及税费等 |
| 委托物流成本 | | 企业向外部物流机构所支付的各项费用 |

8)物流成本核算存在的主要问题

(1)物流成本核算的标准不统一(对物流成本的构成认识不清)。

(2)物流成本核算的目的不明确(缺乏权威的统计标准和数据)。

(3)物流成本没有单独归集。

(4)物流成本核算与管理没有超出财务会计范围。

(5)现有的会计核算只涉及企业的部分物流费用。
(6)企业物流成本核算边界不能清楚确定。
(7)财务人员物流专业知识欠缺。

### 知识链接

物流成本核算还存在以下问题:

(1)物流会计核算的范围、内容不全面,只涉及部分物流费用。目前,企业日常物流会计核算的范围着重于采购物流、销售物流环节,忽视了其他物流环节的核算。按照现代物流的内涵,物流应包括:供应物流、生产物流、企业内部物流、销售物流、逆向物流等。与此相应的物流费用包括:供应物流费、生产物流费、企业内部物流费等。

从核算内容看,相当一部分企业只把支付给外部运输、仓储企业的费用列入专项成本,而企业内部发生的物流费用,由于常常和企业的生产费用、销售费用、管理费用等混在一起,因而容易被忽视,甚至没被列入成本核算。其结果导致物流成本的低估或模糊。影响了会计信息的真实性,不利于相关利益者以及企业内部管理者的决策。

(2)物流会计信息的披露与其他成本费用的披露混杂。从物流会计信息的披露看,由于物流活动贯穿于企业经营活动的始终,因而对于相关物流费用的核算基本上并入产品成本核算之中,与其他成本费用混合计入相关科目。例如,对于因取得存货而发生的运输费、装卸费、包装费、仓储费、运输途中的合理损耗费、入库前的挑选整理费等,作为存货的实际成本核算,进而作为销售成本的一部分从总销售收入中扣除以得到总利润。物流会计信息与其他信息的混杂,致使有关物流的数据信息需从相关会计信息中归纳,过程复杂且数据的时效性差,不利于物流管理和绩效的评价。

(3)部分物流费用是企业间接费用的一部分,其分配方法依然沿用传统会计方法。随着物流费用对企业利润贡献的加大,传统会计方法中间接费用依据生产过程中的直接人工工时或机器工时的分配不仅歪曲了产品、服务成本,不利于生产业绩的考核、评价,而且高级管理人员基于这些数据所做的决策也是不正确的。

9)现代物流成本核算的特点

(1)核算主体多级化:物流活动贯穿于企业经营全过程,成本的核算涉及企业中的各个部门,各种费用由不同的主体核算,由于企业部门存在个人知识水平的差异,会使包装成本的核算出现较大的区别。

(2)核算对象复杂化:物流活动是伴随着企业的生产、销售活动发生的,物流活动发生的费用与产品的其他成本一起计入了产品成本中。要把物流成本完全与其他产品成本区别开非常困难。

(3)核算准则多元化:由于没有统一的标准和准则,各企业在对物流成本进行核算时,还是沿用传统的成本核算方法,结合自己对物流成本概念的理解核算物流成本。各企业核算物流成本的准则不一样,呈现多元化特点。

(4)核算项目隐性化:由于物流成本的多样性,一些物流费用支出可以依据单证反映和计算的显性成本,但是还有大量的隐形物流成本并不能直接反映出来。

10)物流成本核算的原则

(1)一致性原则:一致性原则是指对物流成本核算所采用的方法前后各期应保持一致,各期成本核算口径和核算程序应该前后一致。

(2)客观性原则:客观性是指进行物流成本核算应当以实际发生的经济业务为依据,如实反映物流成本状况和经营成果。

(3)合法性原则:合法原则是指计入成本费用的耗费都必须符合国家有关法律、法令和制度等的规定,不得虚列和多计成本,避免企业以此作为逃税、漏税的途径。

(4)及时性原则:及时性原则是指物流成本的核算工作要讲求时效,要求物流成本的处理及时,以便信息的及时利用。

(5)权责发生制原则:权责发生制原则是指收入和费用的确认应当以收入和费用的实际发生作为确认计量的标准,要求成本的归集和分配要准确。

(6)重要性原则:重要性原则是指在物流成本核算中,要根据各项物流成本的性质、对经济决策影响的大小,来选择合适的核算方法。

11)物流成本核算程序

(1)确定物流成本计算对象:

①物流范围。

②物流功能范围。

③成本计算会计科目的范围。

(2)审核和控制各项物流费用和支出(原始记录):审核其内容是否填写齐全,数字计算是否正确,签章是否齐全,费用应不应该开支,所耗费的种类和用途是否符合规定,用量有无超过定额或计划等。

(3)确定物流成本项目:成本项目要根据具体情况与需要设置,既要有利于加强成本管理,又要便于正确核算物流成本。对于管理上需要单独反映、控制和考核的费用,以及在物流成本中所占比重比较大的费用,应专设成本项目;否则,为了简化成本核算工作,不必专设成本项目。

(4)归集和分配物流成本:将应计入本月物流成本的各项物流费用,在各种成本对象之间按照成本项目进行分配和归集,计算出按成本项目反映的各种成本对象的成本。

(5)设置和登记成本明细账:为了使成本核算结果真实、可靠、有据可查,成本计算的过程必须要有完整的记录,即通过有关的明细账和计算表来完成计算的全过程。

12)物流成本核算方法的影响因素:

(1)生产组织类型。

①大批量生产:按照产品品种计算。

②小批量生产:按照批次计算。

③单件产品生产:按照单件产品计算。

(2)生产工艺过程。

①单步骤生产:按照批次或品种进行计算。

②多步骤生产:实行责任成本管理制度,即在物流、生产和销售部门实行责任制,实现全人员、全过程成本管理。

(3)企业管理的要求。

(4)成本控制重要程度。

13)物流成本核算的一般方法

(1)会计核算方法下的物流成本计算。通过会计核算方法计算物流成本,就是通过凭证、账户、报表对物流耗费予以连续、系统、全面地记录、计算和报告的方法。

①双轨制:即把物流成本核算与其他成本核算截然分开,单独建立物流成本核算的凭

证、账户、报表体系。在单独核算的形式下,物流成本的内容在传统成本核算和物流成本核算中得到双重反映。

②单轨制:即物流成本核算与企业现行其他成本核算如产品成本核算、责任成本核算、变动成本核算等结合进行,建立一套能提供多种成本信息的共同的凭证、账户、报表核算体系。在这种情况下,要对现有的凭证、账户、报表核算体系进行较大的改革,需要对某些凭证、账户、报表的内容进行调整,同时还需要增加一些凭证、账户、报表。

(2)统计计算方法下的物流成本计算。

采用统计方法计算物流成本,不要求设置完整的凭证、账户、报表核算体系,而主要是通过对企业现行成本核算资料的解析分析,从中抽出物流耗费部分(即物流成本的主体部分),再加上一部分现行成本核算没有包括进去,但要归入物流成本的费用,如物流利息、外企业支付的物流费用等。最后按物流管理要求对上述费用重新归类、分配、汇兑,加工成物流管理所需要的成本信息。

具体做法如下:

(1)通过材料采购、管理费用账户分析,抽出供应物流成本部分,例如材料采购账户中的外地运输费,管理费用账户中的材料市内运杂费,原材料仓库的折旧修理费、保管人员工资等,按功能、形态进行分类核算。

(2)从生产成本、制造费用、辅助生产、管理费用等账户中抽出生产物流成本,并按功能、形态进行分类核算。人工费部分按物流人员的人数比例或物流活动工作量比例确定;折旧修理费按物流作业所占固定资产的比例确定。

(3)从销售费用中抽出销售物流成本部分,包括销售过程发生的运输、包装、装卸、保管、流通加工等费用。

(4)外企业支付的物流费用部分,现有成本核算资料没有反映的供应外企业支付的物流费用,可根据在本企业交货的采购数量,每次以估计单位物流费用率进行计算;销售外企业支付的物流费用,可根据在本企业交货的销售量乘以估计单位物流费用率进行计算。单位物流费用率的估计可参考企业物资供应、销售在对方企业交货时的实际费用水平。

(5)物流利息的确定可按企业物流作业所用资金占用额乘以内部利率进行计算。

(6)从管理费用中抽出退货物流费用。

(7)废弃物流成本数额较小时,可以不单独抽出,而是并入其他物流费用;委托物流费用的计算比较简单,它等于企业对外支付的物流费用。

14)计算物流成本的总原则

(1)单独为物流作业所耗费的费用直接计入物流成本。

(2)间接为物流作业所耗费的费用,以及物流作业与非物流作业共同耗费的费用,应按一定比例,如从事物流作业人员比例、物流工作量比例、物流作业所占资金比例等进行分配计算。

在计算物流成本时,首先从企业财务会计核算的全部成本费用科目中抽出所包含的物流成本,然后加以汇总。

15)物流成本的产品成本计算方法:"产品"在这里是广义的,实际上是指企业的产出物,即最终的成本计算对象,它不仅可指企业生产的产成品,还可指企业提供的劳务,如运输、保管装卸、包装等。这里的"产品"是指企业最终完成的各项物流服务。

产品成本是在生产经营过程中形成的。产品的生产经营过程和生产组织不同,所采用的产品成本计算方法也应该有所不同。计算产品成本是为了加强成本管理,因而还应该根据管理要求的不同,采用不同的产品成本计算方法。因此,企业只有按照企业生产经营的特点和管理要求,选用适当的成本计算方法,才能正确、及时地计算产品成本,为成本管理提供有用的成本信息。

(1)品种法:品种法是以产品品种(或劳务作业种类)作为成本计算对象归集生产费用、计算产品成本的一种方法。主要适用于大量大批单步骤生产,服务成本的计算也可用此法,如提供物流服务的成本,例运输作业。成本计算对象:以产品或服务品种为对象。成本计算期:一般按月定期计算产品成本。在品种单一的情况下,可采用简单法计算产品成本。在生产经营多品种的情况下,就需要按产品的品种分别设置成本明细账。

物流活动的产品成本计算可用品种法中的简单法计算。此方法一般运用于大量大批单步骤的简单生产,如运输作业等。此类生产品种单一,月末一般没有在产品存在。当期发生的物流费用总和就是该种完工产品的总物流成本。根据作业量,可算出产品的单位成本。生产经营中发生的一切费用都属于直接费用,直接计入该种产品成本。

**例 6-1**:某运输企业有 10 辆客运汽车和 2 辆货运汽车,企业以客运、货运划分产品品种,分别计算客运、货运的成本。6 月份发生直接成本和制造费用见表 6-5 和表 6-6。

某运输企业制造费用明细表(单位:元) 表 6-5

| 工资和福利费 | 折旧费 | 修理费 | 办公费 | 水电费 | 其他 | 合计 |
|---|---|---|---|---|---|---|
| 4000 | 36000 | 12000 | 41000 | 37000 | 5000 | 135000 |

生产成本明细账(单位:元) 表 6-6

| 产品品种 | 直接材料 | 直接工资 |
|---|---|---|
| 客运 | 2500 | 10000 |
| 货运 | 100000 | 80000 |

假设制造费用按照生产工人工资为标准分配计入客运和货运中,则制造费用分配见表6-7,客运成本计算单见表6-8,货运成本计算单见表6-9。

制 造 费 用 分 配 表 6-7

| 产品品种 | 直接工资(元) | 分配率 | 分配额(元) |
|---|---|---|---|
| 客运 | 10000 | 1.5 | 15000 |
| 货运 | 80000 | 1.5 | 120000 |
| 合计 | 90000 | 1.50 = 135000/90000 | 135000 |

客运成本计算单 表 6-8

| 成本类别 | 总成本(元) | 单位成本(元/辆) |
|---|---|---|
| 直接材料 | 25000 | 2500 |
| 直接人工 | 10000 | 1000 |
| 制造费用 | 15000 | 1500 |
| 合计 | 50000 | 5000 |

货运成本计算单 表 6-9

| 成本类别 | 总成本(元) | 单位成本(元/辆) |
|---|---|---|
| 直接材料 | 100000 | 50000 |
| 直接人工 | 80000 | 40000 |
| 制造费用 | 120000 | 60000 |
| 合计 | 300000 | 1500 |

(2)分批法:是按产品的批别归集生产费用,计算产品成本的一种方法。适用于单件小批生产企业按照客户的订单来生产的,客户的订货不仅数量和质量上的要求不同,交货的日期也不一样,因此以产品批别作何成本核算对象来归集和分配费用。在物流成本计算中以订单为计算对象的情况下适用。成本计算对象是产品的批别。分批法下,成本的计算期与产品生产周期基本一致,而与核算报告期不一致。

(3)分步法:是按照产品的品种和每种产品所经过的生产步骤归集生产费用,计算各种产品成本及其各步骤成本的一种方法。适用于大量大批多步骤生产企业。成本计算对象是各种产品的生产步骤。适用对象为多环节、多功能、综合性营运的物流企业。这类企业中,产品生产可以分为若干个生产步骤的成本管理,往往不仅要求按照产品成本计算成本,而且还要求按照生产步骤计算成本,以便为考核和分析各种产品及各生产步骤的成本计划执行情况提供资料。成本计算对象是各种产品的生产步骤。所以要按产品生产步骤设立产品成本明细账。月末各步骤如有未完工的在产品,为计算完工产品成本,需要将归集在生产成本明细账中的生产经营费用在每种产品的各生产步骤开立。除按产品计算和结转产品成本外,还需要计算和结转产品的各步骤成本。其成本计算对象是各种产品及其所经过的各个加工步骤。产品成本计算方法的特点汇总表见表6-10。

**产品成本计算方法的特点汇总表** 表6-10

| 成本计算方法 | 成本计算对象 | 成本计算期 |
| --- | --- | --- |
| 品种法 | 每种产品 | 定期于月末计算 |
| 分批法 | 每批产品 | 不定期计算 |
| 分步法 | 每种产品及其所经过的加工步骤 | 定期于月末计算 |

16)物流成本核算方法——作业成本法

美国芝加哥大学的青年学者库伯(Robin Cooper)和哈佛大学教授卡普兰(Robert S. Kaplan)在对美国企业调查研究后,于1988年提出了以作业为基础的成本计算法(Activity Based Costing,简称ABC法)。当前,在西方物流发达国家,以作业为基础的ABC法被认为是确定和控制物流费用最有前途的方法。由于该方法适用于物流领域的成本计算,故称之为物流ABC法。

(1)基本概念。

①作业成本法:作业成本法(Activity Based Costing,ABC)也称为作业成本会计或作业成本核算制度,它是以成本动因理论为基础,通过对作业(Activity)进行动态追踪,反映、计量作业和成本对象的成本,评价作业业绩和资源利用情况的方法。

②资源:资源是指支持作业的成本、费用来源。它是企业在一定期间内,为了生产产品或提供服务所发生的各类成本、费用项目,或者是作业执行过程中所需要花费的代价。

③作业:作业是指企业为提供一定量的产品或劳务所消耗的人力、技术、原材料、方法和环境等的集合体,或者说,作业是企业为提供一定的产品或劳务所发生的、以资源为重要特征的各项业务的统称。作业具有以下特征:

a. 作业是一种资源的投入和另一种效果产出的过程。

b. 作业活动贯穿于生产经营的全过程。

c. 作业是可以量化的。

作业可以分成以下几类:

a. 单位水平作业。

b. 批量水平作业。

c. 产品水平作业。

d. 能量水平作业。

④作业中心和作业成本库：作业中心是一系列相互联系、能够实现某种特定功能的作业集合。把相关的一系列作业消耗的资源费用归集到作业中心，构成这个作业中心的作业成本库，作业成本库是作业中心的货币表现形式。建设作业成本库的原则如下：

a. 核算目的。

b. 作业重要性。

c. 作业相似性。

⑤成本动因：成本动因是指驱动或产生成本、费用的各种因素，它是作业成本法中非常重要的一个概念。

在作业成本计算中，确定成本动因的个数要考虑两个因素：一是成本动因与实际制造费用的相关程度；二是产品成本的精确度和产品组合的复杂程度。物流企业在确定成本动因数量时，也应考虑以下因素：成本计算的精确度；各作业的相关性；作业批量的复杂性；作业的关联度；物流组合复杂度。

根据成本动因在资源流动中所处的位置，将其分为资源动因和作业动因两种。

a. 资源动因：资源动因是指作业耗用资源的种类及决定因素，它反映了耗用资源的起因，反映了作业量与资源耗用间的因果关系，是资源费用归集到作业的依据。

b. 作业动因：作业动因是指成本对象所需作业种类和数量的决定因素，它反映成本对象使用作业的频率和强度。

物流企业在选择物流成本动因时，应考虑以下因素：计量的难易度；与实际成本的相关度；对组织行为的影响。

（2）作业成本法的基本原理。

物流 ABC 法是与物流服务水平相关联的，按顾客类别或销售业务类别计算物流成本的一种新型有效的方法。其理论基础是产品消耗作业，作业消耗资源且导致成本的发生。物流 ABC 法把成本核算深入到作业层次，它以作业为单位收集成本，并把"作业"成本按作业分配到产品。因此，应用物流 ABC 能从作业环节的角度汇总所有投入要素，得出在这个作业环节上的物流费用。作业成本计算涉及两个阶段的费用分配过程：第一阶段，把资源消耗所发生的费用归集到作业中心，形成作业成本；第二阶段，通过作业动因把作业成本库中归集的成本分配到产品中去，最终计算出产品成本。

（3）作业成本法的特点。

①以作业作为成本计算的中心。

②设置成本库，归集成本费用。

③按多标准分配成本费用。

④与传统成本计算方法相比，ABC 法更适应物流成本核算的需要。

a. 传统的成本会计忽视了整合的物流服务中所包含的不同的客户类型、采购和销售渠道类型、市场细分等因素。

b. 传统的成本会计方法往往十分粗略地将成本归类到一些较高的会计科目级别。

c. 按单位的可变和固定成本分类占据主导地位，而不是按照流程、产品或客户为主体进行分类。

d.企业更多地获取到的是最终产品的成本而不是以客户为单位的成本,没有意识到是客户而不是产品给企业带来利润。

(4)作业成本法的优点。

①能提供准确、全面的物流成本信息。按作业成本法计算的物流成本也包括直接物流费用和间接物流费用,只是这种方法在分配间接费用时,与传统方法不同,对物流间接费用的分配不是采用单一的分配标准,而是根据各种物流间接费用的作业性质和特点采取不同的分配标准。

②有利于责任划分。应用作业成本法核算物流费用,避免了传统核算方法中物流费用模糊、责任不清的现象。各级部门、各产品、服务根据实际发生的作业来承担物流费用,只要作业发生了、耗费了资源就对应着相应的成本。

③有利于加强产品物流成本预算控制。应用作业成本法核算物流成本,企业根据作业的性质及耗费情况,就能正确的区分,从而尽量消除不增加价值的作业或尽量减少其资源的消耗。对于可增值作业,在保证顺利完成的前提下,尽力降低资源消耗。

④利于企业与客户的沟通。作业成本法可以根据不同物流服务耗费的作业及资源的不同设定不同的收费标准,从而在和客户沟通时便能提供详细的信息,客户也能清楚地知道物流成本的构成,避免了双方由于价格争议发生的矛盾。

物流 ABC 法虽然是针对生产制造企业提出的,但它以作业为单位进行成本计算的思想,对于物流企业来说,有着很好的借鉴意义。从可行性上看,主要基于以下两点:

①物流过程的可分解性。物流过程虽然复杂,但都可以分解为单独的活动(作业),对成本分析的目的不同,对活动分解的详尽程度也不同。

②按照物流 ABC 法的基本原理,物流作业成本中的直接费用可直接计算,间接费用按实际消耗进行分配,从而可计算出单位作业对象的该项作业成本。

(5)作业成本法的计算程序。

①确认和计量各种资源耗费,将资源耗费价值归集到各资源库。

②分析和建立作业中心。

③选择适当的资源动因,将成本追踪到作业中心,形成作业成本库。

④依据作业中心成本动因,计算作业成本分配率。

⑤根据作业成本分配率,将间接成本进行分配。

⑥汇总计算总成本。

$$某物流作业中心成本分配率 = \frac{某物流作业中心成本总额}{该中心成本动因量化总和}$$

某成本对象的应分配间接成本 = 该成本对象消耗的该项物流作业量总和 × 该项物流作业成本分配率

(6)作业成本法与传统成本计算方法的比较。

①作业成本法与传统成本计算方法的联系:

a.性质相同。

b.目的相同。

c.对直接费用的确认和分配相同。

②作业成本法与传统成本计算方法的区别:

a.成本计算对象不同。

b. 对费用经济内容的认识不同。
c. 间接费用归集和分配的理论基础不同。
d. 成本计算的侧重点不同。
e. 成本信息资料的详细程度不同。
f. 适用环境不同。

**例 6-2**：某企业生产 A、B 两种产品，有关产销量、批次、成本、工时等资料见表 6-11，制造费用明细表见表 6-12。

生产资料　　　　　　　　　　　　　　　　　　　　　　表 6-11

| 项　目 | A 产品 | B 产品 |
|---|---|---|
| 产销量（件） | 200000 | 40000 |
| 生产次数（次） | 4 | 10 |
| 订购次数（次） | 4 | 10 |
| 每次订货量（件） | 25000 | 2000 |
| 直接材料成本（元） | 24000000 | 2000000 |
| 直接人工成本（元） | 3000000 | 600000 |
| 机器制造工时（小时） | 400000 | 160000 |

制造费用明细表　　　　　　　　　　　　　　　　　　　表 6-12

| 项　目 | 金　额 | 项　目 | 金　额 |
|---|---|---|---|
| 材料验收成本 | 300000 | 设备折旧 | 300000 |
| 产品检验成本 | 470000 | 厂房折旧 | 230000 |
| 燃料与水电成本 | 402000 | 材料储存成本 | 140000 |
| 开工成本 | 220000 | 经营者薪金 | 100000 |
| 职工福利支出 | 190000 | 合计 | 2352000 |

作业成本法的关键在于对制造费用的处理不是完全按机器制造工时等单一标准进行分配，而是根据作业中心与成本动因，确定各类制造费用的分配标准。

对于材料验收成本、产品检验成本和开工成本，其成本动因是生产与订购次数。

$$材料验收成本分配率 = \frac{300000}{(10+4)} = 21428.57$$

$$产品检验成本分配率 = \frac{470000}{(10+4)} = 33571.43$$

$$开工成本分配率 = \frac{220000}{(10+4)} = 15714.29$$

成本动因为机器制造工时，设备折旧费用、燃料与水电费用：

$$设备折旧费用分配率 = \frac{300000}{(400000+160000)} = 0.53571$$

$$燃料与水电费用分配率 = \frac{402000}{(400000+160000)} = 0.717857$$

对于职工福利支出的成本，其动因为直接人工成本。

$$职工福利费支出分配率 = \frac{190000}{(3000000+600000)} = 0.05278$$

成本动因为产品产销量时,厂房折旧和经营者薪金分配率:

$$厂房折旧费用分配率 = \frac{230000}{(200000+40000)} = 0.9583$$

$$经营者薪金分配率 = \frac{100000}{(2000000+40000)} = 0.41667$$

动因为直接材料的数量或成本时,材料储存成本分配率:

$$材料储存成本分配率 = \frac{140000}{(24000000+2000000)} = 0.00538$$

根据上述步骤将各项制造费用在 A 产品和 B 产品之间分配(表6-13、表6-14)。

**各项制造费用在 A 产品和 B 产品之间的分配**　　　　表6-13

| 项　目 | 合计 | A 产品 | B 产品 |
|---|---|---|---|
| 材料验收成本 | 300000 | 85714 | 214286 |
| 产品检验成本 | 470000 | 134286 | 335714 |
| 燃料与水电成本 | 402000 | 287143 | 114857 |
| 开工成本 | 220000 | 62857 | 154143 |
| 职工福利支出 | 190000 | 458340 | 31660 |
| 设备折旧 | 300000 | 214284 | 85716 |
| 厂房折旧 | 230000 | 191660 | 38340 |
| 材料储存成本 | 140000 | 83334 | 10880 |
| 经营者薪金 | 100000 |  | 16666 |
| 合计 | 2352000 | 1346738 | 1005262 |

**作业成本计算法下成本计算表**　　　　表6-14

| 项　目 | A 产品 | B 产品 |
|---|---|---|
| 直接材料成本(元) | 24000000 | 2000000 |
| 直接人工成本(元) | 3000000 | 600000 |
| 制造费用(元) | 1346738 | 1005262 |
| 总成本(元) | 28346738 | 3605262 |
| 产销量(件) | 200000 | 40000 |
| 单位产品成本(元) | 141.73 | 90.13 |

17)不同国家宏观物流成本核算方法

(1)美国宏观物流成本核算方法:物流总成本=存货持有成本+运输成本+物流行政管理成本。其中:存货持有成本包括资金占用利息、缴纳税、相关设施设备折旧费、存储货物贬值损失及保险费和仓储费用;运输成本包括铁路运输费用、公路运输费用、管道运输费用、水路运输费用、航空运输费用和货运代理相关费用等;物流行政管理成本包括订单处理成本、市场预测费用、计划制定费用和相关财务人员发生的管理费用等。

(2)日本宏观物流成本核算方法:物流总成本=运送费+保管费+物流管理费。其中:运送费包括营业运送费和企业内部运送费。营业运送费包括卡车货运费、铁路货运费、内海航运货运费、国内航空货运费和货运站收入等。保管费=(原材料库存余额+产品库存余额+流通库存余额)×原价率×库存费用比率;物流管理费=(制造业产出额+批发、零售业产出额)×物流管理费用比例。

(3)国内一些学者根据我国宏观物流成本资料的现状提出的公式:物流成本=运输成本+库存成本+管理成本。其中:运输成本=∑货运量×运输单价;库存成本=∑库存量×

各项费率；管理成本=(运输成本+库存成本)×管理费率。

物流公司在经营中,各个方面都需要费用支出,如:仓储管理费、配货管理费、送货管理费、综合管理费、员工福利费。通过综合测算,物流成本费用本身是一笔庞大的数目。

在实际经营管理中,物流公司要想取得较高利益,必须做好成本分析以及各项物流活动的实际产能效率。一般有如下几点需要做好计算:

(1)单位销售额物流成本率=物流成本/销售额×100%。

单位销售额物流成本率越高则对价格的弹性越低,一般受价格变动和交易条件变化的影响较大,从相关数据中,大体可以了解其动向,另外,通过与同行业和行业外进行比较,可以进一步了解配送中心的物流成本水平。

$$单位营业费用物流成本率 = \frac{物流成本}{销售额+一般管理费} \times 100\%$$

通过物流成本占营业费用的比率,可以判断企业物流成本的比重,而且这个比率不受进货成本变动的影响,得出的数值比较稳定。

(2)物流职能成本率=物流职能成本/物流总成本×100%。

物流职能成本率表明包装费、运输费、保管费、装卸费、流通加工费、信息流通费、物流管理费等各物流职能成本占物流总成本的比率。

(3)与运输、配送相关的比率。

$$行驶三费 = 修理费 + 内外胎费 + 油料费$$

$$装载率 = \frac{实际载重量}{标准载重量} \times 100\%$$

$$单位车辆月行驶里程 = \frac{月总行驶里程}{拥有台数}$$

$$单位里程行驶费 = \frac{月实际行驶三费}{月总行驶里程}$$

$$单位运量运费 = \frac{运输费}{运输总量}$$

$$车辆开动率 = \frac{月总开动次数}{拥有台数} \times 100\%$$

$$运行周转率 = \frac{月总运行次数}{拥有台数} \times 100\%$$

(4)保管活动相关比率。

$$仓库利用率 = \frac{存货面积}{总面积} \times 100\%$$

$$库存周转次数 = \frac{年出库金额(数量)}{平均库存金额(数量)} = \frac{年出库金额(数量) \times 2}{年初库存金额+年末库存金额}$$

(5)装卸活动相关计算。

$$装卸效率 = \frac{标准装卸作业人时数}{实际装卸作业人时数}$$

$$单位人时工作量 = \frac{总工作量}{装卸作业人时数}$$

其中,装卸作业人时数=作业人数×作业时间

$$单位工作量修理费 = \frac{装卸设备修理费}{总工作量}$$

$$单位工作量卸装费 = \frac{装卸费}{总工作量}$$

$$装卸设备开工率 = \frac{装卸设备实际开动时间}{装卸设备标准开动时间}$$

$$物流信息处理率 = \frac{物流信息处理数量(传票张数等)}{标准物流信息处理数(传票张数)}$$

物流成本计算内容较为繁多复杂,企业在计算时经常会顾及内容不全,只涉及部分费用,忽视一些重要物流环节的核算。因此在相关会计核算中,应当加以注意。

 任务实施

### 一、任务准备

(1)某生产型企业产销 A、B 两种产品,这两种产品的生产工艺基本相同,两者的区别主要表现在所提供的物流服务上:A 产品实行的是大批量低频率的物流配送服务,每批数量为 4000 件;B 产品实行多频率小额配送服务,每批数量为 10 件。该企业采用作业成本法计算产品的物流成本,所涉及的作业主要有 7 项:订单处理、挑选包装、包装设备调整、运输装卸、质量检验、传票管理、一般管理。主要查流企业的状况,包括成长经历、产品类型和特点、市场状况、发展规模,掌握物流企业的经营特点和未来企业发展态势,并书写提交企业状况报告。

(2)其他有关资料具体如下:本月该企业共销售 A 产品 5 批,共计 20000 件,B 产品 140 批,共计 1400 件。按照绘制的组织结构图,编制《职务说明书》,说明书中必须能够体现各管理职务的工作内容、职责与权力、与组织中其他部门和职务的关系,要求担任该项职务者所必须拥有的基本素质、技术知识、工作经验、处理问题的能力等条件。

(3)订单处理作业全月有能力处理 1008 份订单,本月实际处理订单 800 份,其中 A 产品订单为 500 份,B 产品订单为 300 份。

(4)包装机共 4 台,全月共可利用 640 个机时,但不能全部用于包装,因为机器调整会消耗一定时间,包装机每包装一批新产品时,则需要调整一次。在连续包装同一批产品件数达到 1000 件时也需要进行一次调整。每台包装机调整一次需要 24min,包装机如果用于包装 A 产品,每件需要 1.5min,如果用于包装 B 产品,每件则需要 2min。

(5)运输装卸作业全月总共能够提供 840 个机时的生产能力,其中用于 A 产品运输装卸,每批需要 120h,B 产品运输装卸,每批则需要 0.4h。

(6)质量检验:A、B 两种产品的检验过程完全相同。该企业全月有能力检验 800 件产品。对于 A 产品,每批需要随机抽取 10 进行检验。对于 B 产品,每批需要随机抽取 3 件进行检验。

(7)该企业进行传票管理作业是采用计算机辅助设计系统来完成的。该系统全月能提供 840 个机时。本月用于 A 产品传票管理的机时数为 168,用于 B 产品传票管理的机时数为 420。

(8)一般管理:本月人员及设施利用程度为 75%。A 产品每件消耗直接材料为 1.5 元,B 每件消耗直接材料为 1.8 元。

### 二、任务分解步骤

第一步,确认和计量企业本月所提供的各类资源价值,将资源耗费价值归集到各资源库中。

第二步,确认各种主要作业,建立作业成本库。主要有订单处理、挑选包装、包装设备调整、运输装卸、质量检验、传票管理、一般管理七项作业,为每项作业分别设立作业成本库,用于归集各项作业实际消耗的资源。对于包装设备调整作业和挑选包装作业,将其两者合并在一起计算各项资源耗用量,然后再按机器调整所耗用的机时数与可用包装产品的机时数之间的比例进行分配。

第三步,确认各项资源动因,将各资源库中所汇集的资源价值分配到各作业成本库中。

第四步,确定各项作业的成本动因。

第五步,计算有关作业成本动因分配率。

第六步,计算两种产品实际消耗的资源价值。

第七步,计算 A、B 两种产品的物流总成本及单位成本。

第八步,计算未耗用资源。

第九步,将上述有关结果汇总。

## 三、任务汇总

学生按步骤实施 ABC 计算方法,形成计算报告。

# 任务3　物流企业业务收入结算

案例导入

中国物流与采购联合会物流企业综合评估委员会文件
中物联评估字【2008】1号
关于印发《物流企业综合评估若干指标规范释义》的通知

各省、自治区、直辖市和计划单列市物流企业综合评估工作办公室:

根据《物流企业分类与评估指标》国家标准的相关规定和物流企业评估工作实践中遇到的问题,现制定了《物流企业综合评估若干指标规范释义》,请在评估工作中参照执行。

特此通知。

中国物流与采购联合会<br/>2008 年 1 月 8 日

物流企业综合评估若干指标规范释义

(1)年综合物流营业收入:指综合服务型物流企业上年度审计报告或财务报表中《利润及利润分配表》所显示的主营业务收入科目里,企业通过物流业务活动,包括运输、储存、装卸、搬运、包装、流通加工、配送、咨询服务、物流方案设计以及与物流项目有关的代理、增值服务等所取得的收入总额。

(2)年货运营业收入:指运输型物流企业上年度审计报告或财务报表中《利润及利润分配表》所显示的主营业务收入科目里货物运输、运输代理、货物快递的收入。

(3)年仓储营业收入:指仓储型物流企业上年度审计报告或财务报表中《利润及利润分配表》所显示的主营业务收入科目里企业完成货物仓储业务、配送业务、流通加工及其他与仓储业务相关的增值服务所取得的收入。

(4)采购服务收入:应客户需求提供的采购业务服务收入可以计入物流配送业务收入中,但须提供与客户签订的代其采购指定货物的合同以及按合同规定配送的财务结算明细。

(5)非物流业务收入:指企业年度审计报告或财务报表中所显示的商品贸易等方面的收

入。上述收入不计入物流营业收入中。

**引例分析**

物流企业作为营利性组织机构,其收入主要来自哪些方面?包括哪些内容?应该如何结算?让我们通过本次任务来详细了解有关物流企业收入结算的知识吧!

任务分析

## 一、任务准备

(1)多媒体教室(含可供学生上网查资料的电脑、多媒体教学设备、课件和动画等教学资料)。
(2)若干物流企业收入结算的相关案例。

## 二、任务目标

(1)了解收入的概念、特征、确认条件以及物流企业收入的内容。
(2)熟悉各种物流相关业务的核算方式。
(3)能够在实际工作中对物流企业的收入进行结算。

## 三、基础知识

### 1. 物流业的会计核算

要实现物流企业的在现代经济中的功能,必须通过一系列的物流管理工作来完成,会计是一种重要的管理活动,会计主要用货币量度对物流企业经营过程中占用的财产物资和发生的各环节成本费用耗费进行系统的计算、记录、分析和检查。会计人员借助这些手段充分了解企业的资金占用及效益高低的原因,趋利避害,从一个特定的岗位管好一家企业的生产和经营,同时为在大范围内,例如一个地区、一个产业部门或一个国家管好经济提供必要的资料。所以,会计的实质是管理,会计是一种管理活动。

物流企业会计是应用于物流企业的一门专业会计,它以货币为主要计量单位,对物流企业的经营活动进行连续、系统、全面地反映和监督,并在此基础上对经济活动进行控制,是为投资者、债权人、政府管理部门以及与企业有经济利益的各方提供有用信息的一种经济管理信息系统。

物流企业的一切活动最终体现为经济活动,按照现代经济管理的理论,所有经济活动必然要求进行经济核算、成本计算、费用控制和经济效益业绩考核。这些工作都需要由物流企业会计工作来完成,会计核算贯穿于企业整个物流活动的全过程。

由于企业的物流活动包括运输、储存、装卸、搬运、包装、流通加工、配送和信息处理等多个环节,决定了物流企业会计核算分为如下几个环节。

1)运输环节的核算

运输是指用特定的设备和工具,将物品从一个地点向另一个地点运送的物流活动,它是在不同地域范围内,以改变物的空间位置为目的,对物进行的空间位移。通过这种位移创造商品的空间效益,实现其使用价值,满足社会的不同需要。运输是物流的中心环节之一,也是现代物流活动最重要的一个功能。

运输是国民经济的基础和先行,是国民经济的命脉。根据运输方式的不同,可分为铁道运输、公路运输、水上运输、航空运输和管道运输,各种运输方式分别有不同的特点,各自发挥着不同的作用。

运输是物流企业的主体,在现行物流企业中占有主体地位。对运输环节的核算包括运输收入的确认和计量,运输费用的计算和确定,运输成本的汇集、分配和结转,运输营运收入应交税金的结算和交纳,以及运输利润的计算。运输是集成模式,即ITL作为客户公司物流服务的集成商,为客户提供运作和管理整个供应链的解决方案。扮演一个规划者、监督者和管理者的角色,通过对其他物流企业资源、能力和技术进行综合管理,借助其他物流企业为客户提供全面的、集成的供应链管理方案,其他物流企业通过ITL的供应链管理方案为客户提供服务。此时,ITL作为一个枢纽,可以集成多个服务供应商的能力和客户的能力,依据供应链运作策划方案,使相关物流企业能同步运作,从而实现供应链管理的一体化。

2)储存环节的核算

储存是指保护、管理、储藏物品的物流活动。储存是包含库存和储备在内的一种广泛的经济现象,也是一切社会形态都存在的经济现象。在任何社会形态中,对于不论什么原因形成停滞的物资,也不论是什么种类的物资,在没有生产加工、消费、运输等活动之前,或在这些活动结束之后,总是要存放起来,这就是储存。与运输概念相对应,储存是以改变物的时间状态为目的的活动,从克服产需之间的时间差异来获得更好的效用和效益。

储存是物流活动的另一重要环节,它具有物资保护、调节供需、调配运能、实现配送、节约物资等功能。对储存环节的会计核算包括储存收入的确认和计量,储存成本和费用的汇集和结转,储存物资损耗的处理与分摊,以及储存业务利润的计算。

3)装卸搬运环节的核算

装卸是物品在指定地点以人力或机械装入或卸下运输设备的活动。搬运是指在同一场所,对物品进行水平移动为主的物流作业。在实际操作中,装卸和搬运是密不可分的,两者是伴随在一起发生的。在物流过程中,装卸活动是不断出现和反复进行的,它出现的频率高于其他各项物流活动,每次装卸活动都要花费很长时间,所以往往成为决定物流速度的关键。装卸活动所消耗的人力也很多,所以装卸费用在物流成本中所占的比重也较高。以我国为例,铁路运输的始发和到达的装卸作业费占运费的20%左右,船运占运费的40%左右。因此,为了降低物流费用,装卸是个重要的环节。装卸搬运是一种附属性、伴生性的活动,它对整个物流活动具有支持性和保障性的作用。

4)包装环节的核算

包装是指为了在流通过程中保护商品、方便运输、促进销售,按照一定的技术方法而采用的容器、材料及辅助物等的总体名称。也指为了达到上述目的而在采用容器、材料和辅助物的过程中施加一定技术方法等的操作活动。

在社会再生产过程中,包装处于生产过程的末尾和物流过程的开头,既是生产的终点,又是物流活动的起点。在物流过程中,包装具有保护商品、跟踪流转、便利运输、提高效率、促销商品的功能。包装环节的会计核算主要是对包装环节中发生的材料成本、人工费用、设计技术费用进行计算、归集和分配。

5)流通加工环节的核算

流通加工是指物品在生产地到使用地的过程中,根据需要施加包装、切割、计量、分拣、刷标志、拴标签、组装等简单作业的总称。流通加工是流通中的一种特殊形式,它是在物品从生产领域向消费领域流动的过程中,为了促进销售、维护产品质量和提高物流效率,对物品进行的加工,能使物品发生物理、化学或形状的变化。

流通加工是国民经济中重要的加工形式,在商品流转过程中进行简单的、必要的加工能够有效地完善流通,也是现代物流中的重要利润来源。流通加工环节的会计核算,既要确认和记录流通加工中的业务收入,又要归集、计算和结转加工成本,计算和缴纳相关税金,最终核算出加工环节的营业利润。

6)配送环节的核算

配送是指物流企业按照用户订单或配送协议进行配货,通过科学统筹规划,选择经济合理的运输路线与运输方式,在用户指定的时间内,将符合要求的货物送达指定地点的一种方式。配送是物流中一种特殊的、综合的活动形式,是商流与物流的紧密结合,包含了商流活动和物流活动,也包含了物流中若干功能要素。

从物流来讲,配送几乎包括了所有的物流功能要素,是物流的一个缩影或是在某小范围中物流全部活动的体现。一般的配送集装卸、包装、保管、运输于一体,通过这一系列活动将货物送达的目的地。特殊的配送则还以加工活动为支撑,包括的方面更广泛。

配送环节会计核算的内容包括:配送营业收入的核算;配送过程中运输费用、分拣费用、配装费用、加工费用的归集、分配和结转;配送环节营业利润的核算。

**2. 收入**

1)收入的概念

收入定义的理解:收入的定义有广义和狭义之分。广义的收入是指那些能导致企业经济利益流入的所有有利属性。狭义的收入仅指企业在从事主营业务活动及让渡资产使用权等日常活动中所形成的经济利益的总流入。我国2007年新颁布的《企业会计制度》中对收入下的定义为:收入是指企业在日常活动中形成的、会导致所有者权益增加的、与所有者投入资本无关的经济利益的总流入,在实务中也称为营业收入。但收入不包括为第三方或客户代收的款项。

2)物流企业收入分类

物流企业主营业务收入:运输收入;仓储收入,包括保管收入,装卸搬运收入,其他物流活动;流通加工收入,包括:贴标签,礼品包装,拆小包装,其他流通加工作业;其他增值收入按客户要求提供物流服务获得的收入,如加急费等。

物流企业其他业务收入:让渡资产使用权获得收入;包装物出租;固定资产出租;技术转让;材料销售;废旧物处理;其他。

3)收入的特征

从收入的定义可以看出,收入具有两个基本特征:

(1)收入的实质是企业净资产的增加。因为伴随着收入的实现,往往是资产(现金、应收账款或其他等价物)的增加或负债的减少。无论是资产的增加还是负债的减少,最终都将导致企业净资产的增加。

(2)收入主要来源于企业持续经营中的主要经营活动即日常经营活动,这种经营活动具有经常性、重复性和可预见性的特点。而非经营性收入带有偶然性、不规则、难以预见的特点。

4)收入的确认条件

所谓收入的确认就是指收入应该在什么时候入账,并在利润表中加以反映。根据我国《企业会计制度》中对收入的定义,确认收入的条件有:

(1)由日常活动形成。

(2)经济利益总流入。

(3) 相关的收入和成本能够可靠地计量。

5) 物流企业收入的内容

物流企业收入的确认和计量：物流企业收入包括运输收入、仓储收入、配送收入、装卸收入等，这些收入都属于物流企业在提供物流服务时获得的劳务收入，它既要满足前述的收入确认的三个条件，同时又有其特有的条件。对于物流企业提供劳务收入的确认应分别下列两种情况：一是在同一会计年度内开始并完成的劳务；二是劳务的开始和完成分属不同的会计年度。

物流企业收入的内容：物流企业的收入也包括主营业务收入和其他业务收入。物流企业的主营业务收入是指企业为客户提供运输、仓储、装卸、配送等劳务所获营业收入，包括运输收入、装卸收入、仓储收入、配送收入等。物流企业的其他业务收入是指企业主营业务以外的其他日常经营活动所取得收入，包括车辆维修业务收入、销售材料收入等。

6) 账户的设置

"主营业务收入"账户：属于损益类账户。该账户用来核算企业为客户提供物流服务时所取得的劳务收入，包括运输收入、仓储收入、装卸收入、配送收入等。本账户贷方登记本期提供运输、配送、仓储、装卸等物流业务时所取得的收入，月末计算应结转的主营业务收入；借方登记期末余额结转到"本年利润"账户的数额，结转后本账户无余额。该账户下设"运输收入"、"仓储收入"、"配送收入"、"装卸收入"等多个二级明细账，并在其下按各环节下设的业务中心或合同等设置明细账。

"其他业务收入"账户：属于损益类账户。该账户用来核算企业确认主营业务活动以外的其他经营活动实现的收入，如销售材料、车船代修业务、包装物出租等收入。本账户贷方登记本期各项其他业务收入的发生数，月末计算应结转的其他业务收入；借方登记期末余额结转到"本年利润"账户的数额，结转后本账户无余额。

(1) 运输收入的核算。

运输业务是指物流企业运用各种运输工具及其设备，为客户提供货物在物流结点之间流动的服务，这种服务是在不同地域范围间（两个城市、两个企业之间），以改变货物的空间位置为目的，对货物进行空间位移的活动。运输方式按运输设备及运输工具的不同可以分为公路运输、铁路运输、水运、航空运输、管道运输。

运输业务在现代物流企业各业务中占有主导地位，运输业务所取得的收入是其经营所得的主要收入来源，也是其利润的主要源泉。运输收入是指物流企业从事公路运输、铁路运输、水路运输、航空运输等业务所取得的收入，包括货运收入和其他运输收入，其中货运收入是最主要的主营业务收入。下面以公路运输为例详细论述其收入的核算。公路运输收入是指汽车运输企业经营旅客、货物运输业务所发生的各项收入。

物流企业运输收入的核算包括两个方面：一方面是在运输业务发生时对运输收入的确认，在确认后借方登记"银行存款"、"库存现金"、"应收账款"等账户，贷方登记"主营业务收入——运输收入"账户及其相关明细账（如按基层单位或按运输收入种类设置）；另一方面是对确认收入后所需缴纳的税金的计算及处理，按照交通运输企业缴纳相关税金的规定，运输业务应缴纳的营业税为运输业务收入的3%，届时借方登记"营业税金及附加"账户，贷方登记"应交税费——应交营业税"账户。

物流企业在从事运输业务时如果采用的是联运，则该物流企业运输业务的营业额，依照《中华人民共和国营业税暂行条例实施细则》第十七条规定"为其实际取得的营业额"，即以其收到的收入扣除支付给后程承运者的运费、装卸费、换装费等费用后余额，为其应纳税的营业额。支付给后程承运者的部分,为后程承运者的应纳税营业额。所谓"联运业务",是指两个以上运输企业完成旅客或货物从发送地至到达地所进行的运输业务。联运(即联合运输)通常是由一个企业承办,负责组织和办理联运业务事项,收取联运价款,并将联运价款按实际运量和运输里程划分,支付给其他参与联运的运输企业。

(2)其他物流收入的核算。

装卸收入是指企业经营装卸业务所取得的主营业务收入。如按规定费率向货物托运人收取的装卸费(不包括自动装卸车运输货物收取的装卸费)、联运货物换装、铁路公路倒装收入及临时出租装卸机械的租金收入。

装卸收入的核算包括两个方面:一方面是在装卸业务发生时对装卸收入的确认,在确认后借方登记"银行存款"、"库存现金"等账户,贷方登记"主营业务收入——装卸收入"及其三级明细账"机械装卸收入"和"人工装卸收入"等账户;另一方面是对确认收入后所需缴纳的税金的计算,按照交通运输企业缴纳相关税金的规定,装卸业务应缴纳的营业税为装卸业务收入的3%,计算后借方登记"营业税金及附加"账户,贷方登记"应交税费——应交营业税"。

(3)仓储收入核算。

仓储收入是指物流企业经营仓库、堆场业务所取得的主营业务收入。仓储收入的核算包括两个方面:一方面是在仓储业务发生时对仓储收入的确认,在确认后借方登记"银行存款"、"库存现金"等账户,贷方登记"主营业务收入——仓储收入"及其三级明细账"普通仓库"和"冷冻仓库"等账户;另一方面是对确认收入后所需缴纳的税金的计算,按照交通运输企业缴纳相关税金的规定,仓储业务应缴纳的营业税为仓储业务收入的5%,计算后借方登记"营业税金及附加"账户,贷方登记"应交税费——应交营业税"。

(4)配送收入核算。

配送收入是指物流企业经营配送业务所取得的主营业务收入。配送收入的核算包括两个方面:一方面是在配送业务发生时对配送收入的确认,在确认后借方登记"银行存款"、"现金"等账户,贷方登记"主营业务收入——配送收入"及其三级明细账"运输收入"和"装卸收入"、"仓储收入"、"分拣及配货收入"等账户;另一方面是对确认收入后所需缴纳的税金的计算,按照交通运输企业缴纳相关税金的规定,根据各业务的相关规定缴纳营业税,计算后借方登记"营业税金及附加"账户,贷方登记"应交税费——应交营业税"。

(5)其他业务收入核算。

物流企业涉及的其他业务收入包括销售材料、车船修理、包装物出租、运输车辆出租、装卸设备出租、仓库出租、技术转让等收入。为了正确核算、反映其他业务情况,应设置"其他业务收入"账户,同时还应按其他业务的种类"车船修理"、"材料销售"、"固定资产出租"、"技术转让"等设置明细账。

①销售材料的核算:物流企业销售材料取得收入时,按售价和应收的增值税,借方登记"银行存款"、"应收账款"、"库存现金"等账户,按实现的营业收入,贷方登记"其他业务收入——材料销售"账户,同时或月末按出售的材料的实际成本,借方登记"其他业务成本——材料销售"账户,贷方登记"原材料"账户及其相关明细账。如果企业原材料核算采用计划成本法的,还需要分摊已销材料的成本差异。

②车船修理的核算:物流企业的修理车间对外提供车船修理业务取得收入时,借方登记"银行存款"、"应收账款"、"库存现金"等账户,按实现的营业收入,贷方登记"其他业务收入——车船修理"账户,同时或月末按提供修理业务所发生的实际成本进行结转,借方登记

"其他业务成本——材料销售"账户,贷方登记"辅助营运费用"账户及其相关明细账。

③固定资产(运输车辆、装卸设备、仓储设备等)出租的核算:物流企业出租各种固定资产取得收入时,按协议价款,借方登记"银行存款"、"应收账款"、"库存现金"等账户,按实现的营业收入,贷方登记"其他业务收入——出租固定资产"账户及其相关明细账,同时固定资产计提折旧时,借方登记"其他业务成本——出租固定资产"账户,贷方登记"累计折旧"账户。

物流企业主要从事运输、储存、包装、装卸搬运、配送等基本活动。因此,物流企业的主营业务收入是从事运输、装卸、堆存、代理业务、港务管理等业务活动所取得的营运收入。营运收入是物流企业的一项重要经济指标。营运收入核算是一项涉及面广而且复杂细微的工作。因此,必须建立和健全一套营运收入的管理制度,严格执行票据管理和营收报解制度,努力增加营运收入,及时、完整地组织营运收入核算,反映各项收入计划的完成情况,保证收入计划的全部完成。

物流企业应按照权责发生制原则,确认营运收入的实现。根据物流企业的生产经营特点,凡确认当期的收入,不论当期是否收到款项,均应记入当期营业收入。物流企业必须及时组织营业收入的核算,缴纳相关的税金,核算经营损益。

7)营业收入

(1)概念:收益是指企业在某一会计期间内所获得的经济利益。具体表现为现金流入或其他资产增加或负债的减少。企业的收益可分为营业收入、投资收益和营业外收入三个部分。营业收入是指企业在销售商品、提供劳务及让渡资产使用权等日常活动中形成的经济利益的流入。包括销售商品收入、提供运输等、劳务收入、取得资产使用费收入、租金收入等,但不包括为第三方或客户代收的款项。

(2)营业收入的特征:

①营业收入从企业的日常活动中产生,而不是从偶发的交易或事项中产生。比如,主营业务收入是从销售商品、提供劳务等日常活动中产生,而不是从处置固定资产等非日常活动中产生的。

②营业收入可能表现为企业资产的增加,如增加银行存款、应收账款等,也可能表现为企业负债的减少,或两者兼有。

③营业收入能导致企业所有者权益的增加。因为营业收入能增加资产或减少负债或两者兼有。因此,根据"资产=负债+所有者权益"的公式,企业取得的营业收入一定能增加所有者权益。

④营业收入只包括本企业经济利益的流入,不包括为第三方或客户代收的款项,如旅行社代客户购买门票而收取票款等。代收的款项一方面增加企业的资产,另一方面增加企业的负债,因此不增加企业的所有者权益,也不属于本企业的经济利益,不能作为本企业的营业收入。

(3)营业收入的确认:物流企业的经营活动是连续不断地进行的,投入企业的资金也随着经营活动的进行而不断地改变其占用的形式及数量。因此,准确地确认营业收入金额,对于正确计算企业的经营成果、评价企业的经营业绩有着十分重要的意义。

我国《企业会计准则》规定,物流企业对外提供劳务收入应视如下两种情况分别确认:

①在同一会计年度内开始并完成的劳务,应当在完成劳务时确认收入。物流企业的运输收入、装卸收入、堆存收入、代理业务收入等多数能够在同一会计期间开始并完成。

②如果劳务的开始和完成分属不同的会计年度,在提供劳务交易的结果能够可靠估计

的情况下,应当在资产负债表日按完工百分比法确认相关的劳务收入。在提供劳务交易的结果不能可靠估计的情况下,应当在资产负债表日对收入分别以下两种情况确认和计量。

a. 如果已经发生的劳务成本预计能够得到补偿,应按已经发生的劳务成本金额确认收入,并按相同金额结转成本。

b. 如果已经发生的劳务成本预计不能全部得到补偿,应按能够得到补偿的劳务成本金额确认收入,并按已经发生的劳务成本作为当期费用。确认的收入金额小于已经发生的劳务成本的差额,作为损失。

如果已经发生的劳务成本预计全部不能得到补偿,应按已经发生的劳务成本作为当期费用,不确认收入。

物流企业让渡资产使用权而发生的收入包括利息收入和使用费收入。应当在同时满足以下条件时确认收入:与交易相关的经济利益能够流入企业;收入金额能够可靠地计量。

我国《企业会计准则》中还规定:企业应当合理确认营业收入的实现,并将已经实现的营业收入及时入账。企业应当在发出商品、提供劳务,同时收讫价款或取得索取价款的凭证时,确认营业收入。

物流企业营运业务的特点是通过向货物托运人开出货票等取得营运收入,货票是物流企业向货物托运人提供劳务和取得价款的凭证,也是货物托运人消费劳务和支付价款的依据。因此对物流企业而言,应该在开出货票(通常是同时收讫价款)时确认收入的实现。

(4) 营业收入的票证和结算。

票据的种类:营收票据主要指营运收入的票据。它是物流企业对外承运业务时,给货物托运单位的收款收据,也是企业内部结算和会计核算的原始记录,是企业营运收入核算的主要手段。各种营业收入票据一经签发,即可取得收回货币资金的权力。因此,企业的营收票据必须由财会部门负责,并建立和健全票据的管理制度,认真负责地做好票据使用、保管和核销工作,以加强票据的管理。物流企业的营业收入额,必须根据已确认营业收入的票据来确定。物流企业确认营业收入的票据一般有以下两类:

①货运票据。包括整车货票、零担货票、代理业务货票、营业专用收款收据等。

②其他票据。包括行李包裹票、行李装卸费收据、行李暂存费收据、临时收款收据等。

营运收入的结算:物流企业中运输收入的结算,包括企业所属单位营业收入的审核与汇总和企业之间运输收入的划拨与清算两个方面。由于物流企业经营的特点而形成了物流企业营业收入的核算不同于产品生产的工业部门。

 **知识链接**

1. 物流企业营业收入的审核与汇总

审核的内容包括以下几个方面:

(1) 月报内容是否完整,附件是否齐全,报送是否及时。

(2) 缴销的票据、票根与收入数是否相符,票据的请领、售出、结存数是否吻合等。

(3) 运杂费计算是否正确,有无错收、漏收。

(4) 应缴数与实收数是否相符。审核完毕,物流企业财会部门即可根据审核过的营业收入月报及有关附件汇总编制营业收入汇总表,作为企业财会部门进行营业收入核算的主要依据。

2. 物流企业之间货运收入的划拨与清算

物流企业的运输业务中部分是由代理企业承接的,这就形成了与代理企业间的款项结

算,代理货运收入一般可由双方协商采用以下方法进行划拨清算:

(1)汇兑结算。即由代理方按月汇总应付承运方的货运收入,月末以汇兑方式转付给对方,同时扣除双方协议规定的代理手续费。

(2)托收结算。即由承运方按月汇总货票结算联,月末向代理方办理托收,托收金额也应扣除双方协议规定的代理手续费。

8)物流业务收入核算中应注意的问题

关于营业税适用税目及税基问题;关于物流企业营业税税基的确定。

(1)关于营业税适用税目及税基问题。

①关于适用税目问题。

《国家税务总局关于试点物流企业有关税收政策问题的通知》(国税发〔2005〕208号,以下简称《通知》)规定,试点企业开展物流业务应按其收入性质分别核算。提供运输劳务取得的运输收入按"交通运输业"税目征收营业税并开具货物运输业发票。凡未按规定分别核算其营业税应税收入的,一律按"服务业"税目征收营业税。

试点企业将承揽的运输业务分给其他单位并由其统一收取价款的,应以该企业取得的全部收入减去付给其他运输企业的运费后的余额为营业额计算征收营业税。这条规定和《国家税务总局关于货物运输业若干税收问题的通知》(国税发〔2004〕88号)文件中的规定是一致的,要注意的是物流企业若提供运输劳务,必须单独核算此部分收入,并开具运输发票,才可按3%加纳营业税,否则,一律按服务业交纳5%的营业税。

②对于物流企业从事仓储业务适用税目问题本文件没涉及,但因为仓储业属于"服务业",所以物流企业提供仓储业务肯定按"服务业"纳税。

试点企业将承揽的仓储业务分给其他单位并由其统一收取价款的,应以该企业取得的全部收入减去付给其他仓储合作方的仓储费后的余额为营业额计算征收营业税。

(2)关于物流企业营业税税基的确定。

由于物流业是一个整合性的行业,要同时完成许多环节,当中包括总包和分包的问题。现在物流企业反映重复纳税较严重,问题就在于总包和分包上。比如,某个单位接了单子后,会把公共运输等不同的业务分包给不同的单位,或者是把一个较大的运输量分包给若干小单位。而物流企业在缴纳营业税时,每分包一次就得作为营业税的计税基数,这样就形成了"事实上的重复纳税",很不利于整合社会资源。而《通知》下发后,企业统一收取价款,再分包给别的单位的,只需减掉分包部分后的差额作为营业税的计税基数。这样就避免了物流企业的重复纳税问题。

试点企业将承揽的运输业务分给其他单位并由其统一收取价款的,应以该企业取得的全部收入减去付给其他运输企业的运费后的余额为营业额计算征收营业税。

本《通知》还明确试点企业提供仓储服务也可实行差额纳税。文件规定,试点企业将承揽的仓储业务分给其他单位并由其统一收取价款的,应以该企业取得的全部收入减去付给其他仓储合作方的仓储费后的余额为营业额计算征收营业税。

(3)物流企业收入核算中存在的主要问题。

①物流企业出于自身利益的考虑,按权责发生制原则正确划分、核算当期营业收入。此类问题主要表现为营业收入的入账时间被人为提前或推迟了。例如:一些物流企业为了调节当期应纳流转税税额,采取推迟确认营业收入的手法来调减当期应纳流转税税额的计税基数,从而达到控制当期应缴税款的目的;一些物流企业为了粉饰经营业绩,将应计入以后

会计期间的应税营业收入提前至当期入账,实现夸大营业收入、调增经营利润的目的。由于我国物流企业目前多以货物运输为主营项目,因此一些小型物流企业作为承运方在自身服务网络覆盖范围有限的情况下,往往与托运方就零担货物或整批货物签订一次性运输合同。由于此类货运服务很少跨会计年度,所以物流企业只能利用部分散客不需要货运发票的机会,在财务核算时少计经营收入、少计应缴税款。

②一些已具备一定经营规模的区域性物流企业已着眼于为其所在地及周边地区的大型超市、制造企业等提供长期物流服务,尤其是提供汽车货运服务,以此来稳固并扩大其市场份额。在此情况下,物流企业作为承运方通常与托运方依据彼此商定的服务期间及货物批量签订定期运输合同。由于此类合同中所约定的服务期限通常是跨会计年度的,因此这就要求在会计核算时应依照《企业会计制度》或《小企业会计制度》的规定正确划分劳务收入所属的会计期间,即在同一会计年度内开始并完成的劳务,应当在完成时确认收入;若劳务的开始和完成时间分属于不同的会计年度,在劳务交易的结果能够可靠估计的情况下,企业应当在资产负债表日按完工百分比法(完工进度或完成的工作量)确认相关的劳务收入。然而在实际工作中,有些物流企业利用会计制度与现行税法在收入界定方面的差异,如收入确认原则的差异、收入确认范围的差异、收入确认时间的差异、收入确认方式的差异、收入确认条件的差异等,控制收入确认。以收入确认条件的差异为例,会计制度规定,收入确认的基本条件包括经济利益流入的可能性和收入计量的可靠性;税法规定,应税收入确认的基本条件则是经济交易完成的法律要件是否具备,强调在发出商品、提供劳务的同时具备收讫价款或索取价款的凭据。针对此差异,有些物流企业在财务核算时仅以当期开具发票的金额确认当期实现的劳务收入。加之在签订定期运输合同时,交易双方对于货物承运日期、货物运到期限等合同条款一般只做框架式的笼统表述。因此,在履约过程中各批次货运服务的实际完成时间通常只有货运服务的各方当事人才知晓。另外,合同当事人并非按月进行款项结算,有时会依据已履约工作量的多少间隔数月才结算一次,这便导致货款结算和开具发票的时间滞后于货运服务的完成时间。于是,有些物流企业利用这种时间差的存在,不按权责发生制原则对那些已符合会计制度所规定的收入确认条件的劳务收入予以确认,只在已实现劳务收入具备了税法所规定的应税收入确认条件,尤其是具备了已开具索取价款的凭据这一条件时,才确认收入的实现。

**任务实施**

(1)请学生分组,教师给每组学生发一份物流企业相关资料,请学生对其资料进行分析,并对该企业设置营业收入账户,进行营业收入核算。

(2)完成案例核算报告。

## 任务4 物流企业税务申报及缴纳

**案例导入**

顺风物流公司是一个集仓储、运输为一体,纳入试点的大型物流企业并且为自开票纳税人,2007年该公司的总收入为4000万元,其中提供运输收入为1400万元,提供仓储和其他业务的收入为2600万元。

根据国家发改委等部门发布的《关于促进我国现代物流业发展的意见的通知》和国家税务总局《关于试点物流企业有关税收政策问题的通知》(国税发[2005]208号)的规定,对国家发改委和国家税务总局联合确认纳入试点名单的物流企业及所属企业开展物流业务应按其收入性质分别核算。提供运输劳务取得的运输收入按"交通运输业"税目征收营业税并开具货物运输业发票。凡未按规定分别核算其营业税应税收入的,一律按"服务业"税目征收营业税。因此,对于那些纳入试点的进行多种经营的物流企业来说,如果分别核算运输、整理、仓储、包装等业务可以将税率低的运输业务按照3%税率纳税;如果没有分别核算则统一按照5%税率缴纳营业税。

如果该企业没有分开核算各项业务,则应缴纳的营业税为 $4000 \times 5\% = 200$(万元),应缴纳的城市维护建设税及教育费附加为 $200 \times (7\% + 3\%) = 20$(万元)。如果该企业分别核算运输收入和其他收入,则应纳营业税为 $1400 \times 3\% + 2600 \times 5\% = 172$(万元),应缴纳的城市维护建设税及教育费附加为 $172 \times (7\% + 3\%) = 17.2$(万元)。比较可知,分开业务核算可以节省税款 $200 + 20 - 172 - 17.2 = 30.8$(万元)。此外,对于代开票纳税的物流企业来说,根据《国家税务总局关于货物运输业若干税收问题的通知》(国税发[2004]88号),代开票纳税人从事联运业务,其计征营业税的营业额为代开票注明的营业税应税收入,不得减除支付给其他联运合作方的各种费用,因此代开票纳税人在进行筹划时应注意将支付给其他联运企业的费用单独分开,由联运企业单独开具发票,而不要合并开具发票。

**引例分析**

物流企业作为营利性组织机构,为了实现利润最大化目标,往往在现实操作中就要做到合理避税,想要合理避税,首先就要对税收知识具有充分的了解,此任务会带着大家一起来认识有关物流企业税务申报及缴纳的知识!

**任务分析**

一、任务准备

(1)物流企业有关税务缴纳的相关案例若干。

(2)多媒体教室(含可供学生上网查资料的电脑、多媒体教学设备、课件和动画等教学资料)。

(3)国家税务总局有关物流企业纳税问题的通知文件。

二、任务目标

(1)能了解税收的定义、特征、分类、职能及作用,并理解税收对国民经济的意义。

(2)能了解税收制度的构成要素以及税务征管的一般程序。

(3)能了解物流企业税收负担以及有关物流企业税收政策中存在的问题。

(4)能根据物流企业应纳税种进行纳税筹划。

三、基础知识

**1. 税收的定义**

税收是国家为满足社会公共需要,凭借公共权力,按照法律所规定的标准和程序,参与国民收入分配,强制地、无偿地取得财政收入的一种方式。马克思指出:"赋税是政府机器的经济基础,而不是其他任何东西。""国家存在的经济体现就是捐税。"恩格斯指出:"为了维持这种公共权力,就需要公民缴纳费用——捐税。"19世纪美国大法官霍尔姆斯说:"税收是我们为文明社会付出的代价。"这些都说明了税收对于国家经济生活和社会文明的重要作用。

### 2. 税收的内涵

对税收的内涵可以从以下几个方面来理解:

(1)国家征税的目的是满足社会成员获得公共产品的需要。

(2)国家征税凭借的是公共权力(政治权力)。税收征收的主体只能是代表社会全体成员行使公共权力的政府,其他任何社会组织和个人是无权征税的。与公共权力相对应的必然是政府管理社会和为民众提供公共产品的义务。

(3)税收是国家筹集财政收入的主要方式。

(4)税收必须借助法律形式进行。

### 3. 税收的特征

税收作为政府筹集财政收入的一种规范形式,具有区别于其他财政收入形式的特点。税收特征可以概括为强制性、无偿性和固定性。

### 4. 税收的分类

我国目前的税种主要有增值税、消费税、营业税、关税、企业所得税、个人所得税、资源税等。除个人所得税外,企业根据自己的经营情况,向税务机关确认所缴纳的税种。税收的分类是按照一定的标准将具有相近或相似特点的税种归并为若干类别,这样有助于正确地认识和把握每种税的特点、作用,有助于建立科学、合理的复合税制。

(1)按课税对象分类:按此标准,税收可分为流转税、所得税、资源税、财产税、行为税。

(2)按税收的计税依据分类:可分为从价税和从量税。

(3)按税收和价格的关系分类:可分为价内税和价外税。

(4)按税收是否可转嫁分类:可分为直接税和间接税。

(5)按税收收入的归属分类:可分为中央税、地方税、中央地方共享税。

### 5. 税收的职能作用

税收职能是指税收所具有的内在功能,税收作用则是税收职能在一定条件下的具体体现。税收的职能作用主要表现在以下几个方面:

(1)税收是财政收入的主要来源。组织财政收入是税收的基本职能。税收具有强制性、无偿性、固定性的特点,筹集财政收入稳定可靠。税收的这种特点,使其成为世界各国政府组织财政收入的基本形式。目前,我国税收收入占国家财政收入的90%以上。

(2)税收是调控经济运行的重要手段。经济决定税收,税收反作用于经济。这既反映了经济是税收的来源,也体现了税收对经济的调控作用。税收作为经济杠杆,通过增税与减免税等手段来影响社会成员的经济利益,引导企业、个人的经济行为,对资源配置和社会经济发展产生影响,从而达到调控经济运行的目的。政府运用税收手段,既可以调节宏观经济总量,也可以调节经济结构。

(3)税收是调节收入分配的重要工具。从总体来说,税收作为国家参与国民收入分配最主要、最规范的形式,能够规范政府、企业和个人之间的分配关系。不同的税种,在分配领域发挥着不同的作用。如个人所得税实行超额累进税率,具有高收入者适用高税率、低收入者适用低税率或不征税的特点,有助于调节个人收入分配,促进社会公平。消费税对特定的消费品征税,能达到调节收入分配和引导消费的目的。

(4)税收还具有监督经济活动的作用。税收涉及社会生产、流通、分配、消费各个领域,能够综合反映国家经济运行的质量和效率。既可以通过税收收入的增减及税源的变化,及时掌握宏观经济的发展变化趋势,也可以在税收征管活动中了解微观经济状况,发现并纠正纳税人在生产经营及财务管理中存在的问题,从而促进国民经济持续健康发展。

(5)税收可以维护国家经济权益,促进对外经济交往。在国际经济交往中,充分运用国家的税收管辖权,在平等、互利的基础上,适应国际经济组织所规定的基本规则,利用国际税收协定等规范性手段,加强同各国、各地区的经济交流与合作,不断扩大和发展引进外资、技术的规模、形式和渠道,建立和完善涉外税收制度,在维护国家权益的同时发展国家之间的经济技术合作关系。

此外,税收管辖权是国家主权的组成部分,是国家权益的重要体现,所以在对外交往中,税收还具有维护国家权益的重要作用。

**6. 税收制度构成要素**

税收制度构成要素也称税法构成要素,是指组成税收制度的共同要素。一般包括纳税人、征税对象、税率、纳税环节、纳税期限、纳税地点和减免税等。其中,纳税人、征税对象和税率是构成税收制度的三个基本要素。

知识链接

(1)纳税人:指税法规定的直接负有纳税义务的单位和个人,也称"纳税主体"。

(2)征税对象:又称"课税对象"、"征税客体",规定了对什么征税,是区别一种税与另一种税的重要标志,决定了各个不同税种的名称。

(3)税目:是征税对象的具体化。反映具体的征税范围,代表了征税的广度,是对征税对象质的界定。

(4)税率:是应纳税额与征税对象数量(计税依据)之间的比率,是计算应纳税额的尺度,代表征税的深度,同时也是衡量税收负担的重要标志。现行税率主要有以下三种:

①比例税率:是对同一征税对象,不分税额大小采用相同的征收比例。增值税、营业税、企业所得税等都是采用比例税率。

②定额税率:是对征税对象的计算单位直接规定一个固定的税额,它不随征税对象数量变化而变化。资源税、车船税等均采用定额税率。

③累进税率:是将征税对象数量划分为若干个等级,从低到高规定相应的税率。数额越大税率越高。

(5)纳税期限:是按照税法规定发生纳税义务后缴纳税款的时间限定。

(6)纳税环节:是指税法规定的在流转过程中的征税对象缴纳税款的环节。

(7)纳税地点:是按照税法规定向税务机关申报纳税的具体地点。

(8)税收减免:是按照税法规定对某些纳税人给予的鼓励或照顾措施。

(9)违法处理:是对纳税人违反税法行为采取的惩罚措施。具体措施有加收滞纳金、罚款、强制执行等。

**7. 税收征管一般程序**

税收征管的一般程序包括税务登记、账簿和凭证管理、发票管理、纳税申报、税款征收、税务检查等环节。《中华人民共和国税收征管法》对税务机关和纳税人在各环节的权利、义务进行了规范,并明确了不履行义务的行政或法律责任。

1）税务登记

税务登记是纳税人在开业、歇业前以及生产经营期间发生变动时，就其生产经营的有关情况向所在地税务机关办理书面登记的一种制度。税务登记是税收征管的首要环节，具有应税收入、应税财产或应税行为的各类纳税人，都应依法办理税务登记。

税务登记办理要求及适用范围如下：

（1）开业登记。从事生产经营的纳税人，在领取营业执照之后的30d内，持相关证件和资料，向税务机关申报办理税务登记。税务机关自收到申请之日起，在30d内审核并发给税务登记证件。

（2）变更登记。纳税人税务登记内容发生变化的，在工商行政管理机关办理变更登记后的30d内，持有关证件向税务机关申报办理变更税务登记。

（3）停复业登记。采用定期定额征收方式的纳税人在营业执照核准的经营期限内需要停业或复业的，向税务机关提出申请，经税务机关审核后进行停业或复业税务登记。纳税人在停业期间发生纳税义务的，应当按照税收法律、行政法规的规定申报缴纳税款。停业期满不能及时恢复生产经营的，应提前向税务机关提出延长停业登记申请，否则税务机关视为已复业并进行征税和管理。

（4）注销登记。纳税人发生解散、破产、撤销以及其他情形，需要依法终止纳税义务的，纳税人应当在向工商行政管理机关申请办理注销之前，向税务机关申报办理注销登记。纳税人需要向税务机关提交相关证件和资料，结清应纳税款、多退（免）税款、滞纳金和罚款，缴销发票、税务登记证和其他税务证件，经税务机关核准后，办理注销税务登记手续。

（5）报验登记。从事生产、经营的纳税人到外县（市）临时从事生产、经营活动时，应当向营业地税务机关申请报验登记。

税务登记证管理制度如下：

①定期换证制度。税务机关实行税务登记证定期换证制度，一般三年一次。

②年检制度。税务机关实行税务登记证年检制度，一般一年一次。

③国、地税局联合办理税务登记制度。税务机关积极推行国税局、地税局联合办理税务登记制度，方便纳税人，加强管户配合。

④部门配合制度。为推进社会综合治税，《中华人民共和国税收征管法》规定工商行政管理机关应当将办理登记注册、核发营业执照情况，定期向税务部门通报；银行或其他金融机构应在从事生产、经营的纳税人的账户中登录税务登记证件号码，并为税务部门依法查询纳税人开户情况予以协助。

⑤遗证补办制度。纳税人、扣缴义务人遗失税务登记证件的，应在规定期限内按程序向主管税务机关申请补办税务登记证件。

违法处理：纳税人未按规定办理、使用登记证；纳税人的开户银行和其他金融机构未按《中华人民共和国税收征管法》的规定在从事生产、经营的纳税人账户中登录税务登记证号码，或者未按规定在税务登记证中登录纳税人账号的，由税务机关责令限期改正，并视情节相应给予罚款等行政处罚。

2）账簿和凭证管理

账簿是纳税人、扣缴义务人连续记录其各种经济业务的账册和簿籍。凭证是纳税人用来记录其各种经济业务，明确经济责任，并据以登记账簿的书面证明。税务部门按照税收法律、行政法规和财务会计制度规定，对纳税人的会计账簿、凭证等实行管理和监督，是税收征管的重要环节。

纳税人财务、会计制度备案制度:从事生产经营的纳税人应当自领取营业执照之日起15d内,将其财务、会计制度或者财务、会计处理办法和会计核算软件,报送主管税务机关备案。采用计算机记账的,其记账软件和使用说明及有关资料在使用前也应当报送税务机关备案。

企业财务会计制度与税收规定不一致的处理办法:纳税人执行的财务、会计制度或办法与税收规定抵触的,依照有关税收规定计算纳税。

账簿设置要求:纳税人应按要求设置总账、明细账、日记账(特别是现金日记账和银行存款日记账)以及与履行纳税义务有关的其他辅助账簿。

记账凭证使用要求:记账凭证应合法、有效。合法,是指要按照法律、行政法规的规定取得填制凭证,不得使用非法凭证;有效,是要求取得和填制的凭证内容真实,要素齐全。

账簿及凭证保管要求:纳税人应按《会计档案管理办法》规定保存账簿、记账凭证、完税凭证及其他有关资料,不得伪造、变造或者擅自损毁。

税控装置使用要求:税务部门根据税收征收管理的需要,积极推广税控装置。纳税人应当按照规定安装、使用税控装置,不得损毁或擅自改动税控装置。

违法处理:纳税人未按规定设置、保管账簿或未按规定者保管记账凭证和有关资料,未按规定将财务、会计制度或办法、会计核算软件报送税务机关备查,未按规定安装使用税控装置,非法印制完税凭证的,由税务机关责令限期改正,并视情节相应给予罚款等行政处罚。

3) 发票管理

发票是生产、经营单位和个人在购销商品、提供和接受服务以及从事其他经营活动中,开具、收取的收付款凭证。按照发票使用范围,分为增值税专用发票和普通发票两大类。税务机关是发票主管机关,负责发票印制、领购、开具、取得、保管、缴销的管理和监督。

发票印制:发票一般由税务机关统一设计式样,设专人负责印制和管理,并套印全国统一发票监制章。其中,增值税专用发票由国家税务总局确定的企业印制;普遍发票,分别由各省、自治区、直辖市国家税务局、地方税务局确定的企业印制。未经上述税务机关指定,任何单位和个人不得擅自印制发票。

发票领购应注意以下几项:

(1)依法办理税务登记的单位和个人,在领取税务登记证件后,可提交有关材料,向主管税务机关办理领购发票。

(2)纳税人可以根据自己的需要,履行必要的手续后,办理领购普通发票。办理领购增值税专用发票的单位和个人必须是增值税一般纳税人。但增值税一般纳税人会计核算不健全,不能向税务机关准确提供增值税销项税额、进项税额、应纳税额及其他有关增值税税务资料。销售货物全部属于免税项目的、有税收征管法规定的税收违法行为、拒不接受税务机关处理的,或者有下列行为之一,经税务机关责令限期改正而仍未改正的,不得领购增值税专用发票:虚开增值税专用发票;私自印制专用发票;向税务机关以外的单位和个人买取专用发票;借用他人专用发票;未按规定开具专用发票;未按规定保管专用发票和专用设备;未按规定申请办理防伪税控系统变更发行;未按规定接受税务机关检查。

(3)临时到本省、自治区、直辖市以外从事经营活动的单位或者个人,还应当凭所在地税务机关开具的外出经营证明,并按规定提供保证人或者交纳不超过1万元的保证金后,向经营地主管税务机关申请领购经营地发票,并限期缴销。

(4)税务部门对纳税人领购发票实行交旧领新、验旧领新、批量供应的方式。

发票开具:销货方应按规定填开发票;购买方应按规定索取发票;纳税人进行电子商务必须开具或取得发票;发票要全联一次填写,严禁开具"大头小尾"发票;发票不得跨省、直辖市、自治区使用,开具发票要加盖发票专用章;开具发票后,如发生销货退回需要开红字发票的,必须收回原发票并注明"作废"字样或取得对方有效证明;发生销货折让的,在收回原发票并注明"作废"后,重新开具发票。

增值税一般纳税人销售货物和应税劳务,除另有规定外,必须向购买方开具增值税专用发票。按照2010年12月国务院修订通过的《中华人民共和国发票管理办法》,国家推广使用网络发票管理系统开具发票,具体管理办法由国务院税务主管部门制定。

取得发票的管理:单位和个人在购买商品、接受经营服务或从事其他经营活动支付款项时,要按规定索取合法发票。对不符合规定的发票,包括发票本身不符合规定(白条或伪造的假发票、作废的发票等)、发票开具不符合规定、发票来源不符合规定等,任何单位和个人有权拒收。

发票的保管和缴销:税务机关内部或者用票单位和个人必须建立严格的发票专人保管制度、专库保管制度、专账登记制度、保管交接、定期盘点制度,保证发票安全。用票单位和个人应按规定向税务机关上缴已经使用或未使用的发票,税务机关应按规定统一将已经使用或者未使用的发票进行销毁。

违法处理:违反发票管理规定,未按规定印制发票或者生产防伪专用品,未按规定领购、开具、取得、保管发票,非法携带、邮寄、运输或者存放空白发票,私自印制、伪造变造、倒买倒卖发票等行为,税务机关可以查封、扣押或者销毁,没收非法所得和作案工具,并处以相应罚款等行政处罚,情节严重构成犯罪的,移送司法机关处理。

4)纳税申报

纳税申报是纳税人按照税法规定的期限和内容,向税务机关提交有关纳税事项书面报告的法律行为,是纳税人履行纳税义务、承担法律责任的主要依据,是税务机关税收管理信息的主要来源和税务管理的一项重要制度。

申报对象:纳税人或者扣缴义务人无论本期有无应缴纳或者解缴的税款,都必须按税法规定的申报期限、申报内容,如实向主管税务机关办理纳税申报。

申报内容:纳税申报的内容主要体现在纳税申报表或代扣代缴、代收代缴税款报告表中,主要项目包括税种、税目,应纳税项目或者应代扣代缴、代收代缴税款项目,计税依据,扣除项目及标准,适用税率或者单位税额,应退税项目及税额、应减免税项目及税额,应纳税额或者应代扣代缴、代收代缴税额,税款所属期限、延期缴纳税款、欠税、滞纳金等。纳税人办理纳税申报时,除如实填写纳税申报表外,还要根据情况报送有关证件、资料。

申报期限:纳税人、扣缴义务人要依照法律、行政法规或者税务机关依法确定的申报期限如实办理纳税申报,报送纳税申报表、财务会计报表或者代扣代缴、代收代缴税款报告表以及税务机关要求报送的其他纳税资料。

申报方式有以下几种:

(1)直接申报(上门申报)。是纳税人和扣缴义务人自行到税务机关办理纳税申报或者报送代扣代缴、代收代缴报告表的申报方式。

(2)邮寄申报。经税务机关批准的纳税人、扣缴义务人使用统一规定的纳税申报特快专递专用信封,通过邮政部门办理邮寄手续,并向邮政部门索取收据作为申报凭据的方式。邮寄申报以寄出的邮戳日期为实际申报日期。

(3)电子申报。经税务机关批准的纳税人,通过电话语音、电子数据交换和网络传输等方式办理纳税申报的一种方式。纳税人采用电子方式办理纳税申报的,要按照税务机关规定的期限和要求保存有关资料,并定期书面报送主管税务机关。

(4)银行网点申报。税务机关委托银行代收代缴税款,纳税人在法定的申报期限内到银行网点进行申报。

(5)简易申报。指实行定期定额征收方式的纳税人,经税务机关批准,通过以缴纳税款凭证代替申报。

(6)其他方式。纳税人、扣缴义务人根据税法规定,委托中介机构税务代理人员代为办理纳税申报或简并征期的一种申报方式。

延期申报:纳税人、扣缴义务人不能按期办理纳税申报或者报送代扣代缴、代收代缴税款报告表的,经税务机关核准,可以延期申报,但要在纳税期内按照上期实际缴纳的税额或者税务机关核定的税额预缴税款,并在核准的延期内办理税款结算。

违法处理:纳税人、扣缴义务人不按规定期限办理纳税申报的,税务机关可责令限期改正,并视情节给予相应罚款。

5)税款征收

税款征收是税务机关依据国家税收法律、行政法规确定的标准和范围,通过法定程序将纳税人应纳税款组织征收入库的一系列活动。税款征收是税收征管活动的中心环节,也是纳税人履行纳税义务的体现。

(1)税款征收的主要方式和适用对象。

①查账征收。税务机关根据纳税人会计账簿等财务核算资料,依照税法规定计算征收税款的方式。适用于财务制度健全、核算严格规范、纳税意识较强的纳税人。

②核定征收。税务机关根据纳税人从业人数、生产设备、耗用原材料、经营成本、平均利润率等因素,查定核实其应纳税所得额,据以征收税款的方式。一般适用于经营规模较小、实行简易记账或会计核算不健全的纳税人。

③定期定额征收。税务机关根据纳税人自报和一定的审核评议程序,核定其一定时期应税收入和应纳税额,并按月或季度征收税款的方式。一般适用于生产经营规模小、不能准确计算营业额和所得额的小规模纳税人或个体工商户。

④代收、代扣代缴。税务机关按照税法规定,对负有代收代缴、代扣代缴税款义务的单位和个人,在其向纳税人收取或支付交易款项的同时,依法从交易款项中扣收纳税人应纳税款并按规定期限和缴库办法申报解缴的税款征收方式。适用于有代收代缴、代扣代缴税款义务的单位和个人。

⑤委托代征。税务机关依法委托有关单位和个人,代其向纳税人征收税款的方式。主要适用于零星、分散、流动性大的税款征收,如集贸市场征收、车船税等。

⑥查验征收。税务机关对纳税人应税商品通过查验数量,按照市场同类产品平均价格,计算其收入并据以征收税款的方式。一般适用于在市场、车站、码头等场外临时经营的零星、流动性税源。

(2)纳税期限与延期缴纳。

①纳税人、扣缴义务人必须依法按照规定的期限,缴纳或者解缴税款。未按照规定期限缴纳或解缴税款的,税务机关除责令限期缴纳外,从滞纳税款之日起,按日加收滞纳税款万

分之五的滞纳金。

②对纳税人因不可抗力,导致发生较大损失、正常生产经营活动受到较大影响,或当期货币资金在扣除应付职工工资、社会保险费后,不足以缴纳税款的,经省、自治区、直辖市国家税务局、地方税务局批准,可以延期缴纳税款,但最长不能超过3个月。经批准延期缴纳的税款不加收滞纳金。

(3)税款减免。税款减免是税务机关依据税收法律、行政法规和国家有关税收的规定,给予纳税人的减税或免税。按法律、法规规定或者经法定的审批机关批准减税、免税的纳税人,要持有关文件到主管税务机关办理减税、免税手续。减税、免税期满,应当自期满之日次日起恢复纳税。

享受减税、免税优惠的纳税人,如果减税、免税条件发生变化的,要自发生变化之日起15d内向税务机关报告;不再符合减税、免税条件的,要依法履行纳税义务,否则税务机关予以追缴。

(4)税款退还和追征。对计算错误、税率适用不当等原因造成纳税人超过应纳税额多缴的税款,税务机关应及时退还。纳税人超过应纳税额缴纳的税款,税务机关发现后立即退还;纳税人自结算缴纳税款之日起3年内发现的,可以向税务机关要求退还多缴的税款并加算银行同期存款利息,税务机关及时查实后要立即退还。

同时,对因税务机关的责任,致使纳税人、扣缴义务人未缴或者少缴税款的,税务机关在3年内可以要求纳税人、扣缴义务人补缴税款,不得加收滞纳金;因纳税人、扣缴义务人计算错误等失误,未缴或者少缴税款的,税务机关在3年内可以追征税款、滞纳金,有特殊情况的,追征期可以延长到5年;对偷税、抗税、骗税的,税务机关追征其未缴或者少缴的税款、滞纳金或者所骗取的税款,不受上述规定期限的限制。

(5)税收保全和强制执行。税收保全措施是税务机关为了保证税款能够及时足额入库,对有逃避纳税义务的纳税人的财产的使用权和处分权予以限制的一种行政保全措施,是保证税收征管活动正常进行的一种强制手段。主要包括书面通知纳税人开户银行或者其他金融机构冻结纳税人的相当于应纳税款的存款,以及扣押、查封纳税人的价值相当于应纳税款的商品、货物或者其他财产两方面内容。

税收强制执行是税务机关依照法定的程序和权限,强迫纳税人、扣缴义务人、纳税担保人和其他当事人缴纳拖欠的税款和罚款的一种强制措施,主要包括两方面内容,即:书面通知纳税人的开户银行或者其他金融机构从其存款中扣缴税款;扣押、查封、依法拍卖或者变卖其相当于应纳税款的商品、货物或者其他财产。

税务机关采取税收保全、强制执行措施必须符合法定的条件和程序,如违法采用,将承担相应的行政赔偿责任。同时,一旦税收得到实现,相应的税收保全、强制执行措施应立即解除。

违法处理:纳税人偷税、骗税、欠税、逃避追缴欠税,纳税人、扣缴义务人不缴或者少缴税款、编造虚假计税依据,有关单位和个人因违法行为导致他人未缴少缴或者骗取税款等行为,妨害税款征收的,由税务机关责令限期改正,相应给予罚款等行政处罚,情节严重构成犯罪的,追究相应的刑事责任。

6)税务检查

税务检查是税务机关依照国家有关税收法律、法规、规章和财务会计制度的规定,对纳税人、代扣代缴义务人履行纳税义务、扣缴义务情况进行审查监督的一种行政检查。税务检查是确保国家财政收入和税收法律、行政法规、规章贯彻落实的重要手段,是国家经济监督体系中不可缺少的组成部分。

(1) 税务机关在税务检查中的权力:为保证税务机关能通过检查全面真实地掌握纳税人和扣缴义务人生产、经营及财务情况,税收征管法明确规定了税务机关在税务检查中的权力,包括查账权、场地检查权、责成提供资料权、调查取证权、查证权、检查存款账户权,并对各项权力的行使规定了明确的条件和程序。

(2) 税务检查形式:按实施主体分类,税务检查可分为税务稽查和征管部门的日常检查。税务稽查是由税务稽查部门依法组织实施的,对纳税人、扣缴义务人履行纳税义务、扣缴义务的情况进行的全面的、综合的专业检查,主要是对涉及偷税、抗税和骗税的大案要案的检查。征收管理部门的检查是征管机构在履行职责时对征管中的某一环节出现的问题或者防止在征管某一环节出现问题而进行的税务检查。

### 8. 物流企业的税收支出环节

我国物流企业的税收支出主要在三个环节:一是提供服务环节,涉及增值税、营业税、城市维护建设税、教育费附加和印花税;二是收益实现环节,涉及企业所得税和个人所得税;三是服务设施的持有和使用环节,涉及车辆购置税、房产税、城镇土地使用税、车船税、耕地占用税、土地增值税和契税。

### 9. 物流企业税务筹划

物流企业税务筹划主要为以下几点:

(1) 申请货物运输业自开票纳税人。物流企业申请为自开票纳税人后,其从事联营运输业务取得的收入可以按差价征税。《国家税务总局关于货物运输业若干税收问题的通知》(国税发〔2004〕88号)规定,利用自备车辆提供运输劳务的同时提供其他劳务(如对运输货物进行挑选、整理、包装、仓储、装卸搬运等劳务)的单位(以下简称物流劳务单位),凡符合规定的自开票纳税人条件的,可以认定为自开票纳税人。

自开票纳税人营业税计税依据:《货物运输业营业税征收管理试行办法》(国税发〔2003〕121号)第十四条规定:对自开票纳税人的联运业务,以其向货主收取的运费及其他价外收费减去付给其他联运合作方运费后的余额为营业额计算征收营业税。联运必须同时符合以下条件:自开票纳税人必须参与该项货物运输业务;联运合作方向自开票纳税人开具货物运输业发票;自开票纳税人必须将其接受的货物运输业发票作为原始计账凭证,妥善保管,以备税务机关检查。《国家税务总局关于试点物流企业有关税收政策问题的通知》(国税发〔2005〕208号)也规定,试点企业将承揽的运输业务分给其他单位并由其统一收取价款的,应以该企业取得的全部收入减去付给其他运输企业的运费后的余额为营业额计算征收营业税。

(2) 分开核算不同应税业务,按照不同税率缴纳营业税。物流企业分开核算不同应税业务时,可以将税率低的运输业按照3%税率纳税;如果没有分开核算运输、仓储或其他业务,则统一按照5%的税率缴纳营业税。《国家税务总局关于货物运输业若干税收问题的通知》(国税发〔2004〕88号)规定:自开票的物流劳务单位开展物流业务应按其收入性质分别核算,提供运输劳务取得的运输收入按"交通运输业"税目征收营业税并开具货物运输业发票;提供其他劳务取得的收入按"服务业"税目征收营业税并开具服务业发票。凡未按规定分别核算其应税收入的,一律按"服务业"税目征收营业税。《国家税务总局关于试点物流企业有关税收政策问题的通知》(国税发〔2005〕208号)要求物流企业将收入分为交通运输业务和仓储业务核算,然后分别按差额进行征税处理,即:提供运输劳务取得的运输收入按"交通运输业"税目征收营业税并开具货物运输业发票,凡未按规定分别核算其营业税应税收入的,一律按"服务业"税目征收营业税;试点企业将承揽的仓储业务分给其他单位并由其统一收取价款的,应以该企业取得的全部收入减去付给其他仓储合作方的仓储费后的余额为营业额计算征收营业税。因此,对于一项业务既涉及运输业收入又涉及其他营业税应税劳务收入的,应分别开具发票结算,以免全部收入从高适用税率。

(3)合理确定运输业务收入和仓储等其他应税业务收入金额。物流企业结算的收入如果分开核算,分别取得收入的话,就不应统一开具发票收取价款。如果不能分开结算收入,运输业务收入就不能享受差价征税和低税率征税的规定。这对一项业务既含有运输业务又含有仓储业务和其他服务业务的企业来说,其经营活动会受到一定的影响。物流企业和接受物流企业劳务的纳税人仍可以筹划,如物流企业有既提供运输业务又提供仓储业务的一项劳务,就可以在合理的范围内,扩大运输业务收入,减小仓储业务收入,这样不仅使转换运输的仓储收入减少了2%的税率,也增加了接受发票单位的运费增值税进项抵扣数额。

(4)争取成为试点企业,尽快享受新政策规定的待遇:《国家税务总局关于试点物流企业有关税收政策问题的通知》(国税发[2005]208号)只规定了37户试点物流企业可以执行这一政策,说明其他物流企业暂时还是不能按新政策执行。虽然如此,但是文件提出,各地方税务机关可以根据本地区物流行业发展的实际情况,选取具有一定经营规模、管理集约化并依法纳税的现代物流企业,向国家税务总局推荐参与试点。被推荐的企业经国家发改委、国家税务总局联合确认后,纳入试点物流企业名单。其他物流企业纳入试点后,便可以按照新税收政策规定执行。

物流企业在开展纳税筹划的过程中,应当随时遵循国家法律法规,随时关注和学习税法,解读税法,更好地利用其优惠政策,规避风险;充分考虑企业进行筹划的成本与筹划方案的可实施性;筹划应站在整体角度和长远战略的方面来筹划,不能因为眼前可以减少纳税而影响企业未来的发展,对于纳税我们应以合理的方法来筹划。

(1)增值税的筹划。物流企业在购进商品和出售商品时需要缴纳增值税。对于物流企业而言,其购销业务开展的过程可以作为小规模纳税人进行处理,按3%的比例提取增值税,同时也能够作为一般纳税人处理,适用低税率为13%,高税率则为17%。

(2)营业税的筹划。物流企业在对客户提供劳务或服务的过程中,也会产生营业税的缴纳。其中,企业承担货品的运输、配送、装载与卸运等业务或服务得到的收益,根据营业税税收的相关规定,按照交通运输业适用税率3%来处理;企业按委托完成货物运输、仓储、包装、物流加工、租赁等服务得到的收入,根据营业税缴纳的相关规定,按照服务业适用税率5%来处理。2008年11月5日修订的《营业税暂行条例》第3条有如下说明:纳税人兼有不同税目应当缴纳营业税的劳务、转让无形资产或者销售不动产,应分别对不同税目展开分别核算;未分别核算营业额的,从高适用税率。这就使得企业存在从高计算营业税并且多支付营业税的状况,针对这一情况,物流企业应税业务应分开处理,按照各自规定的不同的税率来计算营业税,以避免从高适用税率来纳税的风险。这就要求物流企业必须将适用3%税率的业务与适用5%税率的业务分开核算,否则就会承担统一按照5%的税率缴纳营业税的风险,同样这也会增加城市维护建设税和教育费附加的计税基数。大多数物流企业都拥有自己的运输车辆并用其来提供运输劳务,但是还有一部分的联合运输业务,如果可以从全部的营业额中减去这些支出,就可以降低整体的营业额,从而降低营业税的计税基础,减少营业税的缴纳。《国家税务总局关于试点物流企业有关税收政策问题的通知》(国税发[2005]208

号)规定:试点物流企业将其承揽的运输业务分给其他单位并由其统一收取价款的,应以该企业取得的全部收入减去付给其他运输企业的运费后的余额为营业额计算征收营业税。由此可见,物流企业必须积极申请成为试点物流企业,以便享有这一优惠政策,降低营业税的计税基础,减少一些不必要的纳税。

 **案例链接**

A物流公司9月份营业收入2000万,其中运输业务收入1000万(外包给D物流公司600万),装卸收入200万,仓储业务收入800万(外包给F物流公司400万),A公司应纳营业税方案如下:

方案一:分别核算,A公司应纳营业税=(1000+200)×3%+800×5%=76万。

方案二:如A公司未分别核算,A公司应纳营业税=2000×5%=100万。

方案三:如果A公司是纳入试点的物流公司自开票单住且分别核算,A公司应纳营业税=(1000-600)×3%+200×3%+(800-400)×5%=38万。

评价:相比较而言,方案三为最优,既能避免从高适用税率,又能充分享受到国家对物流企业的支持政策。

2011年,《营业税改征增值税试点方案》(财税[2011]110号)被国家批准推出,目前试点地区试点范围包括交通运输业、部分现代服务业等生产性服务业,后期将逐步推广至其他行业。待条件成熟时,可选择部分行业在全国范围内进行全行业试点。这一法案目前还只是在经济辐射效应明显、改革示范作用较强的地区实施,待这一法案正式实施开展对于物流行业无疑是一项更好的优惠,并能增加其筹划的宽度。

(3)企业所得税的筹划。《国家税务总局关于物流企业缴纳企业所得税问题的通知》(国税函[2006]270号)规定:物流企业在同一省、自治区、直辖市范围内设立的跨区域机构(包括场所、网点),凡在总部统一领导下统一经营、统一核算,不设银行结算账户、不编制财务报表和账簿,并与总部微机联网、实行统一规范管理的企业,其企业所得税由总部统一缴纳,跨区域机构不就地缴纳企业所得税。所有不满足以上所述条件之一的跨区域机构(包括场所、网点),不能被列入统一核算范围,应当根据自己所处地区的情况,分别核算缴纳企业所得税。这条规定就给予了物流集团很大的筹划空间。物流集团可以考虑将其子公司转变成为分公司,使其分公司作为一个在总部统一领导下统一经营、统一核算,不设银行结算账户、不编制财务报表和账簿,并与总部微机联网、实行统一规范管理的一个分支,通过分支机构间的相互弥补盈亏从而降低企业集团的应纳税所得额,实行由总部来统一缴纳企业所得税。在税法中多多少少还存在一定量的缺陷性条款,也就是税法漏洞,主要是由于税法在文字上面的忽略、税收在征管活动中存在的漏洞所致,这就使得纳税人可以在一定的条件下主动地界定自己的纳税行为,以达到规避纳税的目的。对于纳税人而言,要利用好此方法,充分利用漏洞来争取些不违法的利益。目前就中国的物流行业来看,其发展还不算完善,具有复杂多样的特点。中国目前还没有统一的税收法规是专门针对物流行业,由于没有对物流业单独设立税种,而是散见于增值税、营业税、企业所得税等税种的具体规定、征收管理之中,由于这些税种间存在着一些不能相互协调的地方,使得利用缺陷性条款来进行纳税筹划更加具有实施的可能性。在现阶段的市场经济状况之下,物流企业灵活选择会计政策的空间依旧是比较理想的,应当根据结合自己的实际情况,利用会计政策中的可以选择进行好筹划,权衡好政策选择的利弊,使得企业税负减轻的同时也获得利益最大化。

(4)物流企业房产税筹划。

仓储业务是物流企业的主要业务之一,涉及的税种主要有营业税、房产税。物流企业自有仓库从事仓储业务交纳房产税时,其计税依据为房产余值,税率为1.2%,将自有仓库出租的房产税计税依据为租金收入,税率为12%。根据房产余值的不同,可以对此进行筹划。

### 案例链接

A 公司仓库原值为 1000 万,扣除比例为 20%,采取不同经营方式应纳营业税、房产税及公司利润(忽略城建税与教育费附加)如下:

方案一:出租给 M 公司,年租金 120 万,M 公司聘用 2 名仓管员每年支付工资 5 万/人,A 公司应纳营业税 = 120 × 5% = 6(万),应纳房产税 = 120 × 12% = 14.4(万),支出合计 = 6 + 14.4 = 20.4(万),A 公司利润 = 120 - 20.4 = 99.6(万)。

方案二:为 M 公司提供仓储业务,获得收入 130 万/年(与①相比,M 公司的支出总额不变),A 公司支付仓管员工资 = 5 × 2 = 10(万),A 公司应纳营业税 = 130 × 5% = 6.5(万),应纳房产税 = 1000 × (1 - 0.2) × 1.2% = 9.6(万),支出合计 = 10 + 6.5 + 9.6 = 26.1(万),A 公司利润 = 130 - 26.1 = 103.9(万)。

如果 A 公司的仓库原值为 2000 万,则

方案一:A 公司利润 = 99.6 万。

方案二:A 公司收入 130 万,支出包括:A 公司支付仓管员工资 = 5 × 2 = 10 万,A 公司应纳营业税 = 6.5 万,应纳房产税 = 2000 × (1 - 0.2) × 1.2% = 19.2(万),支出合计 = 10 + 6.5 + 19.2 = 35.7(万),A 公司利润 = 130 - 35.7 = 94.3(万)。

评价:当仓库原值为 1000 万时,采取第二种方式比较好;而当仓库原值为 2000 万时,采取第一种经营方式比较好,即房产原值较大时采用出租方式,原值较小时采用自营方式。

巧立合同少交税:印花税是个小税种,税率比较低,但是在订立合同的时候如果多个心眼,同样可以尝到甜头。以下为物流企业印花税筹划的两种简单思路:

思路一,根据规定,运输费的印花税税率为千分之五,仓储费的印花税适用税率为千分之一,装卸费不纳印花税。为了避免从高适用税率,在签订合同的时候,注意将运输费、仓储费、装卸费的相应金额分别记载。

思路二,大企业的物流业务往往外包给专业物流公司来做,专业物流公司在一定时期内为其提供物流服务,这时候的合同金额往往不明确,按规定,合同在签订时无法确定计税金额的,先按 5 元贴花,结算时再以实际金额计算补税。通过签订金额模糊的合同,可以推迟纳税义务的发生时间,获得货币的时间价值。

### 案例链接

A 物流公司与 M 公司签订服务外包合同,金额共 2000 万,其中运输费 1000 万,仓储保管费 800 万,装卸费 200 万。

方案一:如合同分别记载金额,则 A 公司应纳印花税 = (1000 × 0.5‰ + 800 × 1‰) × 10000 = 13000(元)。

方案二:如合同未分别记载,则 A 公司应纳印花税 = (1000 + 800 + 200) × 1‰ × 10000 = 20000(元)。

方案三:如合同记载金额不明,则 A 公司应纳印花税 = 5(元),待实际结算时按结算金

额补交税款。

评价：当合同金额不明确时，可以延缓印花税缴纳时间；金额明确的合同，应该分别记载各项金额，以避免被从高适用税率，造成多缴税款。

为了解决物流企业税收政策方面存在的突出问题，国家有关部门相继采取了一系列政策措施。2003年，全国政协组织了对物流业的专项调研，在写给国务院的报告中，就反映了有关税收的问题。这个报告在2003年12月得到总理和几位副总理的批示。2004年8月，国家发改委等九部门据此出台了《印发关于促进我国现代物流业发展的意见的通知》（发改运行［2004］1617号），其中特别强调完善物流企业税收管理，明确指出以下两点：

①合理确定物流企业营业税计征基数。物流企业将承揽的运输、仓储等业务分包给其他单位并由其统一收取价款的，应以该企业取得的全部收入减去其他项目支出后的余额，为营业税的计税的基数。具体办法由国家税务总局制定。

②允许符合条件的物流企业统一缴纳所得税。物流企业在省、自治区、直辖市范围内设立的跨区域分支机构，凡在总部领导下统一经营、统一核算，不设银行结算账户、不编制财务报表和账簿，并与总部微机联网、实行统一规范管理的企业，其企业所得税由总部统一缴纳。

根据上述精神，国家税务总局于2005年12月29日，以国税发［2005］208号文发布《关于试点物流企业有关税收政策问题的通知》。从2006年1月1日起，对国家发改委和税务总局联合确认的37家试点物流企业，进行有关物流企业营业税差额纳税的试点工作。2006年3月18日，国家税务总局以国税函［2006］270号文发出《关于物流企业缴纳企业所得税问题的通知》。明确提出，物流企业在同一省、自治区、直辖市范围内设立的跨区域机构（包括场所、网点），凡在总部统一领导下统一经营、统一核算，不设银行结算账户、不编制财务报表和账簿，并与总部微机联网、实行统一规范管理的企业，其企业所得税由总部统一缴纳，跨区域机构不就地缴纳企业所得税。

这两份文件的出台，可以说从国家政策层面基本上解决了物流企业在税收方面遇到的突出问题，是国家有关部门支持我国现代物流业发展的重要举措，受到了业界普遍欢迎。但是，物流业是新兴的产业，涉及面非常广，再加上各地情况千差万别，对国家政策的理解和执行也不尽一致，在一些政策的执行过程中，就存在着这样或那样的问题，需要在实践中研究解决。

（1）关于物流企业的认定问题。这是地方税务部门提出的普遍问题，也是执行物流企业税收政策首先遇到的问题。虽然，我们已经有了《物流企业分类与评估指标》（GB/T19680—2013），但这个标准的认定和执行还需要时间。就目前情况看，还应该以九部门文件为依据。物流企业是指具备或租用必要的运输工具和仓储设施，至少具有从事运输（或运输代理）和仓储两种以上经营范围，能够提供运输、代理、仓储、装卸、加工、整理、配送等一体化服务，并具有与自身业务相适应的信息管理系统，经工商行政管理部门登记注册，实行独立核算、自负盈亏、独立承担民事责任的经济组织。

（2）关于试点企业所属企业的问题。虽然在《关于试点物流企业有关税收政策问题的通知》（国税发［2005］208号）中有这样的表述："对国家发改委和国家税务总局联合确认纳入试点名单的物流企业及所属企业（以下简称试点企业）的有关税收政策问题通知如下。"但在具体执行中，还是有一些试点企业的所属企业不能够享受试点政策。这里边需要明确什么是所属企业，是全资子公司，还是绝对控股或相对控股的企业。

（3）关于自开票纳税人资格认定的问题。自开票纳税人有自有车辆数量的规定，这样不利于整合社会资源。特别是一些集团型物流企业,就集团本身来讲有足够的车辆,但具体到某一家下属公司,因为没有运输车辆而不能取得自开票纳税人资格,也就享受不到营业税差额纳税的政策。

(4)关于非试点物流企业的问题。《关于试点物流企业有关税收政策问题的通知》(国税发[2005]208号)发出后,个别地方作了片面理解,指出"凡不属于国税发[2005]208号文件规定的试点物流企业名单范围内的物流企业开具的货物运输发票,一律不予计算抵扣进项税额。"其实,早在208号文出台前,国家税务总局《关于货物运输业若干税收问题的通知》(国税发[2004]88号)就规定,不论物流企业还是运输企业,开具的货物运输发票,都可以计算抵扣进项税额。208号文是88号文的延伸,并没有否定88号文,因此,非试点物流企业还应该执行88号文的规定。

(5)关于仓储业发票税率偏高和不能抵扣增值税的问题。仓储及其他物流服务业不仅税率高于运输业,而且还不能抵扣进项税额。这样不利于一体化物流业务的开展,也给管理上带来了一定的困难。

(6)关于所得税属地缴纳的问题。虽然国家税总已经发出国税函[2006]270号文,也就是说,符合条件的物流企业可以统一缴纳所得税。但由于体制的限制,许多企业还不能够享受这项政策。甚至每开一个分支机构,当地都会要求重新登记注册,把税务关系留在当地。这样很不利于网络型物流企业的发展。

(7)关于减轻税负和涵养税源的关系。由于各地情况不同,物流企业实际税负有比较大的差异。我们不仅要关注名义税率,更要努力做到物流企业的实际税负大体平衡。从总体上来看,解决物流企业重复纳税的问题,减轻物流企业的税务负担,不仅有利于物流企业的发展,有利于社会资源的整合,也有利于从整体上均衡税负、扩大税基、涵养税源。国家税务机关要支持物流企业的发展,物流企业也要遵纪守法、照章纳税。

总之,物流业是一个新兴的服务产业,也是一个微利行业。因此,税收问题对物流行业的影响比较明显,如果税收问题解决得好,就会有力地促进这个产业的发展。物流产业发展了,受惠的不仅仅是物流企业。

 **任务实施**

(1)教师将学生分组,每组学生发放一份有关物流企业税负方面的案例资料。
(2)学生根据资料完成物流企业纳税筹划。

 **延伸阅读**

## 收入核算中的税收盲点

收入核算中的税收盲点问题主要表现为:将应税收入置于账外核算而偷逃应缴税款;混淆不同税率的应税收入而少计应缴税款;虚拟货运行为并虚开货运发票;不能采用合并纳税方式而重复缴纳税款。

(1)营业税是与物流企业关系最为密切的流转税税种。《营业税暂行条例》规定,营业税原则上采取属地征收的方法,即纳税人在经营行为发生地缴纳应纳税款,但就从事运输业务的纳税人而言,其应当向机构所在地主管税务机关申报纳税。很明显,这一规定禁止了经营性货运车辆的异地开票行为,忽视了经营性货运车辆在返程途中可能产生的经济效益。比方说,机构所在地为杭州的某物流企业承揽了从杭州至上海的单程货运业务,将货物运抵目的地后,为了降低车辆空驶率,通常会在当地货运市场承接返程货运业务,此时,该物流企业作为承运人因其不能开具发票而会给托运人造成损失,但如果承运人愿意提供一定价格上的优惠并能与托运人达成协议,就可以选择以现金方式进行价款结算,从而获得账外收入。目前,在物流业多以现金方式进行款项结算就是很好的佐证。该物流企业将其返程途中产生的经营收入置于账外,而相关成本却在账内核算,这种财务核算方法使企业不但逃避了营业税及附加税(费),而且偷逃了企业所得税。

(2)服务范围外延的差异是现代物流业与传统物流业的区别之一。传统物流业通常以提供客、货运输服务为主,而现代物流业的服务范围涵盖了运输、装卸、仓储、配送等多方面。现行税法将全程化物流作业切割成若干个应税项目,分别设定了不同的适用税率,如运输、装卸、搬运是3%,仓储、配送、代理是5%。以运输和配送为例,两者的税负存在差异而业务性质又较难区分,由于托运方可将所付运费的7%作为增值税进项税额予以抵扣,而支付的配送费、仓储费等则不允许抵扣。因此,在交易总额不变的情况下,托运方常授意物流企业在开具发票时人为地加大运费金额,减少配送、仓储等费用;而物流企业在核算应税收入时,也乐于调增低税率应税所得、调减高税率应税所得,从而降低其整体税负水平。

(3)为了加强对增值税进项税额抵扣的管理,《国家税务总局关于加强货物运输业税收管理及运输发票增值税抵扣管理的公告》规定从2003年12月1日起,国家税务局将对增值税一般纳税人申请抵扣的所有运输发票与营业税纳税人开具的货物运输业发票进行比对。凡比对不符的,一律不予抵扣。显然,该规定旨在遏制偷逃增值税税款的不法行为,但这种遏制作用更多地反映在形式上,却不能深入到经济行为是否真实的层面。事实上,有些符合自开票纳税人基本认定条件的物流企业,不顾自开票纳税人在"未提供货物运输劳务、非货物运输劳务及由其他纳税人(包括承包人、承租人及挂靠人)提供货物运输劳务"三种情况下不得开具货物运输业发票的规定,为其他纳税人开具货运发票,并以收取开票服务费作为牟利手段。

(4)成熟的物流企业会采取网络化运营模式,但目前很少有物流企业能以合并纳税的方式计缴企业所得税。为了避免不能与下属企业盈亏相抵而多缴所得税税款,物流企业常以挂靠方式进行异地设点,这造成了货运市场的混乱。另外,托运方依据自身需要会与物流企业签订物流全程化合约,而该物流企业出于自身网络覆盖和经济效益的考虑,一般只操作其较为擅长的业务环节,并将相对薄弱的业务环节转包给其他物流企业。在此情况下,初承运方需按照全程化合约确定的所得额纳税,分承运方则需按照分包协议上确定的所得额纳税,这造成企业所得税的重复计缴。国家税务总局《货物运输业营业税征收管理试行办法》(国税发[2003]121号)规定,对自开票纳税人的联运业务,以其向托运方收取的运费及其他价外收费减去付给其他联运合作方运费后的余额为营业额计征营业税。但是,在企业所得税的计算上尚无类似规定。因此,物流企业为了避免多重计税,宁愿为托运方凑足发票数额以便其抵扣和做账而肆意借票。这扰乱了发票管理工作的正常进行。

现代物流业是公认的朝阳产业,巨大的市场潜力意味着物流业在我国有着良好的发展前景。但一些问题的存在,却有碍于物流业的健康发展,因此有必要采取下列措施加强对物流企业的监管和规范。

(1)明确界定我国物流业的内涵和外延。虽然有关现代物流的理念在我国已存在多年,但事实上,理论界至今仍未就如何定义"物流业"达成一致意见。同时,应加快行业标准化建设的步伐,避免因行业标准化工作的滞后所造成的类似物流企业与税收征管部门之间在认定业务类别时各执一词等问题的出现。

(2)实施有利于物流企业发展的相关政策。由于物流资源涉及多个行业,因此必须打破现有分行业、分部门的管理体制和政策环境,实现跨行业的资源整合。尤其是税收政策的制定更应体现出鼓励物流业务"集零为整"、促进物流企业发展壮大、提升物流企业供给能力的政策导向作用。若物流业务无法整合,则不能降低物流企业的经营成本,也就无法提高物流企业的经济效益,既不利于我国大型物流企业的产生与发展,也不利于提升本土物流企业的市场竞争力。

(3)应加强对运单等非发票凭单的审核和管理。运单作为承运方与托运方之间极为重要的经济交易凭证,通常详细记载了经济业务发生的时间、地点、货品、金额等约定事项。因此,无论承运方与托运方是否就约定的经济业务签订定期运输合同或一次性运输合同,运单均被视为货物运输合同成立的凭证。加强对此类非发票凭单的审核和管理,将有助于确保物流企业财务核算的真实性及减少国家税收的流失。

 **模块练习**

1. 现代物流风险主要包括哪些方面?
2. 国内货物运输的保险主要有哪些?
3. 物流保险具有哪些职能?
4. 物流成本核算的主要方法有哪些?
5. 物流企业主营业务收入包括哪些内容?
6. 我国物流企业的税收支出主要发生在哪些环节?
7. A物流公司9月份营业收入2000万,其中运输业务收入1000万(外包给D物流公司600万),装卸收入200万,仓储业务收入800万(外包给F物流公司400万),请给出A公司应纳营业税最佳方案。

# 模块七　物流企业绩效考核

 **学习导语**

　　日常生活中，人们通常会用"是骡子是马牵出来遛遛"这句俗语来考核一个人是否具有真的才能。在企业日常工作中，无论是针对部门也好，还是针对个人员工也好，如何判断这个部门或员工是否具有好的才能，是否为企业做出了应有的贡献，也必须通过考核这种手段来得出结论。本模块按照从物流企业考核指标体系设置至物流企业考核方法设置的流程，讲述对应的任务，使同学们掌握相关知识要点及实施步骤。

 **故事分享**

　　小 A 已经在××物流有限公司实习了将近一年的时间，从其毕业到实习的这段时间里，他不断努力学习，不但巩固物流理论知识，还努力的将其与物流实践工作相结合。小 A 自认对所在部门相关业务流程已经十分熟悉，操作起来游刃有余，从没出过差错。年底，公司进行了本年度的年终考核，考核结果出来了，小 A 所在部门业绩优秀，可小 A 的实习考核结果却只是良好，与他同期进公司实习，在其眼中远远没有自己努力的小 C 却得到了优秀的考核结果，小 A 心里十分不满。

　　没过多久，小 A 就离开了该公司，令小 A 耿耿于怀的是自己的考核结果为什么只是良好，公司的考核标准和依据是什么？公司的考核过程为什么不透明？大家对公司的考核结果真的都没有意见吗？自己跟小 C 的考核差距在哪里？带着一肚子的疑问，小 A 失去了刚刚开始实习时对工作的热情。可见，考核对员工、部门及公司会带来多么大的影响。

**思考**

1. 什么是绩效考核？绩效考核的特点及意义是什么？
2. 物流企业绩效考核指标有哪些？
3. 物流企业绩效考核方法有哪些？
4. 物流企业如何实施绩效考核？

 **学习目标**

通过本模块的学习，期望达到下列目标。

**1. 专业能力**

(1) 掌握物流企业绩效考核的指标体系设置及绩效考核方法；
(2) 了解绩效考核的概念、特点、意义及与绩效管理的区别；
(3) 掌握物流企业如何实施绩效考核及考核过程中存在的问题。

**2. 社会能力**

(1) 培养学生的可持续发展的能力；
(2) 培养学生具有物流企业绩效考核指标规划的能力；

(3)培养学生具备中层和业务部门负责人具有的基本素质;
(4)注重遵章守纪、积极思考、耐心、细致、勇于实践、竞争意识、责任意识等职业素质的养成。
### 3.方法能力
(1)通过查阅资料、文献等,培养个人自学能力和获取信息的能力;
(2)通过情境化的任务单元活动,掌握分析问题解决实际问题的能力;
(3)制订工作计划,培养工作方法能力;
(4)能独立运用各种媒体完成物流企业绩效考核的相关学习任务。

模块图解

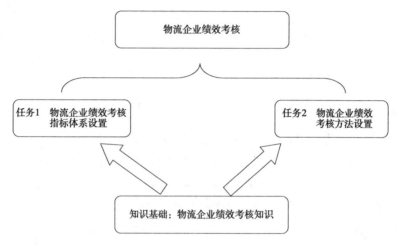

## 任务1 物流企业绩效考核指标体系设置

案例导入

小张开车长途旅行,车上速度计与油量表都坏了。他已开了几个小时,只能利用手表与里程表估计自己开得有多快。他很肯定自己在限速之内,直到被交警截住,接到一张超速罚单。于是他放慢速度,又开了两个多小时,还是根据手表与里程表估计速度,但是又一次被警察截住,再拿到一张罚单。在接下来的旅程中,小张开得更慢了,肯定自己不会再接到罚单。又过了一个多小时,汽车停住,原来汽油用完了。

问题:为什么小张的旅途如此不顺? 缺乏关键的测量仪器——速度计与油量表。判断速度的依据为超速罚单。很多企业同小张一样,判断其运营是否达到目标的依据都是事后的,比如不良的财务表现、失去重要客户等。

启示:测量对直接控制行为与间接控制绩效都非常重要,正如速度计反映出小张踩在加油板上力量轻重的影响;几个关键的测量指标对跟踪企业运作和绩效改进大有帮助,正如速度计与油量表的作用;似乎有关但实际不准确的指标用处很少,而且可能妨碍企业绩效的改善,正如里程表和手表;选择错误的,而放弃重要的指标,可能导致企业绩效的下降,正如最后汽油用光了。

仅仅基于事后的指标来运作企业,比如失去重要客户、财务表现不佳等,并不是很有效。

接到罚单和用光汽油对汽车驾驶来说,其代价是很昂贵的。

**引例分析**

从上述案例可以看出有效的考核指标体系设置对于企业来说多么的重要,如果没有有效的考核指标,企业盲目的进行经营,就有可能像小张一样付出惨重的代价。本任务将带着大家一起认识有关物流企业考核指标体系设置的相关知识。

**任务分析**

### 一、任务准备

(1)物流企业绩效考核 KPI 指标;物流企业有关绩效考核案例若干。

(2)多媒体教室(含可供学生上网查资料的电脑、多媒体教学设备、课件和动画等教学资料)。

(3)调查本市某物流企业绩效考核实施情况,完成调研报告。

### 二、任务目标

(1)能了解绩效的定义、特征、绩效行为以及影响工作绩效的因素。

(2)能了解绩效考核的定义、特征、原则,以及绩效考核指标体系设置的要求。

(3)能了解 KPI 的定义、特点、方法以及常见指标。

(4)能掌握物流企业不同功能部门具体的绩效考核指标。

### 三、基础知识

**1. 绩效**

1)绩效的概念

绩效(Performance)是指组织和其子系统(部门、流程、工作团队和员工个人)的工作表现和业务成果。

对绩效的理解:绩效 = 结果 + 过程(即行为和素质)。

绩效的含义非常丰富,在不同的情况下,绩效有不同的含义。从字面上看,"绩"是指业绩,即员工或组织的工作结果;"效"是指效率,即员工或组织的工作过程(行为和素质)。

所谓绩效就是员工或组织在工作过程中所表现出来的与组织目标相关的并且能够被评价的工作业绩、工作能力和工作态度,其中工作业绩是指工作的结果,工作能力和工作态度是指工作中的行为。

理解绩效需要把握以下几点:

(1)工作之外的行为和结果不属于绩效的范围。

(2)与组织目标相关直接表现为与职位的职责和目标相关。

(3)不能被评价的行为和结果也不属于绩效。

(4)没有表现出来的行为和结果也不是绩效。

2)绩效的特点

(1)多因性。指绩效受到多个因素的影响,绩效与影响绩效的因素之间的关系公式为:$P = f(K, A, M, E)$,其中,$P$ 指绩效,$K$ 指与工作有关的知识,$A$ 指员工自身所具备的能力,$M$ 指工作过程中受到的激励,$E$ 指环境。

(2)多维性。指员工的绩效往往是体现在多个方面的,我们一般从工作业绩、工作能力和工作态度三方面的维度来评价员工的绩效。

(3)动态性。指绩效会发生变动,这种动态性决定了绩效的时限性,绩效往往是针对某一特定时期而言的。

3)绩效考核的概念

绩效考核是人力资源开发与管理中非常重要的范畴,是管理工作中大量应用的手段,也是构成人力资源开发与管理操作系统五大体系之中的一个部分。

4)绩效考核的分类

(1)按考核性质划分:

①定性考核。定性考核是由评估人在充分观察和征询意见的基础上对员工绩效所做的较为笼统的评价。

②定量考核。定量考核是指按照标准化、系统化的指标体系来进行考评。将定性考核与定量考核方式相结合的做法是比较常见的方法。

(2)按考核主体划分:

①上级考核。

②专业机构人员考核,即人力资源部门对员工进行考核。

③专门小组考核,即由有经验的资深员工、管理人员和人力资源部门人员三方结合,组成小组来实施考核的方式。

④下级考核。

⑤自我评价。

⑥相互评估,即被考核的员工们相互评价的方式。

⑦外部评价,即由组织外部的有关人员或工作对象所做的评价。

(3)按考核形式划分:

①口头考核与书面考核。

②直接考核和间接考核。这是以考核者与被考核人是否面对面为划分标准。

③个别考核与集体考核,即对个别人的考核和对整个集体中每个成员的考核。

(4)按考核方法划分:绩效考核的方法众多,有排列法、配对比较法、要素评定法、目标管理法等。

(5)按考核时间划分:

①日常考核,如每天、每周进行的例行产量、营销数量考核,就属于日常考核。

②定期考核,每间隔一定的时间就进行一次考核。最常见的做法是按月记载上交的考勤和每年一次的绩效考评。

③长期考核,如对管理干部任期业绩的考核。

④不定期考核,如为选拔人才而进行的考核、培训前后进行的考核就属于不定期考核。

5)绩效考核的原则

绩效考核的原则为:公平公正原则;客观准确原则;敏感性原则;一致性原则;立体性原则;可行性原则;公开性原则;及时反馈原则;多样化原则;动态性原则。

**2. 物流企业绩效考核**

物流企业绩效是指在一定的经营期间内物流企业经营效益和经营者的业绩。物流企业绩效考核是运用数理统计和运筹学方法,采用特定的指标体系,对照统一的评价标准,按照一定的程序,通过定量、定性分析,对物流系统在一定的经营期间内的经营效益和经营者的业绩,做出客观、公正和准确的综合评判。

1)绩效管理

绩效管理,顾名思义是解决让无形资产有效地创造价值的问题,它针对的是知识、技能和人的管理。绩效管理既是企业典型的人力资源管理问题,又是企业战略管理(Strategic Management)的一个非常重要的有机组成部分。

绩效管理强调的是对过程的监控,通过对行动过程中各项指标的观察与评估,保证战略目标的实现。它不是基于目标的管理(Management by Objective,MBO),而是基于事实的管理(Management by Fact,MBF)。因此绩效管理的出现,使得企业战略已不再是企业决策层少数几个人的任务,而成为从首席执行官(CEO)到每一位员工所有人的事。

知识链接

绩效管理是管理者对员工在企业运行中的行为状态和行为结果进行定期考察和评估,同时和员工就所要实现的目标互相沟通、达成共识的一种正式的系统化行为。

(1)绩效管理是双向的管理活动。

(2)绩效管理主要是对员工行为和结果的管理。

(3)绩效管理是周期性的、持续性的活动。

绩效管理的重要作用主要体现在以下6个方面:

(1)有效弥补绩效考核的不足。

(2)有效地促进质量管理。

(3)有助于适应组织结构调整和变化。

(4)有效地避免管理人员与员工之间的冲突。

(5)可以节约管理者的时间成本。

(6)可以促进员工的发展。

绩效管理与绩效考核的比较见表7-1。

**绩效管理与绩效考核的比较**　　　　　　　　　　　表7-1

| 区别点 | 系统性 | 侧重点 | 过程的完整性 | 出现的阶段 | 经理与员工的关系 |
| --- | --- | --- | --- | --- | --- |
| 绩效管理 | 完整的系统 | 前瞻性、员工能力培养 | 一个完整的管理过程 | 伴随着管理活动的全过程 | 合作 |
| 绩效考核 | 系统的一部分 | 回顾过去、成绩的大小 | 管理过程中的局部环节和手段 | 只出现在特定的时期 | 对立 |

物流企业绩效考核有利于高层管理者判断现有经营活动的获利性,及时发现尚未控制的领域,有效地配置企业资源,评价管理者的业绩。

2)物流企业绩效考核原则

(1)客观公正的原则。坚持定量与定性相结合,建立科学、适用、规范的评价指标体系及标准,避免主观臆断。以客观的立场评价优劣,以公平的态度评价得失,以合理的方法评价业绩,以严密的计算评价效益。

(2)多层次、多渠道、全方位评价的原则。多方收集信息,实行多层次、多渠道、全方位评价。在实际工作中,综合运用上级考核、同级评价、下级评价、职员评价等多种形式。

(3)责、权、利相结合的原则。评价的目的主要是改革绩效,不能为评价而评价,为奖惩而评价,为晋升而评价。但是,物流系统绩效评价产生出结果后,应分析责任的归属,在确定责任时,要明确是否在当事人职权范围内,并且是否为当事人可控事项,只有这样,奖惩才能公平合理。

(4)经常化、制度化的评价原则。物流系统必须制定科学合理的绩效评价制度,并且明确评价的原则、程序、方法、内容及标准,将正式评价与非正式评价相结合,做到评价经常化、制度化。

(5)目标与激励原则。物流系统存在的目的就是要实现自己的目标,有效经营的物流系统是最有希望实现预定标及战略目标的。目标的实现是很重要的激励机制。另一方面,以报酬作为激励也是现代物流管理不可缺少的有效管理机制,物流系统绩效评价体系的设计目标和激励是必不可少的。

(6)时效与比较的原则。为了及时了解物流系统运营的效益与业绩,应该及时进行评价。评价绩效时,数据是最佳的衡量工具,但是如果没有比较的基准数据,再及时的评价也是徒劳的。因此物流系统的盈余或亏损,须同过去的记录、预算目标、同行业水准、国际水平等进行比较,才能鉴别其优劣。将一定的基准数据同评价企业的经营结果进行比较及分析,物流系统绩效评价才具有实际意义。

3)物流企业绩效考核指标体系设计的要求

任何一个体系的设计都同组织结构有着密不可分的关系,适应物流系统经营的组织结构,有助于实施适当控制,同时组织结构也影响信息的流向与流量。物流系统绩效考核指标体系是设计在整个组织结构之内的,这个体系的设计必须满足以下要求。

(1)准确:要想使考核结果具有准确性,与绩效相关的信息必须准确。在考核过程中,计量什么、如何计量,都必须十分清楚,才能做到准确量化。

(2)及时:只有及时获取有价值的信息,才能及时考核、及时分析,迟到的信息会使考核失真或无效。因此,何时计量及以什么样的速度将计量结果予以报告,是物流系统绩效考核体系的关键。

(3)可接受:物流系统绩效考核体系,只有有人利用才能发挥其作用。而不被人们所接受或者不甚情愿地接受下来,就称不上是有价值的体系。勉强被接受,信息可能是不准确、不及时、不客观的信息。所以在体系设计时必须满足使用者的需求。

(4)可理解:能够被用户理解的信息才是有价值的信息,难以理解的信息会导致各种各样的错误。所以确保信息的清晰度,是设计物流系统绩效考核体系的一个重要方面。

(5)反映系统的特性:一个有效的物流系统绩效考核体系,必须能够反映系统独有的特性。从控制的观点出发,绩效考核的焦点一般集中在考核公司及经理,以确定被考核的物流系统的业绩及效益。

(6)目标一致性:有效的物流系统绩效考核体系的目标应该是一致的。

(7)可控性与激励性:物流系统绩效考核指标与发展战略目标对管理者的评价必须限制在其可控范围之内,只有这样,他才能接受,对管理者也公平。即使某项指标与战略目标非常相关,只要评价对象无法实施控制,他就没有能力对该项指标的完成情况负责,因此应尽量避免非可控指标。另外,指标水平应具有一定的先进性、挑战性,这样才能激发其工作潜能。

(8)应变性:良好的绩效考核体系,应对物流系统战略调整及内、外部的变化非常敏感,并且体系自身能够做出较快的相应调整,以适应变化要求。

4)绩效考核体系的基本要素

企业绩效考核体系属于企业管理控制系统的一部分。它与行为控制系统、人事控制系统共同构成企业控制系统。有效的绩效考核体系主要由以下几个基本要素构成。

(1)考核对象:企业绩效考核体系的考核对象,一是企业,二是企业管理者。对企业的考核关系到企业是扩张、维持、重组、收缩、转向或退出,对管理者的考核关系到其奖惩、升降等问题。考核对象的确定是非常重要的。

(2)考核目标:企业绩效考核体系的目标是整个运行的指南和目的,它服从和服务于企业目标。

(3)考核指标:指现代物流系统绩效考核对象与企业目标的相关方面,即所谓的关键成功因素。这些因素具体表现在指标上,有财务方面的,如投资报酬率、销售利润率,也有非财务方面的,如售后服务水平、产品质量、创新速度和能力等。

(4)考核标准:现代物流系统的绩效考核标准取决于它的评价目的。在其他一般企业的绩效考核系统中,常用的三种标准分别为年度预算标准、资本预算标准及竞争对手标准。评价标准是判断考核对象绩效优劣的基准。

(5)考核方法:这是现代物流系统绩效考核的具体手段。有了考核指标和考核标准,还需采用一定的方法对考核指标和考核标准进行实际运用,以取得公正的评价结果。没有科学、合理的考核方法,其他要素就失去本身存在的意义。

(6)分析报告:现代物流系统得出的结论性文件即分析报告,将考核对象的考核指数的数值状况与预先确定的考核标准进行比较,通过差异分析,找出产生差异的原因、责任及影响,得出考核绩效优劣的结论,形成考核结论报告。

上述6个基本要素共同组成一个完整的现代物流系统绩效考核体系,它们之间相互联系、相互影响。不同的目标决定了不同的对象、指标、标准和方法的选择,其报告的形式也不相同,可以说目标是绩效考核的中枢,没有明确的目标,整个绩效考核体系将处于混乱状态。

5)绩效考核体系的实施步骤

绩效考核体系设置要经过以下7个步骤。

(1)确定考核工作实施机构。

①考核组织机构。考核组织机构直接组织实施考核,负责成立考核工作组,并选聘有关专家组成专家咨询组。如果委托社会中介机构实施考核,先同选定的中介机构签订委托书,然后由中介机构成立考核工作组及专家咨询组。无论谁来组织实施考核,对工作组及专家咨询的任务和要求应给以明确的规定。

②参加考核工作的成员应具备的基本条件。

a.具有较丰富的物流管理、财务会计、资产管理及法律等专业知识。专家咨询组的专家还应具有一定的工程技术方面的知识。

b.熟悉物流系统绩效考核业务,有较强的综合分析判断能力。

c.考核工作主持人员应有较长的经济管理工作经历,并能坚持原则,秉公办事。

d.专家咨询组的专家应在物流领域中具有高级技术职称,有一定的知名度和相关专业的技术资格。

(2)制订考核工作方案。

由考核工作组根据有关规定制订物流系统考核工作方案,由考核组织机构批准后开始实施,并送专家咨询组的每位专家。

(3)收集并整理基础资料和数据。

根据考核工作方案的要求及评分的需要收集、核实及整理基础资料和数据。

①选择物流行业同等规模的考核方法及考核标准值。

②收集连续3年的会计决算报表、有关统计数据及定性评价的基础材料,并确保资料的真实性、准确性和全面性。

(4)考核计分。

运用计算机软件计算考核指标的实际分数,这是物流系统绩效考核的关键步骤。

①按照核实准确的会计决算报表及统计数据,计算定量考核指标的实际值。

②根据选定的考核标准,计算出各项基本指标的得分,形成"物流系统绩效初步考核计分表"。

③利用修正指标对初步考核结果进行修正,形成"物流系统绩效基本考核计分表"。

④根据已核实的定性评价基础材料,参照绩效考核指标参考标准进行评议打分,形成"物流系统绩效考核计分汇总表"。

⑤将"物流系统绩效基本考核计分表"和"物流系统绩效考核计分汇总表"进行校正、汇总,得出综合评价的实际分数,形成"物流系统绩效得分总表"。

⑥根据基本考核的4部分(财务效益、资产营运、偿债能力、发展能力)得分情况,计算各部分的分析系数。

⑦对考核的分数和计分过程进行复核,为了确保计分准确无误,必要时用手工计算校验。

(5)考核结论。

将绩效基本考核得分与物流产业中相同行业及同规模的最高分数进行比较,将4部分内容的分析系数与相同行业的系数进行对比,对物流系统绩效进行分析判断,形成综合考核结论,并听取物流系统有关方面负责人的意见,进行适当的修正和调整。

(6)撰写考核报告。

考核报告主要内容包括考核结果、评价分析、考核结论及相关附件等,考核报告要送专家咨询组征求意见,由考核项目主持人签字,报送考核组织机构审核认定,如果是委托中介机构进行考核,需加盖单位公章。

(7)考核工作总结。

将考核工作的背景、时间、地点、基本情况、评价结果、工作中的问题及措施、工作建议等形成书面材料,建立评价工作档案,同时报送物流系统备案。

进行行业或多家企业同时分析和排序,其步骤为:确定考核对象,选定考核标准值,收集和核实基础资料,用计算机计算分数和排序,评价分析,撰写并报送评价分析报告。

6)主要物流活动绩效考核指标与分析

(1)顾客服务的绩效考核指标与分析。

①对顾客价值重视程度的考核指标。

a.产品和服务特征。产品与服务的价格及质量是产品和服务的主要特征。有两种类型的顾客:一类顾客希望供货商的价格低,另一类顾客希望提供特殊的产品和服务。第一类顾客不会在产品和服务档次方面提出特别的要求,他们希望得到的是基本产品、尽可能低的价格、保质保量按时交货。而第二类顾客为了实现自己的竞争战略,可为特殊的产品和服务支付额外的价格。

b. 顾客关系。对顾客的要求应尽快做出反应。保持同顾客的关系还包括向顾客做出长期的承诺,以建立范围更广泛的关系。

c. 形象和声誉。形象和声誉是吸引顾客的两个抽象因素。一些企业通过广告或产品和服务的质量来确定其形象和声誉,并保持顾客对企业的忠诚。形象和声誉宣传可使企业在顾客面前积极地展示自己的长处。

②顾客满意评价指标。

a. 质量方面:功能、使用寿命、原料、可靠性、安全性、经济性。

b. 设计方面:色彩、包装、造型、体积、装饰、质感、手感、质地、简单方便。

c. 数量方面:容量、成套性、供求平衡。

d. 时间方面:准时性、随时性。

e. 价格方面:最低价位、心理价格。

f. 服务方面:全面性、快速反应、配套性、纵深性、全过程性、态度和礼貌、价格、方便性、保质、担保期、处理抱怨、沟通。

g. 品位:名牌感、风格化、个性化、多样化、特殊化、身份化、名誉和商誉、实力。

③顾客服务绩效的分析。

a. 顾客服务的重要性。

顾客服务是物流企业及物流系统的产出,从顾客角度上看到的是企业提供的顾客服务而不是抽象的物流管理。良好的顾客服务有助于保持和发展顾客的忠诚与满意,顾客服务的重要性在顾客心目中甚至高过价格、质量及其他有关要素。

对于市场组合的要素而言,产品和价格较容易被竞争对手模仿,促销的努力也可能被竞争者赶上。提供令顾客满意的服务或处理顾客抱怨的高明手法则是有别于竞争对手,吸引顾客的重要途径,短时间内企业的顾客服务不易模仿。有人研究用于顾客服务的投资回报率,要远远高于投资于促销和其他发展新顾客的活动。

企业整个市场经营的努力很可能因劣质的顾客服务而徒劳无功。顾客服务在企业的市场组合中经常被轻视,凭经验和管理者的主观判断是难以反映顾客的真实需求的。不负责任的管理者把所有的顾客等同看待,而事实上不同的顾客对服务水平和服务类型有着不同的需求。因此,企业顾客服务策略的确定应该以顾客的真实需求为基础。如果企业生产出优质的产品,制定了具有竞争力的价格,做了大量的卓有成效的促销工作,然而,产品不能及时配送,顾客在销售商的货架上找不到,那之前的工作都是徒劳的。但是在注重顾客服务的同时,还应注意节省费用,以保证企业的盈利能力。

b. 顾客服务与物流成本的分析。

对整个物流完成周期来说,基本的顾客服务平台或服务方案应处于一种向所有的顾客都提供支持的水平。但基本服务,是指向所有的顾客提供支持的最低的服务水准。一方面按照基本服务水准为各种顾客服务,几乎一视同仁;另一方面完成超出基本服务水平的物流服务和增值服务。

一种决定目标顾客服务水平的方法是分析一个厂商的基本服务级别的成本和产生收入之间的关系,图7-1描述了这一关系,图中纵轴代表所提供的顾客服务和可靠性的物流成本,横轴代表以满足顾客需要的百分比形式表示的服务水平。就收入的产生而言,通常假设服务水平越高,收入会越高。当总的承诺趋向于零缺陷时,基本服务升级的成本就会以递增的费率增加。如,一个在98%服务中的2%的服务改进费用将会比在88%服务中的2%的服务改进费用大得多,这是因为物流成本与顾客服务之间存在着"效益背反现象"。

包括库存维持费、运输费用、物流信息费及订货处理费等在内的物流总费用,可以视为企业在顾客服务方面的开支。物流企业应在各种费用之间进行权衡,合理分配资源以获得最大的长期收益,即以最低的物流总成本实现给定的顾客服务水平。尽管存在成本与收益的权衡和费用的预算分配问题,但这种权衡只是短期内发生的问题。在长时期内,仍有可能在多个环节同时得到改善,企业在降低总成本的同时也能提高顾客服务水平。

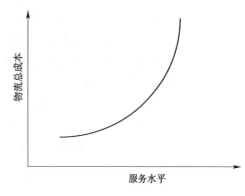

图7-1 物流成本与服务水平的效益背反

c.顾客服务审查分析。

顾客服务审查分析是评价企业顾客服务水平的一种方法,也是企业顾客服务策略调整效果的评价标尺。审查分析的目标是识别关键的顾客服务要素,识别这些要素的控制机制,评价内部信息系统的质量和能力。

a)外部顾客服务审查分析。

首先,确定顾客真正重视的顾客服务要素。主要工作是对顾客进行调查与访谈,必须邀请市场部门的职员参与这项工作。

其次,对有代表性的顾客群体进行问卷调查。主要评价顾客对本企业及主要竞争对手各方面服务绩效的满意程度以及顾客购买倾向。依据调查的结果,企业应加强受顾客重视的要素。另外问卷还应反映出顾客对关键服务要素的服务水平的期望值。对于物流系统来说以下几项顾客服务要素是最为重要的:按承诺日期配送(或送货)的能力;按订单要求完成配送(或送货)的能力;对配送(或送货)延迟的提前通知;订、发货周期的稳定性;配送信息;产品的质量价格比;有竞争力的价格;销售队伍的促销活动。

企业在把握各顾客服务要素重要性的同时,还要利用调查结果分析潜在问题和市场机会。关注顾客对本企业及竞争对手提供的各项服务的横向比较。

b)内部顾客服务审查分析。

内部顾客服务审查分析的主要目的是检查企业的顾客服务现状与顾客服务需求之间的差距。审查分析的主要内容是企业的顾客服务实际状况,考察顾客与企业和企业内部之间的沟通渠道,包括顾客服务绩效评价体系。对管理层作访谈调查是主要的信息来源,访谈调查涉及与物流活动的有关部门经理,调查范围包括:订货处理、存货管理、仓库、运输、顾客服务、财务/会计、物料管理、生产、市场销售等。访谈主要涉及下列内容:对职责的描述;组织结构;决策的权限与过程;绩效考核与结果;对顾客服务的理解;如何理解顾客对顾客服务的认识;修正和改进顾客服务计划;部门内的沟通;部门间的沟通;同主要业务对象(如消费者、顾客、运输企业、供应商等)的沟通。

管理层还需对顾客服务的考核与报告体系做出评价,以便明确顾客服务的绩效考核方法、业务标准、报告格式等,还应该确定向顾客提供的信息类型,确保负责处理顾客询问的工作人员能获取充分的信息答复顾客。

c)顾客服务的改善。

外部顾客服务的审查分析审出了企业在顾客服务和市场营销中的问题,结合内部审查分析可以帮助管理层针对顾客服务要素和市场细分调整顾客服务战略,提高企业的盈利能力。当管理层在借助内、外部顾客审查分析提供的信息制订新的顾客服务和市场营销战略时,需要针对竞争对手做详细的对比分析。

d)确定顾客的服务水平。

顾客服务审查分析的最后一步是制定顾客服务绩效标准和考核方法。管理层必须为各个细分领域(如不同的顾客类型、地理区域、分销渠道以及产品等)详细制定目标服务水平,并将其传达到所有的相关部门及职员,同时辅之以必要的激励政策以促使职员努力实现企业顾客服务目标。

管理层必须定期按上述步骤进行顾客服务审查分析,以确保企业的顾客服务政策与行动满足顾客需求。

④制定顾客服务标准,提高顾客服务绩效。

a. 制定顾客服务标准。

对物流系统进行顾客服务审查分析之后,管理层需要制定顾客服务业务标准,职员及下属应经常向上级汇报顾客服务工作情况。

顾客服务绩效可以从以下4个方面进行评价和控制:

a)制定每一个顾客服务要素的绩效量化标准。

b)评价每一个顾客服务要素的实际绩效。

c)分析实际绩效与目标之间的差异。

d)采用必要的措施将实际绩效纳入目标管理。

顾客服务可以利用图7-2中所列的评价标准进行评价。

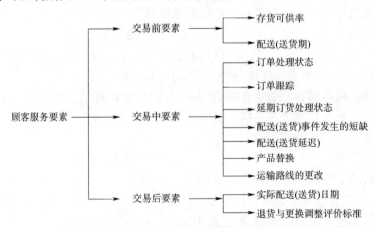

图7-2 顾客服务的考核标准

企业所重视的顾客服务要素应该是顾客所认为的重要因素。这些要素需要企业与顾客之间经常进行良好的沟通。在我国,很多物流企业在订货处理方面十分落后,所以,提高顾客服务水平有很大的潜力可挖。通过计算机网络可以提高信息传递与交换的效率,顾客能够获取动态、及时的库存信息,还可获取准确的配送(送货)时间与接收货物的时间。

b. 影响顾客服务绩效的因素。

我国许多企业都缺乏有效稳定的顾客服务策略,即使那些在管理方面十分出色的企业在实施顾客服务策略时也会受到很多因素的影响。例如:销售人员为了得到一份订单而向顾客承诺不切实际的配送时间,使配送中心不得不缩短这张订单的订、发货周期。为此打乱了原本稳定、正常的订货处理程序,导致配送中心的分拣、配货、配送等作业成本上升,甚至可能会造成整个物流系统的混乱。确有一些销售人员为了留住、争取顾客往往容易在配送(送货)日期、送货地点、运输方式等方面,采取背离顾客服务的企业政策,其结果是为了某一顾客,而使多数顾客受到影响。

企业的顾客服务标准和绩效在很大程度上受竞争环境及传统意识的影响。引导管理层决策的信息往往来自希望无限提高服务水平的销售部门,或者来自我国传统的行业观点以及某些过于强烈的顾客抱怨,这些信息会导致企业的过分反应,严重影响合理的顾客服务绩效。

c. 提高顾客服务绩效。

企业一般可以利用以下活动提高顾客服务绩效:

a) 充分研讨顾客的需求。

b) 在认真分析成本与收益的基础上,确定最优水平。

c) 在订货处理系统中采用最先进的技术手段。

d) 考核和评价物流管理各环节的绩效。

提高顾客服务绩效必须立足于掌握顾客的需求。管理者通过调查研究及对顾客服务的审查与分析,明确顾客对服务的需求,制定合适的顾客服务战略,以实现企业长期盈利和收回投资的目标。

最好的顾客服务水平能以最低的服务成本为企业留住及争取最有价值的顾客群。制定有效的顾客服务方案,提高顾客服务绩效应满足以下要求:

a. 能够及时反映顾客的需要及观点。

b. 能够为顾客服务绩效提供可操作性和有针对性的评估方法。

c. 能够为管理层提供调整业务活动的线索和思路。

(2) 运输绩效考核指标与分析

运输作为物流的一项重要活动,主要完成实物从供应地到需求地的移动问题。进行运输绩效考核指标分析,有利于提高运输效率和运输的经济效益。

① 运输绩效考核标准的选择。具体进行绩效考核与分析时,运输活动考核标准可选择以下内容:

a. 运输、取货、送货服务质量良好,即准确、安全、迅速。

b. 能够实现门到门服务,而且费用合理。

c. 能够及时提供有关的运输状况、运输的信息及其服务。

d. 货物丢失或损坏,能够及时处理有关索赔事项。

e. 认真填制提货单、票据等运输凭证。

f. 与顾客长期保持真诚的合作伙伴关系。

在对运输活动进行绩效考核时,并非完全按上述 6 项标准选择,可结合承运人及顾客的实际情况,确定考核标准。并将所选标准按重要程度进行打分,根据汇总的总分(加权处理)多少判别优劣,具体操作可参考表 7-2。

表 7-2 中的运输成本显然首先考虑的是考核标准,但是运费并不是唯一的成本构成,整个物流系统的成本还必须考虑设备条件、索赔责任及装载情况等相关因素。

中转时间直接影响库存水平,所以也是一条重要的标准。可以想象,如果承运人提供的运输服务不稳定,就必须有较多的库存。同样道理,如果承运人不能将货物及时送达,就可能失去市场。

物流运输活动绩效考核标准　　　　　　　　　　　　　　　　表7-2

| 考核因素 | 相对重要性 | 承运人绩效 | 承运人等级 |
|---|---|---|---|
| 运输成本 | 1 | 1 | 1 |
| 中转时间 | 3 | 2 | 6 |
| 可靠性 | 1 | 2 | 2 |
| 运输能力 | 2 | 2 | 4 |
| 可达性 | 2 | 2 | 4 |
| 安全性 | 2 | 3 | 6 |
| 总等级 | | | |

注：承运人等级＝相对重要性×绩效。

相对重要性：1-高度重要；2-适度重要；3-低度重要。

承运人绩效：1-绩效好；2-绩效一般；3-绩效差。

可靠性的评估通常是以订货交付的完成为基础。一票单订货已经完成并装运交付,仓库就会记录抵达时间与日期,并传输到采购部门。经过计算机处理后,将一个承运人绩效记录及时提交给采购部门及运输部门,很容易地分析判断承运人的可靠程度。

运输能力包括运输和服务两个方面的能力。运输能力主要指提供专用车船的能力(例如低温、散装等车辆)及卸车(船)的能力。服务能力主要是EDI的利用、在线跟踪运输及门到门服务。

另外一个标准是可达性。尽管多式联运提供了广泛的服务,使可达性越来越不成为问题,但通过"直达运输"和"联合运输"的协议来实现承运人的可达性愈来愈重要。

最后一个标准是安全运输能力。对安全性的评价从预防能力和理赔能力两方面来考虑,使用表7-2的标准进行全面考核采用的步骤如下：

a.评定每一个标准的相对重要性,并分配相应的权数。例如非常重要的评为"1",不太重要的评为"3",表7-2采用3分制进行评定。

b.对承运人绩效进行评分。表7-2是3分制的标准,即绩效范围为"好、中、差",相应评价为"1、2、3"。最后根据承运人等级得分情况(最佳承运人得分最低),选择合作伙伴,分配运输量。在对运输方式及多式联运方案的绩效评价时也可以采用这种评价分析方法。

②运输活动绩效考核量化指标。

a.商品运输量。

a)以实物重量为计量单位：

$$商品运输质量(t) = 商品件数 \times \frac{每件商品毛重(kg)}{1000}$$

b)以金额为计量单位：

$$商品运输质量(t) = \frac{运输商品总金额}{该类商品每吨的平均金额}$$

b.运输损失。

a)按运输收入计算：

$$损失率 = \frac{运输经济损失之和}{运输业务收入} \times 100\%$$

b) 按商品价值计算：

$$损失率 = \frac{经济损失之和}{发运抵达商品总价值} \times 100\%$$

c. 运价费用水平。

$$运价费用水平 = \frac{运输费用总额}{商品销售总额} \times 100\%$$

d. 运输费用效益。

$$运输费用效益 = \frac{经营盈利额}{运输费用支出额}$$

e. 合理运输评价指标。

a) 商品待运期：

$$商品待运期 = \frac{计算期逐日累计待运商品的吨数}{计算期逐日累计商品发运的吨数}$$

b) 货损货差率：

$$货损货差率 = \frac{货损货差票数}{办理商品发运抵达总票数}$$

c) 消耗评价指标：

实际油耗：

$$实际油耗(L/百\ km) = \frac{报告期实际油耗}{报告期实际吨公里/100}$$

修保费：

$$修保费(元/km) = \frac{车辆保养及小修费用}{行驶公里/1000}$$

f. 安全评价指标。

a) 事故频率：

$$事故频率(次/万\ km) = \frac{报告期内事故次数}{报告期内总行驶公里/10000}$$

b) 安全间隔里程：

$$安全间隔里程(万\ km/次) = \frac{报告期内总行驶公里/10000}{报告期内事故次数}$$

g. 运输效率与效益评价指标。

a) 车船完好率：

$$车船完好率 = \frac{报告期内运营车船完好总天数}{报告期内运营车船总天数} \times 100\%$$

b) 车船利用率：

$$车船利用率 = \frac{报告期内运营车船投产总天数}{报告期内运营车船总天数} \times 100\%$$

c) 车船实载率：

$$车船实载率 = \frac{报告期内车船实载行驶总里程}{报告期内车船总行驶里程} \times 100\%$$

d) 吨位产量：

$$吨位产量 = \frac{报告期内完成的周转量}{报告期内平均总运力}$$

e) 吨公里成本：

$$吨公里成本 = \frac{报告期内运输生产总成本(元)}{报告期内货物总周转量 \, t \cdot km}$$

f) 单车船经济收益：

$$单车船经济收益 = 单车船营运总收入 - 单车船成本合计$$

计算结果为正值，则为盈利；计算结果为负值，则为亏本。

h. 运输质量评价指标。

（a）准时运输率：

$$准时运输率 = \frac{准时运送次数}{运输总次数} \times 100\%$$

（b）车船满载率：

$$车(船)满载率 = \frac{车(船)实际装载能力}{车(船)装载能力} \times 100\%$$

(3) 存货绩效考核指标与分析。

① 存货的绩效考核量化指标体系。

对存货明确而又一致的绩效考核是存货管理过程中的一个关键部分，绩效考核既要反映服务水平又要反映存货水平。如果只集中在存货水平上，计划者就会倾向于存货水平最低，而有可能对服务水平产生负面影响；与此相反，如果把绩效考核单一地集中在服务水平上，将会导致计划者忽视存货水平。所以绩效评价应能够清楚地反映企业的期望和实际需要。

a. 仓库资源利用程度。

仓库利用率指仓库在面积、容积等方面的有效利用程度的指标。反映仓库能力的利用情况以及仓库规划水平的高低。

a) 地产利用率：

$$地产利用率 = \frac{仓库建筑面积}{地产面积} \times 100\%$$

b) 仓库面积利用率：

$$仓库面积利用率 = \frac{仓库可利用建筑面积}{仓库建筑面积} \times 100\%$$

这个值随着物资的接收量、保管量、发放量、物资的性质、保管的设备、物资的放置方法、搬运设备、物资的处理方法、通道的布置方法、搬运手段、库存管理方法等而异。一般情况下，仓库通道所占面积比率为 20%~70%。从有效利用率可以看出仓库工作人员的业务水平。

c) 仓容利用率：

$$仓容利用率 = \frac{库存商品实际数量或容积}{仓库应存数量或容积} \times 100\%$$

仓库内有效容积利用率是指实际使用容积与仓库有效容积的比例。通道所占面积包括在有效容积之内，但使用容积则不包括通道容积，仅计算放置物资的容积。

这个值与在上述仓库有效面积利用率相同的各种条件下的值有所不同，这是因为它与面积利用率一样，通道占用了很多面积，在容积上也反映出来。因此，通道的布置方法就左右着有效容积利用率，在仓库容积效率方面能否提高库内有效容积利用率是最终表现仓库工作人员才能高低的地方。

$$\text{有效范围} = \frac{\text{库存量}}{\text{平均每天需求量}} \times 100\%$$

$$\text{投资费用比} = \frac{\text{投资费用}}{\frac{\text{单位库存}}{\text{单位时间}}} \times 100\%$$

$$\text{设备完好率} = \frac{\text{期内设备完好台数}}{\text{同期设备总台数}} \times 100\%$$

$$\text{设备利用率} = \frac{\text{全部设备实际工作时数}}{\text{设备工作总能力(时数)}} \times 100\%$$

b. 服务水平。

服务水平或需求满意是衡量用户需要时库存可获得性的指标。服务水平对于不同的行业与服务有不同的理解和定义,如:零售企业用客户服务(企业的最终客户)水平来衡量其服务水平;制造业用设备操作水平、生产服务水平(依靠库存供应的设备或生产保持持续运行的时间)来衡量其服务水平;仓储企业常用用户服务(库存项目对用户需求满足的供货数量)水平来衡量其服务水平。

服务水平高当然更好一些,但要考虑库存费用。服务水平或需求满意是通过由库存满足的用户需求的数量来计算的,表示为占所有总需求数量的比例。要提高用户的满意度就要提高库存,调节需求满意度与库存需求之间的平衡。

下面提供了一些指标用来衡量服务水平:

a) 订货或运输(或立即从库存中取出)是否按计划进行。
b) 由于物料或零部件的短缺而造成的闲置生产时间。
c) 缺货的可能性。
d) 收货时拒绝收货(质量)的比率。
e) 生产中部件或原材料拒绝收货的比率。
f) 特定时间内没有移动库存的比率。
g) 库存满足需求的比率。
h) 库存与目标库存的比较。
i) 多余库存的数量。
j) 用户抱怨的次数。

可以量化的几个指标计算公式为:

$$\text{缺货率} = \frac{\text{缺货次数}}{\text{顾客订货次数}} \times 100\%$$

$$\text{顾客满足程度} = \frac{\text{满足顾客要求的数量}}{\text{顾客要求数量}} \times 100\%$$

$$\text{准时交货率} = \frac{\text{准时交货次数}}{\text{总交货次数}} \times 100\%$$

$$\text{货损货差赔偿费率} = \frac{\text{货损货差赔偿费总额}}{\text{同期业务收入总额}} \times 100\%$$

c. 储存能力和质量。

a) 出库率(rate of delivery)。它是实际出库量(数量、重量、金额)与计划出库量的比率。其计算公式为:

$$出库率 = \frac{每月实际出库量}{每月计划出库量} \times 100\%$$

此值随每月的计划出库量而不同。计划数量少时，出库率往往远远超过100%，当计划数量多时，出库率往往大大低于100%，这样的值都不能说是好的。但是，计划值较恰当时，出库率为100%是好的。出库率反映出库作业的状态，是一个重要的指标。

b）供给率（rate of supply）。它表示库存物品对用户需求满足的程度，即用户服务水平是供给量（数量、重量、金狙）与要求量（数量、重量、金额）的比值。供给率可根据不同物资种类、不同要求单位以及全月合计数量等进行计算。一般的计算公式为：

$$供给率 = \frac{实际出库量}{要求出库量} \times 100\%$$

这个值不管上述的物资种类、需求单位、全月合计数量如何，都以100%为好。统计资料表明在期限允许范围内，供给率一般在75%~90%之间。

c）及时发放率（rate of prompt delivery）。它是衡量库存准确率的指标之一，是要求从仓库出库交给对方的物资数量与能够及时予以发放物资数量的比例。

这里的及时界限可以把即时、即日、2日以内或3日内等看成是及时，一般由企业确定。其计算公式为：

$$及时发放率 = \frac{实际及时出库的数量}{要求及时出库的数量} \times 100\%$$

及时发放率以100%为最好。实际上多数为60%，其次为80%，极少能达到100%。

d）综合发放率（rate of perfect delivery）。一般是指每月实际发放的物资数量（件数、重量、金额）与本月要求发放物资数量的比例。其计算公式为：

$$综合发放率 = \frac{每月实际出库量}{每月要求出库量} \times 100\%$$

e）收发差错率。它也是衡量库存准确率的指标之一，是指物资种类、质量、数量、重量、金额、时刻、时期、发货目的地等出入库时发生差错的数量占总出库量的比例，反映物资在收发过程中的差错情况，误发率多数按旬或按月进行计算。按月计算公式为：

$$物资收发差错率 = \frac{计划期内发生收发差错的物资量}{计划期内仓库的进出总量} \times 100\%。$$

式中的差错量应该是由于验收不严、复核不够而造成错发错收的物资总量，一般以每笔收发业务为计算单位，其值最好为0。

f）账物卡相符率。反映仓储记账、料卡、实物三者相符的情况。其计算公式为：

$$账物卡相符率 = \left(1 - \frac{账物卡不符项数}{库存物资总项数}\right) \times 100\%$$

$$仓库吞吐能力实现率 = \frac{期内实际吞吐量}{仓库设计吞吐量} \times 100\%$$

商品缺损率：

$$商品缺损率 = \frac{期内商品缺损量}{期内商品总数} \times 100\%$$

仓库吨成本：

$$仓库吨成本 = \frac{仓储费用}{库存量} \times 100\%$$

②库存周转率的评价与分析。

库存周转率对于企业的库存管理来说具有非常重要的意义。例如制造商,他的利益是在资金——→原材料——→产品——→销售——→资金的循环活动中产生的,如果这种循环很快即周转快时,在等额资金下的利润率也就高。因此,周转的速度代表了企业利益的测定值,被称为"库存周转率"。对于库存周转率,没有绝对的评价标准,通常是同行业相互比较,或与企业内部的其他期间比照分析。库存绩效考核分析中,库存周转率是着重考核的内容。

a. 库存周转率的基本计算公式。库存周转率的计算公式除前述的计算公式外,实际考核中也有用如下公式进行计算:

$$库存周转率 = \frac{使用数量}{库存数量} \times 100\%$$

使用数量并不等于出库数量,因为出库数量包括一部分备用数量。除此之外也有以金额计算库存周转率的。同样道理,使用金额并不等于出库金额。

$$库存周转率 = \frac{使用金额}{库存金额} \times 100\%。$$

使用金额也好,库存金额也好,都要确定是何时的金额,因此规定某个期限来研究金额时,需用下列算式:

$$库存周转率 = \frac{该期间的出库总金额}{该期间的平均库存金额} \times 100\%$$

$$库存周转率 = \frac{该期间的出库总金额 \times 2}{期初库存金额 + 期末库存金额} \times 100\%$$

库存周转率根据行业不同还可以细分为以下几种:

$$零售业的库存周转率 = \frac{总销售额}{总库存金额}$$

$$制造业的库存周转率 = \frac{销售物品金额}{总库存金额}$$

$$原材料库存周转率 = \frac{原材料销售额}{原材料平均库存值}$$

式中,分子分母的数值均应指相同时间段内的数值。

b. 商品周转率的计算公式。商品周转率是表示商品周转的状况,用于评价商品销售情况,使之能提供适宜而正确的库存控制所需的基本资料。由于使用商品周转率的目的不同,计算方法也不同,主要计算方法参考表7-3。

**商品周转率的计算公式汇总表**　　　　　表7-3

| 方　　法 | 计　算　公　式 |
|---|---|
| 求售价方法 | $商品周转率 = \dfrac{销售额}{平均库存额(按成本)} \times 100\%$ |
| 求成本方法 | $商品周转率 = \dfrac{销售成本(销售费用)}{平均库存额(按成本)} \times 100\%$ |
| 求数量方法 | $商品周转率 = \dfrac{销售数量}{平均库存数量} \times 100\%$ |
| 求销售金额方法 | $商品周转率 = \dfrac{销售额}{销售价的平均库存额} \times 100\%$ |
| 求包括利益与成本的方法 | $商品周转率 = \dfrac{总销售额}{现有平均库存额(按成本)} \times 100\%$ |

有关人员可根据表 7-3 中的 5 种计算方法,计算不同种类、不同尺寸、不同颜色、不同厂商和批发商的商品周转率,调研市场销售情况,并以此改变经营,改善存货结构,增加利润。

c.库存周转率的考核方法。

a)和同行业比较考核法。在与同行业相互比较时只有将计算公式的内容调整到同一基础进行计算,才有真正的比较价值。

b)参考以往绩效的考核方法。参考自己企业以往的绩效,不是随便取之,而是用周转率较大(周转时间较短)的绩效值进行比较分析。另外周转率和周转时间的标准值,因商品的分类不同而各不相同。所以除过去的绩效外,最好不要参照其他相关因素来决定。

c)期间比较考核法。根据统计资料计算的周转率仅能用来当作一个概略的标准,应将重点放在本企业内各期间的比较来评价良莠,这才是较为正确的方法。另外计算周转率时,最好按月随着库存的动态变化而抽象算为月间周转率,作为相对期间来比较更为客观。

d.库存周转率的分析。库存周转越快表明库存管理的效率越高。反过来,库存周转慢意味着库存占用资金量大,保管等各种费用也会大量发生。库存周转率对企业经营中至关重要的资金周转率指标也有极大的影响作用。但究竟库存周转率多大为最好是难以一概而论的,很多北美制造业企业为一年 6~7 次,而有些日本企业可达一年 40 次之多。通过减少低消耗率和低价值物品的订货次数,增加高价值物品的订货次数,EOQ 政策经常可以提高整体库存周转率。然而不能一概而论:库存周转率高,库存绩效就一定好,库存周转率低,库存绩效就一定差。库存周转率与经济效益的关系较为复杂,具体表现如下。

a)库存周转率高,经济效益也好。

产生原因:销售增加并且远远超过存货资产,使企业获得较好的利润;因决策合理缩短周转时间。

b)库存周转率虽高,企业经济效益却不佳。

产生原因:销售额超过标准库存拥有量,缺货率远远超过了允许范围,使企业失去销售机会,带来经济损失;库存调整过分彻底,低于预测的销售额降低值而发生缺货,减少企业收益。

c)库存周转率虽低,经济效益却较好。

产生原因:不久的将来,准确预测能够大幅度涨价的商品,库存充足;对于有缺货危险的商品,有计划地拥有适当的库存量;正确预测未来销售额的增加,在周密计划之下,持有适量的存货;啤酒、空调之类季节性较强的产品有计划地储存以备旺季的需求。

d)库存周转率低,经济效益较差。

产生原因销售额减少,却不做库存调整;库存中的伪劣品、滞销品、积压品、过时商品等不良商品不但不减少,反而增加,或长储存在仓库不做处理,占压资金。

通过库存周转率分析库存绩效时,应先参照上述原则,再进行详细分析判断。

**3.物流企业绩效评价**

关于企业绩效评价指标的选取,人们进行了许多探索和实践,大致经历了以下发展历程。20 世纪 50~60 年代,由于客户需求大于供给,企业的主要任务是以最低的成本生产出尽可能多的产品,以实现利润最大化为战略目标。在这种情况下,企业以财会指标作为绩效评价的唯一指标是无可厚非的。进入 20 世纪 70 年代以后,随着卖方市场向买方市场的转变以及市场竞争的加剧,企业管理的重心也逐步由成本管理向客户关系管理发展,单纯以财务指标作为绩效评价指标的弱点暴露无遗,各种批评之声也纷至沓来。在20地纪80年代后期和90年代,人们对企业绩效评价的研究迅速升温,并设计出综合的企业绩效评价指标体系。

1)物流企业绩效评价指标分类标准

物流企业绩效评价体系属于企业管理控制系统的一部分,绩效评价的过程和结果都是按照指标体系各项要素逐项进行的。对物流企业进行绩效评估必须设置若干具体的评价指标,可按照以下标准分类。

(1)根据指标体系内含指标的多少分类。

根据指标体系内含指标的多少分为单指标和多指标综合物流绩效评价体系。

①单指标评价。

物流绩效评价指标的早期研究工作主要是建立适用于不同系统的单一绩效评价指标。单一绩效评价指标模式便于比较与分析,如成本最小化,作业活动时间最小化,客户反映以及弹性评价指标等相继被采用,这些单一绩效评价指标由于简单而受到广泛欢迎,其应用前提在于单个指标能够适当地反映系统绩效。但是单一绩效指标评价也存在明显的缺点:一是缺乏可包含性。可包含性是指作为绩效测度指标必须能够测度物流的所有相关方面,而单一绩效测度共同的缺点就是缺乏可包含性。例如,某物流企业使用成本衡量物流绩效,尽管物流能够在最小成本下运行,但它可能同时表现出较差的客户服务绩效,或者缺乏弹性,不能适应客户需求的任意变动。二是绩效测度指标本身的缺点。以成本为例,成本作为一项资源测度是许多单一测度模式所选择的绩效评价,其地位是非常重要的,但是由于传统管理会计的一些缺点导致其自身也存在缺点,包括缺少相关成本项目、成本分类(特别是间接费用)不合理以及报告时间滞后以至于成本信息失去价值。由于单个绩效测度本身的缺陷以及可包含性的缺乏,致使物流的重要特征以及它们之间的相互作用被忽视,除此之外忽视物流的弹性也会导致企业不能适应未来变化。

②多指标综合物流绩效评价体系。

针对单个绩效测度本身的局限性,有人明确指出,物流水平领先的公司应具备的特征之一,就是建立复杂而又全面的绩效测度体系,有效绩效测度体系应具备可包含性、普遍性、可计量性以及一致性等特征,如佳能公司的总裁D. Eggleton指出,他们衡量绩效的标准是雇员满意度、客户满意度以及公司回报率等。另外一个特征是保险利益原则。保险利益是投保人或被保险人对保险标的具有法律上承认的利益。这里的利益一般是指保险标的安全与损害直接关系到被保险人的切身经济利益。

(2)根据物流企业的内外部情况分类。

根据物流企业的内外部情况进行分类,可以分为内部综合评价指标和外部综合评价指标两大类。

①内部综合评价指标。主要包括成本、利润、服务、质量、管控和运行效率指标等。

②外部综合评价指标。主要包括市场信息、供应商的意见、客户的反映、企业的公众形象以及与其他厂商相对比的竞争能力等指标。

(3)根据物流企业绩效评价指标的量化程度分类。

根据物流企业绩效评价指标的量化程度进行分类,可以划分为定量和定性两大类。

①定量指标。主要包括成本、利润、管理费用、股本收益率、工资等指标。

②定性指标。主要包括服务、信息、机制作用效果、业务流程及衔接情况等指标。

(4)根据评价的关联对比分类。

根据评价的关联对比进行分类,可以将评价指标分为纵向对比、横向对比和关联指标。

①纵向对比指标。即以企业前几年的绩效为标准,进行自身的比较,判断企业是处于成长阶段还是衰退阶段。

②横向对比指标。即将企业与行业中其他企业的绩效水平进行比较,从相比较的结果中可以判断出企业的竞争能力。

③关联指标。现代物流企业为了提高顾客的满意程度,必须与顾客建立良好的伙伴关系,努力使为客户服务的水平达到顾客要求的标准。

(5)根据指标的层次性分类。

按照指标的层次性可以分为一级指标、二级指标、三级指标等。

①一级指标。即指根据物流系统的主要流程和功能设置的最主要的指标。

②二级指标。即指在一级指标项下设置的考核一级指标的次级指标。

③三级指标。二级指标下设三级指标。

根据需要还可以相应设置四级、五级指标等。

(6)根据物流绩效考核指标体系内含指标的不同分类。

根据物流绩效考核指标体系内含指标的不同又分为以下几种。

①与企业战略目标相匹配的综合物流绩效评价指标体系(表7-4)。

**与企业战略目标相匹配的物流绩效考核指标体系**　　　　表7-4

| 企 业 战 略 目 标 | 绩效考核指标 |
| --- | --- |
| 企业将提供在最低可能的成本下的高质量地满足客户要求的产品 | 成本、产品质量 |
| 企业将生产的产品以最低成本按时递送给顾客 | 成本、产品延误 |
| 企业将生产高质量的产品以满足未来客户需求 | 产品质量弹性 |

②以效率(即资源经济适用程度)为战略目标的三维绩效测度体系。

一是利用性指标:衡量输入在物流过程中的利用性,如费用指标,非财务资源指标和库存指标。

二是生产率指标:任务完成的效率怎样,比如,产出与投入之比。

三是有效性指标:物流过程交付的"完美性",需要怎样制定标准以及标准是怎样执行的。

③资源、生产量以及弹性三要素评价指标体系(表7-5)。

**ROF 绩效指标**　　　　表7-5

| 绩效考核指标 | 目标 | 目　　的 |
| --- | --- | --- |
| 资源(R) | 高水平的效率 | 有效资源管理对获利性是至关重要的 |
| 生产量(O) | 高水平的客户服务 | 没有所需要的生产量,客户会转到其他供应链 |
| 弹性(F) | 应对变化环境的能力 | 在一个不确定的环境中,供应量必须能够对应各种变化 |

其中,资源绩效指标包括:总成本、销售成本、生产成本、存储成本、投资回报。

生产量绩效指标包括:销售总收入、利润、供货率(目标供货率的完成情况、平均项目供货率);按时交货的情况(产品拖延期、订货平均拖延时间、订货平均提前时间和按时交货百分比);缺货的情况(缺货的可能性、未交货的数量和平均缺货水平、答复客户的时间、生产订货间隔期、运输失误的数量、客户抱怨的数量)。

弹性绩效指标包括:数量弹性(指改变产品产量水平的能力);变货弹性(指改变计划交货时间的能力);混合弹性(指改变产品种类的能力);新产品弹性(指引进、生产新产品的能力,包括现有产品的改造)。

④环境管理战略为目标的绩效指标体系。

随着人们对环境的日益关注,研究者和管理者也意识到环境对物流的深远影响,如有学者指出,在物流的各组成因素中都应考虑环境发展,应从战略的角度看待环境导向下的物流管理。

物流运营中的环境正在发生新的变化,评估绩效不仅仅在于公司经营的程度,而且也显示了公司对于未来责任的意识。为了减少对环境的影响,必须从整个系统的角度进行评估。还有一些公司在这个领域已取得一定的成果,如 BT 将供应方评估计划与环境购买政策相结合已有多年,B&Q 通过对供应商的应用问卷调查和审计方法追踪其环境问题,IBM、Nokia、BMW 以及佳能公司等从客户那里回收设备加以修复或回收材料加工为原材料。

因此,有的学者提出了包括环境状况、公司环境政策、环境管理系统以及生态平衡评估法下的产品和流程等 4 类绩效指标,其中,生态平衡方法主要由以下 3 部分组成:

a. 公司所使用材料、能源的平衡明细信息。

b. 生产中耗用资源、能源的流程平衡信息。

c. 帮助管理者评估产品环境影响的产品平衡信息。

将这些项目记录下来汇总为外部报告,同时指出这些信息对于需要改革环境的股东来说非常重要,它为进一步的改善提供了证据。可以说这些理论性的建议对于环境绩效指标设计意义重大。

纵观上述指标体系不难发现,物流绩效是一个相当复杂的概念,没有一个指标能够单独反映物流绩效,特别是随着物流领域内涵的不同拓展,不断增加的作业活动需要附加的指标,物流绩效测度的内容也会变得日益庞大,确保物流绩效评价指标体系明确、清晰成为必然。因此关于如何针对企业自身情况建立企业绩效评价指标体系,许多人从不同角度提出了自己的方法。

(1)物流企业绩效评价指标体系应具有包含性、普遍性、可测度性、一致性和适应性。

①包含性。包括准确反应评价指标的实际流程,并推动各物流功能的协调。

②普遍性。应能被广泛接受,可比且易被理解。

③可测度性。能够与已有的信息系统相融合,提供充分、详细的指标细节,并且确保因测度增加的价值超过其成本。

④一致性。是指一个生产组织所需要的绩效测度种类直接与公司所选择的生产战略相关,只有物流绩效测度与战略目标相结合,才能实现物流管理的长期性。

⑤适应性。随着物流现代化和效率化的发展以及物流内涵的拓展,绩效评价指标应能够应对不断变化的商业和文化环境。

(2)BH Maskell(1991)在绩效研究过程中,分析了现代绩效评价指标的七项特征。

①直接与生产战略相关联。

②主要应用财务指标。

③这些指标在不同的应用环境中有所不同。

④可以在需要变化时,随时间而改变。

⑤简单易用。

⑥为操作者和管理者提供快速反馈。
⑦相对于视绩效的变化,它们更倾向于激励绩效的改善。
现代绩效评价指标的特征,综合反映了一个多维的、动态的、具有创新的评价模型。

(3)理想的评价指标的原则。

研究绩效评价指标的文献非常多,提出的观点也各不相同,但无论如何,根据现代绩效评价指标的特征,一个理想的考核指标应满足以下几项原则:

①能够反映客户、企业和供应链自身的需求。
②易于理解。
③应用广泛。
④使用成本低。
⑤能够做出前后一致的解释。
⑥能综合反映评价对象的真实价值。
⑦可以作为一个标准的、共享的衡量尺度。

(4)财务指标与非财务指标相结合的原则。

对现代物流企业进行绩效评价,传统的企业绩效评价指标显示出明显的不足。传统的企业绩效评价指标主要是基于功能的,体现在会计、财务指标上,注重的是对过程结果的反映,具有静止的、单一的和被动的特点,不能全面地、动态地反映企业生产经营过程中的问题,不能主动进行分析和管理,也不能有机地融合组织的战略目标和战略管理手段。因此,传统的企业绩效评价指标不适于对供应链环境下的物流企业运营绩效的评价,其原因在于:

①传统企业绩效评价指标的数据来源于财务结果,在时间上比较迟缓,不能反映供应链动态运营情况。

②传统企业绩效评价指标主要评价企业职能部门的工作完成情况,不能对企业业务流程进行评价,不能科学地、客观地评价供应链的运营情况。

③传统企业绩效评价指标不能对供应链的业务流程进行实时评价和分析,侧重于事后分析。因此,当发现偏差时,偏差已成为事实,已经造成了危害和损失,并且往往很难加以补偿。

值得一提的是,经济学家也反对使用会计数据评价企业绩效,因为它忽略了机会成本和货币的时间价值。鉴于财务指标自身存在的缺陷,越来越多的学者倾向于引入非财务指标。这些学者认为,相对于财务指标,非财务指标具有如下优点:

①评价更加及时、准确,易于度量。
②与企业的目标和战略相一致,可以有效地推动企业的持续改进。
③具有良好的柔性,能够适应市场和企业周围环境的变化。
④能够全方位、多角度地描述企业的经营状况。

尽管如此,针对提供服务的物流企业而言,非财务指标也存在数量过多、企业很难选择适合自己的评价指标等缺点。

2)物流企业绩效评价的主要财务指标

(1)基本指标。

基本指标是评价物流企业绩效的核心财务指标,也是主要定量指标,用于完成物流企业绩效的初步评价。基本指标共由以下 8 项定量指标构成。

①净资产收益率。

净资产收益率是指物流企业在一定时期内的净利润与平均净资产的比率,它体现了投资者投入企业的自有资本获取净收益的能力,突出反映了投资与报酬的关系,是评价企业经营效益的核心指标。其计算公式为:

$$净资产收益率 = \frac{净利润}{平均净资产} \times 100\%$$

式中,净利润是指物流企业税后利润,即利润总额减去应交所得税后的净额。平均净资产是指物流企业年初所有者权益同年末所有者权益的平均数,它包括实收资产、资本公积、盈余公积和未分配利润。

一般情况下,物流企业净资产收益率越高,企业自有资本获取收益的能力越强,运营效益越好,对企业投资者及债权人的保证程度越高。

②总资产报酬率。

总资产报酬率是指企业一定时间内获得的报酬总额与平均资产总额的比率,它表示物流企业包括净资产和负债在内的全部资产的总体获利能力,是评价企业资产运营效益的重要指标。其计算公式为:

$$总资产报酬率 = \frac{利润总额 + 利息支出}{总资产} \times 100\%$$

式中,利润总额是指物流企业实现的全部利润,包括企业当年营业利润、补贴收入、营业外收支净额及所得税等项内容。如为亏损,以"-"号表示。利息支出是指物流企业在经营过程中实际支付的借款利息、债券利息等。平均资产总额是指物流企业资产总额年初数与年末数的平均值。

一般情况下,总资产报酬率越高,物流企业投入产出的水平越好,企业的资产运营越有效。物流企业可将此指标与市场资本利率进行比较,如果该指标大于市场利率,则表明企业可以充分利用财务杠杆,进行负债经营,获取尽可能多的收益。

③总资产周转率。

总资产周转率指物流企业一定时期营业收入净额同平均资产总额的比值。它是综合评价物流企业全部资产经营质量和利用效率的重要指标。其计算公式为:

$$总资产周转率 = \frac{营业收入净额}{平均资产总额}$$

式中,营业收入净额是指物流企业当期提供服务等主要经营活动取得的收入减去折扣与折让后的数额。

一般情况下总资产周转率越高,周转速度越快,物流企业全部资产的管理质量和利用效率越高。它不但能够反映出物流企业本年度及以前年度总资产的运营效率及其变化,而且可以发现与同类企业在资产利用上存在的差距,促进物流企业提高资产利用效率。

④流动资产周转率。

流动资产周转率指企业一定时期营业收入净额同平均流动资产总额的比值。它是评价物流企业资产利用效率的又一主要指标。其计算公式为:

$$流动资产周转率(次) = \frac{营业收入净额}{平均流动资产总额}$$

式中,平均流动资产总额是指物流企业流动资产总额的年初数与年末数的平均值。

$$\text{平均流动资产总额} = \frac{\text{流动资产年初数} + \text{流动资产年末数}}{2}$$

通过对该指标的分析,一方面促进企业加强内部管理,充分利用流动资产(如降低物流成本,调动闲置货币投资创造收益),同时采取措施扩大用户,提高流动资产综合使用效率。该指标越高,表明物流企业流动资产周转速度越快,利用率越高,流动资产相对节省,起到增强物流企业盈利能力的作用。

⑤资产负债率。

资产负债率指物流企业一定时期负债总额同资产总额的比率。它表示企业总资产中有多少是通过负债筹集的。该指标是评价物流企业负债水平的综合指标。其计算公式为:

$$\text{资产负债率} = \frac{\text{负债总额}}{\text{资产总额}} \times 100\%$$

负债总额是指物流企业承担的各项短期负债和长期负债。资产总额是指物流企业拥有各项资产价值的总和。根据财政部的有关规定,在计算资产总额时暂扣减清产核资土地估价入账价值。

资产负债率是国际公认的衡量企业负债偿还能力和经营风险程度的重要指标。国内比较保守的经验判断一般为不高于50%,国际上一般公认60%比较好。过高的资产负债率财务风险太大,过低的负债率表明对财务杠杆利用不够。

⑥已获利息倍数。

已获利息倍数也称利息保障倍数,是指物流企业一定时期息税前利润与利息支出的比值,它反映物流企业偿还债务的能力。其计算公式为:

$$\text{已获利息倍数} = \frac{\text{息税前利润}}{\text{利息支出}}$$

式中,息税前利润是指物流企业当年实现的利润总额与利息支出的合计数。

$$\text{息税前利润} = \text{利润总额} + \text{实际利息支出}$$

该指标越高,表明物流企业的债务偿还越有保证,越低则表明没有足够的资金来源偿还债务利息。国际上公认的企业已获利息倍数为3。但是不同行业有不同的标准界限,一般不得低于1,否则企业债务风险很大。

⑦营业增长率。

营业增长率指物流企业本年营业收入增长额同上年营业收入总额的比率。它表示与上年相比,物流企业营业收入的增减变动情况,是评价物流企业成长状况和发展能力的重要指标。其计算公式为:

$$\text{营业增长率} = \frac{\text{本年营业收入增长额}}{\text{上年营业收入总额}} \times 100\%$$

式中,本年营业增长额是指物流企业本年营业收入与上年营业收入的差额。即:

$$\text{本年营业增长额} = \text{本年营业收入} - \text{上年营业收入}$$

如果本年营业收入低于上年,用"-"表示。

上年营业收入总额是指物流企业上年全年营业收入总额。

营业增长率是企业生存的基础和发展的条件(世界500强主要以营业收入多少进行排序)。

营业增长率越高表明增长速度越快,市场前景越好。但在实际评价分析时要结合历年来的营业水平、市场情况及其他影响因素。

⑧资本积累率。

资本积累率指物流企业本年所有者权益增长额同年初所有者权益的比率。它表示物流企业当年资本积累的能力,是评价物流企业发展潜力的重要指标。其计算公式为:

$$资本积累率 = \frac{本年所有者权益增长额}{年初所有者权益} \times 100\%$$

式中,本年所有者权益增长额是指物流企业本年与上年所有者权益的差额,即:

$$本年所有者权益增长额 = 所有者权益年末数 - 所有者权益年初数$$

年初所有者权益是指所有者权益的年初数。

资本积累率越高表明物流企业资本积累越多,企业发展潜力越大,资本保全性越好,应付风险、持续发展的能力越强。如果该指标为负值,表明企业资本受到侵蚀,所有者利益受到损害。

(2)修正指标。

修正指标是对基本指标评价后所形成的初步评价结果进行修正,以形成较为全面的物流企业绩效评价基本结果而设立的指标。修正指标由以下16项具体的定量指标构成。

①资本保值增值率。

资本保值增值率是指物流企业本年年末所有者权益扣除客观增值因素后与年初所有者权益的比率,它表示物流企业当年资本在企业自身努力下的实际增减变动情况,是评价企业财务效益状况的辅助指标。其计算公式为:

$$资本保值增值率 = \frac{扣除客观因素后的年末所有者权益}{年初所有者权益} \times 100\%$$

式中,扣除客观因素后的年末所有者权益是指我国1994年发布的《国有资产保值增值考核试行办法》(国资企发〔1994〕98号)中规定的客观因素。

资本保值增值率越高,表明企业的资本保全状况越好,所有者权益的增长越大,债权人的债务越有保障,企业发展后劲越强。如果指标为负值,表明企业资本受到侵蚀,没有实现资本保全,损害了所有者的权益,也妨碍了物流企业的进一步发展。

②营业利润率。

营业利润率是指物流企业在一定时期内营业利润同营业收入净额的比率。它表明每一个单位营业收入能够获取的利润,反映物流企业主营业务的获利能力,是评价物流企业经济效益的主要指标。其计算公式为:

$$营业利润率 = \frac{营业利润}{营业收入净额} \times 100\%$$

式中,营业利润是指从物流企业营业收入中扣除营业成本、营业费用、营业税金以后的利润,不含非主营业务利润、长期投资收益、营业外收支等因素。

该指标的评价结果结合物流企业的营业收入及成本分析,充分反映物流企业的成本控制、费用管理、经营策略及市场开拓等方面的成绩与不足。

③成本费用利润率。

成本费用利润率指物流企业一定时期的税后利润净额同物流企业成本费用总额的比率。其计算公式为:

$$成本费用利润率 = \frac{税后利润净额}{成本费用总额} \times 100\%$$

式中,成本费用总额是指物流企业营业成本、营业费用、财务费用之和。

成本费用利润率越高表示物流企业为取得收益所付出的代价越小,成本费用控制得越好,获利能力越强。

④库存周转率。

库存周转率是评价物流企业购入存货、入库保管、销售发货等环节的管理状况的综合性指标,它是在一定时期内销售成本与平均库存的比率,用时间表示库存周转率就是库存周转天数。其计算公式为:

$$库存周转率(次) = \frac{销售成本}{平均库存}$$

$$库存周转天数 = \frac{360}{库存周转率} = \frac{平均库存 \times 360}{销售成本}$$

式中,销售成本是指企业销售产品、商品或提供服务等经营实际成本。平均库存是指库存年初数与年末库存数的平均值。

物流企业必须重视库存周转率的分析研究,本指标的目的在于针对库存控制中存在的问题,促使物流企业在保证经营连续性的同时,提高资金使用率,增强企业短期偿债能力。库存周转率在反映库存周转速度及库存占用水平的同时,也反映物流企业运转状况。一般情况下,该指标值高,表示物流企业运转状况良好,有较高的流动性,库存转换为现金或应收账款的速度快,库存占用水平低,物流企业的变现能力强。另外,运用该指标时还应考虑进货批量、季节性变动及库存结构等。

⑤应收账款周转率。

应收账款周转率是反映应收账款周转速度,也就是年度内应收账款转为现金的平均次数,及应收账款流动速度的指标。用时间表示的周转速度是应收账款周转天数。应收账款周转率也叫平均应收账款回收期或平均收现期。其计算公式为:

$$应收账款周转率(次) = \frac{营业收入净额}{平均应收账款余额} \times 100\%$$

式中,应收账款是指物流企业因赊账提供商品或服务而应收的各种款项。

一般情况下,应收账款周转率越高,平均收账期越短,说明应收账款的收回速度越快;否则营运资金会过多地呆滞在应收账款上,影响正常资金周转。采用本指标的目的在于促进企业通过合理制定经营政策、严格合同管理、及时转账等途径,加快应收账款回收速度,盘活物流企业运营资金。

⑥不良资产比率。

不良资产比率主要反映物流企业的资产的质量。它是物流企业年末不良资产总额占年末资产总额的比重,是从企业资产管理的角度对企业资产运营状况进行的修正。其计算公式为:

$$不良资产比率 = \frac{年末不良资产总额}{年末资产总额} \times 100\%$$

式中,年末不良资产总额是指物流企业资产中难以参加正常经营运转的部分,包括3年以上应收账款、积压商品物资和不良投资等。

年末资产总额是指企业资产总额的年末数。

一般情况下,该指标越高,表明物流企业不能参加正常经营运转的资金越多,资金利用率越差。不良资产比率等于零是最佳水平。

⑦资产损失比率。

资产损失比率是物流企业在一定时期待处理资产损失净额占资产总额的比率,它用以分析判断物流企业资产损失对资产营运状况的直接影响。其计算公式如下:

$$资产损失比率 = \frac{待处理资产损失净额}{年末资产总额} \times 100\%$$

式中,待处理资产损失净额是指物流企业待处理流动资产净损失、待处理固定资产净损失以及固定资产毁损、待报废三项合计。该指标表明企业资产损失的严重程度,从物流企业资产质量的角度揭示资产管理状况。

⑧流动比率。

流动比率是企业一定时期流动资产同流动负债的比率,反映物流企业短期债务偿还能力。其计算公式为:

$$流动比率 = \frac{流动资产}{流动负债}$$

式中,流动资产是指物流企业可以在1年或超过1年的一个营业周期内变现或被耗用的资产。流动负债是指偿还期限在1年或超过1年的一个营业周期内的债务。

流动比率越高,表明流动资产流转得越快,偿还流动负债能力越强。但是,流动比率并非越高越好,如果比率过大,表明物流企业流动资产占用较多,影响企业经营资金周转率和获利能力。我国公认的标准比率为2:1。

⑨速动比率。

速动比率是物流企业在一定时期内速动资产同流动负债的比率。速动比率用来衡量企业短期偿债能力,评价物流企业流动资产变现能力的强弱。其计算公式为:

$$速动比率 = \frac{速动资产}{流动负债}$$

式中,速动资产是指扣除库存后流动资产的数额。即:

$$速动资产 = 流动资产 - 库存$$

速动资产包括现金、各种存款、有价证券和应收账款等资产。这些资产可在较短时间内变为现金。速动比率比流动比率更能表明一个企业对短期债务的偿还能力。我国公认的标准比率为1:1,过高会造成资金浪费,资金使用效率低;过低则企业偿债能力弱,财务风险大,不利于吸引投资者。

⑩现金流动负债比率。

现金流动负债比率是物流企业一定时期的经营现金净流入同流动负债的比率,它是从现金流动角度来反映企业当期偿付短期负债的能力。其计算公式为:

$$现金流动负债比率 = \frac{年经营现金净流入}{年末流动负债} \times 100\%$$

式中,年经营现金净流入是指一定时期内,由物流企业经营活动所产生的现金及其等价物流入量与流出量的差额。现金流动负债比率大,表明经营活动产生的现金流入较多,能够保障按时偿还到期债务。但是并不是越大越好,过大则表示企业流动资金利用不充分,收益能力不强。

⑪长期资产适合率。

长期资产适合率是物流企业所有者权益与长期负债之和同固定资产与长期投资之和的比率,它是从物流企业资源配置结构方面反映企业偿债能力。其计算公式为:

$$长期资产适合率 = \frac{所有者权益 + 长期负债}{固定资产 + 长期投资} \times 100\%$$

式中，所有者权益是指所有者权益总额的年末数。长期负债是指偿还期在 1 年或超过 1 年的一个营业周期以上的债务。固定资产是指物流企业固定资产总额的年末数。长期投资是指投资期限在 1 年或超过 1 年的一个营业周期以上的投资。

从维护企业财务结构稳定和长期安全性的角度出发,该指标数值高一点较好,但过高会带来融资成本增加,理论上认为该指标为 100% 较宜。物流企业应根据本企业的具体情况,参照同行业平均水平确定。

⑫经营亏损挂账比率。

经营亏损挂账比率是物流企业亏损挂账额与年末所有者权益总额的比率。它是对物流企业资金挂账的分析解剖,反映企业由于亏损挂账而导致的对所有者权益的侵蚀程度。其计算公式为：

$$经营亏损挂账比率 = \frac{经营亏损挂账}{年末所有者权益总额} \times 100\%$$

式中,经营亏损挂账是指因经营不善而造成的亏损挂账资金。年末所有者权益是指所有者权益总额的年末数。该指标越高,表明企业经营亏损挂账越多,经营中存在问题越多,留存收益受到的侵蚀越大。该指标越小越好。

⑬资产增长率。

总资产增长率是物流企业本年总资产增产额同年初资产总额的比率。总资产增长率评价物流企业本期资产的增长情况,评价物流企业经营规模总量上的扩张程度。其计算公式为：

$$总资产增长率 = \frac{本年总资产增长额}{年初资产总额} \times 100\%$$

式中,本年总资产增长额是指资产总额年末数与年初数的差额。

$$本年总资产增长额 = 资产总额年末数 - 资产总额年初数$$

如果是负数用"-"表示。

年初资产总额是指资产总额的年初数。

该指标越高,表明物流企业在一个经营周期内资产经营规模扩张的速度越快。但应注意资产规模扩张的质与量的关系及后续发展能力,避免资产盲目扩张。

⑭固定资产成新率。

固定资产成新率是物流企业当期平均固定资产净值同平均固定资产原值的比率。其计算公式为：

$$固定资产成新率 = \frac{平均固定资产净值}{平均固定资产原值} \times 100\%$$

式中,平均固定资产净值是指物流企业固定资产净值的年初数同年末数的平均值。

平均固定资产原值是指物流企业固定资产原值的年初数同年末数的平均值。

该指标越高,表明物流企业固定资产越新,更新越快,持续发展能力越强。运用该指标分析固定资产新旧程度时,应除去应提而未提折旧设施与设备等固定资产真实状况的影响。

⑮三年利润平均增长率。

三年利润平均增长率反映物流企业利润增长趋势和效益稳定程度及发展潜力。其计算公式为：

$$三年利润平均增长率\left(\frac{年末利润总额}{三年前年末利润总额}\times\frac{1}{3}-1\right)\times100\%$$

式中,三年前年末利润总额是指物流企业三年前的利润总额。

该指标越高,表明物流企业积累越多,可持续发展能力越强,发展潜力越大。利用三年利润平均增长率,能反映物流企业利润增长趋势和效益稳定程度,避免因少数年份利润不正常增长而对物流企业发展潜力做出错误判断。

⑯三年资本平均增长率。

三年资本平均增长率表示物流企业连续三年的积累情况,体现企业的发展水平和发展趋势,避免了一般增长率指标在分析时的滞后性。其计算公式为：

$$三年资本平均增长率=\left(\frac{年末所有者权益总额}{三年前年末所有者权益总额}\times\frac{1}{3}-1\right)\times100\%$$

式中,三年前年末所有者权益是指物流企业三年前的所有者权益年末数。

该指标越高,表明物流企业所有者权益的保障程度越大,物流企业可以长期使用的资金越充足,抗风险和持续发展能力越强。

 **任务实施**

### 一、资料准备

(1)准备若干家物流企业近三年的运营情况数据资料。

(2)对数据资料进行分析,整理出运输、储存、财务等方面重要数据。

### 二、数据计算

能够根据物流企业相关绩效考核指标的计算方式将考核指标结果计算出来。

### 三、任务实施

通过计算出的结果对各家物流企业运营绩效进行对比分析,并完成分析报告。

 **延伸阅读**

## ××第三方物流公司 KPI 考核表

仓储考核表见表7-6,运输考核表见表7-7。

仓 储 考 核 表　　　　表7-6

| 考核 | 考核项目 | 考核内容及评分标准 | 权重 | 得分 | 评分说明 |
|---|---|---|---|---|---|
| 库存管理 | 账实相符率 | 盘点的库存数等于账务的库存数,通过抽盘、月盘进行检验,因物流公司原因出现一次不相符情况则此项不得分 | 15 | | |
| | 在库货物残损 | 正常签收的货物在保管过程中如果出现残损,每出现一件扣2分,此项可以为负分;对于整托盘收货,最迟5d内拆托验货,超过该期限发生的到货破损申诉将不予以处理,视为在库破损。发生在库破损视货物损坏程度按照破损索赔标准进行赔偿 | 10 | | |

续上表

| 考核 | 考核项目 | 考核内容及评分标准 | 权重 | 得分 | 评分说明 |
|---|---|---|---|---|---|
| 库存管理 | 单据准确、及时传递 | 收货后及时将接货及收货清单传真给××平台,最迟不超过2h。库房发货清单第2天上午十点以前传递给××公司,每出现一次不符合要求的扣1分 | 10 | | |
| | 先进先出的出库原则 | 对应批次先入库的物料先行出库,大单、零项、破损品以及指定单号或批次、序列号出库除外,当期考核中,每出现一次不符合要求的扣3分 | 15 | | |
| | 指定出库 | 大单、零项批次产品、特殊库存要按照采购订单号或者指定序列号等要求进行出库,每出现一次不符合要求的扣3分 | 5 | | |
| | 库房整洁度 | 地面、货品无灰尘,通过抽盘、月盘进行检验,出现一次不相符情况扣1分 | 5 | | |
| | 货位管理 | 摆放有序、推码合理、标识明确、分类清晰,每出现一次不符合要求的扣2分 | 5 | | |
| | 拣货及备货及时准确性 | 库房拣货及备货操作及时准确,每出现一次不符合要求的扣2分 | 10 | | |
| 信息管理 | 报表传递 | 库存报表、序列号报表、入出库明细表、月度分摊费用表、转储周报等报表及时准确提报,不及时或不准确每出现一次扣2分 | 10 | | |
| 代收支票 | 送货收支票 | 保证代收支票准确无误,收款遇特殊情况能及时向××公司物流专员反馈,每出现一次不符合要求的扣2分 | 5 | | |
| 满意度 | 服务态度 | 基于接口人员工作配合度,突发事件解决能力,流程执行情况,供应商物流公司反馈等进行评价 | 10 | | |

运输考核表  表7-7

| 考核 | 考核项目 | 考核内容及评分标准 | 权重 | 得分 |
|---|---|---|---|---|
| 运输管理 | 配送准确性 | 错发、漏发,每出现一次不符合要求的扣5分,出现二次不符合要求扣10分,可以为负分 | 20 | |
| | 货损丢失率 | 丢失破损率>0.2%不得分(丢失货损率=当月发生丢失及破损产品总数量/当月实物出库总数量),如果当期无货损丢失加2分 | 20 | |
| | 配送及时率 | 市内及区域配送准时到达率98%,每低于1%扣2分 | 20 | |
| | 客户投诉 | 如出现一次酌情扣2~5分,每递增一次加扣5分,当期有书面表扬加2分 | 10 | |
| | 收货确认单回收及时准确性 | 市内:次日上午10点前提供前一天的收货确认单,要求单据完整、有效。区域:按协议要求的回收进度及时提供[第$n$月的考核表,是考核第($n-1$)月的收货确认单截至第$n$月15日的回收统计结果] | 10 | |
| | 到货预报通知 | 送货前给代理商提供到货预报(电话、邮件、传真均可),抽查每发现一次不符合要求的扣1分 | 5 | |
| 信息管理 | 信息反馈 | 如反馈不及时或不准确每出现一次扣2分 | 5 | |
| 满意度 | 服务态度 | 对接口人员工作配合度,物流满意度调查反馈情况,突发事件解决能力,流程执行情况等进行评价 | 10 | |

# 任务2　物流企业绩效考核方法设置

### 他该不该被评为优秀

年底,某物流企业又开始了一年一度的年终考核。有一个部门这一年的工作成绩比较突出,主要因为该部门这一年的人手特别少,原来需8个人干的工作都压在了仅有的4个人身上,同时该部门还单独承担了三项大的工作。部门主任是一位肯干、热情的人,在任务重、人员少、时间紧、条件差的情况下,他硬是带领其他3个人顺利、圆满地完成了所有的任务,并受到了上级领导的表扬。

按说,由4个人来完成这些任务是不太容易的,但是部门主任极大地发挥主观能动性,牺牲了许多休息时间,制定了比较完善的计划,从而圆满完成任务。另外,部门的其他3个人里有两个人工作比较出色。但评选优秀的名额有限,一个部门只能评出一名优秀员工。

部门主任对此有不同的看法,他认为:首先,评比优秀就是要将那些真正的优秀评比出来,而不应该平均分配名额;其次,有的部门在一年里并没有做很多工作,有的部门甚至一般工作都很少,为什么也要优秀名额?第三,即使一个部门1名优秀名额,也不应该是那个被提名为候选人的人员,因为尽管他任务完成得多,但都难度不大,而另一位员工虽仅做了几件工作,但是难度都比较大。

部门主任便向单位领导建议把另两个人都评上,否则就一个都不要评。理由是按照绩效考核标准来衡量,第二个人只需完成两件难度较大的工作就和另一个候选人的条件一样了,但他完成了三件工作。

部门主任想评出两名优秀,但受到名额的限制只能评一个。即便是评一个,他还想评那个做了几件工作难度大的员工。如果一个都不评又不可能,但评上第一个候选人,他怕第二个人想不通;要想评第二个人为优秀,又没有通过。部门主任真的很为难。

**引例分析**

在业绩评价过程中,有许多方法,可供选择,它们有各自的优点和不足。一种评价方法是否有效取决于该方法提供的信息是否能够满足绩效管理的需要,让我们一起来理解有关物流企业绩效考核方法方面的知识吧!

 **任务分析**

一、任务准备

(1)若干物流公司绩效考核相关资料和案例。
(2)多媒体教室(含可供学生上网查资料的电脑、多媒体教学设备、课件和动画等教学资料)。

二、任务目标

(1)理解KPI的定义、特征、原则及应用。
(2)掌握平衡计分法的原理和应用。

— 311 —

(3)能对工作进行界定,并掌握绩效考核的技巧。
(4)能够理解对于员工绩效进行考核的方法。

### 三、基础知识

**1. 绩效考核的程序**

(1)制定绩效考核标准。
(2)评定绩效。
(3)绩效考核反馈。
(4)考核结果的运用。

**2. KPI 绩效考核**

KPI 绩效考核,又称"关键业绩指标"考核法,是企业绩效考核的方法之一,其特点是考核指标围绕关键成果领域进行选取。关键业绩指标法 KPI 是通过对组织内部某一流程的输入端、输出端的关键参数进行设置、取样、计算、分析,衡量流程绩效的一种目标式量化管理指标,是把企业的战略目标分解为可运作的远景目标的工具,是企业绩效管理系统的基础。KPI 可以使部门主管明确部门的主要责任,并以此为基础,明确部门人员的业绩衡量指标。

**知识链接**

确定关键绩效指标有一个重要的 SMART 原则。SMART 是 5 个英文单词首字母的缩写。

(1)S 代表具体(Specific),指绩效考核要切中特定的工作指标,不能笼统。
(2)M 代表可度量(Measurable),指绩效指标是数量化或者行为化的,验证这些绩效指标的数据或者信息是可以获得的。
(3)A 代表可实现(Attainable),指绩效指标在付出努力的情况下可以实现,避免设立过高或过低的目标。
(4)R 代表相关性(Relevant),指年度经营目标的设定必须与预算责任单位的职责紧密相关,它是预算管理部门、预算执行部门和公司管理层经过反复分析、研究、协商的结果,必须经过他们的共同认可和承诺。
(5)T 代表有时限(Time-based),注重完成绩效指标的特定期限。需要指出的是广义的仓储费用包括流通加工成本以及装卸搬运成本,由于这两者在整个仓储成本中占有较大的比例,所以单独列出以加强物流成本管理。

1)KPI 的建立

首先,明确企业的战略目标,如可在企业例会上利用头脑风暴法和鱼骨分析法,找出企业的业务重点。这些业务重点即是企业的关键结果领域,也就是说,这些业务重点是评估企业价值的标准。确定业务重点以后,再用头脑风暴法找出这些关键结果领域的关键业绩指标(KPI)。

然后,各系统的主管对相应系统的 KPI 进行分解,确定相关的要素目标,分析绩效驱动因素(技术、组织、人),确定实现目标的工作流程,分解出各系统部门级的 KPI,确定评价指标体系。接着,各系统的主管和部门的 KPI 人员一起将 KPI 进一步细分,分解为更细的 KPI 及职位的业绩衡量指标,这些业绩衡量指标就是员工考核的要素和依据。同时这种对 KPI 体系的建立和测评工作过程本身,就是统一全体员工朝着企业战略目标努力的过程,也必将对各部门管理者的绩效管理工作起到很大的促进作用。

2）KPI常见指标

关键业绩指标指明各项工作内容所应产生的结果或所应达到的标准，以量化最好。最常见的关键业绩指标有三种：一是效益类指标，如资产盈利效率、盈利水平等；二是营运类指标，如部门管理费用控制、市场份额等；三是组织类指标，如满意度水平、服务效率等。

**知识链接**

下面根据我国物流企业的机构设置、物流组织定位及国外物流公司的操作，以物流运作为核心阐述关键业绩指标对物流服务的监控。

1. 满意程度比率（$S$）

$$S = \frac{满足客户需求次数}{客户需求次数} \times 100\%$$

客户需求次数：包含客户的特殊需求，比如，客户促销期对车辆的需求、不常见线路运输、增值服务要求等。

2. 货物准时交货率（$J$）

$$J = \frac{按照预计时间到货单数}{总的发货单数} \times 100\%$$

按照预计时间到货单数：指在一个周期内，按照约定时间送达客户手中的交货单数。总的发货单数：指在一个周期内，客户所发货物的单数。

另外，按照预计时效夜间到货的可延长夜间时段。

3. 信息及时跟踪率（$F$）

$$F = \frac{能跟踪上信息的单数}{需跟踪的总单数} \times 100\%$$

能跟踪上信息的单数：指每天在规定的时段能跟踪上信息的单数。

需跟踪的总单数：指每天发出的货物以及上一时段发出但在此时段没有交付的货物单数。

4. 发货准确率（$R$）

$$R = 1 - \frac{在一周期内发错货物的单数}{同一时段的发货总单数}$$

5. 货损货差赔偿率（$C$）

$$C = \frac{货损货差赔偿总额}{同期业务收入总额}$$

货损货差赔偿总额：包括由保险公司以及第三方负担的赔偿额。

6. 客户满意度

满意度可以设五个档次：差、较差、一般、好、很好。同样，对应分值为：1、2、3、4、5。客户满意度是由收货人对配送端服务态度的评价。

7. 客户意见（投诉）处理率（$T$）

$$T = \frac{能让客户满意的处理意见（投诉）件数}{客户提出的意见（投诉）件数} \times 100\%$$

8. 回单返回率（$F$）

$$F = \frac{能按时收回的回单单数}{发货的总单数} \times 100\%$$

物流主管部门要重视 KPI 指标,时刻保持管理优化的理念。评价要有专人负责,建立起 KPI 指标应用的管理模式。KPI 指标的定义、多维数据统计、客观的分析以及持续改进的理念是 KPI 指标应用成功的基础。同时多种形式的培训和宣传有助于 KPI 应用工作的展开。总之,借鉴 KPI 标准及其考评方法的核心思想和方法,不但有助于管理优化,而且有助于完善考核体系和考核制度。

3) KPI 的指标选择

使用 KPI 的最终目标是企业组织结构的集成化,是以提高企业的效率为核心,精简不必要的机构、不必要的流程以及不必要的系统。KPI 确立的是关键绩效指标,而不是目标,因此,KPI 的设定并不是越多越好,而需要抓住绩效特征的根本,科学的设定 KPI 的考核指标。关键绩效指标强调对企业业绩起关键作用的指标,而不是与企业经营管理有关的所有指标。它实际上提供了一种管理的思路:作为绩效管理,应该抓住关键绩效指标绩效管理,通过关键绩效指标将员工的行为引向组织的目标方向。

建立岗位绩效指标时,其最终目标是为了完成公司的目标,因此要从确定企业的战略目标为起点,在纵向上要考虑上一级的指标,一步一步逐级分解出部门级 KPI 和岗位的 KPI,在横向上则要考虑流程因素,要清楚每一个工作的输入与输出及过程的要素。KPI 作为关键绩效指标,企业在制定时,需要确实能体现 KPI 中关键和少量的作用。KPI 的制定,不能太少也不能过多。太少达不到平衡的作用,无法全面考虑到企业管理的各个方面,而太多又会造成顾此失彼,浪费了多余的人力和精力。所以,制定指标不在于数量,而在于关键性,要真正能反映企业成功的要素。

4) KPI 的操作流程

确立 KPI 指标的要点在于流程性、计划性和系统性,其具体的操作流程如下:

(1)确定业务重点。明确企业的战略目标,在企业会议上利用头脑风暴法和鱼骨分析法找出企业的业务重点,也就是企业价值评估重点。然后,再用头脑风暴法找出这些关键业务领域的关键业绩指标(KPI),即企业级 KPI。

(2)分解出部门级 KPI。各部门的主管需要依据企业级 KPI 建立部门 KPI,并对相应部门的 KPI 进行分解,确定相关的要素目标,分析绩效驱动因数(技术、组织、人),评价指标体系。

(3)分解出个人的 KPI。各部门 KPI 人员一起再将 KPI 进一步细分,分解为更细的 KPI 及各职位的业绩衡量指标。这些业绩衡量指标就是员工考核的要素和依据。这种对 KPI 体系的建立和测评过程本身,就是统一全体员工朝着企业战略目标努力的过程,也必将对各部门治理者的绩效治理工作起到很大的促进作用。

(4)设定评价标准。设定评价标准指的是从哪些方面衡量或评价工作,解决"评价什么"的问题;而标准指的是在各个指标上分别应该达到什么样的水平,解决"被评价者怎样做,做多少"的问题。

(5)审核关键绩效指标。指跟踪和监控这些关键绩效指标是否可以操作等。审核主要是为了确保这些关键绩效指标能够全面、客观地反映被评价对象的绩效,而且易于操作。

建立 KPI 指标的要点在于流程性、计划性和系统性。首先明确企业的战略目标,在企业会议上利用头脑风暴法和鱼骨分析法找出企业的业务重点,也就是企业价值评估的重点。然后,再用头脑风暴法找出这些关键业务领域的关键业绩指标(KPI),即企业级 KPI。

接下来,各部门的主管需要依据企业级 KPI 建立部门级 KPI,并对相应部门的 KPI 进行分解,确定相关的要素目标,分析绩效驱动因数(技术、组织、人),确定实现目标的工作流程,分解出各部门级的 KPI,以便确定评价指标体系。

指标体系确立之后,还需要设定评价标准。最后,必须对关键绩效指标进行审核,跟踪和监控这些关键绩效指标是否可以操作等。

每一个职位都影响某项业务流程的一个过程,或影响过程中的某个点。在订立目标及进行绩效考核时,应考虑职位的任职者是否能控制该指标的结果,如果任职者不能控制,则该项指标就不能作为任职者的业绩衡量指标。比如,跨部门的指标就不能作为基层员工的考核指标,而应作为部门主管或更高层主管的考核指标。

绩效管理是管理双方就目标及如何实现目标达成共识的过程,以及增强员工成功地达到目标的管理方法。管理者给下属订立工作目标的依据来自部门的 KPI,部门的 KPI 来自上级部门的 KPI,上级部门的 KPI 来自企业级 KPI。只有这样,才能保证每个职位都是按照企业要求的方向去努力。善用 KPI 考评企业,将有助于企业组织结构集成化,提高企业的效率,精简不必要的机构、不必要的流程和不必要的系统。

**3. 平衡记分卡综合评价方法**

近几年,美国的许多公司兴起了一场业绩评价革命,试图将业绩评价指标与公司战略的联系更进一步,以拓宽管理者的视野,使之不仅仅局限于成本和利润这些传统指标,而且包括创新能力等新指标。把财务指标与非财务指标相结合,能够弥补传统业绩评价体系的不足,并将业绩评价与企业战略发展联系起来,这就是平衡计分卡(Balanced Score Card)的综合评价方法。平衡计分卡以企业的战略为基础,并将各种衡量方法整合为一个有机的整体,它主要从 4 个方面来观察和评价企业,包括财务角度、顾客角度、内部流程角度及创新与学习角度。

平衡计分卡是 1992 年由哈佛大学商学院罗伯特·S·卡普兰教授和复兴国际方案总裁戴维·P·诺顿设计的,是一种全方位的、包括财务指标和非财务指标相结合的策略性评价指标体系。平衡计分法最突出的特点是:将企业的远景、使命和发展战略与企业的业绩评价系统联系起来,它把企业的使命和战略转变为具体的目标和评测指标,以实现战略和绩效的有机结合。

1)平衡计分法的设计思路

(1)协调各种根本不同的战略指标之间的平衡,努力的达到目标的一致。

(2)鼓励员工按照企业的最大利益努力工作。

(3)凝聚组织,增加沟通。因此,在设计平衡计分卡时,管理者必须选择一套指标。

### 知识链接

选择指标时有以下要求:

(1)指标设计必须:

①精确反映影响公司战略成功的主要因素。

②揭示相互之间的因果关系,指明非财务指标是如何影响长期财务目标的。

(2)指标体系必须包括:成果和驱动指标;财务和非财务指标;内部和外部指标。

2)平衡计分法的适用企业

从实践经验看,平衡计分卡主要适用于具有以下特征的企业:

(1)组织的战略目标能够层层分解的企业,这是运用平衡计分卡的前提。

(2)面临竞争压力较大的企业,且这一压力为企业所感知。

(3) 以目标战略作为导向的企业。
(4) 适用于具有协商式或民主式领导体制的企业。
(5) 成本管理水平较高的企业。

3) 平衡计分法对物流企业的绩效评价

依照平衡计分法的框架,对物流企业的绩效评价也是从以下 4 个方面进行。

(1) 财务绩效评价。

财务绩效评价指标显示了物流企业的战略及其执行对于股东利益的影响。企业的主要财务目标涉及盈利、股东价值实现和增长等,相应的平衡计分法将其财务目标简单表示为生存、成功、增长 3 项(表 7-8)。

财务绩效评价　　　　　　　　　表 7-8

| 目标 | 评价指标 | 可量化模型 |
| --- | --- | --- |
| 生存 | 现金净流量、速动比率 | 业务进行中的现金流入－现金流出;(流动资产－存货)/流动负债 |
| 成功 | 权益净利率 | 净利润/平均净资产 |
| 增长 | 相对市场份额增加额 | 评价期内销售额增加量/评价期内同行业企业总销售额的增加量 |

财务层面的绩效评价涵盖了传统的绩效评价方式,但是财务方面的评价指标并非唯一的或最重要的,它只是企业整体发展战略中不可忽视的要素中的一部分。例如,现代化的物流企业的整体发展战略立足于长期发展和获取利润的能力,并非只盯着近期的利润。所以绩效评价的结果,虽然顾客内部及创新学习各层面均有较大进展,但是财务层面不一定会有令人喜悦的结果。这并不是管理者不重视财务层面上的相关因素,而是追求长久效益和远期发展,而在财务层面上重视的是能否完成基本的要求。

(2) 客户层面绩效评价。

客户层面绩效评价,就是对企业赖以生存的外部资源开发和利用的绩效进行衡量。具体来说是指企业进行客户开发的绩效和对从客户处获利能力的测量。这种评价主要考虑两个方面,一是客户对物流服务满意度的评价,二是企业的经营行为对客户开发的数量和质量的评价。

为使平衡计分法有效地发挥作用,把这些目标转化成具体的评价指标见表 7-9。

客户绩效评价　　　　　　　　　表 7-9

| 目标 | 评价指标 | 可量化模型 |
| --- | --- | --- |
| 市场份额 | 市场占有率 | 客户数量、产品销售量 |
| 保持市场 | 客户保持率 | 保留或维持同现有客户关系的比率 |
| 拓展市场 | 客户获得率 | 新客户的数量或对新客户的销售额 |
| 客户满意 | 客户满意程度 | 客户满意率 |
| 客户获利 | 客户获利能力 | 份额最大客户的获利水平、客户平均获利水平 |

(3) 内部业务绩效评价。

企业的内部业务绩效来自企业的核心竞争能力,即如何保持持久的市场领先地位、较高的市场占有率的关键技术与策略、营销方针等。企业应当清楚自己具有哪些优势,如高质量的产品和服务、优越的区位、资金的来源、优秀的物流管理人员等。这一部分是物流企业绩效评价体系中最能反映其行业和企业特色的,需要结合物流企业特点和客户需求共同确定。

具体的评价目标和指标见表 7-10。

内部业务绩效评价　　　　　　　　　　　　　　　　表 7-10

| 目标 | | 评价指标 | 可量化模型 |
|---|---|---|---|
| 价格合理 | | 单位进货价格 | 每单位进货量价格 |
| 高质量的服务 | 可得性 | 存货可得性 | 缺货率、供应比率、订货完成率 |
| | 作业绩效 | 速度、一致性、灵活性、故障与恢复 | 完成订发货周期速度、按时配送率、异于合同配送需求满足时间、次数、退货更换时间 |
| | 可靠性 | 按时交货率、对配送延迟的提前通知、延期订货发生次数 | 按时交货数/总业务数、配送延迟通知次数/配送延迟次数、延期订货发生次数 |
| 资源配置 | 硬件配置 | 网络化(采用 JIT/MRP 等)物流管理系统的客户 | 使用网络化物流管理的客户数/所有客户数 |
| | 软件配置 | 优秀的人员(完成常规任务的时间、质量、专业教育程度) | 雇员完成规定任务的时间、雇员完成规定任务的出错率、接受过专业物流教育的雇员数/雇员总数 |

(4) 创新与学习能力绩效评价。

虽然顾客层面和内部层面已经着眼于企业发展的战略层次,但都是将评价观点放在物流企业现有的竞争能力上,而创新与学习层面则强调了企业不断创新并保持其竞争能力与未来的发展势头。因此,无论是管理阶层还是基层职员都必须不断地学习,不断地推出新的物流产品和服务,并且迅速、有效地占领市场。

对于业务不断地学习和创新,会不断地为顾客提供更多价值含量高的产品,减少运营成本,提高企业经营效率,扩大市场,找到新增附加值的机会,从而增加股东价值。物流企业创新与学习能力绩效评价见表 7-11。

创新与学习能力绩效评价　　　　　　　　　　　　　　表 7-11

| 目标 | | 评价指标 | 可量化模型 |
|---|---|---|---|
| 员工学习 | 信息系统方面 | 员工获得足够信息 | 成本信息及时传递给一线员工所用的时间 |
| | 员工能力管理方面 | 员工能力的提高,激发员工的主观能动性和创造力 | 职工满意率、职员保持率、职员的培训次数 |
| | 调动员工参与积极性 | 激励和权力指标 | 员工建议的数量、员工建议被采纳或执行的数量 |
| 业务学习创新 | | 信息化程度、研发投入 | 研究开发增长率、信息系统更新投入占销售额的比率、同行业平均更新投入占销售额的比率 |

将平衡计分法应用于物流企业的绩效评价,其重点是根据物流企业本身的特点和物流客户需求的特点,设定恰当的评价指标,从而提出一个全面衡量物流企业的绩效的方法体系。采用这种全方位的分析方法,将在物流企业的经营绩效与其竞争优势的识别之间搭建一个桥梁,必将有利于企业的战略成长。

上述内容都是从物流企业整体角度来介绍绩效考核方法的,单从员工角度出发,对员工进行绩效考核,最重要的是在坚持绩效原则的基础上,制定考核标准。一般来讲,考核标准主要包括以下两个方面:

①员工应该做什么,其任务、职责、工作要点是什么,这是数量方面的问题。

②员工应该做到什么样的程度,应该怎样做、达到何种标准,这是工作质量方面的问题。

**4. 员工绩效考核方法**

具体的绩效考核方法很多,主要概括为以下9种:

(1)图尺度考核法(Graphic Rating Scale,GRS):是最简单和运用最普遍的绩效考核技术之一,一般采用图尺度表填写打分的形式进行。

(2)交替排序法(Alternative Ranking Method,ARM):是一种较为常用的排序考核法。其原理是:在群体中挑选出最好的或者最差的绩效表现者,较之于对其绩效进行绝对考核要简单易行得多。因此,交替排序的操作方法就是分别挑选排列的"最好的"与"最差的",然后挑选出"第二好的"与"第二差的",这样依次进行,直到将所有的被考核人员排列完全为止,从而以优劣排序作为绩效考核的结果。交替排序在操作时也可以使用绩效排序表。

(3)配对比较法(Paired Comparison Method,PCM):是一种更为细致的通过排序来考核绩效水平的方法,它的特点是每一个考核要素都要进行人员间的两两比较和排序,使得在每一个考核要素下,每一个人都和其他所有人进行了比较,所有被考核者在每一个要素下都获得了充分的排序。

(4)强制分布法(Forced Distribution Method,FDM):是在考核进行之前就设定好绩效水平的分布比例,然后将员工的考核结果安排到分布结构里去。

(5)关键事件法(Critical Incident Method,CIM):是一种通过员工的关键行为和行为结果来对其绩效水平进行绩效考核的方法,一般由主管人员将其下属员工在工作中表现出来的非常优秀的行为事件或者非常糟糕的行为事件记录下来,然后在考核时点上(每季度,或者每半年)与该员工进行一次面谈,根据记录共同讨论来对其绩效水平做出考核。

(6)行为锚定等级考核法(Behaviorally Anchored Rating Scale,BARS):是基于对被考核者的工作行为进行观察、考核,从而评定绩效水平的方法。

(7)目标管理法(Management by Objectives,MBO):目标管理法是现代更多采用的方法,管理者通常很强调利润、销售额和成本这些能带来成果的结果指标。在目标管理法下,每个员工都确定有若干具体的指标,这些指标是其工作成功开展的关键目标,它们的完成情况可以作为评价员工的依据。

(8)叙述法:在进行考核时,以文字叙述的方式说明事实,包括以往工作取得了哪些明显的成果,工作上存在的不足和缺陷是什么。

(9)360°考核法:又称交叉考核(PIV),亦即将原本由上到下,由上司评定下属绩效的旧方法,转变为全方位360°交叉形式的绩效考核。在考核时,通过同事评价、上级评价、下级评价、客户评价以及个人评价来评定绩效水平的方法。交叉考核,不仅是绩效评定的依据,更能从中发现问题并进行改革提升。找出问题原因所在,并着手拟定改善工作计划。

**5. 员工绩效考核周期**

1)概念

绩效考核周期也可以叫作绩效考核期限,是指多长时间对员工进行一次绩效考核。绩效考核通常也称为业绩考评或"考绩",是针对企业中每个职工所承担的工作,应用各种科学的定性和定量的方法,对职工行为的实际效果及其对企业的贡献或价值进行考核和评价。由于绩效考核需要耗费一定的人力、物力,因此考核周期过短,会增加企业管理成本的开支,但是,绩效考核周期过长,又会降低绩效考核的准确性,不利于员工工作绩效的改进,从而影响绩效管理的效果。因此,在准备阶段,还应当确定出恰当的绩效考核周期。

2）确定绩效考核周期的方法

绩效考核周期确定，需考虑因素以下几个因素：

（1）职位的性质。不同的职位，工作的内容是不同的，因此绩效考核的周期也应当不同。一般来说，职位的工作绩效比较容易考核，考核周期相对要短一些。

（2）指标的性质。不同的绩效指标，其性质是不同的，考核的周期也应不同。一般来说，性质稳定的指标，考核周期相对要长一些，相反，考核周期相对就要短一些。

（3）标准的性质。在确定考核周期时，还应当考核到绩效标准的性质，就是说考核周期的时间应当保证员工经过努力能够实现这些标准，这一点其实是和绩效标准的适度性联系在一起的。

**6. 员工绩效考核要点**

员工绩效考核要做到以下几点：

（1）清晰的目标：对员工实行绩效考核的目的是为了让员工实现企业的目标和要求，所以目标一定要清晰。要什么，就考核员工什么。

（2）量化的管理标准：考核的标准一定要客观，量化是最客观的表述方式。很多时候企业的绩效考核不能推行到位，沦为走过场，都是因为标准太模糊，要求不量化。

（3）良好的职业化的心态：绩效考核的推行要求企业必须具备相应的文化底蕴，要求员工具备一定的职业化的素质。事实上，优秀的员工并不惧怕考核，甚至欢迎考核。

（4）与利益、晋升挂钩：与薪酬不挂钩的绩效考核是没有意义的，考核必须与利益、与薪酬挂钩，才能够引起企业由上至下的重视和认真对待。

（5）具有掌控性、可实现性：绩效考核是企业的一种管理行为，是企业表达要求的方式，其过程必须为企业所掌控。

绩效考核只有渗透到日常工作的每个环节当中，才能真正发挥效力，如此，应遵循"三重一轻"的原则。

### 知识链接

（1）重积累：平时的点点滴滴，正是考核的基础。

（2）重成果：大大小小的成果，才可以让员工看到进步，才有前进的动力。

（3）重时效：指定一个固定的时间考核，往往想不起来当初发生的事情。考核，应该就在事情发生的当下，而不是过了很久之后。

（4）轻便快捷：复杂的绩效考核方式，需要专业人员的指导才可能取得预期效果。现目标针对并不复杂的中小企业，更侧重在通过轻量的方式为管理者提供和积累考核素材。

**7. 员工绩效考核的推行**

企业的绩效考核推行由无到有，往往会经历以下4个阶段：

（1）形式期：绩效考核刚刚推行时往往都处于这个阶段。此时考核往往以试考核形式出现，考核结果可以不与绩效工资挂钩，主要是让各级人员找到考核的感觉，掌握考核的方式方法。

（2）行事期：绩效考核已逐步开展、渐入佳境时所处的阶段。此时考核开始与绩效工资、利益、晋升等挂钩，真正进入实操阶段。

（3）习惯期：此时绩效考核已形成习惯，具备了文字性东西、制度性语言。到这个阶段的企业，基本上一到考核周期，企业由上至下会自发地进行考核，统计考核数据，计算绩效工资,一旦涉及员工薪酬调整、晋升会首先以过往的绩效为依据。

（4）文化期：此时绩效考核已深深与企业文化结合在一起,员工希望被考核,考核已成为企业必备的一种常态,企业呈现一种公平竞争、公开要求的平等氛围。

**8. 绩效考核六步走**

企业的绩效考核,应当分作6个具体的行动步骤组织实施。把每一个步骤列为一个作业单元,在行动前精心组织操作培训和专项辅导,并进行必要的模拟演练。

1）确定考核周期

依据企业经营管理的实际情况（包括管理形态、市场周期、销售周期和生产周期）,确定合适的考核周期,工作考核一般以月度为考核周期。每个周期进行一次例行的重点工作绩效考核。对需要跨周期才可能完成的工作,也应列入工作计划,进行考核。可以实行时段与终端相结合的考核方法,在开展工作的考核周期,考核工作的进展情况,在完成工作的考核周期,考核工作的终端结果。

2）编制工作计划

按照考核周期,作为考核对象的职能部门、业务机构和工作责任人,于周期期初编制所在部门或岗位的工作计划,对纳入考核的重点工作内容进行简要描述。每一项重点工作都要明确设置工作完成的时间指标和质效指标。同时按照预先设定的计分要求,设置每一项重点工作的考核分值。必要时,附加开展重点工作的保障措施。周期工作计划应按照时间要求编制完成,并报送考核执行人确认,然后付诸实施。

3）校正量化指标

绩效考核要求重点工作的开展和完成必须设置量化指标,量化指标是数据指标,是成效指标。重点工作的量化指标,反映了重点工作的效率要求和价值预期。另外,在实际工作的操作中,并不是所有的工作结果或成效,都可以用数据指标进行量化的,而量化指标的设置和确定,需要一定的专业素质和及时的信息沟通。因此,考核执行人应会同考核对象,对重点工作的量化指标进行认真校正并最终确定,保障重点工作的完成质量和效果。

4）调控考核过程

在管理运转中,存在并发生着不确定性因素,容易造成工作变数,考核也是如此。当工作的变化、进展和预置的计划发生冲突时,首先应该对变化的事物进行分析,准确识别变化的原因和走向,然后对工作计划和考核指标做出及时、适当的调整改进。

5）验收工作成效

周期期末,在设定的时间内,考核执行人依据预置或调整的周期工作计划,对考核对象的重点工作完成情况,进行成效验收。按照每项工作设置的量效化指标和考核分值,逐项核实工作成效,逐项进行评分记分,累计计算考核对象在该考核周期重点工作完成情况的实际得分,并就工作的绩效改进做出点评。

6）考核结果运用

考核的目的是改进绩效、推进工作、提高效率。考核对象重点工作完成情况的实际得分即为考核结果。如何运用考核结果,会直接影响考核的激励作用。要切实结合企业管理资源的实际情况,充分考虑企业文化的负载能力,在这个基础上选择和确定考核结果的运用方式。在这里简要说明几种考核结果的运用方法。

一是考薪挂钩,就是考核结果与薪资收入并轨,按照考核得分,计算薪资实际收入。这个薪资可能是职能职务薪酬或岗位工资,也可以是独立设立的绩效工资,还可能是效益奖金。

二是考职挂钩,即把考核结果与考核对象的职位挂钩。考核对象由于主观因素,在较长时间内不能按计划完成重点工作或者不适于承担所在岗位的工作职责,应合理地调整其岗位或职务,避免重点工作遭受损失。

三是信息整合,通过考核,可以反映、整合并有效利用多个方面的考核信息。有资源配置信息、岗位设置信息、管理损耗信息、工作问题信息和人才信息等。考核结果的信息运用,能够为企业的工作决策、管理运转和人才的培养使用,提供重要的信息支持。

**9. 物流企业在绩效考核过程中存在的主要问题**

(1)绩效考核没有得到高层领导的重视。部门主管甚至高层领导不重视绩效考核,不把绩效考核作为一项重要的工作来完成,只是简单的应付了事。原因就是他们没有真正理解绩效考核的重要作用,认为绩效考核就是简单的工作评价,不会为企业带来效益和利润,而且又浪费时间。没有认识到绩效考核是一项综合的系统管理工程及它的巨大作用。另外,一部分领导为了稳定上下级关系,照顾私人感情,或者出于其他原因,不愿意严格地去执行绩效考核政策。

(2)宣传动员不到位,员工对绩效考核工作普遍不理解,增加了绩效考核的阻碍。像大多数企业一样,物流企业在正式开展绩效考核工作前,一般会开展一些员工动员大会,把一些考核的要点、作用及对员工的益处进行讲解,但一般都是一些程序化的大会,宣传人员在台上讲,员工在下面听的效果并不是很好。

(3)考核体系不完整,考核指标设置不准确。物流公司不同于一般企业的特点会带来在绩效考核方面的困难:

①物流公司分公司多,分布在各地,比较分散,其各自都有一套考核体系,没有整体性、系统性。

②由于物流行业属于新兴行业,在指标提取上没有什么先例可循,因此对一些职位的考核指标提取缺乏统一标准。

③绩效考核标准避重就轻,KPI 指标过于粗泛。

④量化指标盲目追求多和全。

(4)考核指标评价没有具体的可套用的量化标准。考核者往往通过自己的印象、主观判断来对员工进行评分,使得绩效考核失真,没有达到该有的效果。

**10. 完善的绩效考核管理制度应具备的条件**

对于完善的绩效考核系统而言,一般应具备以下几个条件:

1)与公司战略相连接

目前提的较多的战略人力资源管理,其核心也就是人力资源管理要与公司的整体战略相联系,不管是人才储备、选拔、培训等,都要符合公司战略,作为其中的衔接环节,绩效考核也要紧扣公司战略。

2)高层主管的全力支持

高层主管的全力支持对考核能起到促进作用,从而得到合理的考核结果,但更重要的还是结果的运用,如果高层主管不支持,再好的结果也得不到落实,考核实际是还是会流于形式。况且,高层主管不支持也很难取得合理的考核结果。

3)全体员工的主动参与

各种指标的制定都离不开各层次员工的积极参与,否则制定合理的考核指标只能是一句空话。

4)结果和绩效相结合的评价指标

结果的达成是与很多因素相关的,为了更全面地进行考核,一般都采用过程与结果相结合的考核方式,既要看最终的结果,也要看其努力的程度。

5)考核方法的客观性

尽量采用360°考核,考核指标尽量量化,做到客观公正。

6)与薪酬调整相结合

也许员工更关心的是考核结果对他们会产生什么影响,薪酬的影响是不可忽视的重要方面。考核结果一定要与薪酬相挂钩,这样才能真正起到震撼作用,员工才会真正重视考核。

7)有效的沟通和培训

不管是考核前还是考核后,沟通都应该是贯穿始终的。只有进行有效的沟通,才能真正起到绩效考核应有的导向作用,让员工清楚自己的绩效为什么是那样,今后该如何改进或发扬。绩效考核本身也是需要培训的,不管是绩效考核的理念还是具体的考核技术,都需要让相关人员明白。

绩效考核是一柄"双刃剑",考核实行的好,能解决很多实际问题,考核实行的不好,副作用是很多的。所以对绩效考核一定要有客观的认识,不能盲目实行,对目的、条件、后果都要有充分的认识。就目的而言,可能包括引导员工的正确行为,为薪酬调整提供晋升、调配的依据,或是有针对性地进行培训等;现有条件要与成功绩效考核应该满足的条件对比,看看还需要做哪些准备工作;就后果而言,对考核结果不公正所带来的负面影响要有充分的思想准备,并能采取合理的措施去消除不满。总之,前期的基础性工作很重要,要扎实的做好前期的基础工作。

 **任务实施**

一、任务准备

给学生分组,每组学生发放一家物流企业的详细资料。

二、任务分析

每组学生拿到资料,都要对资料进行分析,提取出与绩效考核相关的信息。

三、任务实施

每组学生根据分析得出的信息,按照上述所讲的各种方法为各个物流企业设计绩效考核方案,完成方案报告。

 **延伸阅读**

### 河北钢铁集团唐钢物流公司全面构建现代物流管控体系

"物流公司作为唐钢全员绩效管理推进工作三个试点单位之一,在这次变革中必须颠覆一些传统的做法,通过体制机制创新,助推物流各项工作再'提速',形成新的激励运营模式和效益增长点。"在近期召开的改革创新动员大会上,河北钢铁集团唐钢物流公司提出了这样的思路。

(1) 以市场化考核为基础,推进全面预算管理。

唐钢物流公司从去年开始就率先在各基层车间、站、段及业务管理中心试行了市场化模拟核算,他们以生产单位、业务单位及检修单位分3个层面分别制定利润和收入考核指标,以单位为独立核算单元逐月进行市场化模拟核算,使每位基层"当家人"独立门户打好经营过日子的"算盘珠子",促使昔日的"管理者"向"经营者"身份蜕变。工电段段长李力雪、车辆车间主任齐志忠带领各自的检修团队成为该公司首批对外检修创效的佼佼者,当时公司兑现的万元"红包"奖励,让这些检修职工品尝到了核算经营的甜头。

面对当前钢铁行业市场严峻形势,物流公司以市场化考核为基础,又把推行全面预算管理当成了企业良性经营发展的又一"法宝"。10月15日下午5点20分,该单位全面预算管理专题会刚结束,笔者来到了这项工作的牵头部门财务科科长王瑾的办公室。"今天是第三次讨论会了,根据各基层单位和职能科室的反馈意见,重新梳理并分类细化全部资金预算指标,将70个具体费用指标纵向分解到相应的责任单位。"王瑾细致地介绍着明年各项费用指标的预算和分解情况。

对于明年的指标考核,该单位将每月根据各单位费用指标完成情况实行月度考核,对4个费用归口单位实行所辖责任单位连带考核,最大限度调动各层面职工的积极性和创造性。同时,将充分运用ERP信息管控平台和自行设计的"招投标比价系统",以市场化考核为基础,强化对铁路运费、燃油费、检修费及备件费等专项归口费用的管控,努力实现对现有资金的最佳配置利用。

(2) 以"岗位说明书"为突破口,推进全员绩效考核。

10月初,该单位78个技管岗位和75个操作岗位的《岗位说明书》编制、审核工作全面完成,进一步明确、规范了各岗位的具体职责,为顺利推行全员绩效考核工作奠定了基础。

负责该单位绩效考核管理工作的人力资源与绩效管理科副科长王海英向笔者介绍物流公司这项工作的管理思路:"以自控费用、归口费用和归口收入等指标考核管理科室,以全费用和总收入等指标考核各基层单位。日前,唐钢聘请的北京某咨询公司专家正在深入物流公司各基层车间站段,专业指导下一步的细化工作,努力打造公司绩效管理工作标准化样板单位。"这些实实在在的举措,让大家对明年的全员绩效管理工作充满了期待。

"我们车间今年以来一直执行着一些自己内部制定的奖励办法,比如说,我们今年承揽了瑞丰钢铁公司55辆铁水车大修业务,车间领导考虑到外面检修作业艰苦,给每天出去参与检修的每名岗位职工30元奖金嘉奖,这样一个月算下来,我累计出去了15d,加上其他创效奖励,这个月奖金就多得了500多元。"该单位车辆车间钳工孙宝利兴奋地说。两个半月创效业务结束,车辆车间像孙师傅这样多拿奖的就有20多人。

今年新成立的汽运车队队长冯国忠一条条罗列起车队的激励措施,脸上充满了自信:"这次我们推行的按照出车台班计奖办法,调动起了各个型号车辆驾驶员的工作积极性,以每次出车任务量确定台班数,以服务质量、安全运行、车辆维护等指标辅助考核,同岗不同酬得到了有效体现。"职工怨气少了,工作积极性提高了,这些都是该单位"雏形"的绩效考核管理工作带来的崭新变化。

日前,物流公司各基层单位结合自身实际,将具体指标分解到班组、岗位,各基层单位对班组、班组对岗位的全员绩效考核体系已经搭建完成。另外,该单位还推出了绩效考核成绩排名在前20%的优秀职工,有资格参与年度"优秀岗位操作能手"、季度"科技之星"、月度"岗位之星"等评选活动,这些激励举措,正在源源不断地激发着广大职工的潜力与活力,绩效管理工作焕发着勃勃生机。

**模块练习**

1. 什么是绩效考核？绩效考核的意义是什么？
2. 物流企业绩效考核指标有哪些？
3. 物流企业绩效考核方法有哪些？
4. 物流企业实施绩效考核的有效途径有哪些？
5. 绩效考核与绩效管理的区别是什么？

# 参考文献

[1] 唐丽敏,谷峰.物流企业运营管理[M].大连:大连海事大学出版社,2005.
[2] 王淑荣.物流企业管理实务[M].北京:中国物资出版社,2006.
[3] 万志坚.物流企业运营实务案例分析[M].北京:中国物资出版社,2006.
[4] 兰洪杰.物流企业运营管理[M].北京:首都经济贸易大学出版社,2013.
[5] 刘亮,田春青.第三方物流企业运营管理案例[M].北京:人民交通出版社,2007.
[6] 贺志东.物流企业财务管理[M].广东:广东省出版集团图书发行有限公司,2010.
[7] 费连才.第三方物流企业财务管理案例[M].北京:人民交通出版社,2006.
[8] 郑秀恋,温卫娟.《物流成本管理[M].北京:清华大学出版社,2013.
[9] 黄世一.物流成本核算与分析[M].北京:清华大学出版社,2009.
[10] 殷裕品,兰凤云,刘芳.物流企业绩效分析与评价[M].北京:北京大学出版社,2013.
[11] 魏农建.物流营销与客户关系管理[M].上海:上海财经大学出版社,2005.
[12] 赵林度.供应链与物流管理理论与实务[M].北京:机械工业出版社,2003.
[13] 宋伟刚.物流工程及其应用[M].北京:机械工业出版社,2003.
[14] 徐文静.物流战略规划与模式[M].北京:机械工业出版社,2002.
[15] 夏晓东.企业物流管理[M].成都:四川人民出版社,2002.
[16] 赵刚.物流运筹[M].成都:四川人民出版社,2002.
[17] 刘伟.供应链管理[M].成都:四川人民出版社,2002.
[18] 李长江.物流中心设计与运作[M].北京:中国物资出版社,2002.
[19] 骆温平.物流与供应链管理[M].北京:电子工业出版社,2002.
[20] 汪鸣,冯浩.我国物流业发展政策研究[M].北京:中国计划出版社,2002.
[21] 梅绍祖,李伊松,鞠颂东.电子商务与物流[M].北京:人民邮电出版社,2001.
[22] 汪波.以资源整合发展物流营销的基本战略[J].综合运输,2005(3):45.
[23] 赵喜君.论中国物流现状及发展对策[J].科技情报开发与经济,2004,14(12):136-137.
[24] 孙秋高.物流人才供需现状及对策研究[J].物流科技,2006(6):75-76.
[25] 陈壁辉,何海军.对我国物流业中客户服务的初步分析[J].物流科技,2003(04).
[26] 李传荣.以提高客户服务水平为契机 增强物流企业竞争力[J].商品储运与养护,2003(02).
[27] 胡佐政.企业绩效管理的KPI方法及其实施[J].工业技术经济,2003(02).
[28] 李传荣.从为客户服务入手提高物流竞争力[J].商业研究,2003(06).
[29] 方春子,钟文武.凭卓越的理念发展第三方物流[J].建设机械技术与管理,2003(01).
[30] 金海水.增强顾客服务意识,促进物流产业的发展[J].物流科技,2002(04).
[31] 张长根,郑金忠.物流服务质量评估的指标体系研究[J].物流技术,2002(03).
[32] 王焰.物流服务绩效标准及评价[J].物流技术,2002(01).
[33] 王学秀,张伶,周尚志.顾客服务活动与服务质量改进[J].中外管理导报,2001(12).
[34] 张铀,张昊民.全面顾客服务营销制胜之本[J].现代企业,1999(12).